비정상
경제회담

비정상경제회담

지은이 김태동 외

1판 1쇄 발행 2016년 3월 21일
1판 2쇄 발행 2017년 5월 9일

발행처 도서출판 옥당
발행인 신은영

등록번호 제396-2008-000013호
등록일자 2008년 1월 18일

주소 경기도 고양시 일산동구 무궁화로 11 한라밀라트 B동 215호
전화 (02)722-6826 팩스 (031)911-6486

값은 표지에 있습니다.
ISBN 978-89-93952-72-8 03300

이메일 coolsey@okdangbooks.com
홈페이지 www.okdangbooks.com

조선시대 홍문관은 옥같이 귀한 사람과 글이 있는 곳이라 하여 옥당玉堂이라 불렸습니다.
도서출판 옥당은 옥 같은 글로 세상에 이로운 책을 만들고자 합니다.

이 도서의 국립중앙도서관 출판시도서목록(CIP)은
e-CIP 홈페이지(http://www.nl.go.kr/ecip)에서 이용하실 수 있습니다.
(CIP제어번호: CIP2016006424)

한국경제 정상화를 위한 격정 토론

비정상 경제회담

김태동 · 윤석헌 · 윤원배 · 이동걸
이정우 · 장세진 · 최정표 · 허성관 지음

옥당

| 지은이 소개 |

김태동

서울대학교 경제학과를 졸업하고 예일대학교에서 경제학 박사 학위를 받았다. 일리노이대학교에서 학생들을 가르치다 귀국, 20여 년간 성균관대학교에서 재직했다. MBC라디오 경제칼럼을 2년간 진행했고 1997년 외환위기 직후 국민의 정부에서 청와대 경제수석비서관, 정책기획수석비서관을 지냈다. 이후 대통령자문 정책기획위원회 위원장으로 새천년 국가비전 수립 작업을 총괄했다. 그 외 한국은행 금융통화위원, 한국금융학회 회장을 지냈다. 현재 성균관대학교 명예교수이다.

윤석헌

서울대학교 경영학과를 졸업하고 한국은행에서 근무했다. 산타클라라대학교에서 MBA, 노스웨스턴대학교에서 경영학 박사 학위를 받았다. 캐나다 맥길대학교에서 학생들을 가르치다 귀국, 금융연구원 선임연구위원으로 일했다. 한림대학교 경영대학원장, 숭실대학교 금융학부 교수로 재직했고 한국금융학회와 한국재무학회 회장을 지냈다. 대통령실 국민경제자문회의 자문위원, 금융발전심의위원회 위원장을 지냈고, 한국씨티은행 · 한국거래소 · ING 생명보험(현) 등의 사외이사로 일했다.

윤원배

서울대학교 경제학과를 졸업하고 한국은행에서 10여 년간 근무하다 미국 노스웨스턴대학교 대학원에 유학해 경제학 박사 학위를 받았다. 숙명여자대학교 경제연구소장, 경상대학장을 지냈고 경제정의실천시민연합 정책연구위원장, 경제정의연구소장으로 활동했다. 국민의 정부에서 금융감독위원회 부위원장 겸 증권선물위원회 위원장 그리고 한국금융학회 회장을 지냈다. 현재 숙명여자대학교 명예교수이다.

이동걸

서울대학교 경제학과를 졸업하고 예일대학교에서 경제학 박사 학위를 받았다. 산업연구원KIET, 한국개발연구원KDI, 한국금융연구원KIF에서 연구위원으로 재직했으며, 대통령자문 금융개혁위원회 전문위원, 대통령자문 정책기획위원회 위원으로 일했다. 참여정부에서 금융감독위원회 부위원장 겸 증권선물위원회 위원장, 한국금융연구원 원장을 역임했으며 현재 한림대학교 재무금융학과 객원교수를 거쳐 동국대학교 경영대학 초빙교수로 있다.

이정우

서울대학교 경제학과를 졸업하고 하버드대학교에서 경제학 박사 학위를 받았다. 국민의 정부 때 대통령자문 정책기획위원을 맡았고, 참여정부 때 대통령 정책실장, 대통령 정책특보 겸 정책기획위원장을 맡았다. 38년간 경북대학교에서 경제학을 가르쳤으며 현재 명예교수로 있다. 학교 밖에서는 한국미래발전연구원 이사장이기도 하다.

장세진

서울대학교 경제학과를 졸업하고 시카고대학교에서 경제학 박사 학위를 받았다. 1976년부터 인하대학교 경제학과에서 거시경제학, 화폐금융론, 수리경제학을 가르쳤고 현재 명예교수로 경제원론을 강의하고 있다. 한국경제발전학회 회장, 인하대학교 교수협의회 회장, 대통령자문 정책기획위원, 현대석유화학 감사, 국무총리실 평가위원장을 역임했다.

최정표

성균관대학교 경제학과를 졸업하고 뉴욕주립대학교에서 경제학 박사 학위를 받았으며, 독일·영국·미국·일본 등의 대학에서 객원교수로 있으면서 선진국 대기업의 지배구조에 관해 연구했다. 30여 년간 독점과 재벌 문제를 연구했으며 6년간 공정거래위원회 비상임위원으로 있으면서 현실 문제를 폭넓게 다루었고 이를 바탕으로 다양한 정책방안을 제시하기도 했다. 경제정의실천시민연합 공동대표를 지냈으며 현재 건국대학교 경제학과 교수이다.

허성관

동아대학교 상학과를 졸업하고 한국은행에서 근무했다. 뉴욕주립대학교에서 경영학 석·박사 학위를 받았으며 뉴욕시립대학교Baruch College와 동아대학교에서 교수로 재직했다. 노무현 대통령직 인수위원으로 참여한 후 해양수산부와 행정자치부 장관, 광주과학기술원 총장을 지냈다. 조기 정년퇴임 후 역사를 공부하는 한편, 우리 전통회계인 개성상인의 사개송도치부법 연구에서 성과를 내고 있다. 현재 한가람역사문화연구소 연구위원이다.

강병구_재정

인하대학교 경제학과를 졸업하고 뉴욕주립대학교에서 경제학 박사 학위
를 받았다. 중앙생활보장위원회 위원, 대한민국 국회 조세개혁소위원회 자
문위원, 한국재정정책학회 회장, 참여연대 조세재정개혁센터 소장을 지냈
다. 현재 세제발전심의위원회 위원이자 인하대학교 경제학과 교수이다.

강철규_경제성장

서울대학교 상과대학을 졸업하고 한국은행에서 근무했다. 노스웨스턴대
학교에서 경제학 박사 학위를 받았으며 13년간 산업연구원에서 연구활동
을 했다. 23년 동안 서울시립대학교에 재직한 후 우석대학교 총장을 지냈
다. 국민의 정부에서 부패방지위원장, 참여정부에서 공정거래위원장을 지
냈으며 경제정의실천시민연합 창립멤버로 경제정의연구소장, 공동대표직
등을 수행했다. 현재 서울시립대학교 명예교수이다.

김유선_노동

서울대학교 경제학과를 졸업하고 고려대학교에서 경제학 박사 학위를 받
았다. 노동부 장관 정책자문위원회 위원, 대통령자문 빈부격차차별시정위
원회 위원, 대통령자문 정책기획위원회 위원으로 일했고 한국노동사회연
구소 소장을 지냈다. 현재 한국노동사회연구소 선임연구위원으로 활동하
고 있다.

김상조_재벌

서울대학교 경제학과를 졸업하고 동대학원 경제학과에서 석·박사 학위
를 받았다. 대통령자문 노사정위원회 공익 책임전문위원, 재정경제부 장
관자문 금융산업발전심의회 위원, 공정거래위원장자문 경쟁정책자문위
원회 위원으로 활동했고 참여연대 경제개혁센터 소장, 한국경제학회 이
사직을 수행했다. 현재 한성대학교 무역학과 교수이면서 금융학회 부회
장, 한국금융연구센터 소장, 경제개혁연대 소장이다.

전성인_가계부채

서울대 경제학과를 졸업하고 매사추세츠공과대학(MIT)에서 박사 학위를
받았다. 현재 홍익대학교 경제학과 교수로 있으면서 한국경제분석패널
편집위원장, 한국금융연구센터 소장, 한국금융정보학회 회장으로 활동하
고 있다.

비정상경제를 진단하고,
정상화를 위한 처방을 내놓다

한국경제, 정상이라고 생각하십니까?

노인빈곤율은 세계 최고이고, 청년실업은 노쇠한 자본주의 선진국들처럼 극심합니다. 직장을 잡아도 절반이 비정규직입니다. OECD 회원국 중 노동시간은 가장 긴데 은퇴시기는 너무 이릅니다. 먹고살기 위해 자영업으로 내몰리지만 대다수가 밑천도 못 건지고 문을 닫습니다. 1인당 평균소득(국내총생산 GDP 기준)은 3만 달러에 가까운데 대다수 국민에게는 먼 나라 이야기 같습니다.

이런 상황이 정상일 순 없습니다. 가만히 있어서는 안 되겠다는 생각을 했습니다. 모여 이야기하다 보면 좋은 아이디어를 찾을 수 있지 않을까, 토론 모임은 그런 생각에서 시작됐습니다. 8명의 전·현직 교수가 뜻을 같이했고, 가장 심각하고 비정상적인 문제부터 논의키로 했습니다.

우리는 양극화를 시작으로 8개 주제를 선정했고, 2015년 7월부터 2016년 1월까지 한 달에 한두 번씩 만났습니다. 매번 세 시간 토론을 예정하고 만났지만, 모두 '찬 이성과 더운 가슴'을 가졌는지 정한 시간을 넘기기 일쑤였습니다. 정부에서 일한 경험이 있는 이들에게서는 자연스럽게 공직 경험담도 나와서 내용을 풍부하게 할 수 있었습니다.

여러 경제분야의 개혁을 위해 오랫동안 연구하고 실천해온 강철규 전 공정거래위원장, 전성인 홍익대학교 교수, 김상조 한성대학교 교수, 김유선 한국노동사회연구소 선임연구위원, 강병구 인하대학교 교수 등을 게스트로 모시고 경제성장, 가계부채, 재벌, 노동, 재정에 대해 의견을 나누게 된 것은 생각의 지평을 넓히고 현 상황을 심층 진단하는 데 크게 도움이 되었습니다.

우리는 토론의 목적을 한국경제의 구조적인 취약점이 무엇인지 진단하고 처방책을 도출하는 데 두었습니다. 이 책에서 다룬 여덟 가지 주제는 양극화, 부패, 가계부채, 노동, 재벌, 관료개혁, 재정, 경제성장입니다. 논의된 내용의 요지를 차례로 말씀드리면 다음과 같습니다.

양극화 거듭되는 외환 및 금융위기로 많은 기업이 무너지고, 실업자가 늘고, 금융회사가 부실해지면서 한국경제는 저성장과 양극화라는 중병을 앓고 있습니다. 양극화 현상은 소득, 계층, 학력, 성별, 대·중소기업, 서울·지방, 정규직·비정규직 등 여러 차원에서 동시에 진행 중이어서 그 고통은 더욱 큽니다. 과거에는 가난해도 열심히 공부하면 성공할 수 있었지만 이제 신분 상승의 사다리는 사라졌습니다. 오죽하면 젊은이들 사이에 '삼포 세대', '칠포 세대'란 말이 나오겠습니까?

양극화 현상이 세계 공통 현상이긴 하지만 한국에서 유독 양극화의 폐해가 크게 느껴지는 이유는 자산, 특히 부동산 소유의 불평등에서 오는 전세난 같은 문제가 두드러지고, 불로소득과 재벌들의 '갑질', 소득재분배효과의 부재 등이 중첩되어 나타나기 때문입니다. 이 문제를 해결하기 위해서는 무엇보다 국가의 적극적 개입과 제도, 정책의 근본적 개선이 필요합니다. 이는 정치인들이 '복지는 비용이 아니라 투자'라는 믿음을 가질 때 가능해질 것입니다. 적극적인 복지투자로 출생률을 회복시켜 초고령화사회로 가는 것을 막아야 합니다. 결국 정치가 정상화되어야 경제도 정상화될 수 있습니다.

부패 공적인 권한을 남용해 사익을 추구하는 행위가 부패입니다. 부패는 직접 공익을 희생시킬 뿐만 아니라 장기적으로 정당한 노력의 유인을 박탈해 더 큰 사회적 폐해를 낳습니다. 국제투명성기구Transparency International에 의하면 최근 우리나라의 부패인식지수는 OECD 34개국 중 27위에 해당합니다.

작은 부패는 개인 단위로 일어나지만, 큰 부패는 은밀한 조직이나 구조화된 조직의 연합을 통해서 일어납니다. 지난 10년간 작은 부패는 줄었지만, 구조적 부패는 오히려 늘었습니다. 세월호 참사, 성완종 리스트 사건에서 보듯 권위주의와 끼리끼리 문화가 은밀한 조직적·구조적 부패를 온존시키기 때문입니다. 이러한 구조를 청산하기 위해서는 국민이 신뢰할 만큼 확고한 정책 당국의 의지가 필요합니다. 김영란법(부정청탁 및 금품 등 수수의 금지에 관한 법률)의 철저한 시행을 비롯해 부패 구조의 핵심이 되는 이해관계가 제거되도록 유인구조를 재점검해야 합니다. 또한 견제와 균형이 자리잡고, 정책결정과정이 투명하게 공개되도록 해야 할 것입니다.

가계부채 가계부채는 한국경제의 최대 위험 요소입니다. 터지면 수백만, 수천만 명이 다치는 초강력 폭탄입니다. 이미 일본과 미국에서 터진 바 있습니다. 터지지 않게 하면서 금융을 정상화하자면 최소한 신규대출의 증가속도를 줄여야 합니다.

부채주도 성장방식은 비정상입니다. 정부는 빚으로 경제를 키우기보다는 양질의 일자리 늘리기를 통한 소득 창출에 역량을 집중하면서 복지·주택·금융 및 거시경제의 균형잡힌 대책을 세워나가야 합니다. 그러자면 금융위원회(이하 금융위)는 축소해 기획재정부로 보내고, 금융감독원(이하 금감원)을 한국은행처럼 독립시키며, 금융소비자를 보호하는 독립 조직을 만들어야 합니다. 모피아의 낙하산 인사가 중단되고 금융이 정치와 관료의 손에서 자유로와져야 합니다.

노동 재벌기업의 사내하청까지 포함하면 한국 노동자의 절반이 비정규직입니다. 정규직의 보호정도도 그리 좋지 않습니다. 근속연수도 짧습니다. 그런데도 해고를 더 쉽게 하고, 파견을 통한 비정규직을 더 양산하는 정책을 '노동개혁'이라고 내놓고 있습니다.

노동시간을 OECD 평균수준으로만 줄여도 최대 80만 명의 일자리가 늘어납니다. 여가를 즐기고 삶의 질도 높아집니다. 노동삼권을 보장하고, 산업재해(이하 산재)를 법대로 인정해야 합니다. 경제를 돈으로만 보면 비정상경제로 추락하고, 경제를 사람으로 보기 시작하면 정상경제로의 문이 열립니다.

재벌 경제민주화의 핵심은 경제력이 재벌로 집중되는 것을 막는 것입니다. 이들의 힘을 분산시키지 않고는 한국경제를 정상화시킬 수 없습니다. 근본적인 해결책은 소유와 경영을 분리하는 겁니다. 전문경영인 지배체제는 기업의 자연적 진화입니다. 선진국 기업들은 모두 소유와 경영이 분리되어 있고 재벌은 없습니다.

경영능력이 검증되지 않은 3~4세 세습경영인에게 한국경제의 핵심부문을 맡겨두는 것은 해당 기업뿐 아니라 나라경제에도 매우 위험합니다. 지배구조 개혁, 투명경영과 책임경영의 확립 등을 통해 세습경영인의 하수인에 불과한 전문경영인이 실질적으로 경영능력을 발휘할 수 있게 하는 것이 재벌정책의 핵심입니다.

재벌이 하청업체나 납품업체의 단가를 후려쳐서 중소기업들이 제대로 발전하지 못하는 상황입니다. 경제 각 부문에 박고 있는 재벌의 착취와 수탈의 빨대가 제거되어야 경제도 성장하고 분배도 개선되고 일자리도 늘어납니다. 정치와 언론, 대학도 깨끗해지고 정상화됩니다. '비정상경제'의 뿌리를 제거하는 재벌개혁은 이 책에서 제시하는 처방 중에 가장 중요합니다.

관료개혁 우리나라 관료조직이 어떻게 국민 위에 군림하면서 폐쇄적·배타적·경직적 '철밥통'으로 변질했는지, 관료문제가 왜 대한민국에서 특히 더 심각한지, 그리고 과거 정부가 왜 관료개혁에 실패했는지 살펴봅니다. '우리끼리'라는 공무원의 집단 세력화·이익집단화와 보수언론-관료-재벌의 삼각동맹도 살핍니다. 모피아·관피아가 힘을 가지는 한 경제발전은 요원하다는 결론입니다.

개혁방안으로 대통령이 바뀌면 정책 철학을 공유하고 선거공약으로 내세운 정책을 잘 이해하고 있는 사람들로 교체하는 미국식의 '교체공무원제도'를 제안합니다. 공무원도 대통령과 같이 교체됨으로써 공무원들이 국민을 위한 정책을 책임 있게 수행토록 하는 관료제의 대수술을 제안합니다. 수평적 정권교체를 이루고도 국민의 정부가 재벌개혁을 못한 것은 구체제의 관료들을 '재사용' 했기 때문입니다. 비정상경제를 정상화하는 데 관료제 개혁은 필수 과제입니다.

재정 나라살림이 적자이니 국민을 행복하게 하는 정책을 펴기가 어렵습니다. 대기업에만 도움이 되는 법인세 줄여주기, 종합부동산세(이하 종부세) 낮추기, 부자 감세 등 비정상적인 조세정책을 경제 활성화 대책으로 포장하다 보니 계속 나랏빚이 늘고 있습니다.

조세의 소득재분배 기능을 높여 양극화를 해소해야 합니다. 4대강 사업, F35 도입 등 천문학적인 돈을 낭비하면서 나라 곳간 빼먹은 자들에게 책임을 물어야 합니다. 고령사회 대책을 찾고, 지방자치를 훼방놓는 요인을 제거해야 합니다. 이런 상황에 정부는 근거 없이 장밋빛 미래를 예측합니다. 주먹구구식으로, 시대착오적으로 나라살림을 하는 비정상 정치입니다. 시대의 소명을 반영하는 명확한 국가전략을 세워야 할 때입니다.

경제성장 분배의 개선 없이는 지속적인 경제성장은 불가능합니다. 인류의 기본적 가치인 자유, 정의, 평등, 생명존중, 신뢰를 증진하면서 얻어진 성장일 때 의미가 있습니다. 이를 위해서는 사회의 다양성이 확보되어야 합니다. 시장독재도 국가독재도 바람직하지 않습니다. 효율성을 높이면서 정의가 실현될 수 있도록 정부의 역할이 재정립되어야 합니다.

재벌지원책이 되어버린 중소기업정책에는 대전환이 필요합니다. 민주주의 발전을 통해 부패를 척결하고 사회갈등을 해소할 수 있어야 합니다. 인간 그 자체가 존귀한 존재라는 인식하에 양극화 해소를 위해 '이윤주도' 성장이 아닌 '임금주도', '고용주도' 성장으로 패러다임을 전환해야 합니다. 경제의 기본틀을 바꾸어야 과학기술도 발전하고 농업도, 중소기업도 기술발전의 혜택을 입어 균형 발전할 수 있습니다.

이 책이 기울어진 운동장인 한국경제에서 고통받는 시민, 중소기업인, 청년 들에게 희망의 나침반이 되기를 바랍니다. 한국경제의 정상화는 결국 우리의 힘으로만 이루어낼 수 있습니다.

내용에 관한 어떤 지적도 감사히 받겠습니다. 페이스북 그룹 '비정상경제회담'을 이용하시거나 출판사를 통해 의견을 전달해주십시오. 기다리겠습니다. 저희는 소통이 신뢰의 아버지이고, 신뢰는 경제의 어머니라고 굳게 믿습니다.

마지막으로 좋은 토론 장소를 내주시고 토론을 격려해주신 서울사회경제연구소 변형윤 이사장님께 감사드립니다. '비정상경제회담'에 처음부터 끝까지 함께하면서 토론내용을 인내로 정리해주신 옥당의 신은영 대표, 안소현 에디터 및 모든 관계자 분의 노고에 깊이 감사드립니다.

경제정상화를 염원하는 지은이 일동

| 차례 |

양극화
'금수저', '흙수저'의 등장, 새로운 신분사회의 시작인가? 19

부패
부패의 연결고리, 어떻게 끊을까? 81

경제성장
대한민국, 다시 성장할 수 있을까?

제 1 장

양극화

'금수저', '흙수저'의 등장, 새로운 신분사회의 시작인가?

사회자
윤원배

발제자
이정우

참여자
김태동 · 윤석헌 · 이동걸 · 장세진 · 최정표

사다리 없는 계급사회의 자화상

윤원배 개천에서 용이 나던 시절이 있었습니다. 이제 그런 일은 상상하기 어려운 세상이 되었습니다. 요즘 젊은이들은 세 가지를 포기하고(삼포 세대), 다섯 가지를 포기하고(오포 세대), 일곱 가지를 포기하고(칠포 세대) 산다고 합니다. '헬조선'이라며 이 땅을 떠나는 게 꿈이라는 사람들. 누구는 금수저를 물고 태어났고 누구는 흙수저를 물고 태어났다며 좌절하는 청년들. 이 사람들의 절망감을 어떻게 해결할 수 있을까요?

오늘 첫 번째 주제로 한국사회 양극화의 실상을 살펴보고 그 대책을 찾아보겠습니다. 이정우 교수를 시작으로 자유롭게 이야기를 시작하겠습니다.

1% 대 99%의 세계

이정우 과거에 비해 확실히 양극화의 징후가 많아졌습니다. 특히 소득의 양극화는 개선되지 않을뿐더러 앞으로 더욱 나빠질 것입니

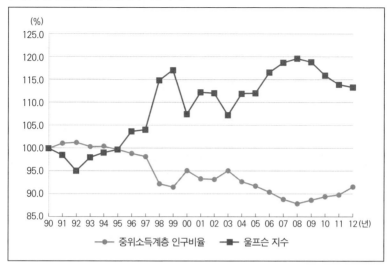

〈그림 1-1〉 중산층 비율과 양극화 지수 추이

출처: 박소현, 안영민, 정규승 〈중산층 측정 및 추이분석〉(2013)

다. 노동 또한 양극화되어 노동자 전체를 정규직과 비정규직으로 양분하고 있어요. 비정규직이 세계적인 추세라지만 다른 나라의 비정규직 비율은 10~20% , 많아도 3분의 1을 넘지 않는데 우리나라는 노동자의 절반이 비정규직입니다. 그밖에 대기업과 중소기업, 서울과 지방, 남성과 여성, 학벌 등 여러 분야에서 양극화현상이 나타나고 있는 한국은 양극화사회라고 할 수 있겠습니다.

보통 양극화에서 소득분배를 논할 때 이탈리아 통계학자 코라도 지니Corrado Gini가 제시한 지니계수로 나타내요. 양극화 지수는 중산층의 몰락 정도를 표시하는 지수로 수치가 0에 가까우면 중산층이 늘어나고 1에 가까우면 몰락하고 있음을 의미하는 울프슨 지수Wolfson Index 같은 지표가 따로 있습니다. 지금까지 한국의 양극화 지수를 계산해본 결과를 보면 1997년 외환위기 이후

소득분배의 심화와 더불어 양극화 지수도 최고치인 것으로 나타났습니다.

장세진 양극화를 판단하는 기준이 있을까요? 양극화는 단순히 과장된 표현인가요, 아니면 어떤 기준 이상이면 양극화인가요?

이정우 보통 소득분배의 불평등 심화는 '지니계수'나 한 나라의 전체 가계를 소득수준에 따라 저소득에서 고소득으로 10등분하는 '십분위분배율' 등으로 측정합니다. 양극화는 사회에 쌍봉낙타와 비슷한 봉우리(집단)가 두 개 있는데 그 두 집단 사이에 건널 수 없는 강이 있다는 의미로 볼 수 있죠.

장세진 정규직, 비정규직 문제는 그 격차가 해소되지 않고 벌어지고 있으니 분명히 양극화죠.

윤원배 양극화를 정규직과 비정규직으로 구분하기보다는 최고 부자가 1% 존재하고 중산층은 없어지면서 하위층이 비대해지는 문제를 주로 지적하지 않습니까?

이동걸 소득 불평등에 중산층이 얇아지기까지 하면 양극화로 인식하는 거죠.

이정우 중산층의 규모를 추정하는 연구가 더러 있는데 한국은 확실히 중산층이 줄고 있어요. 계층의 양극화, 그야말로 1% 대 99%의 세계죠.

윤석헌 대부분 어느 한쪽이 다른 쪽 때문에 금전적·정신적 피해를 보거나 공정하지 못한 대우를 받게 되면 양극화라고 볼 수 있겠죠. 우리나라에서 일어나는 양극화 문제의 대부분이 불평등 내지 불공정을 내포하고 있습니다.

신분과 가난이 대물림되는
계급사회 '헬조선'의 등장

김태동 요즘 젊은이들이 잘 쓰는 말 중에 '헬조선'이라는 말이 있어
요. '헬'은 지옥이고 '조선'은 과거 조선시대처럼 신분사회로, 신분
과 가난이 대물림되고 재벌의 지배가 세습된다는 의미죠. 한국 양
극화의 의미를 함축적으로 담아낸 말이라고 봐요.

최정표 헬조선도 한쪽은 헬이지만 반대쪽은 파라다이스거든요. 어느
사회나 극과 극이 있는데 그 극이 벌어져서 도저히 쳐다볼 수 없
는 현상이 양극화예요. 우리나라는 위와 아래 계층의 격차가 워낙
심각한 나머지, 아래 계층에는 희망이 없으니 헬조선이라고 하는
거죠.

이동걸 일반적으로 사회가 분화되는 현상이 통계치로 나타날 뿐만
아니라 사회이동성이 저하되면서 계층 이동이 정체되고 많은 사
람이 이를 느끼는 단계가 되면 정치적·사회적으로 양극화를 받아
들여야 한다고 봅니다. 양극화나 헬조선이라는 단어가 인터넷상
이나 젊은이들 사이에서 화두가 되었다는 자체가 많은 이가 피부
로 느끼고 있다는 증거지요. 단어의 정의 자체에 집착하기보다는
이런 현상을 양극화로 보고 그것이 개선되지 않거나 악화되는 요
인을 찾아서 어떻게 개선할지 접근해야 한다고 봅니다.

김태동 현재 우리나라 자살률이 최고 수준이고 출생률이 최저 수준
입니다. 다수가 얼마나 살기 힘든지 왜곡 없이 보여주는 지표입니
다. 정부가 숨기려 해도 숨길 수 없는 지표이기도 하고요. 연애, 결
혼, 출산을 포기하는 세대를 말하는 '삼포세대'라는 단어가 과거

에 나왔잖아요. 그걸 넘어서 삼포에다가 취업과 집 마련까지 포기하는 '오포세대'도 나왔고 오포에다가 인간관계, 앞으로 희망을 포기했다고 '칠포세대'도 나왔어요. 최근에는 아예 셀 수 없이 많은 것을 포기했다고 해서 'N포세대'라는 말까지 나왔죠.

장세진 저는 헬조선, N포 세대, 흙수저 등의 말은 사용하고 싶지 않습니다. 어떤 경우라도 타고난 시대나 부모를 원망해서는 안 되지요. 요즘을 살아가는 청년들이 그만큼 좌절하고 있다는 점을 이해하는 것으로 충분하지, 우리까지 쓸 필요는 없다고 봅니다.

이동걸 우리 젊은이들이 일본의 사토리〔さとり〕 세대(1980년대 후반부터 1990년대에 태어나, 2013년 현재 10대~20대 중반으로 돈벌이는 물론 출세에도 관심 없는 젊은이들을 이르는 말)처럼 되어가는 거지요.

여러 통계를 보니 흥미롭게도 대략 3 대 2의 비율이 적용되는 경우가 많았습니다. 남자와 여자·대기업과 중소기업·정규직과 비정규직 평균임금 비율 등이 그렇습니다. 저는 2의 영역에 있는 사람들은 3에 들어가지 못하는 것이 양극화의 징표라고 봅니다. 여자는 아무리 열심히 일해도 남자 임금의 62~63%밖에 받지 못하고 중소기업의 임금은 대기업의 3분의 2 수준이고 비정규직은 정규직보다 위험하고 더 많이 일해도 그 정도밖에 못 받죠. 그런데 최근 통계를 보니까 그 비율이 더 낮아지고 있더군요.

노동소득분배율 지속적 하락

김태동 어쨌든 우리나라는 99%가 불행하다고 느끼는 사회예요.

이동걸 1%(행복하다고 느끼는 사람들) 대 99% 현상을 국민소득National

Income(NI)에서 노동소득이 차지하는 비율인 노동소득분배율로 설명할 수도 있는데, 우리나라의 노동소득분배율은 통계수치가 불완전하다는 비판을 받고 있어서 대신 국민총소득Gross National Income(GNI: 가계·기업·정부 등 한 나라의 모든 경제주체가 일정기간에 생산한 총부가가치를 시장가격으로 평가해 합산한 소득구매력을 나타내는 지표)에서 가계부문이 차지하는 비중도 많이 이용해요. 전체 국민소득 중 가계가 가져가는 비중이 줄면 99%의 소득이 줄게 되죠.

국민총소득 중 가계부문의 비중 추이를 보면 1970년대 80%가량이었던 것이 그 이후 지속적으로 감소해서 1983년에 70.3%까지 떨어졌고 그 이후 1997년 외환위기 직전까지 69~72% 사이를 왔다 갔다 했어요. 그리고는 외환위기 이후 또 급격히 떨어지기 시작해서 2010년에 60.3%까지 내려왔다가 최근에 약간 반등

〈그림 1-2〉 경제주체별 명목 국민총소득 비중 추이(1975~2014년)

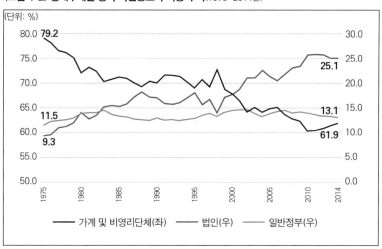

출처: 한국은행

했습니다(2014년 61.9%). 반대로 국민총소득 중 법인부문의 비중은 1970년대 9%대, 1980년대 중반부터 1990년대 중반까지 16% 내외, 그 이후 계속 급등해서 최근에는 25%를 넘고 있어요. 일반 노동자뿐만 아니라 자영업자도 포함된 가계부문의 소득 비중은 급격히 준 데 반해 법인소득은 많이 늘었다는 것은 상위 1%의 소득과 재산이 늘었다는 것이겠지요. 이것만 봐도 1% 대 99%의 소득 양극화가 얼마나 심해졌는지 짐작할 수 있습니다.

윤원배 노동분배율(국민소득 중 노동소득이 차지하는 비율), 자본분배율(국민소득 중 자본소득이 차지하는 비율)은 국민소득이 노동자와 자본가에게 어떻게 분배되고 있는가를 나타내는 지표이므로 노동양극화, 즉 정규직과 비정규직의 소득격차를 논하는 것과는 구분해서 조심스럽게 살펴야 해요. 노동분배율이 낮아지면서 국민소득에서 정규직이 차지하는 소득비율도 점점 낮아지고 있잖아요. 정규직과 비정규직의 논의를 잘못하다 보면 '노동분배율 전체가 낮아진다'는 문제가 희석될 수 있어요.

특히 보수주의자들은 자본가들이 더 많은 몫을 가져가고 있다는 사실은 숨기고 정규직과 비정규직을 싸움 붙이려는 식으로 노동만 공격하면서 소득양극화의 책임을 정규직에게 떠넘기고 있잖아요. 그러다 보면 1% 대 99%간의 불평등 문제가 가려질 수 있어요.

윤석헌 양극화로 나뉜 그룹 간에 서로 소통이 이루어지지 않는다는 것도 문제입니다. 지금 말씀하신 노동과 자본의 문제가 대표적이지만 우리 사회에는 노년층과 젊은층, 지방과 서울, 심지어 기술을 빨리 쫓아가는 쪽과 그렇지 못한 쪽 등 이와 유사한 갈등이 존재합니다. 정책적인 노력으로 소통될 수 있는 부분도 결국 대립으로 치닫는 경우가 많습니다. 따라서 양극화라는 큰 개념을 다루기도 해야 하지만 사안별로 해결방안을 모색하는 접근방법도 필요합니다.

정치권이 양극화의 간극을 더 벌려 놓는 경우도 있습니다. 정파 간 논리와 반대논리를 개발하다 보면 불필요한 관계를 창출하게 되지요. 사과와 오렌지 간에 보완성이 있는데 대체성만 강조하는 것과 같아요.

이동걸 예를 들어 노무현 정부와 김대중 정부 때 남녀평등을 위해 군대 가산점을 제외하자고 주장했죠. 그다음에 보수정권이 들어서면서 가산점을 부활시켰고요. 그런 식으로 남녀 간에 싸움을 붙이는 거 아닙니까?

장세진 정치권에서 그런 식으로 벌이는 일은 너무 많죠. 기회만 있으면 야당에서도 여당 쪽에 싸움을 걸려고 하잖아요. 그러니 그것은 상수로 봐야 하는 게 아닐까요?

이동걸 보수 정치권에서 싸움 붙이는 건 상수로 보고 대응해야죠. 피해자들이 협력해서 가해자와 싸워야 하는데 오히려 가해자의 농간에 놀아나서 피해자들끼리 치고받는 경우도 많으니 문제입니다.

분배 악화시키는 정부

김태동 임금착취·노동자착취 문제는 19세기부터 계속되어왔는데 우리나라에서는 그 이외에도 여러 불공정한 방법으로 착취나 수탈이 가능한 시스템이라는 게 큰 문제입니다. 주식시장, 부동산시장,

자산시장에서 거품이 일 때 다주택자가 주택을 팔거나 대주주가 주식을 처분하면 천문학적 이익을 실현할 수 있잖습니까? 재벌들은 굳이 주식을 처분하지 않더라도 가능합니다. 지난 1년, 이건희 회장이 쓰러지고 삼성에서 이재용 체제를 만들기 위해 계열사 몇 개를 합병시키고 상장시키는 과정에서 그 삼남매에게 돌아간 자본이득이 7조 원이 넘습니다. 그 밖에 정부의 금리정책, 환율정책, 조세정책도 재벌에 유리하게 돌아가죠. 분배는 물론 재분배도 악화시키는 역할을 정부가 하고 그런 정부를 경제권력인 재벌총수들이 만든 거죠. 그러니 1%, 더 줄여 0.1%에게는 천국, 나머지에게는 지옥으로 느껴지는 겁니다.

윤석헌 그렇다면 재벌이 정부를 그렇게 만들었다고 봐야 할까요, 아니면 정부가 재벌을 그렇게 만들었다고 봐야 할까요? 그렇게 해서 발생하는 불평등에 정부가 손쓰지 않는다는 것은 암묵적으로 이를 인정하는 것이며 불평등에 편승하는 셈이 아닐까요? 만약 정부가 재벌을 그렇게 만들었다면, 이제부터라도 바로잡아야 할 텐데 그 수단으로 조세정책이 들어갈 좋은 논리를 제공하는 것이 아닐까요?

재벌은 과거부터 존재했는데 경제개발 추진 과정에서 정부가 도와주고 키웠잖아요. 그렇다면 국가가 재벌을 그동안 도와줬으니 이제는 재벌이 국가와 사회를 위해 무엇인가 할 때라는 논리가 성립합니다. 가령 요즘 미국 등 다른 나라는 고용문제를 해결하기 위해 해외에 나가 있는 기업을 불러들인다고 하잖아요. 왜 우리는 그렇게 하지 않는 겁니까? 결과적으로 재벌이 불평등에 기여하는 부분이 있다면 정부가 교정조치를 취할 책임이 있다고 봅니다.

이동걸 애들도 머리 커지면 말을 안 듣는 것처럼 전세가 역전된 거죠.

윤석헌 정부가 힘이 없다고 하는데, 마음먹고 달려들어도 못할까요?

최정표 못하죠. 지금 대통령이 5년 단임이라서 재벌의 눈치를 보고 있어요.

윤원배 저는 지금도 정부가 하려고만 하면 할 수 있다고 생각해요.

이동걸 물론 하려고 하면 되겠죠. 그런데 솔직히 얘기해서 하려고 하다가 쫓겨난 사람들이 여기 다 모여 있잖아요.(일동 웃음)

사라지는 계층 이동의 사다리

윤원배 일부에서는 개천에서 용 나는 시대는 지났다고 하면서 대표적인 예로 로스쿨law school(법학전문대학원)을 들고 있는데요, 저도 양극화의 관점에서 로스쿨 문제를 짚어보고 싶어요. 소득격차나 양극화가 심화되어도 그것을 넘을 만한 수단이 있어야 하는데 그것마저 사라지고 있으니까요.

최정표 양극화와 관련해 굉장히 중요한 문제예요. 소위 계급의 사다리가 계속 없어지고 있어요. 과거에는 계층을 타고 올라갈 사다리가 학벌, 학력이었는데 지금은 대학만이 유일하게 남았죠. 그런데 대학조차도 입학사정관제도(대학이 입학업무만 담당하는 전문가인 '입학사정관'을 채용해 신입생을 선발하는 제도)로 돈에 좌우되고 있어요. 돈이 없으면 입시 컨설턴트도 사지 못하고 입학사정관 서류도 만들지 못하거든요. 계급의 사다리를 없애는 시스템이 곳곳에 굉장히 많아요.

김태동 흔히 강남 공화국이라는 말을 합니다만, 강남의 비싼 부동산

가격을 좌지우지하는 시스템 중 하나가 학군제도예요. 학군이 좋다는 평판 때문에 재건축해야 할 만큼 낡고 좁은 아파트에도 전세로 사는 사람들이 있죠. 어쨌든 교육에 비용이 너무 많이 들어가요. 사교육비 통계가 정확히 잡히지 않고 있지만 나온 것만 봐도 우리나라 주거비용의 네 배 정도가 들어요. 지금은 대학교에 들어가서도 교양과정은 물론이고 전공까지도 과외를 받는 세상이에요. 물론 취업을 준비할 때도 과외를 받고요. 요람에서 취직할 때까지 과외 받다가 한쪽은 천국행 사다리를 타고 99%는 지옥으로 떨어지는 겁니다.

윤원배 그 연장선상에서 로스쿨 문제를 들여다볼까요?

윤석헌 애초에 로스쿨은 변호사 수를 늘려서 그들끼리 경쟁도 시키고 해서 고착화된 독점적 구조를 깨보자는 취지에서 출발했다고 봅니다. 한국 사회에서 가장 폐쇄적이고 경직된 집단 중 하나가 법조계라는 말이 있을 정도니까요. 그만큼 힘이 있고 잘 뭉쳐 있다는 뜻이겠죠.

김태동 다 그렇지는 않습니다. 서울변호사협회처럼 성접대 혐의로 물러난 법무차관의 변호사회 가입을 막는 등 일부에서는 자정 노력을 하고 있어요. 대한변호사협회(이하 변협)는 결국 허용했지만요.

최정표 변호사 세계도 양극화가 심하답니다. 전관前官들은 양지에서 사는 데 반해 나머지 70% 이상은 아주 살기 어렵대요. 그런데 변협 회장을 투표로 선출하다 보니 소속 변호사들이 투표권을 가지고 여러 가지 요구를 하는 거예요. 그에 맞추어 후보들도 대법관들의 개업을 제지하고 전관예우를 없애는 등 공약을 내세우고요. 변호사도 심각한 양극화로 못 먹고사는 변호사가 너무 많으니 벌어지는 상황일 수도 있다는 겁니다.

이동걸 변협에서는 적은 수입에 불확실한 신분을 가진 신진 변호사 다수가 투표로 의사를 표현하네요. 장기적으로는 변호사업계 내에서 개혁작업이 일어나서 궁극적으로 사회도 변화시킬 수 있을 것으로 보이네요. 일반 국민 가운데 핍박받고 소득 불안정하고 하위층인 70%는 양극화 시대인데도 조용한데 말이죠. 변협에서는 회원들의 뜻이 투표로 어느 정도 나타나는데 왜 정치판에서는 국민의 뜻이 반영되지 않을까요? 투표로도 개선되지 않는 정치구조를 어떻게 바꿀 것이냐가 논점이 되겠네요.

윤원배 로스쿨 문제에서 또 하나 지적하고 싶은 것은 로스쿨의 도입 의도는 좋았지만 힘 있는 사람들이 악용하니까 원래 의도가 발현되지 않는다는 점이에요.

윤석헌 음서제도화 되고 있죠.

윤원배 실력보다는 힘 있는 사람들의 자제들이 검사, 판사가 된다는 거예요. 사법시험제도 체제에서는 결코 변호사가 될 수 없는 사람들이 로스쿨을 통해 검사, 판사가 되고 있어요. 실력 있는 사람들은 밀려나고요. 우리 사회는 어떤 문제의 해결책으로 어떤 제도를 도입해도 오히려 그 문제를 어렵게 만드는 경우가 많아요. 그래서 도입된 제도를 어떻게 활용하는지가 더 중요하죠.

최정표 윤원배 교수의 말씀처럼 로스쿨에 진학하는 학생은 부모가 법대 교수 등 전문직이나 전관의 자제가 많아요. 경제력이 뒷받침되지 않으면 로스쿨에 들어갈 수 없어요. 로스쿨을 졸업한 후 대형로펌에 취직하는데도 연고가 많이 좌우해요. 결국 힘 있는 부모를 둔 자녀들이 대형로펌에 가죠. 판검사 임용도 변호사시험 점수를 공개하지 않아 투명하지 않고요.

이동걸 조금 전에 말씀드린 '변호사업계 내부로부터의 개혁'을 연장선에서 덧붙이면, 저도 변호사 친구에게 들은 건데 지금 변호사업계 내에서 서울 대형로펌이 불만의 대상이 되고 있다고 합니다. 변호사들 가운데 돈 벌기 힘들어진 다수가 가만히 판세를 보니 대형로펌들이 연줄을 동원하고 로비해서 수임건을 다 쓸어가고 있거든요. 결국 변호사와 변호사의 싸움이 되면 외부와 변호사의 싸움보다 쉽게 해결되지 않을까 하는 생각이 드는 거죠.

이정우 로스쿨 문제에서 짚고 넘어가야 할 것으로 음서제도화를 지적했는데 우리의 예상과 달리 서울대학교 연구팀이 로스쿨 1~3기 입학생 부모와 사법연수원 40~43기 부모의 직업을 조사한 결과, 의사, 변호사 등 전문직 부모를 둔 비율은 로스쿨 18.5%, 연수원 16.7%로 큰 차이가 없었어요. 또 로스쿨의 도입으로 300만 원짜리 막변(과거에는 '막 일을 시작한 변호사', '막내 변호사' 등을 뜻했지만 요즘은 사건을 수임하지 못하고 월급도 변변치 않아 '막일 변호사', '막장 변호사'를 뜻하는 은어)이 대량 출현하면서 법에 호소하기 힘든 서민도 변호사를 적은 비용으로 고용할 수 있는 길이 열렸다는 점도 예상과는 다른 현상이에요.

그리고 로스쿨제도 도입 이유 중 하나가 사법시험을 준비하다가 취업 시기마저 놓쳐버리는 소위 '고시낭인'의 폐단을 줄이자는 것이었어요. 과거에는 사법고시제도가 불가사리처럼 대학을 완전히 잡아먹었어요. 공부 좀 한다는 젊은이들이 전부 사법고시를 준비했거든요. 그런데 로스쿨 이후 그런 현상은 줄었으니 로스쿨이 현대판 음서제도라는 단점도, 분명히 개선된 측면도 있어요.

장세진 어떤 문제들이 제기되면 우선 드러난 단점만 보는 경향이 있는데 장점도 있다는 것을 잘 말씀해주셨네요.

최정표 아직 판단하기는 이르죠. 지난 2015년 12월 초에 사법고시 폐지 시한을 4년 더 유예한다고 발표했거든요.

윤석헌 국가가 정책을 몇 년 추진해보지도 않고 그만두는 건 잘못입니다. 로스쿨이나 사법고시가 각각 문제를 안고 있지만 어렵게 도입한 제도이므로 살려나가야 하지 않을까요? 정작 문제는 사다리를 필요로 하는 사회에 있어요. 로스쿨 도입취지를 살리면서 거기서 발생하는 문제를 풀어가는 게 타당한 방향이라고 봅니다.

불평등을 심화시키는 세 가지 원인

이정우 현재 대한민국의 양극화는 꽤 심각하고 갈수록 심해지고 있습니다. 프랑스 경제학자 토마 피케티Thomas Piketty의 연구에서 한국이 빠졌는데《21세기 자본》개정판을 낼 때는 동국대학교 김낙년 교수의 연구를 토대로 넣을 것이라고 해요. 그 연구를 보면 한국의 최고 1% 또는 최고 10%의 소득 몫이 꽤 크다고 합니다. 미국보다 조금 작고 유럽보다 큰 수치예요. OECD 내에서 한국의 불평등은 심한 편인데, 몇 년 뒤 한국 불평등이 미국 수준이 될 것으로 예측하고 있어요.

윤원배 그 원인을 무엇이라고 보시는지요?

이정우 불평등 심화의 원인이 무엇인지 아는 것도 상당히 중요한데요. 양극화가 심하기로 악명 높은 미국의 연구를 참고하면 주로 3대 가설이 있어요.

〈표 1-1〉 한국의 부의 집중도

	상위 50%	상위 10%	상위 5%	상위 1%	상위 0.5%
경계 자산(threshold wealth)					단위: 백만 원
2000	9	149	274	649	862
2007	9	192	310	742	1,064
2013	9	224	380	991	1,634
평균 자산(average wealth)					단위: 백만 원
2000	120	396	594	1,375	2,015
2007	170	531	813	2,276	3,671
2013	184	624	954	2,437	3,629
부의 집중도(top wealth shares)					단위: %
2000~2007	97.7	63.2	48.0	24.2	18.4
2010~2013	98.3	66.0	50.3	25.9	19.3
비교: 소득 집중도(top income shares)					단위: %
2000~2007		38.7	24.9	9.6	6.6
2010~2012		44.1	29.7	12.1	8.6

주: 상위 x%란 20세 이상 성인 인구 중에서 자산 상위 x%란 뜻
출처: 한국의 부의 불평등, 2000~2013: 상속세 자료에 의한 접근 김낙년(동국대).

첫 번째가 '기술 가설'입니다. 디지털 디바이드Digital Divide, 즉 정보 격차죠. 한국도 1997년 무렵부터 양극화가 심해졌는데 컴퓨터, 인터넷이 큰 영향을 미쳤기 때문에 정보 격차도 그때부터 나타나기 시작했어요.

두 번째는 세계화하면서 양극화가 심해진다고 보는 '세계화 가설'입니다. 그런데 세계화가 반드시 양극화를 초래하지는 않아요. 나라마다 다르게 나타나기 때문에 지금은 기술 가설이 세계화 가설보다 중요하다고 봅니다.

세 번째가 '제도나 정책 가설'입니다. 앞선 두 가지가 주요 가설이었는데 최근에 폴 크루그먼Paul Krugman, 조셉 스티글리츠

Joseph Stiglitz 같은 노벨경제학상 수상자들이 미국의 제도, 정책이 불평등 심화에 영향을 미쳤다는 책을 연달아 쓰면서 점점 더 힘을 얻고 있어요.

윤원배 한국은 어떤 가설이 영향을 미쳤나요?

이정우 한국의 경우 기술 가설이 중요한 영향을 미쳤다고 보는데 제가 보기에는 그보다 제도나 정책 가설의 영향이 더 커요. 앞서 이동걸 교수의 말대로 1997년까지 불평등과 양극화가 개선되는 지표가 여러 개 나타났는데 그 이후 외환위기 때문에 모든 지표가 악화로 돌아섰거든요. 외환위기가 터지면서 미국이 한국 경제정책에 개입하기 시작했고 시장만능주의(신자유주의)가 도입되었다고 봅니다. 그 이후 정부가 시장에서 손을 떼고 규제완화를 주장했는데 지금도 계속하고 있어요. 그러면서 약자를 도와주는 정부의 역할이 더 약해지고 결국 완전히 손을 놓았지요. 양극화 심화는 바로 1997년 이후 미국의 요구로 직수입된 시장만능주의라는 괴물이 가장 큰 원인입니다.

한국의 양극화는 정책과 제도의 문제

김태동 저는 1960년대 이후 지금까지 반세기 이상 경제정의에 어긋난 경제시스템과 정책, 즉 세 번째 가설이 양극화 심화에 가장 큰 영향을 미쳤다고 봅니다. 먼저 1980년대까지 보면 잘못된 제도와 정책으로 인플레이션이 양극화의 주요 원인이었습니다. 당시 우리 경제를 대만과 비교해보면 성장률은 비슷한데 인플레이션은 우리의 절반 또는 그 이하입니다. 인플레이션이 부동산시장을 통해 빈익빈 부익부로 증폭하는 역할을 하거든요. 88올림픽을 치르고 1989년에 최초 시민단체인 경제정의실천시민연합(이하 경실련)이 등장했어요. 그때 시민운동가들이 경제정의에 가장 어긋난다고 판단한 게 부동산이었거든요. 그전에도 수십 년간 부동산가격이 폭등했지만 1988년 한 해 전국의 토지가격 총액이 770조 원에서 981조 원으로 연간증가액이 211조 원이었고 1년 GNPGross National Product(국민총생산) 123조 원의 1.7배나 되었죠. 모든 노동자와 자본가가 생산해내는 부가가치보다 땅값상승을 통한 불로소득이 두 배나 되었던 거죠. 토지공개념위원회土地公槪念委員會에서 토지소유 지니계수를 내보니까 0.9나 되었고 상위 1%가 소유한 토지가 90% 이상이었어요. 소득 지니계수인 0.3에 비하면 엄청났던 거죠. 고도성장시대에 성장의 열매는 불로소득 계층에게 대부분 돌아갔던 것입니다.

박정희-전두환 정권에서 노동시장 착취로 분배도 악화되었지만 부동산 폭등으로 오히려 더 재분배 악화가 컸다는 걸 잊어서는 안 됩니다. 또한 재벌가를 포함해 땀 한 방울 흘리지 않고 큰 재산을 모은 부동산 졸부들을 잊지 말아야 합니다. 그들이 자식들에게 상속으로 금수저를 물려주고 있는 게 요새 '헬조선'의 한 축이고요.

윤원배 노태우 정권 이후는 어떻습니까?

김태동 노태우 정권은 '토지의 소유와 처분은 공공의 이익을 위해 적절히 제한할 수 있다'는 토지공개념으로 개발이익환수제(토지에서 발생하는 개발이익을 환수함으로써 토지에 대한 투기를 방지하고 토지의 효율적 이용을 촉진하기 위해 도입된 제도) 등 몇 가지를 도입했지만, 김영삼 정권은 OECD 가입과 세계화 등 잘못된 길로 가는 바람에 외환위기를 초래했습니다. 김영삼 정권이 IMFInternational Monetary Fund(국제통화기금)에 구제금융을 신청하면서 협약을 맺을 수밖에 없었고 그 협약을 빙자해 '노동시장 유연화'를 빌미로 노동개악법을 임기 말에 국회에서 통과시켰죠. 외환위기는 바로 많은 기업을 도산시키고 실업자를 양산했기 때문에 나쁜 것입니다. 그 결과로 양극화도 심해졌고요. 김대중 정권에서는 국회에서 재벌 편을 들면서 외환위기까지 초래한 당의 반대로 기초생활보장 등 분배개선정책을 뜻한 만큼 관철시키지 못했죠.

경제학자 애덤 스미스Adam Smith는 '이기심self-love은 좋지만 타인에게 피해를 주는 지나친 이기심selfishness, 즉 지나친 탐욕rapacity은 법으로 제재해야 한다'고 했어요. 우리는 그전에도 제재하지 않았고 이명박 정권 이후에는 법 자체를 더 불공평하게 만들었어요. 관치금융이 계속 유지되어 금융위기가 빈발했고 결국 다수가 빈곤층으로 전락했죠. 이명박 정권은 취임 후 부자 감세부터 시작했죠. 이어 현 정권은 부동산시장을 회복시켜 부자들의 재산을 지켜주는 역할만 하고 있고요. 위기가 되풀이될수록 양극화는 심해질 수밖에 없죠.

윤석헌 제도나 정책 자체보다 이를 잘못 사용한 사람의 책임이 더 크다고 봅니다. 이명박 정부든, 박근혜 정부든 정책을 만들고 추진해가는 과정에서, 즉 재벌 위주의 정책을 계속 끌고 가는 과정에서 법인세나 개인소득세를 건드리지 않으면 소득 격차는 나기 마련인데 그것을 조세나 복지 정책으로 조절하지 않고 성장에만 초점을 맞춘 것이 더 큰 문제입니다.

이동걸 다른 게 아니라 결국 같은 이야기네요. 그런데 한 가지 짚고 넘어가자면, 김태동 교수가 법 자체가 불공평하고 제도가 편파적이 되었다고 하셨는데 과연 누가 법과 제도를 조작해서 불공평하게 만들었냐는 거죠. 1990년대 후반부터는 불공평하고 편파적인 정책들을 재벌이 뒤에서 주도하고 공무원들은 수동적으로 따라갔어요. 경실련에서 여러 분이 애쓰는데 재벌에서는 한 분야에 수백 명씩 달려들어 일하고 있거든요. 한국경제연구원(이하 한경연), 전국경제인연합회(이하 전경련), 재벌 로비팀, 기획팀, 재벌 연구소 등 조직적으로 말이에요. 그 수많은 인력을 당해내기가 정말 힘들어요. 제도, 정책을 주도하는 주체가 바뀌었습니다.

세계도 지금 양극화 중

윤석헌 양극화 현상에서 외국과 우리가 같은 점은 제도가 대부분 외국에서 도입되어 유사하다는 것이고 다른 점은 정책과 제도 사용자의 문제, 즉 재벌과 관료의 문제가 추가되었다는 거죠. 관료들이 정치적 입맛에 맞춰서 재벌의 이해를 대변하는 쪽으로 정책과 제도를 적당히 사용하는 상황이 우리 문제를 악화시키고 있어요.

이동걸 한국과 미국이 특히 양극화가 심하고 유럽은 좀 덜하죠. 정치체제 역시 우리와 미국은 승자독식체제이고 유럽은 다극화체제거든요.

장세진 세계와 우리나라의 양극화 원인이 다른가요?

이정우 세계적으로 불평등이 심해졌다는 보고서가 많이 나오고 있으니 양극화가 우리나라만의 문제는 아니죠. 현재 분배가 개선된 나라는 다섯 손가락 안에 들 정도예요. 심지어 북유럽도 분배가 잘 안 되고 있어요. 양극화가 세계적인 추세이다 보니 IMF 같은 기구에서도 위기감을 느껴서 소득 재분배 문제를 거론하고 있어요. 피케티 같은 학자가 인기 있는 이유도 양극화 심화 같은 배경 덕분이지요.

최정표 이전에는 20~30년에 한 번씩 전쟁이 일어나는 바람에 세상을 확 흔들어버리고 다시 시작했는데 평화가 너무 오래 지속되어서 그렇다고 보는 의견도 있어요. 지금은 70~80년 정도 평화가 지속되어 2~3대에 걸쳐 양지가 고착화된다고 보는 시선도 있어요.

이정우 피케티 책에서도 비슷한 시선이 있죠. 부자들의 부를 파괴하고 평준화시킨 요인으로 제1, 2차 세계대전과 대공황, 뉴딜정책을 꼽아요.

이동걸 2008년 세계금융위기가 실은 정부가 천문학적 규모의 돈을 투입하지 않았으면 대공황이나 마찬가지 상황 아닙니까?

윤원배 저는 양극화 심화의 원인을 '공산권의 몰락'과 '강화된 세계화 및 자유화의 확대'로 꼽고 싶어요. 1989년 독일의 베를린 장벽이 무너지고 1991년에 소련이 해체됨과 동시에 사회주의 블록이 몰락한 것이 양극화에 영향을 끼쳤다고 봅니다. 그때를 기점으로 미국의 단일 패권주의가 모든 나라에 개방과 자유화를 강요했어요. 그러다 보니 약자를 보호하는 정책 없이 경쟁만 확대·심화되었어요.

이동걸 세계적인 양극화를 그렇게 분석하는 책도 상당히 많아요. 사회보장제도가 비스마르크Otto Eduard Leopold von Bismarck 때 나온 배경도 민란이나 봉기를 우려했기 때문이죠. 사회주의 예방 차원에서요. 냉전체제에서 미국도 국내 소요를 억제하기 위해 어느 정도 소득을 재분배했고 우리나라 같은 나라도 먹고살게 해줘야 했고 우리나라에서 분란이 생기지 않도록 압력도 넣어야 했어요. 미국이 대체로 제3세계에 그런 정책을 썼기 때문에 어느 정도 소득이 분배되면서 끌고 왔어요. 그런데 냉전이 끝나면서 그럴 필요성이 사라졌기 때문에 양극화가 심각해졌다고 분석하는 거죠.

이정우 사회주의가 실패했다고 하는데 사실은 사회주의가 있었기에 자본주의가 조금 더 계몽되고 양순한 성질을 갖게 되었다는 주장도 있습니다.

이동걸 사실 발전한 형태의 자본주의는 예전 사회주의의 모습을 어느 정도 흡수한 제도니까요.

최정표 세습도 양극화를 부추깁니다. 교회마저 세습하려 드는 현실에서 학교도, 언론사도, 기업도 세습하지 않을 수 없다면 과연 정상적으로 세습하느냐의 문제가 중요해집니다. 법 내에서는 안 되니까 편법, 탈법으로 하는 경우가 많죠.

윤원배 정부는 올해부터 중소기업이 과도한 상속세를 마련하지 못해 가업승계를 포기하거나 자산매각으로 상속세를 마련하다 경영이 위축되는 등의 부작용을 해소한다는 명분으로 자식들이 가업 승계할 수 있도록 지속적으로 제도를 개편한다고 하잖아요.

최정표 그건 결국 세금을 내지 않고 대물림해주겠다는 건데요. 미국에는 기부문화가 발달되어서 양극화를 해소하는 데 보완작용을 합니다. 세습도 절제되어 있고요. 그에 반해 우리나라는 세습, 상속 문제가 양극화를 심화시키는 원인 중 하나예요.

이동걸 조세구조도 마찬가지고요. 일감 몰아주기로 엄청나게 돈을 번

건 배임, 횡령이고 탈세인데 단속하지도 않아요. 그런 걸 다 눈감아주고 뭘 하겠다는 건지 답답합니다.

윤석헌 그러니까요. 소득세 최고세율이라도 올려야 하는데 세율은 절대 고치지 못하는 것으로 알고 있어요.

최정표 상속세가 붙기 전에 사전상속을 하니 세율은 의미가 없지요. 다 편법, 탈법이죠.

이동걸 그래서 노무현 정권 때 포괄적 상속세를 적용하려고 했는데 돈 가진 사람들이 죽어라고 반대하니까 못한 거죠.

이정우 상속세가 소득세와 비슷한 수준이에요. 피케티의 책에도 소득세, 상속세가 전 세계적으로 낮아졌다고 나오죠.

이동걸 미국의 루스벨트Franklin Delano Roosevelt 대통령 시절에 상속세도 그렇고 소득세 최고세율도 90%를 넘었잖아요.

김태동 몇십 년 동안이었는데 그때 가장 미국의 성장률이 높았죠.

이동걸 레이건 정권이 세율구조를 단순화한다는 명분으로 조세개혁법을 통과시키면서 최고세율을 확 낮춰버렸습니다.

이정우 자본주의 황금시대the golden age of capitalism 때 미국 최고 소득세율이 98%까지 올랐다가 지금은 30%대 수준이죠. 레이건 정권 이후 부자들의 조세 반란tax revolt이 일어나면서 낮아졌어요.

한국 양극화의 핵심은 부동산 문제

이정우 우리나라의 소득양극화는 외국과 비슷한 수준인데도 한국 사람들이 더 불평등하다고 느낍니다. 그 이유가 부의 불평등이고 그 핵심이 부동산, 토지, 주택이죠. 수십 년간 우리나라에서는 가진

자들이 부동산 투기로 부익부빈익빈 현상을 가속화시켰어요. 그나마 참여정부 때 열심히 바로잡았지만 이명박 정권과 현 정권이 빚내서 집 사라고 부추기는 정책을 썼어요. 그 결과 전세금 폭등과 전세의 월세 전환과정에서 피해가 엄청나게 큽니다. 최근 2년간 전세금 인상 평균이 8,000만 원이에요. 서민이 만질 수 있는 돈이 아닙니다. 피해자는 계속 피해자고 이득을 본 사람은 계속 이득을 보면서 보호받는 구조입니다.

장세진 저는 전세제도를 강자와 약자라는 프레임으로 봐서는 안 된다고 생각합니다. 그러면 잘못된 정책을 만들게 돼요. 전세가격은 매매가격에 전세가율을 곱해서 계산하는데, 최근에는 주로 전세가율이 상승하는 바람에 전세가격이 올라갔잖아요? 전세가율은 이자율에 비해 집값상승률이 낮을수록 올라가기 마련입니다. 그렇지 않으면 돈이 많아도 전세를 얻는 것이 집을 사는 것보다 유리하지요. 차익거래 또는 수요공급의 논리로 충분히 설명할 수 있다는 말입니다. 이 경우, 세입자에게 세제 및 금융 지원을 해주는 것은 오히려 전세수요를 늘려서 전세가격을 더욱 상승시키게 됩니다.

이정우 저와 생각이 좀 다르네요. 과거에 집주인들은 집값 상승으로 이득을 봤기 때문에 심지어 집값의 30%로 전세를 봐도 문제 되지 않았어요. 지금은 집값이 상승하지 않으니까 전세금이 너무 가파르게 올라가요. 가난한 사람들은 이래저래 죽을 지경인 거죠. 제 주장은 한국의 집값이 너무 비싸니까 장기적으로 집값을 절반 이하로 낮춰야 한다고 봐요. 다만 급작스레 하면 충격이 크므로 점진적 하락을 통한 연착륙이 바람직하다고 봅니다. 그걸 정부가 해야 되는데 거꾸로 자꾸 빚을 내서 집을 사라고 하니까 문제지요.

이동걸 두 분이 관점의 차이일 뿐 결국 같아요. 집값이 오르면 재산가치 상승을 목적으로 하니까 싸게 전세를 줄 수 있을 테고 집값이 계속 오르지 않으면 전세를 싸게 줄 이유가 없어지니 회전수익률을 높이기 위해 월세로 가겠죠. 결국 집값이 오르지 않으면 전세는 집값에 수렴할 수밖에 없지 않습니까? 장세진 교수는 집값을 기준으로 전세가 집값으로 수렴할 거라고 말씀하신 것이고 이정우 교수는 전세를 기준으로 집값을 낮춰야 한다고 주장하시는 거죠. 무엇을 기준으로 두느냐의 차이 아니겠습니까?

김태동 전세가 우리나라에만 있다는 것 자체가 우리 부동산시장이 다른 나라보다 불공정하다는 증거죠.

이동걸 양극화와 관련해 부동산을 논할 때는 집세와 전세 문제가 나올 수밖에 없어요. 사실 한 가구가 집 한 채를 사서 살면 문제없죠. 결국 양극화와 관련한 전세 문제는 집을 여러 채 가진 10% 미만의 사람과 집을 가지지 못한 40% 사람의 게임으로 본다면 이해관계가 충돌하니까 심각해질 수 있다는 거죠. 주거비가 높아질수록 고소득자가 저소득자의 돈을 빼앗아가는 구도가 되고 소득양극화는 더 심해져요.

윤석현 수요공급의 불균형이 일어나는 정도라면 조정해나가면 됩니다. 그런데 경기활성화에 급급한 정부가 부동산시장에 개입해서 양극화의 틈을 오히려 확대하고 있어요. 빚내서 집 사라고 부추겨서 잠시 부동산 반짝경기가 생긴다 해도 이게 거품이라서 꺼지고 나면 가계부채 부담만 남게 됩니다.

윤원배 월세가 가파르게 상승해 서민들에게 큰 부담이 된다는 문제도 있어요. 은행이자가 1~2%인데 월세 수익률은 최소 5%에서 심하면 7~8% 수준까지 책정되어 있어요. 월세 수익률이 너무 높아요.

이정우 높아도 너무 높아요. 늘 약자가 피해를 보는 형태이니 문제죠.

김태동 비정상의 원천은 거품이 낀 매매가예요. 그게 문제의 핵이라고 봅니다.

이동걸 평균소득대비 평균집값은 어떻게 되나요?

이정우 한국이 굉장히 높죠.

이동걸 그럼 국제평균까지는 집값이 떨어져야 된다는 생각이시죠?

이정우 한국은 PIRPrice Income Ratio(주택가격-소득 비율)도 높고요. 하여튼 집값이 너무 비싸죠.

중소기업-대기업 양극화

윤원배 눈을 돌려 중소기업과 대기업 간의 양극화는 어떤가요?

최정표 중소기업과 대기업의 양극화도 정말 심각한데 그 핵심은 납품가예요. 중소기업 매출의 80%가 대기업 납품인데 가격을 제대로 받지 못해요. 영업이익도 원청업체와 하청업체의 차이가 커요. 대기업에서 모니터해보고 중소기업이 도산하지 않을 정도만 가격을 쳐주고 있으니까요. 수십 년간 중소기업 지원정책을 썼는데 소용이 없어요. 중소기업 육성 전략의 기본은 공정거래 유도이나, 재벌들의 저항이 세고 통제되지 않으니까 엉뚱한 정책만 하고 있어요. 양극화는 중소기업 지원이 아니라 중소기업이 대기업에 제대로 된 납품가격을 받을 수 있도록 해야 해소될 수 있어요.

김태동 이명박 정권이 부자 감세와 법인세 감세를 하면서 동반성장

● PIR(주택가격–소득 비율)

평균 집값을 연간 소득으로 나눈 비율로, 집을 한 채 사려면 몇 년 치 소득이 필요한가를 보여준다. 예를 들어 PIR이 10이면 10년을 꼬박 벌어서 (한 푼도 소비하지 않고) 저축해야 집을 한 채 살 수 있다는 뜻이다. PIR은 나라에 따라 큰 차이가 있다.

한국의 PIR을 놓고 2014년 최경환 경제부총리 인사청문회에서 설전이 벌어졌다. 최경환 부총리는 PIR로 측정한 서울의 집값은 다른 나라에 비해 높지 않다고 주장했다. 그러나 야당의 홍종학 의원은 최 부총리가 인용한 자료에 문제가 있음을 지적하면서 다른 자료를 제시했는데, 그 자료에는 서울의 PIR이 14로서 가장 높은 수준으로 나타났다(오마이뉴스 2014.7.8.).

부총리 청문회에서 PIR이 논쟁거리로 등장했고 최경환 부총리가 부동산 규제 완화를 통한 경기부양에 나섬에 따라 경실련은 그해 가을 세계 각국의 PIR을 본격적으로 조사했다. 그 결과 역시 서울의 PIR이 다른 나라의 주요 도시보다 월등 높은 것으로 판명됐다. 경실련은 이 조사에 바탕을 두고 정부가 부동산 경기부양이 아니라 집값 안정에 나서야 한다고 촉구했다(2014.10.1).

〈그림 1-3〉세계 주요 도시의 PIR(2013년)

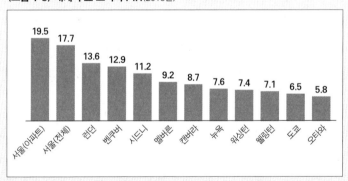

출처: 경실련, 세계 주요도시 1인당 GDPGross Domestic Product(국내총생산) 대비 주택가격 비교조사결과

위원회를 만들었잖아요. 지금도 기능하고 있나요?

윤석현 동반성장위원회는 대기업과 중소기업 사이의 갈등문제를 발굴, 논의해 합의를 도출하고 동반성장 문화를 조성하고 확산하는 데 구심체 역할을 하기 위해 설립했는데 시간이 가면서 위상과 영향력이 떨어져 그 역할도 작아지고 있어요.

이동걸 동반성장위원회 1대 위원장이 이정우 교수 아닌가요?

이정우 노무현 정부의 동반성장은 성장과 분배의 조화 쪽이고 대기업과 중소기업 개념의 동반성장위원회는 정운찬 총장이 초대 위원장이었죠.

최정표 동반성장위원회의 핵심이 업종 전문화, 고유 업종 이런 것이고 지원책 위주인데 대기업과 중소기업 간의 불공정거래로 인한 소위 '빨대 효과'를 없애지 않으면 백번 해도 소용없어요. 중소기업과 대기업의 거래를 대등하게 해줘야 해요.

윤원배 예전에는 대기업들이 운영 관련 업무를 거의 직접 했는데 현재는 효율화시킨다며 분사시켰어요. 건설업체의 경우 업무를 전부 하청 주고 이익만 챙겨요. 분사되면서 더 심해진 것 같은데 옛날처럼 묶을 필요는 없는 건가요?

이동걸 그게 그거 아닌가요? 지금 문지기로 서서 돈만 챙기고 있으니까요.

최정표 A종합물류유통기업이 대표적입니다. 대기업의 하청을 받던 중소기업인데 그 대기업에서 물량을 다줘서 대기업으로 키웠잖아요. A종합물류유통기업의 주주는 모 대기업 사주의 아들이고요.

장세진 외국에도 비슷한 문제가 있나요?

최정표 외국은 대기업이 소유와 경영을 분리해 중소기업을 쥐어짤 필요가 없어요. 중소기업이 성장해야 자기도 크니까요.

장세진 대기업 입장에서는 중소기업을 쥐어짜 싸게 살 수 있으면 이득 아닌가요?

이동걸 중소기업 입장에서는 GM에서 짜면 크라이슬러 같은 다른 자동차 회사로 가면 되니까요.

장세진 우리나라는 왜 그렇게 못하는 거예요?

윤석헌 우리나라에서는 전속거래를 하는 데다 대기업이 워낙 막강해서 달리 갈 데가 없어요.

최정표 무엇보다 전문경영인은 중소기업을 쥐어짤 이유가 없어요. 중소기업이 기술을 개발하면 그 혜택으로 동반성장 할 수 있으니까요. 그런데 우리나라 재벌들은 중소기업을 짜서 그 이익을 오너가 먹어요. 재미있는 자료가 하나 있어요. 하청업체는 오너가족 하청업체와 비오너가족 하청업체가 있는데 오너가족 하청업체는 이익률이 원청업체와 비슷한 반면, 비오너가족 하청업체의 이익률은 그 절반 이하로 떨어져요.

윤석헌 이 문제의 개선책을 찾지 못하면 양극화를 포함해 많은 문제가 계속된다고 봐야겠네요.

최정표 한국경제가 살 수 있는 방법은 이에 대한 개선책을 찾는 겁니다. 정책의지가 있어야 해요.

장세진 공정한 거래를 어떻게 확보하느냐가 문제네요.

이동걸 관료의 문제만이 아니기 때문에 정치, 선거 이야기가 다시 나올 수밖에 없어요.

윤석헌 중소기업 아래 소상공인, 자영업자 그룹은 어떤가요? 대기업과 직접적인 연관은 없지만 수가 많아서 가계부채 또는 외부충격

등으로 무너지기 시작하면 큰일입니다.

최정표 하청, 재하청, 재재하청 구조라서 강자가 빨대를 다 꽂고 있어요. 이 빨대를 제거해야 하는데 정부에서 관련 정책은 하나도 쓰지 않아요.

이동걸 하청, 재하청 문제는 아니지만 비슷한 현상이 있죠. 언론에 보도된 걸 보니 닭값은 떨어지는데 치킨값은 오른대요. 이 역시 대기업이 자영업자들의 피를 빨아먹는 모습 아닌가요?

최정표 똑같은 현상이죠. 대형 슈퍼마켓 납품도 그렇고요.

이동걸 재벌에 배운 비합리적 착취구조가 우리나라 경제 전체에 퍼져 있어요.

최정표 그나마 대기업들이 빨대로 빨아들인 것을 시중에 풀면 좋은데 그걸 또 쌓아두고 있어요. 600조 원인가를 사내유보금(기업이 벌어들인 이익 가운데 외부에 지출하지 않고 쌓아놓은 자산)으로 쌓아두고 있으니 경제가 돌아갈 수 없는 거죠.

이동걸 대기업들이 돈은 벌었는데 투자할 데가 없어서 그래요. 서민들은 소득이 없으니 수요가 없고 수요가 없으니 기업이 더 팔 것도, 더 만들 것도 없죠. 결국 망하는 거예요.

윤석헌 그래서 자영업자, 특히 영세 자영업자 문제는 사회복지 차원의 접근이 필요합니다.

공기업의 지방 이전

윤원배 다음에 생각해볼 문제는 서울과 지방의 양극화 문제입니다.

김태동 개인적으로 참여정부가 추진한 정책 가운데 잘한 것 중 하나가 지역균형개발이라고 봅니다. 사실 공장은 지방에 있더라도 대기업 본사가 거의 서울에 있잖습니까? 이걸 노무현 정권이 탄핵 역풍을 받으면서도 추진해서 행정부처 상당 부분이 세종시로 갔고 그 밖에 규모가 큰 공기업들을 비수도권으로 보냈잖아요.

장세진 180개를 지방으로 이전했으니까요.

김태동 서울시 인구(주민등록기준)가 2015년 말 현재 1,002만 명인데 2016년에는 1,000만 명 선이 깨질 것이 확실해요. 1988년 이래 1,000만 명 시대가 28년 만에 끝나는 거죠.

이정우 제가 대구에 살고 있는데 분위기가 굉장히 침체되어 있어요. 전에는 활발하고 화려했던, 서울로 치면 종로나 광화문쯤 되는 대구 중앙로에 중고 옷가게 등이 들어오고 원래 있던 가게들이 거의 폐업하고 있어요. 정권의 제일 큰 수혜자라는 대구가 이 정도면 다른 지방은 얼마나 심할까 싶어요. 그래서 균형발전이 필요한데 서울에 사는 사람들은 그런 인식이 별로 없어 보여요. 진보학자 중에도 균형발전의 필요성을 이해하지 못하고 의문을 제기하는 사람이 많아요. 저도 참여정부가 한 일 중에 균형발전을 제일 잘했다고 보는데 불행하게도 이명박 정부가 들어서면서 균형발전위원회가 지역발전위원회로 바뀌면서 힘이 빠져버렸어요. 정권이 바뀌면서 철학이 달라지니 전 정권의 정책취지가 사라지는 거죠.

윤원배 서울 인구도 조금 준 데다 서울에 있던 기업이 지방으로 많이 이전했으면 예전보다 지방 경기가 나아져야 하는데 그렇지가 않아요. 경기가 전체적으로 좋지 않아서 그런 것인지 아니면 대구만의 특징적인 문제가 있는 건지 궁금해요.

이정우 지방 소재 기업들이 규모가 좀 커지면 서울이나 경기도로 가버려요. 그곳에 계속 남아서 성장하지 왜 이전하느냐고 물어보면, 세무서의 눈에 띄는 순간 살아남지 못한다는 거예요. 서울에는 워낙 덩치가 큰 기업이 많으니 숨으면 표가 잘 나지 않지만 대구야 어디 그래요? 그러다 보니 결국 떠나는 거죠.

윤원배 서울과 지방의 양극화와 관련해 더 하실 말씀 있나요?

김태동 사실 이명박 대통령이 서울시장 시절에 지역의 양극화를 의식하고 있었어요. 서울에서도 강남과 강북의 지역 격차가 있으니 강북에도 뭔가 선물(?)을 줘야겠다고 생각한 거죠. 그게 바로 뉴타운 사업이에요. 일반 단독주택이 많은 지역을 재개발하는 사업을 뉴타운이라며 이름을 붙여서 강북 유권자들에게 기대감을 불러일으켰죠. 그렇게 해서 야당 지지층이었던 강북도 싹쓸이하다시피 했습니다. 그 여세를 몰아 서울 내 지역격차 해소를 내세워 수도권 표를 많이 얻었고 영남 표까지 받아서 압도적인 차로 대통령이 된 겁니다.

그런데 뉴타운 사업은 지속 가능하지가 않습니다. 계속 집값이 올라가는 가운데 개발해야 하는데 그렇지 못해서 뉴타운 사업 대부분이 중단되었고 일부는 취소됐죠.

윤원배 참여정부 때 공기업을 지방으로 많이 보냈잖아요. 원래 계획대로 하면 전남에 하나, 광주에 하나를 유치할 수 있었는데 전라남도지사와 광주시장이 협의해서 둘이 합쳐 큰 걸 하나 가져오자고 했어요. 결국 한국전력공사(이하 한전)를 유치했어요. 규모가 큰 한전이 이전하니 나주와 광주의 지방경제가 활성화되더라 이거예요. 세금도 많이 걷히니까 여전히 부족해도 지방자치단체(이하 지자체) 사정이 나아졌어요. 그런 점에서 공기업의 지방이전이 지방

경제 활성화에 큰 효과가 있었어요.

이동걸 제가 한림대학교에서 몇 년 아이들을 가르치면서 보니 직장 있고 먹고살 걱정만 없으면 춘천 정도가 공기도 맑고 살기 좋아요. 그런데 춘천 지역 내 산업이 별로 없으니까 막상 졸업하면 근처에서 취직하는 아이들이 없어요. 쉽게 말해서 최소한 춘천 지역 졸업생의 30~50%는 강원도에서 수용할 수 있어야 하는데 90% 이상이 타 지역에 가야 하면 희망이 없는 거죠.

김태동 최근에는 수도권 영역이 조금 확장되어 충청남북도의 경기도 인접 지역과 강원도의 경기 인접 지역, 원주시, 횡성군 같은 곳에는 작은 공장이 들어가고 있어요.

윤석헌 서울과 지방의 양극화 관련해서 또 하나의 포인트는 교육입니다. 제가 미국에서 동료 교수에게 너희는 도시와 지역 간의 격차문제를 어떻게 해결했느냐고 물었더니 주립대학을 만든 이유 중 하나가 바로 지역 간 격차해소라는 겁니다. 우리도 서울대학교를 포함해 유수의 대학들을 지방에 내려보내는 거예요. 좀 과격한 방법이기는 해도 지방이 발전하지 않겠습니까? 대학이 꼭 서울에 있을 필요는 없다고 봅니다. 그것도 대부분 대학이요.

이동걸 미국은 미시간대학교를 나와서 캘리포니아나 뉴욕으로 많이 가지 않고 그 근처에서 취직하잖아요. 그런 환경을 같이 만들어줘야 해요.

약한 세율, 심해지는 자산 양극화

윤원배 돈을 가진 사람이 더 돈을 쉽게 벌 수 있는 경제구조가 되었는데, 자산의 양극화 역시 어마어마하죠?

최정표 자산의 양극화가 진짜 심각합니다. 1%가 90% 이상을 가지고 있으면서 세금도 내지 않아요. 부동산세는 있지만 자본세는 없으니까요. 재산의 소유자가 그 재산을 이용해 만든 이익, 즉 자본소득도 양도소득세, 이자소득, 금융소득 등 관련 세금이 약해요.

이동걸 미국에는 자본이득세capital gains tax가 있어요. 우리나라로 치면 유가증권 양도소득세인 셈이죠. 자기가 산 가격과 판 가격의 매매차익에 대해 보유기간이 1년 미만일 때는 소득세율과 같은 세율로 세금을 물리고(최고세율 39.6%), 1년 이상 일 때는 소득세보다 낮은 세율이기는 하지만 세금을 물립니다(최고세율 20%). 증권을 사서 이익이 생기면 말이죠. 그런데 우리나라는 대주주 빼고는 땡전 한 푼 안 내요. 유가증권 양도소득에 세금이 없습니다. 100억 소득이 나든, 1,000억 소득이 나든 대주주가 아니면 소득세든 자본이득세든 일절 세금이 없어요. 우리나라에서는 증권거래세라고 증권을 팔 때 판 금액의 0.5%만 내면 됩니다.

윤석현 유가증권의 양도소득세 부과 문제는 가뜩이나 취약한 자본시장을 위축시킨다는 반론도 있고 또 경기순응성procyclicality(금융회사의 대출이 경기와 같은 방향으로 움직이는 현상, 즉 금융회사가 경기가 좋을 때는 대출을 늘리고 경기가 나빠질 때는 대출을 줄이는 대출형태)을 완화한다는 옹호론도 있어요. 어쨌든 모든 소득에 세금을 부과한다는 기본원칙에 부합하는데, 적용세율 문제나 주식과 채권을 구분하는 문제 등을 검토할 필요가 있어요. 주식은 높은 세율을, 채권은 낮은 세율을 적용하는 방식 등입니다.

이정우 세계에 자본이득세 있는 나라가 반이에요. 우리도 자본이득세를 많이 검토했는데 겁내는 이유는 혹시 주식시장이 붕괴할까 봐서예요.

이동걸 겁낼 이유가 하나도 없는데 괜히 겁난다고 그러는 거죠.

윤원배 경제민주화도 그렇고 다 겁을 줘요.

김태동 재벌총수들이 자기 주식을 자녀의 이름으로 하면 증여세를 내니까 금융실명제로 금지되어 있는데도 다른 임직원의 명의로 분산시키기도 하죠.

이동걸 그건 상속의 목적이고 자본이득세는 매매에 따른 양도소득에 매기는 세금인데요. 미국이 자본이득세를 도입한 이유는 장기 투자를 하라는 취지에서 1년 이상 투자했을 경우 낮은 세율로 봐주거든요. 물론 명분상이고 실제로는 부자들이 투자소득에 세금을 덜 내려고 로비한 것이라고 볼 수도 있겠죠. 어쨌든 우리나라는 세금을 한 푼도 안 내니 미국보다도 못하죠. 부자들의 천국이죠.

최정표 부자들의 위장 재산도 좀 짚고 싶어요. 실제는 개인 재산인데 법인 명의로 다 돌려놓고 있거든요.

윤원배 그걸 다시 개인재산으로 명의를 돌릴 때 힘들지 않나요?

최정표 개인 재산으로 할 이유가 없죠. 법인 명의로 해놓고 차든 카드든 개인이 다 쓰는 거죠. 100% 오너니까 법인 자산으로 해놓으면 세율은 아주 적어요. 최고세율이 22%니까요.

윤석헌 미국은 어떤가요?

최정표 미국은 법인세율이나 개인소득세율이 비슷해요.

이동걸 미국에서는 법률적으로 회사차를 개인이 쓰는 비율만큼은 세금을 감면해주지 않아요. 물론 속이기도 하지만 제도적으로 구분해서 보고하도록 되어 있어요.

최정표 요즘은 개인사업자가 자꾸 법인으로 전환해요. 법인으로 해두는 게 세금 등 여러모로 유리하거든요. 그런 위장재산이 문제라는 거죠.

윤원배 위장재산뿐 아니라 기업의 비용처리에도 문제가 많아요. 일본에서 골프비용을 손비처리 하지 못하도록 했는데요. 우리나라도 빨리 도입해야 하는 거 아닌가요? 본인의 건강을 위해 운동하는 것은 물론 골프 치면서 밥 먹고 술 먹는 것까지 회사 비용으로 처리하고 있어요. 그뿐 아니라 부인, 자식들이 쓰는 돈까지 다 비용 처리해요.

정부의 소득재분배기능 OECD 최저수준

이정우 복지 이야기를 좀 해볼까요? 한국은 OECD에서 비교도 안 될 만큼 소득재분배효과가 최저예요. 우리나라 소득재분배효과를 '3.6.9'라는 숫자로 살펴볼 수 있는데요. 원래 한국의 역대 정부가 소득불평등을 줄이는 재분배효과가 3%였는데 김대중 정부가 들어서서 여러 가지 재분배 정책을 강조했더니 그 효과가 6%로 올라갔고 노무현 정부가 재분배 정책을 더 강조했더니 9%까지 올라갔어요. 사실 이 수치도 OECD의 평균 소득재분배효과가 30~40% 정도인 것을 고려하면 너무 낮거든요. 시장소득과 가처분소득(개인소득 가운데 소비 또는 저축을 자유롭게 할 수 있는 소득으로 개인소득에서 일체의 개인세를 뺀 나머지를 말함. 가처분소득이 많으면 소비도 증가하게 됨)의 차이만큼이 소득재분배효과니까 정부가 개입해서 원래 존재하는 시장소득 불평등을 30~40% 줄인다는 거죠. 스웨덴 같은 나라는 시장소득 불평등이 높은데 정부가 세금을 거두고 열심히 재분배하니까 재분배 후의 가처분소득은 세계에서 가장 평등한 나라가 되는 거죠.

무엇보다 3%의 소득재분배효과는 국민이 체감하지 못합니다. 100이었던 것이 97로 줄어도 사람들은 재분배로 인한 이득을 보지 못하고 구경도 못한다는 거죠. 체감하지 못하는 재분배를 하니까 사람들이 더욱 더 재분배를 반대하고 세금을 내기 싫어하는 악순환이 되는 겁니다. 게다가 걸핏 하면 복지가 줄줄 샌다, 세금이 샌다 식의 기사를 보수언론에서 다루니까 다들 세금을 더 내기 싫어해요. 스웨덴은 세금을 많이 내고 재분배도 많이 한 혜택이 무료 병원, 무료 학교, 무료 보육으로 돌아오거든요. 그러니까 세금 내는 데 불만이 없죠.

보수경제학자들은 우선 부자들과 대기업이 돈을 많이 벌어야 그 돈이 밑으로 흘러내려간다며 낙수효과를 이야기해요. 제가 아는 한 낙수효과는 지금까지 어느 나라에서도 검증된 적도, 옳다고 증명된 적도 없습니다. 그런데 우리나라의 보수경제학자들은 아직도 복지나 재분배를 반대하고 쥐꼬리만 한 복지를 하면서 포퓰리즘populism(정치·경제·사회·문화 면에서 본래의 목적보다 대중의 인기를 얻는 것을 목적으로 하는 정치행태)이라고 매도합니다.

참여정부 시작할 때 중앙정부 예산에서 복지예산이 차지하는 비중이 20%였고 경제예산이 28%였습니다. 이를 참여정부에서 역전시켜 28 대 20으로 만들었더니 보수언론이 복지와 분배에 치중해서 성장 발목을 잡는다고 매일 난리를 쳤어요. 그 뒤로 계속 복지예산을 늘렸어야 했는데 이명박 정부 때는 거의 늘리지 않았어요. 최근에 31%로 올라갔다고 하는데 그 이유가 적극적 확대가 아닌 수동적 확대로, 고령화에 따른 자연증가현상입니다. 스웨덴의 괴란 테르본Göran Therborn이라는 사회학자가 '복지국가는 복지예산이 국가예산의 50% 이상인 나라'라고 정의했어요. 대부분의 OECD국가들은 이 기준을 넘습니다. 심지어 복지기피국가라는 소리를 듣는 미국조차 50%가 넘어요.

김태동 최근에 복지예산이 31%로 올랐다고 하셨는데 국민연금도 포함입니까?

이정우 국민연금이 포함된 수치죠. 국민연금 수혜자가 늘고 노인들이 병원에 많이 가면서 지출이 늘어나 31%가 됐어요. 어떤 학자들은 이대로 둬도 20~30년 후에는 복지예산이 선진국 수준으로 올라가니까 늘리지 말자고 반대하는데 말이 안 되는 소리예요. 20~30년 뒤에 늘어나는 복지예산은 노인연금, 병원 수발 등이 중심이 되죠. 아주 수동적인 복지로 그동안에 성장은 없고 침체된 고령화 사회가 될 거예요.

교육, 보육, 직업 훈련 등 인적 자본 투자 형태의 적극적 복지가 많은데요, 복지의 성격과 인적 자본 투자 성격을 동시에 띠고 있어요. 사람들을 살기 편하게 해주면서 성장 잠재력을 계속 유지할 수 있는 길이 있는데 왜 가지 않으려고 하는지 모르겠어요.

이동걸 아까 말씀하신 대로 이대로 가도 고령화에 따라서 복지비중이 늘어난다는 반론이 보통 잘 먹힌단 말이죠. 이런 생각을 긍정하는 일반인들을 어떻게 설득해야 할까요?

윤석헌 투자로서의 사전적인 복지와 비용으로서의 사후적인 복지를 구분할 필요가 있지 않을까요?

복지지출은 경제 살리는 투자다!

이정우 저출산, 고령화를 막으려면 결혼과 출산을 장려해야 하는데 그 방법이 바로 복지예요. 아이를 낳기 편하게, 병원비가 부담되지 않게, 육아비용을 덜 들게 해야 한다는 거죠. 그 점을 부각시켜 설득해야 합니다.

윤석헌 그것도 좋은 방법이지만 복지의 증대 없이 현 상태가 지속되면 요즘 세계경제가 그렇듯이, 경제성장이 둔화될 경우 버팀목이 부실해서 경기침체의 악순환에 빠지게 된다. 그리고 20년 후, 30년 후에는 저렇게 나빠진다 하고 구체적으로 그림을 제시하면 설득력 있지 않을까요?

이정우 이대로 2050년이 되면 한국이 세계 2위의 고령사회가 됩니다.

이동걸 어떻게 국민에게 '조금 더 능동적으로 경제코스를 바꿀 수 있도록 복지 비중을 늘리자'고 설득하느냐는 문제가 늘 있어요.

윤석헌 현 상태를 유지함으로써 경제가 나빠지는 시나리오와 복지를 사전에 확대·집행해서 출생률이 높아져 내수가 살아나고 경제가 좋아지는 시나리오를 비교해봐야 하지 않을까요? 지금 우리나라의 내수는 복지의 증대 없이 살아나기 어려울뿐더러 소득 창출을 어렵게 하는 요인이 되어 공급을 제한하는 악순환에 진입하고 있다고 봅니다. 이런 상황에 부채가 가계 부담을 가중하는 것이고요. 그래서 악순환을 깨고 내수를 살리고 소득을 늘리고 내수산업의 공급역량을 기르는 데 복지가 마중물 역할을 하는, 선순환 구조로의 전환이 절실합니다. 이 정도로 간단한 모형을 만들 수 있지 않을까요?

이동걸 뜻 있는 경제학자들이 모여서 그런 작업을 한 번 해야 합니다.

윤석헌 복지전문가들이 모의실험한 게 있을 텐데요?

이동걸 복지전문가들은 일반 경제분석을 잘 하지 못해요. 관련 서적을 많이 읽어보지는 않았지만 주로 복지를 확대하려면 이것을 해야 한다, 저것을 해야 한다는 이야기만 많이 하더라고요. 제가 잘 알지 못하고 함부로 말하는지도 모르겠지만 거시경제적 관점으로 논한 걸 거의 본 적이 없어요.

김태동 우리가 양극화로 시작해서 복지를 논하고 있는데요. 일단 하위층으로 몰락하는 중산층은 많고 상위층으로 올라가는 중산층은 적어요. 중산층이 얇아지고 있어서 기본적으로 복지 수요가 많아지고 있어요. 이걸 복지 수요가 늘어나는 두 번째 이유로 보면, 첫 번째 이유는 고령화겠죠. 평균수명 증가로 인한 고령화는 국민이 오래 사는 거니까 바람직하고 정부가 최선을 다해 예산으로 뒷받침해야죠. 저출산으로 고령사회가 되는 것은 또 다른 대책으로 막아야 하고요.

이동걸 요즘은 백 살까지 살라는 말이 욕이라고 하잖아요.

윤원배 건강하고 여유 있게 살지 못하는 것이 문제지, 일단 오래 산다는 건 좋은 방향으로 가고 있다고 봐야지요.

이정우 지금까지는 국민의 평균수명이 늘어나서 좋았는데, 앞으로 더 늘게 되면 와병하는 노인들이 증가해 그쪽에서 건강보험예산을 많이 소비하게 되죠.

김태동 결국 양극화의 여러 가지 원인을 하나씩 없애는 게 훌륭한 사전적 복지가 될 수 있을 겁니다. 그렇다면 이명박 정권, 현 정권은 복지 분야에서 적어도 선거공약만큼이라도 이행했나요?

이정우 2007년 대선 당시 이명박 후보는 연평균 7% 성장, 10년 뒤 1인당 소득 4만 달러, 세계 7대 강국 진입 등을 골자로 한 '747공약'을 내세웠어요. 대선후보 경선에서 이명박 후보는 747, 박근혜 후보는 세금과 정부의 규모를 '줄'이고, 불필요한 규제를 '풀'고, 법질서를 '세'우자는 소위 '줄푸세'를 공약했고요. 그런데 이명박 후보가 대통령이 되고 나서 2008년 세계금융위기가 오니까 747을 포기하더니 박근혜 후보의 공약을 열심히 실천했죠. 그래서 이명박 정권은 82조 원을 감세하면서 경제를 망쳤고요.

2012년 대선에서 박근혜 후보는 경제민주화와 복지국가를 하겠다고 공약했죠. 보수에서는 처음 보는 공약이어서 사람들의 눈길을 끌었고 당선에도 공로가 컸습니다. 문제는 당선 이후의 행보예요. 현 정권은 3년 동안 계속 증세 없는 복지를 말했고 지하경제 양성화해서 증세를 대신하겠다고 하는데 효과가 없죠.

윤석헌 세금은 늘었는데, 세율은 건드리지 않았죠.

이정우 그렇죠. 담뱃값, 주민세 등 서민 증세를 열심히 하고 있죠.

최정표 그리고 월급쟁이들 연말정산도 건드렸어요.

이동걸 교통범칙금도요.

이정우 기초연금 20만 원도 65세 이상 모든 국민에게 준다고 했다가 소득하위 70%로 축소했죠. 그것도 국민연금을 많이 받는 사람은 기초연금을 깎겠다고 하니까 국민연금 이탈자가 대량으로 나왔잖아요. 그리고 또 다른 공약인 경제민주화는 재벌총수에게 법을 엄격히 적용하겠다는 부분이었는데 결국 지난해 광복절 특별사면으로 많이 풀어줬어요.

최정표 한 가지, 신규순환출자를 금지했네요.

이정우 그다음에는 일감 몰아주기 규제 정도인데 효과는 없죠.

최정표 법에 단서조항을 많이 달아서 본조항이 무력해졌어요.

김태동 무상보육 공약은 지켰잖아요.

이정우 무상보육을 한다고 공약해놓고 전업주부들의 어린이집 이용을 억제하는 차별 정책을 내놓는 바람에 전업주부들이 부글부글 끓고 있죠. 아이를 키우느라 직장에 나가지 못하는 것도 억울한데, 전업주부들이 받는 보육지원금이 워킹맘이 받는 어린이집 보육료의 4분의 1밖에 안 돼요.

김태동 미국도 전업주부에게는 보육비를 지급하지 않아요.

이정우 아동수당 개념으로 아이 1명당 얼마씩 주죠. 선진국 대부분이 아동수당이 있는데 미국과 우리나라에는 없어요. 아동수당을 제5의 사회보험이라고 합니다.

이동걸 우리나라도 아동수당 개념으로 했으면 좋았을 텐데, 엄마가 일하든 하지 않든 아이가 어린이집을 가면 돈을 주는 것으로 시작했잖아요. 그런데 현장에서는 워킹맘이 오히려 불이익을 받는 경우가 많다는 문제가 생긴 거지요. 일하는 엄마가 먼저 보육기관에 아이를 맡겨야 걱정 없이 직장생활을 할 수 있는데, 어린이집 입장에서는 전업주부의 아이를 받아야 빨리빨리 아이를 데려가거든요. 그러니까 그런 아이를 먼저 맡으려고 해요. 모럴 해저드moral hazard(이해당사자들이 상대를 배려하지 않고 책임을 다하지 않는 행태), 역선택이 생겨요. 그럼 일하는 사람이 애를 맡기지 못하는 상황이 발생하기도 해요. 취지는 좋았어도 정책 설계가 잘못된 것 같습니다.

윤원배 무상급식은 어떻습니까?

이정우 무상급식은 지방별로 차이가 굉장히 큽니다. 전라북도는 무상급식 비율이 굉장히 높아서 보편(무상)급식 수준이고 대구경북(대구광역시와 경상북도 지역을 묶어 이르는 말)이 제일 비율이 낮고 경상남도는 잘하고 있다가 중단했고요.

김태동 사실 무상보육제도만 만들어놓고 소요되는 예산은 지방교육청에 맡기고 있어요. 지자체에서 지원을 해도 아주 조금만 하고 있을 거예요. 지방교육청 입장에서는 학교에 들어가는 예산을 덜 늘리거나 지방채를 발행할 수밖에 없어요. 어린이집이 교육기관도 아닌데 예산을 집행해야 하니까요. 지자체의 예산 편성까지 되지 않아 2016년 초부터 보육대란이 나고 있어요. 중앙정부의 책임을 지방에 떠넘겼죠.

이정우 종부세가 무력화된 것도 문제예요. 지방정부가 재산세를 거두고 있었는데 그걸 중앙정부가 가져가느냐는 문제제기가 있어서 빼앗아가는 게 아니라 거둔 뒤 지방에 다 돌려주겠다고 했어요. 그래서 헌법재판소에서도 그러마고 했고요. 취지는 이걸 거둔 뒤 지자체에 나눠주어서 복지에 쓰도록 하겠다는 거였죠. 그 덕분에 참여정부 기간 동안에 전국 지자체의 복지예산이 많이 늘었어요. 그러다가 갑자기 종부세가 무력화되니까 기존의 복지사업을 중단하지도 못하고 지자체가 죽을 지경이에요. 복지는 늘고 기대 수준이 높아졌는데 종부세 세수가 절반 이하로 확 줄어드니까 힘들어하고 있어요.

장세진 왜 그렇게 종부세 세수가 줄었죠?

이정우 종부세가 위헌 판결을 받으면서 무력화됐어요. 세수 부족으로 지자체장들이 죽을 지경이라고 해요. 고충이 많습니다.

선제적 복지로 출생률 제고

장세진 다시 복지로 거슬러 올라가서 선제적 복지로 출생률을 올릴 수 있다가 전제조건이 되는데, 가능한가요?

이정우 인적 자본의 투자이기도 하죠.

장세진 그렇게 되면 좋은데, 정말로 아동수당을 주면 생산적 복지(국가가 개입해 사회복지대상자가 스스로 일할 능력을 갖출 수 있도록 도와주는 것)대로 효과가 나타나느냐는 질문이 생기는 거죠.

이정우 프랑스가 저출산이 심해졌다가 다시 출생률이 올라갔어요. 선제적 복지로 고령화사회를 예방했지요.

장세진 프랑스의 저출산 문제 해결은 이민정책이 주요하지 않았나요?

이정우 프랑스는 아이만 낳으면 국가에서 다 키워주겠다고 할 정도로 선언했어요.

윤석현 캐나다도 출산장려 정책을 펴고 있어요. 우선 18세 미만을 대상으로 비과세 소득을 지급하는데, 첫째 아이는 매월 189.91캐나다달러를, 둘째 아이는 168캐나다달러를, 셋째 아이부터는 159.83캐나다달러를 지급합니다. 그리고 일반아동보육비도 있는데 6세 미만은 매달 160캐나다달러를 그리고 6~17세까지는 매달 60캐나다달러를 지급해요. 금액은 프랑스와 조금 차이 나지만 유사합니다. 이밖에도 휴직 관련 지급, 장애인의 자녀, 장애 자녀 및 실직자 자녀에 보조하는 등 제도가 다양한데, 이러한 보조금이 실제로 아동보육에 구체적으로 쓰이도록 강력하게 지도하고 있습니다.

장세진 우리나라도 일부 지자체에서 돈을 주는데 그런다고 출생률이 올라갈까요? 지금도 예산대로 한다고는 하고 있는데 말이죠.

윤원배 물론 그거 하나만으로 해결되지는 않을 거예요.

이동걸 육아와 출산 때만이 아니라 아이를 키울 때나 교육시킬 때 그리고 그 아이들이 커서 결혼할 때 등 전 과정이 힘드니까 저출산 문제는 종합적으로 조망해봐야 한다는 말씀이신 것 같아요.

윤석헌 사실 어떻게 해야 아이를 많이 낳을 것인지는 여성들에게 물어봐야 할 것 같네요.

장세진 제 며느리가 그러더라고요. 젊은이들이 아파하는 데는 모른 척하고 엉뚱한 데다 지원한다고요.

이동걸 출산 후 여성들의 경력단절도 문제가 커요.

장세진 그 부분이 아주 핵심적인데 손을 대지 못하고 있어요.

윤석헌 같이 바꿔야죠. 고령화되어 일할 사람도 적은데 당연히 여성들이 노동시장에 나와야 합니다. 그러니 출산도, 노동인력도 늘리는 정책을 고민해야겠죠.

김태동 언제부터인가 우리가 복지 앞에 형용사를 붙이기 시작했어요. 2012년에 민주당 쪽에서는 '보편적' 복지를, 박근혜 후보는 '맞춤형' 복지를 들고 나왔습니다. 그런데 복지에는 돈이 들어가거든요. 경제가 침체되고 재정적자가 커지니까 보육비를 지자체에 떠넘기는 거죠. 그리고 공무원 연금 개혁처럼 많이 내게 하고 혜택은 낮추는 복지후퇴를 '개혁'이라고 빙자해 자행하고 있어요.

이동걸 당시 문재인 의원, 김무성 의원이 여야 대표로 담판했어요. 야당은 여당의 '공무원 연금을 정부 안대로 깎자'는 제안을 받아들였고 대신 여당은 야당의 '국민연금 소득대체율을 40%에서 50%로 올리자'는 제안을 받아들였지요. 저는 그게 정답이라고 봅니다. 결국 공무원 연금 쪽만 최종적으로 국회에서 통과되었지만요.

이정우 세금이 엄청나게 올라간다, 매달 내는 연금보험료를 지금보다 얼마 더 내야 한다고 공포 시나리오를 만들어서 국민에 주입했어요. 새누리당 이혜훈 전 최고의원이 라디오 모 프로그램에 나와서 그건 말도 안 되는 거짓말이라고 했어요. 소득대체율 40%는 너무 낮아요. 실제로 우리나라 국민연금이 용돈 수준인데다가 받지 못하는 사람도, 빠져나온 사람도 많고요.

이동걸 지금처럼 국민연금 소득대체율을 40%로 하면 최장 40년까지 가입할 수 있는데 40년을 꽉 채워 납부해서 받게 되는 연금액은 130만 원이에요. 그것도 국민연금 보험료를 부과하는 기준소득월액 상한액(2015년 말 현재 421만 원)으로 국민연금 보험료를 낼 때 그렇다는 거고 소득수준이 낮아서 국민연금 보험료를 그보다 적게 내면 노후에 받는 국민연금액은 그보다 훨씬 적지요. 보통 정년이 60세니까 40년을 부으려면 대학에 가기 전부터, 그리고 군대를 갔다 오기 전부터 취직해서 국민연금을 한 해도 빼지 말고 내야 해요. 현실적으로 불가능하죠. 사실 요즘처럼 직장이 불안정해서는 국민연금을 30년간 붓기도 쉽지 않죠. 그러니 일반 국민 대부분이 은퇴 후 받는 국민연금액은 100만 원을 넘기 쉽지 않다고 봐야지요.

윤원배 국민연금은 아직 문제가 많이 남아 있어도 그런대로 유지될 수 있겠지만 공무원 연금은 혜택을 줄여야 해요. 공무원 연금은 순수한 목적에서 도입한 것이 아니고 개발사업에 필요한 재원을 조달하기 위해 우선 공무원들의 저항을 완화시키고 가입을 독려하려고 적게 거두고 많이 지급하도록 혜택을 크게 해놓은 거예요. 출발부터 적자가 누적되어 지속 가능하지 않게 설계되었으니 공무원 연금을 정상화시키는 게 맞아요.

이정우 정권의 지지세력을 만들려고 공무원과 군인 등의 연금을 그렇게 조성한 부분도 있죠.

김태동 사회보험인 국민연금이 저금리라서 제대로 운용하지 못하기 때문에 현재 적게 지급하는 것마저도 지속 가능하냐의 문제도 있어요.

윤석헌 과거 조달분에 대한 금리부담이 큰 상황에서 운용수익률이 낮으므로 역마진 문제가 생기겠죠. 대부분 연금에서 같은 문제가 예상됩니다. 앞으로 저성장이 계속되어 운용수익률이 계속 낮으면 문제가 지속될 것이고요.

이동걸 지배구조 문제도 있어요. 지금 국민연금을 관리하는 공사를 만든다고 하는데 공무원들 자리만 만드는 것은 아닌지 모르겠습니다.

무너지는 선성장후분배 신화

이정우 보수 쪽의 선성장후분배 철학이 너무 오랫동안 국민들의 머리를 지배하고 있어요. 특히 서민들이 복지 포퓰리즘이라는 악선전을 많이 받아들여 새누리당이 선거에서 이기고 있어요. 그래도 OECD나 IMF, WEFWorld Economic Forum(세계경제포럼) 같은 보수적인 국제기구들이 '분배 없이 성장은 없다'거나 '재분배가 필요하다'는 주장을 앞서 하고 있어서 희망을 갖게 합니다. 우리나라를 바꾸는 데 큰 역할을 할 거라고 봐요.

최정표 그게 피케티의 영향입니까?

이정우 피케티의 영향도 물론 있지만 IMF 자체에서도 경제학자들이 그런 보고서를 내기 시작했어요.

김태동   2008년 세계금융위기가 도화선이 됐다고 봐야겠죠.

최정표   피케티도 상당히 시의적절하게 나왔다고 할 수 있겠네요.

윤석헌   보수성향이 강한 WEF에서도 최근에 유사한 방향의 보고서가 나왔습니다. 글로벌녹색성장 기구의 리처드 사만스Richard Samans 등이 공저한 〈포용적 성장과 발전 2015The Inclusive Growth and Development 2015〉가 좋은 예인데, WEF 회장인 클라우스 슈바프 Klaus Schwab와 사만스가 쓴 이 보고서 서문에서 '포용적 성장과 발전 모델의 필요성에 대해 국제적으로 광범위한 공감대가 형성 되어 있다'는 지적이 눈에 띕니다.

이동걸   2008년 세계금융위기를 경험하면서 국제기구에서 자본주의 의 위험을 감지했어요. 적어도 생각이 제대로인 경제학자들은 같 은 생각을 하고 있는 겁니다. IMF도 2012년 〈한국의 지속가능한 포용적 성장에 관한 보고서Social Spending in Korea: Can it Foster Sustainable and Inclusive Growth?〉를 발표한 바 있습니다. 그 보고 서에서 IMF는 한국이 차별 제거, 직업훈련 및 영유아 보육·교육 등에 대한 사회지출을 통해 노동시장 이중 구조를 해소하고 여 성의 고용률을 높이는 등의 조치를 취하면 향후 10년간 연평균 1.1%의 성장률 상승효과가 나타날 것이라는 모의실험 연구결과 를 보여주고 있습니다.

김태동   조금 전에 재벌이든 시스템이든 정책이든 양극화에 기여했다 고 했는데 그런 요인들을 제대로 진단해서 고쳐가는 것도 능동적 인 '광의의 복지'라고 봅니다. 불공평한 게임의 룰 안에서는 양극 화가 계속 진행될 테고 정부는 유권자의 눈치를 보느라 수동적으

〈그림 1-4〉 핵심생산인구 중 여성고용률(2015년 3분기)

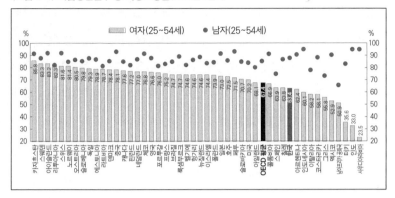

출처: OECD

로 사후적이고 소비적인 복지를 실시하겠죠. 저는 1997년 외환위기를 극복하는 과정에서 추진했던 4대 개혁을 제대로 완수하면 그다음 금융위기를 막고 금융위기가 필연코 수반하는 양극화와 복지수요 증대를 예방할 수 있다고 생각했어요. 그러나 유감스럽게도 그 뒤로도 금융위기가 두 번이나 있었죠.

지금 현 정권도 진지하게 복지 문제를 생각하고 있는지 의문이에요. 재원이 덜 들어가는 복지를 해야겠다면 제도상 결함 있는 부분을 바꿔야 하는데 대신 공공개혁, 노동개혁, 금융개혁, 교육개혁을 내세우고 있어요. 노동조합(이하 노조)이나 비정규직 쪽에서는 개악이라고 하죠. 현 정부의 노동개혁에 반대하는 10만 명 이상이 모인 '민중총궐기'도 있었습니다. 공공개혁은 연금개혁 외에 오히려 시효가 만료된 신자유주의를 부활하겠다는 의지로 보여요. 현재의 불공평을 더 불공평하게 하면서 개혁이라는 딱지만 붙였어요.

윤석헌 김태동 교수가 개혁은 잘못된 것을 바로잡는 것이어야 한다
고 하셨는데, 거시적으로 지금 추진하고 있는 4대 개혁과제 선택
이 올바른 것이냐의 문제도 있지만 선택된 개별과제 안에서 미시
적으로 그 추진방향이 올바르게 설정되었는가의 문제도 있습니
다. 예로 한쪽에서 금융개혁을 한다고 하면서 또 한쪽에서는 빚내
서 집 사라면서 양극화를 부추깁니다. 금융을 정부의 정책목적 달
성을 위한 수단으로 사용하고 있어요. 관치금융이죠. 게다가 낙하
산 인사도 지속됩니다. 도대체 무엇을 개혁한다는 것인지 알기 어
려워요. 그래서 금융개혁을 하느냐가 중요한 게 아니고 이것을 어
떤 방향으로 어떻게 끌고 가느냐가 실질적으로 더 중요한 문제가
아닌가 싶습니다. 노동개혁을 포함해서 다른 개혁과제도 마찬가
지가 아닐까요?

윤원배 현재 복지수요가 발생하면 세금으로 해결하고 있죠. 그런데
집권당은 기업이 잘되면 세금을 많이 걷을 수 있다면서 증세가 필
요 없다고 하잖아요. 다른 쪽 사람들은 그게 불가능하다고 반박하
고 있지만요. 세금을 걷지 않아도 지금의 조세, 재정으로 복지 문
제를 다 해결할 수 있을까요? 그러려면 복지수요 자체가 발생하
지 않도록 하는 정책이 필요한 것 아닌가 싶어요.

최정표 복지수요는 계속 증가하는 것 아닙니까?

윤원배 고령화에 따른 복지비와 같이 자동적으로 늘어나는 부분도
있고 고용을 늘리면 실업수당을 덜 지급하는 것처럼 정부가 미리
차단하면 늘어나지 않는 부분도 있어요.

윤석헌 사전적 복지정책을 쓰면 도움이 된다는 말씀이시죠?

윤원배 그렇죠. 그런데 현 정부는 기업이 요구하는 것을 들어주는 데

만 중점을 두고 있어요. 기업들의 논리대로 낙수효과를 운운하면서 일시적으로 기업의 애로를 해소하는 정책을 펴지만 정작 노동자가 해고되면 실업수당을 줘야 하니까 복지수요가 늘게 되는 거지요. 좀 더 적극적인 복지정책이 필요합니다.

이동걸 브라질 전 대통령 루이스 이나시우 룰라 다 실바Luiz Inacio Lula da Silva가 했던 유명한 말이 있죠. '기업에 돈을 쓰면 투자라고 하면서 국민에게 돈을 쓰면 왜 낭비라고 하느냐.' 국민에게 돈을 쓰는 것이 바로 투자라는 취지에서 선제적인 정책을 펼치면 당연히 복지수요가 줄겠죠. 보수주의자들은 최선의 복지는 고용이라면서도 임금을 깎고 기업을 도와주는 것이 고용을 늘리는 채널이라고 말하고 있어요. 어불성설이죠. 공공부문의 투자, 즉 공교육, 의료, 기술 등의 투자가 고용으로 연결되는 선제적 복지라는 말에 전적으로 동의합니다.

윤원배 지금은 수요가 없어 공급이 되지 않는 상황이니 수요를 늘리는 방향을 생각해야죠. 기업들이 노동자들의 월급을 올려줘야 수요가 늘어날 테고 그러면 자사 생산물도 팔릴 것이라는 논리를 가져야 해요. 전세금이 올라가면 소비할 돈이 없어서 결국 수요가 줄거든요. 지금은 공급도 중요하지만 내수를 늘리는 방법을 강구해야 할 때입니다.

이동걸 제자들만 봐도 잘 아시잖아요. 대학을 졸업하고 다행히 취직해 월급을 받아도 학자금 대출에 집세를 내야지, 쓸 돈이 없어요.

윤석헌 앞으로 수출이 어떻게 될지도 모르잖아요. 글로벌 경제가 삐거덕거리면 수출이 더 감소할 수 있어요. 언제 위기가 올지는 몰라도 내수를 확충해서 국력을 튼튼하게 길러둬야 하는데 정부가 이를 위한 소위 골든타임을 놓치는 게 아닌가 걱정됩니다.

윤원배 이미 늦었어요. 대중국 수출이 줄어드니까 우리나라 경제 전체가 어려워지잖아요. 미리 내수의 비중을 높여놨어야 했어요.

이동걸 그런 위험성을 알기 때문에 최경환 전 경제부총리가 공식적으로 '소득주도성장'이란 말을 썼잖아요.

장세진 소득주도성장이라면서 구체적으로 무엇을 했죠?

이동걸 법인이 쌓아놓은 돈을 풀게 하겠다고 했죠. 정부도 필요성은 아는데 막상 현실에 봉착하면 재벌들의 말을 따르는 정책을 펴고 있어요.

장세진 경제학자로서 어떤 식으로 소비를 살리느냐를 생각해봅시다. 사실 그렇게 간단한 문제는 아니잖아요. 노동자들의 임금을 올려주면 소비가 살아나서 경제가 살 거라고 하는데 우리도 자신하지 못하잖아요.

이동걸 소득이 늘어도 당분간 빚부터 갚아야 하니 소비는 크게 늘지 않겠죠.

윤석헌 최소한 그런 방향으로 정책을 펴야 소비가 조금씩이라도 늘지, 욕심을 부리면서 엉뚱한 짓을 하면 소비가 살아나기 더 어렵겠죠. 예컨대 복지지출을 늘리거나 자영업자 지원을 늘려 부도를 막으면 소득과 수요가 늘고 따라서 선순환 구조를 기대해볼 수 있지 않을까요? 물론 좀 더 구체적인 시행방안이 필요하겠지만 노력해볼 가치는 충분하다고 봅니다.

임금피크제가 아닌 근로시간 피크제가 답

윤원배 현 정부가 하는 정책들이 줄줄이 실패하고 있습니다. 정부가 투자를 독려해도 기업들은 투자하지 않고 있어요. 저는 기업들이 돈벌이가 되지 않으니까 투자하지 않는다고 봐요. 그러면 얼른 다른 방법을 찾아야죠.

이동걸 제가 아까 소득이 늘어도 빚을 먼저 갚지, 소비로 바로 연결되지 않을 것이라는 말은 소득주도성장 정책을 하지 말자는 이야기가 아니라 사람들이 그렇게 행동하는 이유를 말씀드리고 싶어서였습니다. 지난 10여 년간 사람들의 소비성향이 굉장히 약해졌습니다. 미래가 불안하기 때문이에요. 결국 불안한 미래를 해소시켜야 사람들이 지갑을 열기 시작할 겁니다.

윤원배 미래가 불안하니까 결혼도 출산도 하지 않는 거죠. 앞서도 이야기가 나왔지만 여성들이 일할 수 있도록 국가가 나서서 보육을 확실히 챙겨줘야죠. 이게 다 불확실성을 줄이는 정책이잖아요.

최정표 제 생각에는 비정규직 비율을 20% 이하로 낮추면 소비가 증가할 겁니다. 소득도 올라가고 미래에 대한 불안감도 해소시킬 수 있고요.

이동걸 비정규직 문제가 핵심일 수 있어요.

윤원배 임금인상도 필요하지만 근로시간을 줄이고 고용도 늘려야 해요. 지금 과로로 인한 생산성 저하가 엄청날 겁니다. 산재도 크고요.

최정표 근로시간 피크제를 실시해야죠. 그래야 고용도 늘어나고 삶의 질도 개선될 수 있는데 임금피크제를 한다고 하니 정말 말이 안 나와요.

이동걸 비정규직 문제 해결과 더불어 연금을 안정화시키든지, 보편적 복지(자격과 조건 없이 요구가 있으면 모든 국민에게 복지를 제공하는 형식)를 늘리든지 해서 예비 노년층의 미래소득도 안정시켜줘야 해요.

윤석헌 돈을 많이 벌지 못하더라도 노인들이 할 수 있는 일을 찾아주는 거죠.

최정표 그게 생산적 복지죠.

이동걸 요즘 '피딩Feeding족'이라는 새로운 마케팅용어가 있습니다. 50~70대 조부모 가운데 경제적으로 여유 있고Financial, 육아를 즐기며Enjoy, 활동적이고Energetic, 헌신적인Devoted 집단을 일컫는 말이죠. 그런 조부모는 손주들에게 돈을 아낌없이 써요. 속된 말로 할아버지·할머니 경제가 떠서 물건 파는 사람들은 그 트렌드에 맞춰서 열심히 마케팅을 해요. 그러나 노년층의 절반은 빈곤층이란 말이죠. 이 부분도 해결해야 경제가 살아날 수 있어요.

윤석헌 결국 세금에 대해 솔직하게 고민해볼 시점이라고 봐요. 세금 아니면 재원이 없거든요. 우선은 법인세, 개인소득세나 피케티의 부자세 등을 포함해서 다시 모의실험도 해보고 이런 정책들로 경제가 나아질까라는 질문에 고민해봐야 합니다.

윤원배 최정표 교수가 빨대를 없애지 않는 한 중소기업 지원책은 아무런 소용이 없다고 하셨잖아요. 중소기업 지원금 중 실효성이 떨어지는 부분은 내수확대나 복지비 같은 데로 돌려쓰는 것도 방법일 것 같아요.

최정표 제 발언이 오해의 소지가 있는 것 같은데요. 중소기업을 지원하지 말자가 아니라 그보다 빨대를 없애는 게 중요하다는 겁니다.

72

윤원배 솔직히 경쟁력 없는 중소기업은 도태되어야죠. 적정 수준에서 유지되어야지 중소기업이라고 무조건 지원할 필요는 없잖습니까? 좀비기업이 너무 많아요.

김태동 대마불사Too-big-to-fail(대형 금융회사는 영원히 망하지 않는다는 믿음)가 문제죠. 퇴출되어야 할 재벌기업이 두세 번씩 부활해요. 그렇게 되면 동일업종에서 생산성 높은 중소기업이 오히려 피해를 보는 거죠.

윤석현 대선 때 박근혜 후보의 지하경제 양성화 공약이 있었잖아요. 사실 따지고 보면 명동 사채시장을 뒤질 것이 아니라 기업들 구조조정과 재벌들 사익편취를 확실히 처리하면 많은 재원이 확보될 겁니다.

윤원배 지하경제 양성화가 필요하기는 해요.

윤석현 그런데 보는 시각이 문제예요. 너무 좁은 데만 보고 있어요.

장세진 복지나 지원의 전달체계도 문제가 있습니다. 한정된 재원이다 보니 우선순위를 정하기가 어려운 데다 전달하는 과정에서 낭비가 있어요. 중소기업을 지원하는 부서가 200개를 넘는다고 하더라고요.

최정표 중소기업청에서 총괄하죠.

윤석현 정책금융(정책을 수행하기 위해 정부가 지원하는 각종 금융)을 연구하는 사람들은 중복지원 문제를 지적합니다. 경우가 다양한데, 그 중에서 보증기관이 보증한 중소기업에 국책은행이 대출해주는 경우는 정말 문제라고 생각합니다. 정책금리(정책금융에 적용하는 금리)를 시장금리(민간 금융기관이 대출고객에게 적용하는 금리)보다 낮추어 받는 것도 적절하지 않고요. 정책금융의 초점은 어디까지나 자금

가용성 확대에 두어야 한다고 봅니다.

이동걸 공무원들이 자주 쓰는 용어 중에 '나와바리[なわばり]'가 있습니다. '내 구역'이란 뜻이죠. 조폭들이 제 구역을 정해놓고 이권을 챙기듯이 공무원들도 부처마다 나와바리가 있어서 열심히 챙기죠. 특히 지원업무는 선심성 특혜 나눠주기라서 반대급부도 많은지 더 열심히 자기 부처로 가져오려고 하죠. 그러다 보니 중소기업 지원업무도 거의 모든 부처에서 합니다. 제가 몇 년 전에 중소기업 정책금융을 연구한 적이 있는데 중소기업 지원업무를 하지 않는 부처가 드뭅니다. 중소기업정책이 여러 부처로 분산되어 있어서 중복지원 문제에 책임도 불분명하고 여하튼 정책 효율성에 문제가 있어요. 게다가 정권이 바뀔 때마다 부처명도 갈아치우니 더 혼란스러워요.

윤원배 진짜 지원받아야 할 영세 중소기업들은 인력이 없어서, 어떤 지원을 해주는지 몰라서 지원받지 못하고 오히려 대기업이나 중견기업 들이 중소기업을 만들어서 지원받아요. 정부의 지원을 가로채면서 중견기업으로 성장 할 수 있는, 경쟁력 있는 중소기업들을 시장에서 도태시키고 있어요.

장세진 전에 국세청에서 복지지원을 통합하는 것이 어떻겠느냐는 이야기가 나왔는데 어떻게 생각하십니까?

윤원배 통합하면 좋은데 서로 싸우면서 자기 영역을 내놓지 않으려고 하니까요.

포용적 성장이 계층 사다리 역할 할 터

김태동 2015년 봄에 일어난 중동호흡기증후군인 메르스 코로나바이러스(이하 메르스) 사태로 우리나라가 의료후진국임이 증명되었습니다. 의료민영화의 나라인 미국보다도 민영화를 하지 않은 우리나라가 공공병원이 오히려 적어요. 주변보다 기압이 낮아 바이러스가 빠져나가지 않도록 하는 음압시설이 설치된 병원이 드물어서 자꾸 전염되었죠. 그 과정에서 문형표 보건복지부 장관이 책임지고 물러나고 그동안 의료민영화를 적극 추진한 의사가 그 자리를 대신하게 되었으니 말 다했죠. 현재 우리나라 의료보험이 미국보다 잘되고 있다지만 유럽에 비하면 아주 안 좋죠. 현 정권은 메르스가 경종을 울렸는데도 의료법을 개악시키려 하고 있어요.

이동걸 우리나라는 자유주의 시장경제가 가장 극심한 미국에 비해서도 민영비율이 높은 편입니다. 예를 들면, 대학도 국공립 대학 비율은 14.5%에 불과하고 사립대학 비율이 85.5%입니다. 미국만 해도 주립대학 시스템이 잘 갖춰져 있어서 공립대학 비율이 60%를 넘고 유럽은 90%가 넘어요. 생활의 기초가 되는 교육, 보육, 의료 분야의 공공서비스를 늘려야 일반인들, 저소득층이 필요한 최소한의 서비스를 받을 수 있어요. 메르스 사태 때 뉴스를 보니까 공공병원 비율이 OECD 평균은 73%나 되는데 우리나라는 6%밖에 되지 않는다고 하더군요. 그런 실정인데도 우리나라에서 공공병원을 더 짓자고 하면 보수언론들이 나서서 좌빨 운운하며 공격하고 있으니 한심하죠. 재벌병원들 때문인가요?

김태동 사전적 복지라는 측면에서 교육이 중요해요. 박근혜 대통령은 후보 당시 고등학교까지 무상으로 교육하겠다고 공약했지만 정책에 반영되지 않았고요, 대학 반값 등록금을 시행하겠다고 애매하게 공약했는데 장학금으로 대체했죠. 교육복지 공약이 공수표가 되고 있어요. 여당이든 야당이든 정치인들이 앞으로 실현 가능한 공약을 하고 이를 지키는지 감시해야 하는데 그렇지 못해요. 부모가 가난하다는 이유로 교육받지 못하고 제대로 취직하지 못하고 결국은 일생 동안 복지의 대상이 되는 사람 수가 적어지도록 포용적 성장을 해야죠. 교육이 계층 상승 사다리 역할을 하는지 되짚어보고 좁은 사다리 역할이라도 했으면 하는 바람입니다.

이동걸　양극화 사회를 살아가는 우리 스스로 포용적 성장을 하는 모습도 눈에 띄는데요.

김태동　요즘 세상을 물건이나 서비스 등 생산물 한 단위를 생산할 때마다 들어가는 추가비용이 제로인 사회, 즉 '한계비용 제로 사회'라고 해요. 인터넷이 보급되면서 정부가 하지 않는 사회적 서비스의 일부를 민간 스스로 품앗이하고 있습니다. 교육과 관련해서는 '바풀(바로풀기)'이라고 하나요? 입시생들이 문제를 모르겠다고 인터넷사이트에 물으면 대학생이나 같은 고등학생 들이 대답해줘요. 한 문제당 30분씩 봉사시간으로 쳐줘서 20시간까지 인정되고 봉사실적이 내신에 들어가서 입시사정에 도움도 되고요. 사실 학생들이 지금 공부하는 시간의 절반만 해도 사회 생활하는 데 전혀 지장이 없는데 시간을 착취당하고 있죠. 아이들이 학창시절을 공부하는 기계로 보내며 창의성만 갉아먹게 하고 우리 기성세대가 참 미안하죠.

윤석헌　대학들이 재정, 경영 그리고 심지어 교육과정까지 정부 눈치만 봅니다. 자율성이 사라지면서 획일적인 교육만 남게 되죠. 그러다 보니 일부 전문가들은 교육부를 없애야 한다고 주장합니다. 요즘 이슈가 되고 있는 교육부의 프라임prime 사업이 그런 예입니다. 대안으로 전체 학교를 공립으로 만드는 방법도 고려할 수 있습니다. 캐나다는 모든 대학이 공립이에요. 사립으로 시작한 대학들을 정부가 포섭해서 반관반민半官半民으로 만든 겁니다.

또 다른 대안으로 정부는 아예 학교에서 손을 떼고 김태동 교수 말씀처럼 인터넷 강좌, 인터넷 대학 같은 걸 만들어서 인프라 차원에서 교육 서비스를 제공하는 방법도 고려할 수 있어요. 우리가 가진 교육의 문제를 극복하려면 굉장히 혁신적인 개혁안이 필요해요. 대입방법을 이리저리 바꾸는 수준으로는 시장에 사교육이나 자꾸 번창하게 되지, 근본적으로 해결되지 않아요. 교육문제도 극단적인 방법까지 포함해서 생각해봐야 합니다.

김태동 교육청이 초·중·고등학교를 관리하는데 교육감은 자치로 선출되잖아요. 심지어 일부 영남지역까지 소위 진보교육감이 당선됐는데도 무상급식, 보육비 문제 때문에 교육정책을 제대로 펼 여지가 없어요. 대학 역시 현실은 자치적이지 않아요. 그러니 중·고등학교 자치는 더더욱 안 되는 거죠. 중앙정부의 입김이 그대로 살아있을 수밖에 없어요. 국사교과서까지 국정화하니까요. 이명박 정권, 현 정권에서는 교육복지도 후퇴했어요. 국민의 정부, 참여정부 시절에 부패사학을 퇴출하려고 하니까 당시 한나라당이 극렬하게 반대했었죠. 결국 새누리당과 비리 사학, 교육부가 삼각동맹을 맺어서 교육복지를 후퇴시키고 교육을 통한 상향 계층 이동을 불가능하게 하는 성벽이 굳건하게 마련되었다고 볼 수 있어요.

사회적 경제, 공유경제 활성화

윤원배 이제 각자 마무리 발언하시죠.

김태동 건강한 노인들이 건강하지 못한 노인들을 보살피는 간병인으로 많이 취직하고 있어요. 일본에서는 할머니가 혼자 사시는 집에 젊은 대학생이 들어가 살면서 청소를 해주거나 정원을 가꿔주는 일을 해요. 할머니는 그 대신 집세를 깎아주고요. 결국 민간이 서로 돕는 방법이에요. 정부가 해야 할 일을 하지 않으니까 스스로 해결해보려는 사회적 경제나 공유경제의 역할이 커지고 있어요. 저복지국가인 우리나라도 그 역할이 중요하다고 생각합니다.

그리고 자동차나 휴대폰 등 소비재를 생산하는 재벌기업이 불공정하면 불매운동 등으로 '소비자가 왕'임을 보여 시정할 수 있어야 하는데 사실 우리나라는 경제적 약자가 행동하기 쉽지 않아요. 또 노동자의 경우 노조의 조직활동도 점점 어려워지고 있고요. 투표로 선출된 공직자들을 견제해야 하는데, 선거의 불공정성도 커져서 경제민주화가 되지 않아요. 시민단체는 많아졌지만 영향력은 2008년 이후 급격히 축소됐어요. 그러면서 기득권, 특권 계층의 힘은 더 강해지고 있어요.

굉장히 착취당하면서도 고통을 느끼지 못하게 하는 잘못된 저급문화, 3S정책(섹스Sex, 스포츠sports, 스크린screen의 머릿글자를 딴 것으로, 독재정권이 국민의 정치적 관심을 다른 데로 돌리기 위해 쓴다는 정책)이 계속되고 있어요. 경제적 약자인 '을乙'들이 뭉쳐서 제도적으로 피해를 줄일 수 있어야 하는데 지금까지 그렇지 못해서 양극화가 심화되었고요. 앞으로 개선되려면 결국 다음 선거에서 표로 99%

의 주권을 행사해야 한다고 봅니다.

이동걸 그래서 선거개혁이 필수가 아닌가 싶어요. 많은 분이 언급한 것처럼 승자독식Winner-take-all 정치제도가 사실은 승자독식 경제체제 뒤에 버티고 있거든요. 승자독식 경제체제의 결과로서 양극화가 나타난 거고요.

최정표 양극화 해법을 두 가지만 이야기하겠습니다. 첫 번째는 사회 곳곳에 위로 올라갈 수 있는 사다리를 많이 설치해야 합니다. 두 번째는 사회 곳곳에 꽂혀 있는 빨대를 제도적으로 뽑아내는 작업을 해야 합니다. 이 두 가지면 양극화 문제의 80%를 해소할 수 있다고 봅니다.

윤석헌 여러 사회경제 문제를 들여다보면 결국 재벌과 복지로 요약됩니다. 그것을 또다시 요약하면 과세와 세율의 문제로 귀결됩니다. 여기서 논의된 여러 문제를 해결하는 출발점은 재벌에 세금을 받아서 복지로 깔아주는 것이라고 생각합니다.

장세진 저는 핀란드, 스위스, 네덜란드 등에서 검토하고 있는 기본소득basic income이 유력한 방안이라고 생각해요. 복지지원체계의 비용과 비효율을 없애고 노동 의욕을 보존하면서도 사회적 갈등을 최소화할 수 있으니까요. 기본소득이란 시민 누구에게나 소득, 나이, 남녀 등 자격 제한 없이, 별도의 지원 절차 없이, 일정한 기본소득(핀란드의 경우 800유로, 약 102만 원)을 매월 지급하는 것을 말하는데 시민배당이라고 부르기도 하죠. 핀란드의 기본소득 안은 현재 예비실험 중이고 2019년 총선 이후에나 시행될 수 있다고 합니다. 스위스는 내년에 기본소득에 대한 국민투표를 실시할 예정이고요.

이동걸 여러분께서 하신 여러 말씀 다 중요하지만 결국 선거와 정치입니다. 양극화가 심화된 건 국민의 뜻, 즉 민의가 정치에 반영되지 않아서죠. 부당한 대우를 받는 다수의 민의가 반영될 수 있도록 선거제도개혁, 정치개혁, 관료개혁이 이뤄져야 각 분야의 세부적인 문제들도 해결됩니다. 한마디만 더 하자면 여성의 임금이 남성의 60%밖에 되지 않는 이유는 여성의 생산성이 그 정도라서가 아니에요. 비정규직 생산성이 정규직의 60%밖에 되지 않아서 임금이 그 정도 수준인 것도 아니고요. 부당한 대우를 받고 있어서예요. 부당한 대우를 받는 계층이 정당한 대우를 받기 위해서는 빨대나 사다리가 개선되어야겠지만 피해를 보는 사람들의 목소리가 정치에 반영되어야 한다고 봅니다. 저도 경제학을 공부했지만 경제만 가지고는 해결되지 않는 것 같다고 항상 이야기해요.

윤원배 저도 그 점을 강조하고 싶어요. 양심적인 사회, 정의로운 사회가 되어야 해요. 국민의 뜻이 제대로 반영되는 정치가 민주정치인데 지금 정치는 민의와는 동떨어졌어요. 민의가 제대로 반영되는 정치가 이루어지려면 국민의 수준이 높아져야겠지요. 그 전이라도 정치인들뿐만 아니라 모두가 정의롭고 양심적으로 행동하는 사회가 됐으면 좋겠어요. 결국 종합적으로 접근하고 장기적으로 노력해서 해결해야 할 것입니다.

제 **2** 장

부패

부패의 연결고리,
어떻게 끊을까?

사회자
이정우

발제자
장세진

참여자
김태동 · 윤석헌 · 윤원배 · 이동걸 · 최정표

부패의 연결고리를 찾아라

이정우 2014년과 2015년 내내 사회를 떠들썩하게 했던 사건이 있었습니다. 세월호 참사와 성완종 리스트 사건이죠. 이 사건들의 핵심에는 부패라는 우리 사회 깊숙히 뿌리박힌 문제가 자리하고 있었습니다. 세계 경제 순위 11위 국가에서 부패 때문에 청소년 수백 명이 수장되고 기업인이 불법정치자금과 비자금 세탁 의혹 속에 자살하는 기막힌 일이 계속되어서는 안 되겠죠. 부패 척결은 이제 우리나라의 생존을 좌우하는 중요한 문제입니다. 어떻게 해결해나갈 수 있는지 오늘 의견을 모아보겠습니다. 우선 우리나라의 부패 정도가 어느 정도인지 실태 파악부터 해보겠습니다.

국제투명성기구 부패인식조사 결과, OECD 34개국 중 27위

장세진 부패는 공적인 직무 행위에서 권한을 남용해 공익의 희생 아래 사익을 추구하는 행위를 말합니다. 사익은 꼭 돈이 아니라도 선물이나 향응 같은 물질적 이득, 병역이나 재판 같은 신체적 이득, 취업이나 승진처럼 신분적인 이득일 수도 있습니다. 2015년 말 국제투명성기구의 부패인식조사에서 부패인식지수Corruption Perception Index(CPI) 집계결과 우리나라는 100점 만점에 56점으로, 조사대상 168개국 중 37위를 차지했습니다. OECD로 한정하면 34개국 중 27위입니다.

이정우 10년 전에도 40위권이었는데, 그럼 비슷한 건가요?

장세진 그렇다고 볼 수는 없어요. 예전에는 조사대상국 수가 적었는데 점점 그 수가 늘어나서 순위만이 아니라 점수도 같이 비교해야 합니다. 상위권을 살펴보면 덴마크가 1위로 91점, 핀란드가 2위로 90점, 스웨덴이 3위 89점입니다.

〈표 2-1〉 한국의 부패인식지수 변화추이(1995~2015년)

연도	CPI	순위	조사대상 국가 수	연도	CPI	순위	조사대상 국가 수
1995	4.29/10	27	41	2005	5.0	40	159
1996	5.02	27	54	2006	5.1	42	163
1997	4.29	34	52	2007	5.1	43	180
1998	4.2	43	85	2008	5.6	40	180
1999	3.8	50	99	2009	5.5	39	180
2000	4.0	48	101	2010	5.4	39	178
2001	4.2	42	91	2011	5.4	43	183
2002	4.5	40	102	2012	56/100	45	176
2003	4.3	50	133	2013	55	46	177
2004	4.5	47	146	2014	55	43	175
				2015	56	37	168

주: 2011년까지는 10점, 2012년부터는 100점 만점
출처: 한국투명성기구(2016.1.27.)

이동걸 일본과 미국의 부패인식지수는 얼마나 됩니까?

김태동 비슷비슷해요. 경제규모는 미국이 1위, 일본이 3위이지만 국가투명성인식지수 순위는 각각 16위와 18위죠.

이동걸 유럽, 특히 북유럽 쪽이 투명성이 높겠죠?

김태동 북유럽은 국가투명성인식지수도 상위권이고 복지 수준도 일본, 미국에 비해 훨씬 높습니다. 경제민주화가 재벌 견제와 복지제도 완비라는 목적도 있지만 핵심은 '부패 청산'이죠. 부패가 없어야 국가 신뢰도가 높아지고 고소득층이 높은 누진세를 부담하는 데 이의가 없어지며 선순환이 이뤄지는 거죠.

　　미국, 일본은 아직 선순환이 되지 않는 나라예요. 미국도 2008년에 금융위기가 일어난 주요이유가 부패입니다. 미국은 대공황 이후에 은행은 증권업무, 증권사는 은행업무를 금지하는 내용의 글래스-스티걸법Glass-Steagall Act을 제정해 상업은행과 투자은행을 분리하지 않았습니까? 그런데 레이건 정부 이후 월스트리트 자본이 '대공황 이전처럼 겸영兼營할 수 있게 해달라'며 워싱턴 국회의원들을 대상으로 계속 로비하다가 결국 클린턴 정부 때 성공했어요. 월스트리트 자본이 만들어낸 부패가 금융제도를 개악하고 몇 년 지나지 않아 금융위기를 일으킨 거죠.

이정우 현재 우리나라에서 가장 심각한 부패는 뭐라고 보시나요?

방산비리, 최악

윤원배 규모면에서 보면 이명박 정권에서의 4대강 사업과 자원외교를 들 수 있는데 정서적인 측면에서는 방위산업 관련 비리(이하 방산비리)를 들고 싶어요. 방산비리는 우리나라의 안위와 국민들의 생명에 직접 연관된 문제로 미개국에서도 찾아보기 힘든 아주 심각한 부패죠.

대표적으로 돈을 받고 성능이 떨어지는 음파탐지기를 장착토록 한 통영함, 소해함 납품비리 사건이 있습니다. 부실한 부품을 납품받은 결과 통영함은 고성능 음파탐지기 대신 어선에 쓰는 어군탐지기를 사용해야 하는 형편에 이르렀고 급기야 세월호 참사 때 구조에 나서지도 못하게 되었습니다.

20조 원에 가까운 한국형 차세대 전투기 개발사업 KFXKorean Fighter eXperimental도 말이 많습니다. 이외에도 적 잠수함의 침투에 대응하기 위해 도입되는 해상작전 헬기 '와일드 캣Wildcat(AW-159)'과 관련한 비리 사건, 한국형 해상작전 기동헬기(수리온) 개발비리 사건, 불량 방탄복 사건, 공군 전자전 훈련장비 납품 비리 사건 등 그 형태도 다양합니다.

이동걸 해군참모총장이 구속되는 수준이니 정말 심각하면서도 창피한 거죠. 안보를 최우선으로 여긴다는 보수정권에서 불량무기를 둘러싼 비리가 생긴다는 게 아이러니입니다. 그런데 방산비리를 국가안보나 정의 측면뿐만 아니라 경제 측면에서도 봐야 합니다. 방산비리는 나쁜 짓을 하는 기업이 득세하는 경제구조가 현실에 뿌리내리게 되므로, 이는 국가경제의 미래 성장잠재력이나 성장동력 그리고 일자리까지 위협하는 매우 심각한 문제라고 생각합니다. 그래서 국력이 약해지면 국가안보도 허약해지는 악순환에 빠지겠지요.

한민구 국방부 장관이 2015년 6월에 국회 국방위원회에 출석해서 방산비리 관련 질의를 받고 생계형 비리라는 황당한 소리를 했다가 사과했는데, 사실 과거에 군에서 부식을 빼먹거나 관공서에서 급행료 몇 푼 받던 것이 생계형 비리 아닙니까?

이정우 그러게 말이에요, 방산비리가 생계형 비리라니.

장세진 이 기회에 부패가 왜 나쁜지 분명히 밝혀야겠습니다. 부패는 공익과 형평성을 해칠 뿐만 아니라 자원배분을 왜곡하고 효율을 떨어뜨립니다. 실제로 승진해야 할 사람을 밀어내고 능력 없는 사람이 뒷돈을 주고 그 자리를 차지하는 거죠. 그 결과 부패한 사람이나 기업이 잘 풀릴 것이라는 사회적 통념이 생기면 모두가 생산적인 노력을 접고 지대추구rent seeking(경제주체들이 자신의 이익을 위해 비생산적인 활동에 경쟁적으로 자원을 낭비하는 현상, 즉 로비·약탈·방어 등 경제력 낭비 현상을 지칭하는 용어)적인 제로섬 게임에 뛰어들 겁니다. 그러다 보면 정말 유능하고 창의력 있는 사람이나 기업은 도태되고 맙니다.

이동걸 자본주의 시장경제의 본질은 능력 있고 노력하는 사람이 보상받는 건데 비리와 부패는 이를 부정하는 시스템입니다. 그런 차원에서 비리, 부패 문제를 확실히 바로잡는 것이 자본주의 시장경제를 신봉하는 보수가 반드시 해야 하는 일입니다.

윤원배 국가 안위, 국민의 생명과 관련된 경우에도 부정이 심각한데, 통영함을 수준 미달로 만들어 납품하는 곳이 국내 굴지의 기업이에요. 엉터리 부품을 조립해서 무기나 배를 만드는 일을 군 출신, 재벌 같은 보수주의자들이 주도하고 있다는 게 정말 심각합니다.

이동걸 미국이 가장 강력하게 쓰는 경제정책이 무기 관련 산업정책입니다. 그것으로 전 세계를 산업적·기술적으로 제패하고 있죠. 현재 대한민국이 엄청난 돈을 방위산업에 쓰고 있으니 국방도 튼튼히 하고 산업도 일으켜야지요. 그러려면 자원을 얼마나 효율적으로 쓰느냐가 관건인데 방산비리는 그것을 저해합니다.

이명박 정권, 현 정권에서
대형부패 최고 수준

김태동 앞서 말씀하신 국제투명성기구가 조사하는 부패인식지수를 신뢰할 수 있느냐는 점도 짚어봐야 해요. 왜냐하면 각국 지부에서 부패인식지수를 만드는데 참여정부 전에는 한국의 부패인식지수가 10점 만점에 5점이 안 됐는데 2005년부터 5점이 넘었거든요. 적어도 이명박 정권 이후 7~8년간은 그 전보다 부패의 정도가 훨씬 심해졌는데도 국제 순위에 반영되지 않았다는 것을 이해할 수가 없어요. 과거에도 방산비리가 있었겠지만 이명박 정권 때 아주 심해졌고 4대강 사업이 추진되고 공사입찰가격을 담합한 것을 보더라도 토목건설 부패가 더 악화되었죠. 게다가 세월호 참극은 후진국에서도 잘 일어나지 않는 인재 아닙니까?

영국의 조세피난처 반대운동 단체인 조세정의네트워크 taxjustice.net의 보고서에 따르면 2010년까지 한국에서 스위스, 카리브 해 등 해외 조세피난처로 이전된 자산이 총 7,790억 달러에 달해, 중국에 이어 세계 2위를 다투는 것으로 발표되었습니다. 미국의 다국적 컨설팅회사인 매킨지Mckinsey의 전 수석 이코노미스트이자 조세피난처 전문가 제임스 헨리James Henry가 BISBank for International Settlements(국제결제은행), IMF 등 공식자료에 근거해

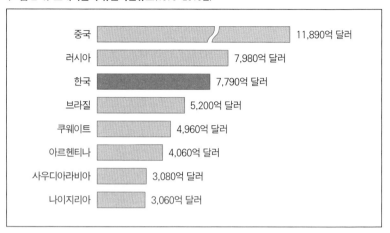

작성한 것이므로 국제투명성기구보다 더 믿음이 갑니다.

이정우 아주 중요한 말씀을 하셨는데 저는 국제투명성기구 자체가 어떻게 운영되는지, 국제투명성 지수를 어떻게 매기는지, 가중치를 어디에 두는지, 주관식의 비중이 얼마나 되는지를 살펴봐야 할 것 같아요. 혹시 장세진 교수가 알고 있나요?

장세진 국제투명성기구는 독일 베를린에 소재하는 비정부기구로, 1995년부터 부패인식지수를 발표해왔습니다. 한국을 포함해 100여 개 지부가 있고 미국을 제외한 세계 싱크탱크 중 5위에 해당할 정도로 국제적 신뢰가 있어요. 부패인식지수는 공공부문 부패를 수치화한 지표로, 가장 널리 쓰이는 반부패지표이지요. 그리고 WBWorld Bank(세계은행), WEF 등 11개 기관이 12개 지표로 설문조사를 실시해 측정한 부패인식도를 종합해요. 지표가 3개 이상있는 나라만 조사대상으로 해서 현재 175개국입니다.

평가는 기업인 설문조사와 전문가 평가로 구분되는데 국가별로 자료원천의 차이가 납니다. 한국의 경우 기업인 설문조사는 스위스 로잔에 있는 경영대학원 IMDInternational Institute for Management Development(국제경영개발연구원), WEF, PERCPolitical&Economic Risk Consultancy(정치경제위험자문기구)에서 3개 지표, 즉 뇌물 존재, 공적 추가비용, 정치관료부패를 사용하고 전문가 평가는 WJP(세계정의추진체), EIU(경제정보기구) 등 5개 국제기관의 전문가들이 평가한 반부패정책, 정경유착 등 6개 지표를 적용한 것으로 알고 있습니다.

각 기관의 구체적인 지표 산정방식은 모릅니다만, 부패 자체를 측정하는 것이 아니라 부패 정도에 관한 인식을 측정하는 것이므로 당연히 주관식 평가입니다. 국제투명성기구는 결국 행동에 영향을 주는 것은 인식이라고 주장하지만 그에 따른 비판도 끊이지 않고 있죠.

이정우 주관식이 많으면 상당히 문제 있습니다. 왜냐하면 스위스의 IMD에서 해마다 국제경쟁력지수를 발표하는데 한국 순위가 매번 왔다 갔다 해요. 그곳의 평가 역시 주관식의 비중이 큰데, 한국 대표단 1명이 한국 순위가 왜 그렇게 나쁘냐며 문의한 적이 있었답니다. 그런데 그쪽에서 "한국 기업가들은 참 이상하다. 다른 나라 기업가들은 모국을 그 정도로 나쁘게 얘기하지 않는데 한국 기업가들은 불만이 많고 나쁘게 점수를 매겨오니 우리도 어쩔 수 없다"라고 대답했다고 해요. 마찬가지로 부패문제도 그 설문에 누가 대답을 하며 설문의 구성이 어떤지도 살펴봐야 해요.

이동걸 IMD가 낸 국제경쟁력지수 중에 특히 우리나라 지수가 낮게 나오는 분야가 공무원이거든요. 기업을 운영하는 사람들은 같이 일하는 파트너로서 공무원을 가장 나쁘게 평가해요. 특히 전경련 쪽에서 스스로 국가경쟁력, 특히 공무원 쪽과 노사관계를 나쁘게 평가하는 경향이 있습니다. 이유가 있겠지요.

윤원배 저는 기업이 공무원을 나쁘게 평가하는 건 사실에 기반을 둔 판단이지, 없던 것을 새로 만들어내지는 않았을 거라고 봐요. 오히려 그걸 정부 쪽에서 항의해 국제경쟁력지수를 인위적으로 올리려는 시도가 잘못되었다고 봅니다. 지수에 신경 쓸 게 아니라 실제 우리나라 부패의 심각성을 알려주는 수치이므로 부패를 척결해나가야지요.

이정우 실제로 우리나라 부패는 어느 정도인가요?

김태동 국제투명성기구에서는 세 가지 부패, 바로 대형부패grand corruption, 소형부패petit corruption 그리고 정치적 부패political corruption를 다룹니다. 관공서에서 빨리 일 처리를 해달라며 쥐여주던 급행료 같은 소형부패는 시민들이 인식할 정도로 줄었어요. 그런데 사실 비리규모가 100억 이상만 되어도 시민들이 체감하기 힘든데 조 단위인 4대강 사업 비리나 방산비리 같은 사건은 더더욱 어려워요.

사자방(4대강, 자원외교비리, 방산비리) 비리 같은 대형부패는 확실히 김대중-노무현 정권에서는 없었는데 이명박 정권에서 많이 벌어졌죠. 현 정권에서는 경남기업 성완종 회장이 목숨을 담보로 비리를 폭로했는데 결국 진실 은폐에 성공했고요. 사자방 비리, 성완종 리스트 등 정치적 부패까지 진실을 은폐하는 걸 보면, 2008년 이래 이명박 정권, 현 정권 하에서 부패세력의 힘이 더 강해진

게 확실해요. 오래전에 IMF는 1997년 외환위기의 원인으로 국가 투명성 부족, 즉 부패가 컸다고 지적했어요. 당시 IMF와의 협약에서도 가장 많이 등장한 단어가 '투명성 부족'입니다. 그게 바로 부패거든요. 그런데 외환위기를 초래한 김영삼 정권보다도 이명박 정권, 현 정권에서 정치적 부패, 대형부패가 더 만연한 거죠.

최정표 부패의 패턴은 확실히 달라졌어요. 큰 부패는 더 커지면서 더 은밀해졌는데 작은 부패는 오히려 많이 사라졌어요.

이정우 분명히 과거에 비해 작은 부패는 줄었어요. 어떤 군인에게 들었는데 1950~1960년대에는 군대가 썩을 대로 썩어서 쌀이며 부식이며 산에서 날라온 장작까지 팔아먹었다고 해요. 또 세무서에서 일하던 사람에게 들은 이야기로는 1970년대 초에 돈을 받지 않는 세무원이 없었다고 해요. 지금도 절반은 여전히 돈을 받고 있다고 합디다. 작은 부패는 많이 줄어드는 추세임이 틀림없어요. 부패의 대형화, 은밀화, 조직화가 문제인 거지요.

작은 부패 줄고 큰 부패 더 커져

장세진 왜 작은 부패는 상대적으로 줄었으면서 큰 부패는 더 커졌을까요? 경제규모가 커진 데다 부패가 일어나는 곳이 은밀해졌기 때문입니다. 특히 방산비리는 국가안보와 관련되기 때문에 새로운 무기개발에 참여하는 사람들이나 무기의 성능 실험, 수주 등이 전부 비밀이에요. 육군의 규모가 더 큰데도 유독 해군에서 비리가 많은 이유는 해군은 함정을 타고 바다로 나갈 때 상명하복 관계가 더 엄격하대요. 그러니까 무기를 수주할 때도 로비스트들이 전 참모총장, 전 작전사령관과 그 가족까지 접촉하는 거예요.

　굉장히 똑똑한 사람들끼리 저지르는 원자력발전소 비리(이하 원전비리)도 은밀하죠. 원전비리는 지난 2013년 부품제조업체인 JS전선, 검증기관인 새한TEP, 승인기관인 한국전력기술까지 모두 조직적으로 품질기준에 미달하는 부품을 수년 이상 한국수력원자력(이하 한수원)에 납품해왔던 것이 적발된 사건이죠. 원자력학과를 두고 있는 국내 12개 대학 가운데 특히 서울대학교가 매년 원자력학과 박사의 40%를 배출하고 원전 운영과 감시를 맡는 주요 기관마다 서울대학교 원자핵공학과 출신들이 포진하고 있어요. 그동안 한수원 퇴직자들이 납품업체를 차리거나 재취업하는 경우도 많았고요. 이 끼리끼리 문화가 부패의 온상이에요.

이동걸　국민들도 인식을 바꿔야 합니다. 은밀한 거래형식을 띤 보상 등이 만연해서 방산비리, 세무비리가 사회 곳곳에 나타나고 있지 않습니까? 이런 비리를 저지르는 사람들이 비리라는 생각도 하지 않으니까 사회적 고질병이 되는 거지요.

윤원배　노골적인 부패가 줄어드니 부패 감시나 국민들의 관심이 줄어든 게 아닌가요? 반면에 대형부패는 계속 확대되고 있어요. 우리의 일상과도 밀접하게 관련된 일인 만큼 국민들이 관심을 갖고 살피는 것이 중요합니다.

이정우　은밀한 부패는 어떤 형태로 사회에 나타나고 있습니까?

최정표　〈1장 양극화〉에서도 우리가 논의했었지만 저는 로스쿨 문제가 은밀한 부패를 내포하고 있다고 봐요. 면접과 서류전형으로 로스쿨에 진학을 하니 권력자들이 연줄로 자식들을 넣기도 해요. 그뿐만 아니라 로스쿨 출신이 판검사에 임용되거나 대형로펌에 가는 것도 거의 연줄이라더군요.

이동걸 작년에 감사원에서 변호사 몇 명을 특채했는데, 전 사무총장과 전 국장 등 감사원 고위직 자녀들이래요. 이들이 감사원에 특혜 채용됐다고 변호사 등 470여 명이 감사원에 대한 국민감사를 청구했다고 합니다. 그리고 최경환 전 부총리의 인턴 보좌관이 중소기업진흥공단에 취업되는 과정에서 벌어진 채용비리 사건으로 한동안 굉장히 시끄러웠으니 모르는 사람이 없을 테고요. 그런데 한겨레신문에서 중소기업진흥공단 채용비리 의혹을 또 보도했죠. 2012~2013년에 세 차례에 진행된 중소기업진흥공단 공개채용에서 국회 산업통상자원위원회 소속 의원 3명과 현직 차관급 부처장 1명, 기획재정부 등 경제부처 전·현직 고위간부 4명 등 8명이 지원자 10명에 대한 채용을 청탁한 것으로 의심되고 또 중소기업진흥공단에 합격한 국가유공자 자녀 4명 중 3명이 청탁 의혹이 있다고 말입니다. 참 심각한 거죠.

윤원배 원래 로스쿨은 고시를 준비하는 학생들이 들이는 자원과 시간이 너무 많으니 해결하겠다는 취지로 도입했는데, 어떤 면에서 보면 더 큰 비리의 온상을 만들어버린 거예요. 그런 문제들을 전부 고려해서 법률을 고쳐야 하는데 법만 덜컥 바꿔버려서 더 큰 문제를 양산한 건 아닐까요?

은밀한 부패와 세월호 참사

장세진 저는 은밀한 부패의 결과물로 세월호 참사가 대표적이라고 봅니다. 개인적으로 세월호 참사에서 두 가지 문제는 반드시 해결되기를 바랐어요. 첫 번째는 '이해의 상충' 문제예요. 모든 사람이 자신에게 유리한 분배방식을 통해 더 많은 몫을 원하기 때문에 이해관계가 상충하게 되죠. 대한민국 유일의 국제선박검사기관인 한국선급에서 선사 측의 무리한 증톤 및 과적 등 불법구조변경으로 복원력이 떨어진 배, 즉 세월호의 안전성 검사를 통과시켜줬어요. 사실 한국선급은 민간협회로, 관련업계 이해관계자 집단에 안전관리업무를 위탁하는 것은 관리감독 대상이 오히려 감독의 주체가 되는 '셀프 감독'인 셈이 아닙니까? 선박 안전점검은 국민의 안전과 직결된 만큼 당연히 국가기관이 책임지고 해야 합니다.

두 번째는 '평형수 조작' 문제예요. 평형수는 배가 흔들려도 무게중심을 유지할 수 있도록 선박 하층부에 싣는 물을 말하는데 선박회사가 과적재하면서 흘수선을 맞추려고 규정에 미치지 못하게 평형수를 실었어요. 게다가 해양경찰(이하 해경)은 먼 데서 망원경으로 흘수선만 보고 출항허가를 낸 것 아닙니까? 평형수를 점검하려면 직접 선실에 가서 계기를 조작해야 하는데 망원경으로만 보다니요? 저는 평형수를 누구나 볼 수 있도록 전광판에 표시하는 방법이라도 고안하기를 바랐습니다.

김태동 세월호 유가족들이 결국 원하는 것은 진실규명입니다. 세월호 특별법의 규정으로 특별조사위원회(이하 특조위)에 수사권과 기소권을 보장해줘야 진실을 규명할 수 있는데 그렇지 않았죠. 그것으로도 모자라 특조위의 조사범위를 정부가 이미 조사한 것에만 한정하고 다수의 파견공무원이 핵심업무를 담당하게 하는 등 특조위를 무력화하는 내용으로 시행령을 만들었어요. 이렇게 모법에 어긋나는 시행령까지 만들며 특조위를 발족하기도 전에 무력화한 거죠. 진실을 은폐하려는 부패세력의 힘은 이렇게 강합니다. 결국 새누리당 유승민 당시 원내대표까지 나서서 국회법을 개정해 국회를 통과한 모법을 행정부가 시행령으로 무력화시키는 행위를 더는 하지 못하게 여야합의로 통과시켰는데, 박근혜 대통령이 거부권을 행사하고 원내대표 자리에서 쫓아냈죠.

세월호특별법 파동을 통해 저는 기업이나 해양수산부 등 일선 부처의 부패문제도 있지만 우리나라의 권력자와도 연관된, 그 사람이 밝히기를 꺼리는 진실이 많이 은폐되어 있다고 봅니다.

윤원배 아까 장세진 교수가 말씀하신 평형수 조작 문제는 쉽게 고칠 수 있는 부패라고 봐요. 그보다도 더 중요한 인명구조과정을, 또 대통령이 현장에 가서 지시하는 과정을 봤을 때 마땅히 책임져야 하는 사람들이 의무를 방기하고 책임을 전가하는 행위는 사라지기 어렵다고 봅니다. 세월호특별법과 관련해서도 현 정권이 책임져야 하는 부분이 분명히 있을 텐데 책임지지 않으려고, 은폐한 진실이 들통나지 않게 하려고 세월호특별법을 무력화시키려던 것은 아닌가 싶어요.

장세진 직무유기가 부패냐는 문제인데, 메르스 사태 때도 보건 당국의 대응은 총체적 부실 그 자체였어요. 2015년 5월 18일 강남구보건소에서 메르스 환자와 유사한 증상을 보이는 환자가 있다고 질병관리본부에 신고했지만 질병관리본부는 1번 환자가 방문했던 바레인이 메르스 발생국이 아니라는 이유로 강남구 보건소에 신고 철회를 종용하고 진단검사를 거부했어요. 결국 최초 신고 접수 후 34시간이 지나서야 1번 환자의 검체가 접수되었죠.

윤원배 세월호 참사 때 전부 해경 출신들이 만들어놓은 구조단에서 구조하려고 해군을 들어가지 못하게 하고 300명을 수장시킨 거라면 직무유기든, 부패든 따질 필요 없이 심각한 사회적 병폐이고 고쳐나가지 않으면 안 될 문제죠. 실제로 보면 부패임이 분명한 사례가 많은데 그걸 척결하자는 거지, 부패 여부를 하나하나 따지는 건 의미가 없어요.

김태동 민간 잠수사들을 못 들어가게 했죠. 다이빙벨(잠수사들의 장시간 수중작업을 도와주는 구조물로 종鐘처럼 생겼다고 해서 '벨'이란 이름이 붙었음)을 물속에 집어넣지도 못하게 막았고요.

윤원배 자기들이 구조해야 돈을 받으니까 민간 잠수사도 해군도 들어가지 못하게 했겠죠.

이동걸 장세진 교수가 직무유기를 부패라고 할 수 있느냐 하셨는데, 저는 엄격하게 동일시할 수는 없지만 생성되는 토양은 똑같다고 봅니다. 그래서 부패를 척결하는 투명한 조치가 직무유기나 공무원의 대국민 자세까지 개선하는 효과가 있을 거라고 생각합니다.

이정우 직무유기는 자기가 맡은 일의 책임을 회피하고 편한 것을 추구하는 것이고 부패는 뒷돈을 직간접적으로 챙기는 것이죠. 우리나라에서는 직무유기를 더 폭넓고 심각하다고 보는데 메르스든 뭐든 책임을 지는 사람이 없어요. 학자들도 그 비난을 면할 수 없죠.

권위주의와 토목건설

윤원배 권위주의도 부패와 연결된다고 봅니다. 메르스 사태 때 박근혜 대통령이 삼성서울병원장을 충청북도 오송 국립보건연구원까지 불러다가 지적하고 질책하면서 사과받는 모습을 보니 황당했습니다. 전문가인 병원장을 빨리 현장에 투입해서 일을 처리하게 해야지, 불러다가 사과를 받다니요? 세월호 참사로 진도 팽목항에 갔을 때도 마찬가지예요. 권력자들의 뒤치다꺼리하느라 정작 일 해야 할 사람들이 일을 하지 못해요.

이동걸 국민의 정부 때 강원도에 물난리가 난 적이 있었어요. 대통령 이 격려차 방문한다고 하니까 현장구호팀에서 그러려면 길도 치 우고 준비하는 데 10시간 정도 소요되므로 구호에 지장이 있다, 그러니 지금은 오시지 않았으면 좋겠다는 연락이 왔어요. 그래서 대통령이 일정을 취소했습니다. 대통령의 이동에는 엄청난 인력 이 필요하거든요. 제 기억에는 구호가 한참 진행된 뒤에 대통령이 방문했어요.

장세진 국회의장도 의전이 붙어 미리 차단하고 뭐한다면서 어디 음 식점에도 가지를 못하겠다고 하더군요.

이정우 그런 권위주의가 도처에 너무 많은데 부패와도 연결되겠죠?

김태동 우리나라가 1997년에 외환위기가 났고 일본은 1991년에 부 동산 거품이 붕괴되었는데, 두 나라의 경제위기는 정경유착이라 는 부패가 공통 원인입니다. 수십 년간 장기 집권한 일본의 자민 당 정권은 건설업체 등과 정경유착을 통해 정치자금을 마련했고 국회의원 선거비용을 충당했죠. '금권선거'란 말이 왜 나왔겠어 요? 자민당의 역대정권이 한편으로 과잉건설을 하고 한편으로는 부동산 거품을 키우는 정책을 폈어요. 거품이 일어날 때까지는 좋 았는데 한꺼번에 꺼지니까 많은 일본 국민이 피해를 입었고 지금 까지도 복구되지 않은 거 아닙니까? 일본 모델이 실패한 가장 중 요한 이유가 결국 토목건설 사업에서 비롯된 경제정책입니다. 그 잘못된 정책을 수립하고 집행한 게 결국 부패거든요. 잘못된 제도와 정책, 공익에 위반되는 제도와 정책을 만드는 정경유착 부패시스템이 바로 한국의 문제요, 일본의 문제라고 봅니다.

이정우 일본이 토건국가이기 때문에 부패가 심하고 그걸 답습한 나라가 한국인 탓에 국내에서도 토건 중심으로 부패가 이루어지고 있습니다. 성완종 회장의 비극도 이를 잘 보여주고 있죠.

김태동 이명박 대통령이 서울시장 시절에 법적인 근거도 없이 뉴타운 사업을 시작했죠. 2005년에는 당시 여당이었던 열린우리당까지도 법적 근거인 '도시재정비 촉진을 위한 특별법' 제정에 협조해줬고요. 도시의 낙후된 지역에 주거환경의 개선 및 기반시설의 확충 등을 광역적으로 계획하고 추진한다는 미명하에 말이에요. 서울 강북뿐만 아니라 수도권, 광역시의 유권자들은 뉴타운을 비롯한 토건사업에 영향을 받았고 이명박 대선 후보는 마침내 압도적인 표차로 대통령에 당선됐죠.

아직 부동산 거품이 살아 있는 것을 볼 때 토건자본의 부패조직은 1990년의 일본에 비해 2015년의 한국에서 훨씬 더 강하다고 봐야죠. 건설업계 순위 20위권 정도에 불과한 경남기업 성완종 회장의 로비리스트가 그토록 화려하다면 거대 재벌의 로비리스트는 얼마나 호화로울까요?

이정우 토건국가의 원조는 박정희 정권이고 그걸 이명박 정권이 계승했습니다. 시장 시절에는 뉴타운 사업을, 대통령 시절에는 4대강 사업을 했으니 제2토건 대통령이라 할 만하죠. 한국의 복지비 지출이 OECD 꼴찌인데도 계속 토건, 토건을 부르짖는 건 부패 때문입니다. 국가예산을 복지에 쓰느냐, 토건에 쓰느냐는 대통령과 장관들의 재량인데 이들이 보기에 복지에 예산을 쓰면 소위 남는 게 없어요. 그에 비해 토건은 천문학적인 돈이 오가면서 정치자금도, 통치자금도 될 수 있기 때문에 줄기차게 토건국가를 지향하는 것이죠.

김태동 국회 상임위원회에서 토건을 담당하는 국토교통위원회는 국회의원이 31명으로 제일 많은 반면에 복지를 담당하는 환경노동위원회는 15명으로 제일 적습니다.

이정우 국토교통위원회는 모든 국회의원이 가길 원하는 곳이죠.

이동걸 전국에 당선된 시장, 군수 들이 시청, 군청을 화려하게 짓는 바람에 세금이 수백억 씩 새는 문제도 있지 않습니까?

윤원배 성남시청사가 서울시청사보다 더 크잖아요. 청사를 그렇게 크게 지을 필요가 없는데 그러는 이유는 거기서 생기는 이권이 제일 크기 때문이죠. 이명박 대통령이 서울시장에 재임시 업적이라고 내세운 청계천 복구도 그렇고요. 당시 모 굴지의 대기업이 청계천 옆에 건물을 지으려고 해도 고도제한을 안 풀어주고 있었는데 청계천을 복원하면서 풀어줬다고 해요. 모르긴 몰라도 아마 수백억 이상의 이익이 생겼을 거예요.

장세진 같은 토건사업이라도 4대강 사업은 단군 이래 가장 큰 토건사업이었지요. 대규모 개발사업에 우선순위, 적정 투자시기, 재원 조달방법 등 타당성을 검증함으로써 대형 신규사업에 신중하게 착수해 재정투자의 효율성을 높이기 위한 제도를 예비타당성조사제도라고 해요. 이 예비타당성조사도 우회하고 서둘러 시작했잖아요.

4대강 사업과 낭비된 국가예산

김태동 보통 총사업비가 500억 원 이상이고 국고보조금이 300억 원 이상이면 예비타당성조사를 해야 하는데, 4대강 사업 발표 당시 20조 원이 넘는 '단군 이래 최대 토목사업'을 예비타당성조사도 없이 하면 국가재정이 어떻게 되겠어요? 환경영향평가도 제대로 해야 했고 민주국가에서 법령대로 절차에 따라 돈을 썼어야죠. 그런데 사업 시작부터 천문학적인 돈을 투입하고 나서 그 결과가 어찌 되었나요? 홍수조절기능이 있나요, 가뭄해소기능이 있나요? 오히려 수질만 나빠졌잖아요?

경실련이 2010년 말 발표한 바에 의하면 사업기간만 늦추었어도 공사비가 4분의 1로 줄었을 거랍니다. 이명박 대통령의 임기가 끝난 뒤 2013년에 감사원이 재벌건설사들의 입찰 담합을 일부 밝혀냈죠. 국가예산이 얼마나 낭비되었는지는 아직도 모릅니다. 감사원이나 공정위가 밝혀낸 건 극히 일부죠. 국제투명성기구에서 다루는 정치부패, 대형부패이자 구조화된 부패의 뼈아픈 사례죠. 대통령에 대한 견제와 균형이 미비하기 때문에 이런 황당한 비리가 일어난 겁니다.

이동걸 그런 문제는 민간투자사업(이하 민자사업)에서도 문제 되지 않았습니까? 민자사업은 사업 타당성을 평가하기 위한 수요예측조사를 해야 하는데 수요를 너무 높게 예측해서 문제된 경우가 많았지요. 수요예측치가 높아야 사업을 추진할 명분이 생기고 예상수익률도 높아지니 민자사업자에게 비교적 높은 수준으로 최소운영수입을 보장해도 큰 문제가 되지 않으니까요. 그런데 실제로 사업을 해보면 수요가 예측치보다 턱없이 적어서 실제 수익률도 예측치보다 낮아지고 심한 경우에는 적자가 엄청나게 생기는 거죠.

그러니 최소운영수입을 보장한 정부나 지자체는 그 수지 차이를 보전해주기 위해 거액의 세금을 쓰는 거지요. 문제된 민자건설에 외국계 투자가 많았는데 그야말로 땅 짚고 헤엄치기로 엄청나게 돈을 벌게 해준다는 거예요. 언론에도 보도되었지만 서울 지하철 9호선, 인천공항 고속도로, 용인 경전철, 그 외에도 여러 개가 그런 문제로 시끄러웠지 않았습니까? 특히 호주 매쾨리 그룹 Macquarie Group Limited이 정부가 최소운영수입을 보장한 민자건설사업을 여러 개 따내서 우리나라에서 엄청난 돈을 벌었는데 매쾨리 그룹의 한국지사 격인 매쾨리인프라펀드의 책임자가 이명박 대통령의 조카라서 의심을 사지 않았습니까?

TV에서 부산 가덕도와 경상남도 거제도를 잇는 거가대교의 수요예측을 취재한 프로그램을 본 적이 있는데 관련 기관이나 조사 담당자에게 물어보면 다 발뺌하더라고요. 예비타당성조사, 환경영향평가, 수요예측조사 등 사안에 따라 이름은 다르지만 동일한 건데, 사후에 철저한 조사나 검증, 제재나 처벌이 전혀 되지 않고 유야무야됩니다. 그러니 그런 일이 여기저기서 자꾸 재발하고요.

〈표 2-2〉 연도별 최소운영수익보장(MRG) 지급현황　(단위: 억 원)

구분	'05년	'06년	'07년	'08년	'09년	'10년	'11년	'12년	'13년	'14년	합계
최소운영 수익보장 지급액	1,484	1,927	1,546	3,664	4,551	5,010	5,290	6,547	8,606	8,162	46,787

출처: 기획재정부

MRG: Minimum Revenue Guarantee

회계법인의 무책임한 평가보고서

윤석헌 채권단이 부실기업의 워크아웃Workout(기업의 재무구조 개선작업) 여부를 결정할 때 외부 평가보고서로 객관적인 의견을 받아 참조하는데요, 경우에 따라서는 워크아웃을 더 연장해줄 건가, 돈을 더 지원해줄 건가, 조기졸업을 시킬 건가 등도 판단합니다.

그런데 회계법인들이 제출하는 평가보고서가 무책임합니다. 평가 보고서 앞부분에는 '본 보고서와 관련된 모든 의사결정은 전적으로 회사 또는 채권단의 독자적인 판단과 책임 하에 이루어져야 한다'는 내용이 들어 있어요. 평가보고서를 제출은 하지만 책임은 없다는 것이지요.

그런데도 채권단은 전문가인 회계법인이 자료를 제출했고 이를 참고해 지원했다고 핑계를 대면서 책임회피수단으로 사용하는 것입니다. 그 과정에서 일종의 유착이 생겨나고 먹이사슬이 진행됩니다. 회계법인으로 하여금 자료를 형식적으로 만들게 하는 것이죠. 회계법인 입장에서도 책임지기는 싫으니 앞에서 언급한 것처럼 책임회피 조항을 끼워 넣는 것이고요. 결국은 전문가들의 윤리의식 부족과 관련 있다고 생각합니다.

이정우 정말 한심하군요.

윤석헌 정경유착과 먹이사슬을 좀 더 말씀드리면, 회계법인이 책임을 채권단에 미루는 것처럼 채권단은 감독 당국에 책임을 넘깁니다. 사실 해당 기업에 지원을 중단하려 했지만 감독기구가 강력히 요구하는 바람에 어쩔 수 없었다면서 말이죠.

한편 감독기구는 기업에 지원을 중단하면 하청업체 등을 포함해 경제에 부정적인 영향을 끼칠 수 있고 금융회사들에도 피해가 돌아간다는 점을 그럴 듯하게 포장해서 정당화합니다. 본인들 생각에도 잘못이라는 것을 알고 있지만 실제로는 윗선 또는 외부에서 압력 내지 청탁이 들어와서 둘러대는 겁니다. 당장 인사상의 불이익이 닥치는 상황이어서 선택의 여지가 없다고 변명할지도 모릅니다. 문제의 핵심은 실제로 외부로부터 돈을 받았는지가 아니고 오히려 국가의 금융자원 배분을 망친다는 거죠.

장세진 혹시 회계평가보고서를 직접 보셨어요?

윤석헌 예. KBS2 프로그램 〈추적 60분〉에서 경남기업 특혜를 다루기 전에 자료를 분석했습니다. 경남기업이 애초 2012년 6월 졸업 예정이던 2차 워크아웃을 2011년 5월에 조기 졸업했는데 그 직전에 이를 유도할 목적으로 A회계법인이 작성해 제출한 평가보고서 요약본을 보았어요. 또한 2013년 10월 말 3차 워크아웃 승인 직후 무상감자(주식을 보유한 사람이 어떠한 보상도 받지 못한 채, 결정된 감자 비율만큼 주식수를 잃게 되는 것) 없이 출자전환을 지원받기 위해 B회계법인이 제출한 평가보고서도 본 적이 있어요. 모두 경영정상화 관련 자문보고서로 회계 및 재무 정보가 담겨 있었죠.

이동걸 저는 2003~2004년도에 금융감독위원회(이하 금감위) 부위원장을 할 때 대한민국 최대 재벌그룹과 관련한 변칙 회계처리 문제를 직접 겪었어요. 대한민국 최대 회계법인의 담당 회계사가 자기는 잘못한 게 없으니 처벌할 수 있으면 해보라는 식이었죠. 왜 17개 기업 중에서 16개는 같은 방법으로 회계처리를 했는데 너희만 다르게 했느냐, 변칙 아니냐 하고 물었는데 자기가 옳다고 생각한대요. 다 믿는 구석이 있는 거죠. 그게 대한민국 전문가의 실상이에요.

　전문가들의 역할이 중요한 만큼 전문가로서 지조와 자존심, 양심을 지켜야 하는데 그렇지 않은 경우가 많죠. 사실 메르스 사태도 관련 전문가들이 보건복지부의 눈치를 보느라 초기 대응에 실패했다는 중론이 나오지 않았습니까? 신문을 보니까 메르스 사태 때 방역에 주도적 역할을 한 감염내과 전문가가 690억 원짜리 보건복지부 연구용역을 한다고 하던데, 그러면서 보건복지부의 눈치를 보지 않고 제대로 바른 소리를 했겠냐는 거죠.

윤원배 외환위기를 극복하는 데 가장 어려웠던 점은 믿을 수 있는 자료가 없었다는 거예요. 회계장부가 전부 감사받은 자료였는데 다 분식되어서 신뢰할 자료가 하나도 없었어요. 그런 상태에서 공적자금을 얼마나 조성해야 할지 알 수 없었죠.

이동걸 그게 금융감독의 문제인데, 금융감독을 또 어떻게 감독하느냐도 문제죠. 동양그룹 사태를 보시지 않았습니까?

윤석헌 그런 소위 '묻지 마 사업'들이 1997년 외환위기와 2008년 세계금융위기 직후에 많이 정리되었다고 생각합니다. 그런데 시간이 많이 지나서 그런지 요즘 성완종 리스트 사건이나 모뉴엘 사건 등에서 보는 것처럼 부패 사업이 다시 늘어나는 것 같아요.

패턴 달라진 금융권 비리와 정경유착

이동걸 금융위 책임, 감독원 책임, 회계법인 책임 문제가 나왔는데, 저는 사실 금융회사, 특히 은행의 책임이 제일 크다고 봅니다. 돈을 빌려주는 곳은 은행이고 금융회사인데 대출해주라는 압력이 내려왔을 때 대출금 회수가 어렵다는 걸 알고도 대출해줬다면 사적으로 뇌물을 받지 않았다고 해도 은행에 손실을 입히는 셈이니 은행과 주주에 대한 배임이죠. 그리고 예금자의 돈을 뗀 것이니 예금자에게 손해를 끼칠 수도 있고요.

사적으로 돈을 받은 경우도 많지만 설사 돈을 받지 않았더라도 행장이나 임원으로 출세하기 위해 관이나 정치권의 부당한 요구를 들어준 거니까 사적인 편익을 위해서 공익을 훼손하고 회사를 배임한 부당거래지요. 법적으로는 어떻게 결정 날지 모르지만 일종의 범죄행위라고 생각합니다.

윤원배 권위주의 정부 하에서는 금융회사도 감독기관도 정보부나 권력기관의 눈치를 많이 볼 수밖에 없었잖아요. 그들이 명분으로 내세우는 '국익을 해친다'에 꼼짝할 수가 없었죠. 외국에서 수주해야 하는데 정부기관에서 처벌받으면 '기업 평판이 나빠지고 신용등급이 떨어지고 외국 경쟁기업에 비해 불리하게 작용해 수주를 못하게 되고 결국 국익을 해친다'고 그러는데, 그렇게 압력을 넣어버리니까 감독기관 사람들이 사실대로 얘기했다가는 목이 떨어지고 좌천되죠.

근본적인 책임은 상급자에게 물어야 해요. 외환위기 때도 엄청나게 많은 금융기관 직원이 희생당했어요. 잘못해도, 잘못하지 않아도 희생당했지만 사실 책임의 크기로 보면 훨씬 더 큰 책임을 져야 할 사람들은 거의 다 빠져나가고 말단직원들만 혹독한 대가를 치렀습니다.

이정우 부패는 사람의 문제일까요, 시스템의 문제일까요? 그리고 앞서 잠깐 논의했지만 정경유착도 구체적으로 얘길 좀 해볼까요?

윤원배 정경유착과 관련해 제가 느낀 점은 '정치를 하려면 돈이 든다'는 것이에요. 정경유착이 지금은 예전보다 나아졌다고 하지만 제가 보기에는 전혀 그렇지 않아요. 대통령이 된 직후부터 청렴해지면 되느냐 하면 그렇지도 않고요. 과거에 기업들과 연관되어 정치자금을 받았다고 하면 그 문제에서 자유로울 수가 없어요. 그러니까 아무리 높은 사람이라도 단죄해야 하는데 그러다가는 자기가 정치적으로 큰 상처를 받으니까 못해요.

최정표 정경유착은 전두환 정권까지와 그 이후를 구분해야 해요. 박정희-전두환 정권에서는 힘 있는 독재정권이었으니 정경유착이 상당했으니까요. 기업인은 정치자금을 대고 정치인은 특혜를 주는, 말 그대로의 정경유착이지요.

그러나 민주화 이후에는 정경유착의 양상이 좀 변했어요. 제6공화국 이후 5년 단임제 하에서는 재벌들이 대통령을 별로 겁내지 않았어요. 한 2년만 조심하면 대통령의 권한이 약화되니까요. 게다가 위정자는 특혜를 줄 만한 힘도 없었어요. 마음에 들지 않는 기업을 괴롭힐 수 있는 정도였지요. 따라서 기업들은 괴롭힘을 당하지 않으려는 보험성격의 정경유착 정도였다고 봐야죠. 이렇게 정경유착의 패턴이 달라졌어요.

윤원배 제 생각은 좀 다른데요, 전두환-노태우 정권까지만 하더라도 정경유착 하면 기업들에 돈을 받아서 착복하는 형태였어요. 김영삼 정부 때부터는 그런 형태는 아니었지만 정치하는 데 돈이 드니까 어쨌든 기업들에서 돈을 받아서 쓰긴 썼다는 점에서는 마찬가지에요.

최정표 박정희 정권과 전두환 정권 때는 권력 우위에 의한 정경유착으로, 기업의 생사여탈권을 쥐고 행해진 그로테스크한 정경유착이었는데 그 이후는 권력자라도 기업에 줄 게 많지 않으니까 그런 힘을 쓸 수는 없죠.

이동걸 최정표 교수의 말씀에 공감하는데, 사실 공무원이나 기업의 눈으로 보면 대통령은 5년 비정규직이거든요. 오히려 기업 쪽에서 공무원들을 더 신경 쓰는 것 같아요. 5년 단임제를 실시하고 경제구조가 바뀌면서 정경유착이기보다는 재계와 관료의 유착이 더 심각하고 더 정교화되어서 정경유착의 의미와 패턴이 달라졌다는 데 저도 동의합니다. 그런 의미에서 관료개혁 문제도 함께 봐야죠.

윤석헌 이 금융기관에서 돈을 빌려다가 이 사업을 벌이고 저 금융기관에서 빌려서 저 사업을 키우고 그런 과정에서 모은 돈을 정치 쪽으로 대면서 자금의 흐름을 이끌어갑니다. 무슨 대단한 기술을 가진 사업도 아니고 대충 정치의 힘을 빌려서 정부 등에서 추진하는 프로젝트를 얻어오고 금융기관에 압력 넣어 자금을 대다가 운 좋으면 부동산 값이 올라서 돈 버는 구조 말이죠.

1920년대 유명한 미국의 금융사기 폰지 게임Ponzi game(1920년대 미국 보스턴에서 희대의 다단계 금융사기극을 벌였던 찰스 폰지Charles Ponzi가 실제 자본금을 들이지 않고 고수익을 미끼로 투자자들을 끌어 모은 다음, 나중에 투자하는 사람의 원금을 받아 앞 사람의 수익금을 지급하는 방식의 사기수법으로 다단계 또는 피라미드 사기라고도 알려짐) 같은 구조가 현재 우리나라에서도 진행되는 것 같아요. 최근 가계부채 확대를 통한 부동산 경기 띄우기도 어쩌면 같은 맥락일지 모릅니다.

최정표 정경유착이 가장 심한 예는 대우그룹이라고 보는데 K 회장은 박정희 정권에 특혜를 많이 받아서 단기간에 막 컸잖아요. 부실기업을 정리할 때도 그렇고요. 그 이후 이명박 정권은 기껏해야 롯데 100층짜리 건축허가를 해주었지, 박정희 정권처럼 회사를 통째로 줄 수는 없었어요. 너무 노골적으로 챙겨주면 여론이 가만히 있지 않겠죠.

이정우 K 회장의 아버지가 대구사범학교 영어교사 재직 시절 소년 박정희가 그곳에 다녀서 은사의 아들이라고 K 회장을 밀어주었다는 소문이 자자했죠.

윤원배 K 회장은 대우그룹 해체가 억울하다고 했지만 추징금 약 23조 원 중 단 1,000억 원도 내지 않았을 뿐만 아니라 차명으로 소유하던 경기도 소재 골프장도 부인, 아들 이름으로 해놓았다고 해요. 그런데 벌금도 내지 않고 해외도 마음대로 돌아다니고 자식들은 많은 재산을 소유하고 있으니 말이 되지 않죠.

물론 그 당시와 지금은 시대가 다르고 또 부패의 규모도 많이 작아졌을지 모르지만 저는 정경유착의 단적인 예가 기업인 P 씨 경우라고 봐요. 언론에 보도된 바에 따르면 현재 1,000억대 재산가라잖아요(2013.11.13 한국일보).

권력자나 재벌이 누군가에게 사업체를 하나 떼어주고 하청해서 밀어주면 그 업체는 큰돈을 법니다. 그런데 그걸로 끝나는 게 아닙니다. 그것 때문에 실력도, 기술도 짱짱한 기업들이 도태되는 거예요. 실제로 그런 사례가 많아요. 재벌들을 보면 돈의 힘으로 다른 기업들을 몰아내고 돈이 될 만한 건 독점해서 형제, 자식들과 권력자들에게 떼돈을 벌게 해주죠.

윤석헌 국가 전체적 관점에서 보면 개인이 돈을 먹고 끝내는 것보다 더 나쁠 수도 있어요. 사회적으로 기회비용이 엄청나기 때문입니다. 또 그런 행태를 보고 나도 저렇게 해봐야겠다고 생각할 수도 있지 않겠습니까?

김태동 삼간 전경련을 언급할 필요가 있는데, 정경유착의 재벌측 창구가 상당히 오랫동안 전경련이었어요. 외환위기 전에는 큰 재벌의 회장이 했는데 재계 1, 2위 회장들은 서로 안 하려고 해요. 지금은 GS 허창수 회장이 하고 있죠. 5대 재벌 이상에서는 총수의 네트워크로 정부, 행정부, 국회를 충분히 컨트롤한다는 자신감이 있어요. 입법부를 포함해 광의의 정부가 가진 힘이 재벌에 비해 상대적으로 약해졌다고 봅니다.

전후 독일의 질서자유주의(시장경제질서 유지에 관한 정부역할의 중요성을 강조한 독일 경제·정치 사상) 학자들이 말하는 약한 정부, 강한 정부는 이겁니다. '이해집단interest group의 영향을 안 받는 정부가 강한 정부다. 이해집단의 영향을 받으면 약한 정부다.' 재벌은 이해집단인데 이 재벌의 영향을 이명박 정권, 현 정권이 더 쉽게 받고 있어요.

이정우 그래서 노무현 대통령이 "권력은 시장에 넘어갔다"라는 말을 했는지도 모르겠어요.

김태동 재벌총수들이 관심을 두는 부패는 나라의 제도, 정책, 주요 인사에까지 영향을 미쳐 결국 본인의 마음에 드는 방향으로 바꾸는 것이죠. 그러자면 정보가 필요하고 결국 정보도 돈으로 구하죠.

이동걸 공무원들에게 조금씩 돈을 주면 자료를 전부 가져다주니 굉장히 저렴하게 정보를 수집하는 거죠. 제가 금감위에 있을 때였는데요, 회의실과 같은 층 반대쪽 끝에 제 방이 있었어요. 회의실에서 나와 제 방까지 걸어가는데 1분도 걸리지 않는 거리였죠. 어느 날 회의를 끝내고 가니 제 방 앞에 모 재벌그룹 임원이 지키고 서 있었어요. 그런데 방금 끝낸 회의 내용을 정확히 알더라고요.

이정우 저도 비슷한 경험을 한 적 있어요. 노무현 대통령 주재로 재벌 관련 결정을 해야 하는 국무회의였어요. 회의가 끝나자마자 바로 해당 재벌 쪽에서 국무회의 결정을 이미 파악하고는 후속조처를 긴급 의논하는 전화가 온 적이 있어요. 바로 그런 것이 재벌의 정보력을 보여주는 거죠.

사법, 관료, 재벌은 부패의 연결고리인가?

김태동 재벌가가 저지른 부패를 시민단체가 밝혀내도 부패한 검찰과 사법부의 도움을 받아 면죄부를 받거나 경미한 처벌을 받고 오히려 천문학적 규모의 불로소득을 챙기는 일이 비일비재하죠.

이건희 회장이 1999년에 비상장회사인 삼성 SDS 신주인수권 부사채(일정기간이 지나면 신주, 즉 유상증자나 무상증자를 통해 새로 발행한 주식을 인수할 수 있는 '신주인수권'이 부여된 채권) 거의 5만 원짜리 320만 주를 주당 7,150원이라는 헐값에 발행했죠. 그리고 삼성가 삼남매와 전 삼성물산 고문 이학수, 전 삼성경제연구소 사장 김인주의 명의로 삼자 배정을 해 업무상 배임죄로 걸렸죠. 이학수 전 고문과 김인주 전 사장은 끝까지 차명이 아닌 자신들의 것이라고 주장했고요. 시민들은 이해하기도 힘든 사기를 치면서 시세차익을 얻은 거죠.

경제개혁연대가 두 차례 고소해도 지방검찰부터 대검찰청까지

어디에서도 수사하지 않았고 기소도 안 했죠. 그러다가 2007년 김
용철 변호사가 삼성그룹의 비자금 의혹을 폭로한 것이 계기가 되
어 겨우 삼성특검을 통해 기소되었는데 이번에는 판사들이 이건
희 일가의 수호천사가 되었죠. 10년이 지난 2009년에 집행유예
솜방망이 판결을 했고 그마저도 유죄는 유죄니까 이건희 회장의
경우 3개월 만에 이명박 대통령이 특별사면을 시켜줬다고 하죠.

윤석헌 에버랜드 전환사채 증여 문제는 무죄판결을 받았지요?

김태동 1996년에 에버랜드 전환사채를 이용해 편법으로 헐값에 증여
했으니, 삼성 SDS 신주인수권부사채 사건보다 앞서 저지른 거죠.
당시 주당 8만 원대였는데 7,700원이라는 10분의 1도 안 되는 헐
값에 삼성가 삼남매에게 넘긴 거죠. 에버랜드는 삼성그룹의 지주
회사 격이었으니 삼성 SDS보다 업무상 배임의 정도가 더 큰데도
이건희 회장을 비롯한 관련자들이 형사소송에서 모두 무죄판결을
받았어요.

　　2014년에 이건희 회장이 쓰러지고 몇 달 지나지 않아 에버랜드
를 제일모직과 합병시키고 또 몇 달 지나지 않아 제일모직을 삼성
물산과 합병시키면서 증여세도 내지 않고 삼성그룹의 경영권이
이재용 삼성전자 부회장에게 넘어간 거죠. 특혜로 주당 7,000원대
싼값에 배정받은 전환사채와 신주인수권부사채가 주당 10만 원,
20만 원 이상 하게 되었으니, 수십 배 이득이었죠.

　　특정경제가중처벌법에 의하면 '불법이득액이 50억 원 이상일
때는 무기 또는 5년 이상의 징역에 처한다'고 되어 있는데 재벌가
에는 종이호랑이일 뿐이죠. 불법재산이 아니라고 국고 환수도 하
지 않았어요. 삼성 SDS는 형식적으로나마 유죄로 결말이 났는데,

에버랜드 건은 민사소송에서 이건희 회장이 잘못을 인정했는데도 형사상은 완전 무죄판결이었어요. 수사도 제대로 하지 않는 검찰 고위직들, 재벌총수가 아무리 큰 배임죄와 사기횡령죄를 저질러도 무죄판결을 내리는 고위판사들을 무전유죄로 고통받는 사람들은 '떡검', '떡판' 더 정확하게는 '개검', '개판'이라 부르죠.

어떤 식으로든 사법개혁을 해야 하는데 재벌개혁도, 사법개혁도 어려우니까 부패는 계속 확산될 수밖에 없어요. 부패 박테리아로 인한 나라경제의 상처가 시간이 갈수록 더 깊어가는 거죠.

이동걸 박테리아가 제일 싫어하는 게 햇볕이라고 하지요. 부패도 일종의 박테리아니까 부패에 햇볕을 쬐면 많이 죽지 않을까요? 사법, 관료, 재벌이 부패의 연결고리로 얽히고설킨 게 문제죠. 한 개만 가지고 해결하려니 안 되고 한꺼번에 해결하려니 힘들죠. 결국 해법은 투명성에 있습니다. 제가 생각하기에 공직자가 일정 직급 이상, 예를 들어 공무원은 차관급 이상, 판검사도 지검장이나 지법원장 이상이면, 아니면 더 낮춰서 공무원은 국장급 이상, 판검사는 지검, 지법의 부장검사, 부장판사 이상은 일을 그만두고도 재산을 10년 정도 등록해야 투명성이 높아질 것 같아요. 퇴직 후에도 지속적으로 감시하는 눈이 있어야 은밀한 부패를 막을 수 있습니다.

장세진 가슴 떨릴 사람이 많을 것 같은데요? 허허허.

이동걸 국민의 기본권을 해친다느니 하면서 반대할 사람이 많을 겁니다. 특히 우리나라는 고위직급자나 소위 잘나가는 사람들의 기본권은 잘 챙기니까요. 무엇보다 대기업들이 굉장히 불편할 겁니다. 솔직히 공직자의 일정 직급 이상은 그 정도 기본권의 포기는 감수해야 하는 거 아닌가요?

이정우 명예에는 의무가 따른다noblesse oblige. 여론의 압도적인 지
지를 받겠네요.

금융실명제법 강화, 김영란법 제정

이정우 다행히 부패를 없애려는 노력이 여러 분야에서 이루어지고
있는데요.

김태동 부패척결과 관련해서 먼저 2014년 5월 2일에 우리나라의 모
든 금융거래를 금융거래 당사자 본인의 이름으로 하도록 한 금융
실명제법이 강화되었습니다. 종전에는 재벌총수가 수천억 원의
차명계좌를 임원 명의로 가지고 있어도 원래 돈주인이나 명의를
빌려준 임직원도 처벌받지 않았습니다. 그런데 명의를 빌려준 사
람이든 빌린 사람이든 불법자금 은닉, 자금세탁 목적인 경우에 징
역 5년, 벌금 5,000만 원 이하에 처하도록 하는 처벌규정이 생겼
죠. 차명이었다가 실명이 확인된 계좌의 돈은 명의자의 재산으로
추정한다는 조항도 부동산실명제처럼 새로 포함되었고요. 어느
정도 부패를 억제하는 효과가 있을지는 두고 봐야겠죠.

　또 하나는 소위 김영란법이 2015년 3월 3일에 드디어 국회를
통과했습니다. 종전에는 뇌물받은 공직자가 발각되어도 직무연
관성 유무를 따졌는데, 그것과 상관없이 100만 원 이상 받으면 무
조건 유죄입니다. 2012년 당시 김영란 국민권익위원장이 제안하
고 그다음 해 입법예고된 뒤에 국회에서 폐기될 운명에 처했다가
세월호 참극의 영향으로 여론의 지지를 받아 국회를 통과했죠.

이정우 언론인도 포함되나요?

김태동 국회 정무위원회에서 언론인, 사학재단 이사장과 이사, 유치원장도 포함하기로 했어요. 문제는 1년 6개월의 유예기간을 뒀기 때문에 19대 국회의원, 즉 현재 국회의원은 해당되지 않죠.

윤석헌 부패는 개인적으로 시스템 문제라고 생각합니다. 그러니 시스템을 바꿔서 사람의 행태를 바꾸는 쪽으로 가야 합니다. 시스템을 바꾸는 데는 '투명성 제고'와 '처벌 강화'라는 두 가지 방법이 있다고 보고요. 투명성을 높이는 데는 언론, 특히 인터넷 신문이 도움된다고 생각해요. 비록 규모가 작지만 기자 수도 많아지고 취재경쟁이 치열해지다 보니 이 얘기, 저 얘기를 기사로 싣는데 그것이 바로 투명성을 높인다고 봅니다. 그리고 다양한 견해를 댓글 달기에 제시하면 이 또한 사회를 정화하는 데 도움이 된다고 봐요.

김태동 어느 댓글을 말씀하시는 거예요?

윤석헌 인터넷 댓글로 정부의 정책을 비판하기도 하고 극단적인 의견이 부딪히기도 하잖아요. 그래서 다양한 의견이 제시되고 널리 퍼져나가는 데 도움이 되죠. 그리고 기업 부패와 관련해서 이슈가 되고 있는 기업구조조정촉진법(이하 기촉법)이 있는데요, 2001년에 도입된 기촉법은 그동안 한시법으로 운영되면서 수차례 연장되다가 작년 말 종료 직전에 정부가 이를 상시법으로 개정하려고 애를 썼어요.

　　이 법은 그동안 정부가 암묵적으로 기업구조조정에 영향을 미치는 통로, 즉 관치금융 통로로 사용했는데 이것을 상시법으로 바꾸면서 금감원 중재방안을 명시적으로 포함시켜 구조조정에 공식적으로 간여할 수 있도록 하는 게 법 개정의 취지였고요.

어쨌든 개정안이 국회를 통과하지 못하고 실효되었고 현재 '채
권금융기관 기업구조조정업무운영협약'이 이를 대체하고 있습니
다. 만약 기촉법이 상시법이 되어 감독 당국의 개입 통로를 열어
놓으면 부조리는 오히려 늘어날 수 있다고 봅니다. 경남기업의 사
태가 말해주고 있지 않습니까?

이정우 다른 분들은 어떻게 보십니까?

변협에서 부는 개혁 움직임

최정표 최근에 중요하고 의미 있는 싸움이 벌어지고 있어요. 바로 변
협 회장의 중점사업으로 대법관 출신들 나아가 헌법재판소 재판
관 출신들이 변호사 개업을 하지 못하게 하겠다는 것입니다. 저는
그게 참 의미 있는 변화를 가져올 거라고 봐요. 보통 대법관들이
공직에서 나오자마자 개업하거나 대형로펌에 가요. 본인의 임기
를 끝낸 후 거취를 생각하면서 재판하면 대형로펌 사건을 정당하
게 판단할 수 있겠어요? 그게 큰 부패의 온상입니다. 변협 회장이
거의 싸움 수준으로 고군분투하고 있어요. 일본은 법원장만 해도
변호사 개업을 안 하고 연금으로 산다고 하더라고요. 그래야 신뢰
가는 재판을 하는데 6년 동안 대법관직을 하면서 대형로펌에 갈
생각이나 하고 있으면 그 재판을 누가 믿겠어요?

장세진 미국이나 일본에서는 재판관의 변호사 개업을 굉장히 불명예
스럽게 여기더라고요. 그런데 우리는 전혀 거리낌이 없어요.

최정표 그 수입이 어마어마하대요.

이동걸 대법관뿐만 아니라 지법원장, 지검장, 법무부 장관, 차관 정도는 퇴직 후 개업해서 돈 벌려고 하면 안 되지요.

이정우 우리의 사법제도를 근본적으로 바꿔야 합니다. 우선 손쉬운 방법으로 공직자비리수사처, 줄여서 공수처를 두어야 합니다. 몇 년 전에 논의하다 말았는데 공수처를 설치하고 정의감 있는 젊은 변호사, 검사 들을 검찰과 경쟁을 붙여야 검찰이 제대로 수사하지 않을까요? 검찰은 수사권을 독점하고 싶어 하니까 아주 싫어하죠.

윤원배 어떤 면에서 보면 부패가 조금 나아졌다가도 다시 악화되었다고 보이는데, 정직하지 못한 세력들이 정권을 잡으면서 나타난 가치관의 변화와 무관하지 않다고 봅니다. 성공한 쿠데타는 혁명이라면서 미화시키고 김종필 전 국회의원의 '3선 개헌을 후회하지 않는다'는 식의 발언을 박수치며 호응하는 사람이 더 많아졌어요. 그뿐만 아니라 부정이든 부패든 돈만 벌면 되고 결과가 중요하지 과정이 중요하지 않다는 인식이 만연해 있죠. 그런 것들을 바꿀 수 있는 교육, 시민운동으로 접근해야지, 기관 하나 설립한다고 뿌리 깊은 부정부패가 해소될 것 같진 않아요.

장세진 부패방지위원회를 국민권익위원회로 통합한 건 방향착오죠. 아무래도 우선순위도 다르고요.

윤원배 설립목적에 따라 잘 운영되면 좋은데 정직하지 못한 정권하에서 그런 기구를 만들어놓은 건 오히려 부패를 저지르는 자들이 더 은밀하게 빠져나갈 구멍을 만들어둔 것 같아요.

김태동 부패의 뿌리는 우선 얼마나 뻗어 있는가를 알아야 뽑을 수 있는데, 특히 권력이 집중된 곳일수록 부패도 더 심해요. 그게 문제예요. 1970년대 김지하의 5적에는 재벌, 군장성, 국회의원, 장·차관, 고급공무원이 포함되었죠. 1994년, 성수대교 붕괴 직후에 제가 '21세기의 5적'이라는 담시를 〈경제정의〉라는 계간지에 썼을 때는 공직자 도둑은 물론 언론인 도둑, 법률 도둑을 넣었는데,

이정우 나머지 두 개는 뭔가요?

김태동 부동산 도둑, 환경 도둑이었습니다. 반부패세력이 국회 과반수, 청와대, 부처를 차지하고 장관도 80% 이상이 그런 사람들로 교체되어 행정부·입법부·사법부 모두 부패세력이 완전히 힘을 못펴는 정도가 되어야 합니다. 지금이 그렇지 못하다 해도 우리가 희망은 잃지 말아야죠.

윤원배 우리가 지금 여기서 얘기한다고 단기간에 부정부패를 다 해결할 수는 없습니다. 그 대신에 부정부패가 얼마나 심각하고 우리 삶에 얼마나 큰 영향을 미치는가를 국민이 느끼고 부정부패에 대응해 행동할 수 있는 유인을 제공해주는 것만으로도 의미가 있다고 생각해요.

장세진 작년 8월 초 브론윈 비숍Bronwyn Bishop 호주 하원의장이 소속 정당의 모금행사에 참석하기 위해 헬기를 타고 80km를 이동했다가 여론의 거센 질타를 받아 사직서를 제출했어요. 비숍 의장이 헬기 사용으로 낭비한 세금은 5,227호주달러(약 450만 원)였어요. 그와 더불어 저는 호주의 반부패학자 프레드 로빈스Fred Robins가 서울시립대학교 반부패시스템연구소에서 주최한 심포지엄에서 했던 이야기가 생각나네요. 그는 한국의 부패를 억제하려면 단기간 노력으로 되는 게 아니라 5개년 계획을 다섯 번 정도 반복해야 한다고 하더군요. 죄수들이 가서 세운 나라가 그렇게 되기까지 200년이 걸렸다면서 한국도 그만큼 오래 걸린다는 걸 은

연중에 함축하는 거죠.

김태동 허허허, 그렇습니까?

부패의 연결고리, 이렇게 끊자

장세진 저는 그의 말에 반박하며 예로 든 게 '한국의 대표적인 부패
가운데 하나가 선거향응 제공이었는데 오십 배의 보상, 과태료를
부과하고 나서 불과 1~2년 만에 거의 사라졌다, 선거에서 금품살
포나 향응제공으로 선거하는 것이 불가피하다고 생각했는데 말이
다'였어요. 오십 배의 과태료가 갖는 의미는 세 가지예요.

첫째, 그 자체가 보상 또는 배상으로 충분해서 투표권자나 입
후보자의 전략과 유인구조를 근본적으로 변경시켰다는 것입니다.
둘째, 그에 맞추어 선거부정 관련 정보의 자발적인 제공이나 외적
인 감시를 촉진해 정보의 소통과 기소확률을 획기적으로 높였다
는 것입니다. 셋째, 그 규모가 부정선거 퇴치에 대한 정책 당국의
의지와 제도로서의 일관성에 대한 사회적 신뢰를 굳히게 했다는
것입니다.

이정우 몇 년 전에 조달청이 조달방법을 바꾸고 나니 부패가 엄청나
게 줄었다잖아요.

장세진 그렇죠. 부패는 '개인→조직→구조→문화화'의 과정으로
고착됩니다. 개인적 쁘띠petit(프랑스어로 '작은', '사소한'을 의미) 부패
에서 시작하지만, 이후 동료와의 협력으로 조직화되고, 일부 순기
능도 병행하면서 구조화되고, 관습으로 지속되면서 가치로 수용
되어 문화의 일부가 되는 것이지요. 그렇지만 유인구조와 정보의

흐름이 근본적으로 바뀌면 가치도 사라지고 구조도 깨지고 조직도 붕괴되는 역과정이 일어납니다. 부패의 근본이 취약하니까 올바른 유인과 정보, 그리고 정책 당국의 의지와 제도적 일관성에 대한 신뢰가 마련되면, 그 붕괴도 생각보다 빠르게 나타날 수 있습니다.

이동걸 오십 배 과태료를 물고 보상금을 주는 내용의 법을 만들고 나서 선거가 치러졌을 때 허성관 교수가 행정자치부 장관이셨어요. 그때 경찰들에게 선거부정사범을 1명 잡으면 무조건 특진시켜준다고 하니까, 경찰관 1명에 아들, 손자, 며느리, 사돈에 팔촌까지 20~30명이 달라붙어서 선거사범을 잡으러 사방을 다녔다고 해요. 그래서 성과가 꽤 있었다고 하더군요.

윤원배 돈의 힘이 굉장히 크잖아요. 감당하기 어려울 정도로 범칙금을 부과하면 싱가포르처럼 부정한 짓을 안 하려는 사람이 많아질 거예요. 그러나 권력형 비리도 그렇게 쉽게 없어질지는 자신할 수 없는데요.

장세진 선거에 A, B후보가 있을 때, A후보가 B후보를 공격하는 가장 효과적인 방법이 뭐겠어요? 그런 상황에서 돈을 함부로 쓸 수 없으니까 구조가 완전히 바뀐 거죠.

김태동 이명박 정권 이후에 더 엄청나게 부정선거가 이루어졌다고 봅니다. 국정원과 국군기무사령부의 댓글 사건(국방부와 국정원이 연계해 지난 대선에 개입했다는 의혹이 있었던 사건)은 실로 엄청난 범죄죠. 그런 식으로 정확한 정보는 차단하고 잘못된 정보를 줘서 유권자가 판단을 잘못하게 유도한 거죠.

장세진 그것은 선거부정의 특정한 측면이지, 전체는 아니죠.

김태동 부정선거의 규모가 얼마나 컸는지 진실이 밝혀지지 않고 있는 게 문제죠. 채동욱 검찰총장을 쫓아낼 정도로 진실은폐에 전력을 기울였잖아요. 앞으로 대통령 후보로 나올 사람은 부패를 발본색원할 공약을 내건다면 당선될 가능성이 크다고 봅니다. 당선된 뒤에 유권자를 배반하지 않고 유권자의 부패척결 열망을 추진력으로 활용해 밀고 나간다면 부패 축소에 크게 기여할 거예요.

우리나라는 대통령 중심제여서 대통령 1인의 역할이 아주 큽니다. 김영란법보다 강한, 소위 '박원순법'을 만든 박원순 시장이나 집무실에 CCTV를 설치한 이재명 성남시장이 부패척결에 얼마나 신념이 굳은지 지켜볼만 하겠죠. 정식 명칭이 '특정재산범죄수익 등의 환수 및 피해구제에 관한 법률'인 '이학수법'을 제안한 박영선 의원도 주목할 만하죠. 예컨대 삼성 SDS 사건에서처럼 부당이득이 생겼을 때 범죄수익이므로 재산권을 인정할 수 없고, 삼성가의 수혜자도 부당이득 본 만큼 국고에 환수 조치한다는 겁니다.

이정우 정치가 중요하고 대통령을 잘 뽑자는 말씀이시네요. 앞으로 괜찮은 민주정부를 가정하면 달라지지 않을까요? 부패도 결국 사람이 하는 일이므로 어떤 정권이 들어서서 어떤 환경과 사회 분위기를 만드는지가 중요하다고 생각합니다. 지금과 같이 부패하고 무능한 정권 아래에서는 사람들이 '세상이 온통 썩었는데 내가 하는 이 정도 작은 부패쯤이야 문제될 거 없겠지' 하고 자기합리화하면서 서슴없이 반사회적 행동을 하죠. 그러니 정치가 중요하다고 봅니다. 정치가 깨끗해지고 개혁 정권이 들어서면 부패도 줄어들 것입니다. 제가 너무 낙관적인가요? 하하하.

제 3 장

가계부채

늘어나는 가계부채,
어떻게 해결할까?

사회자
김태동

발제자
윤석헌

참여자
윤원배 · 이동걸 · 장세진 · 허성관

게스트
전성인

가계부채, 빚의 속도로 늘었다 ……
1,200조 원 돌파

김태동 '우리 사회는 빚을 권하는 사회'라는 얘기가 나온 지 꽤 오래
되었는데요, 그만큼 가계부채가 계속 늘고 있다는 거겠죠. 최근
가계부채는 2014년 말 1,085조 원에서 작년 말 1,207조 원으로 한
해 동안 122조 원이 증가했습니다. 그간 정부가 가계부채를 불려
서라도 부동산 경기부양책을 펼쳐 경제를 살려보겠다고 한 결과,
부동산시장에 국지적으로 반짝경기를 가져왔지만 파급효과는 제
한적이었습니다. 오히려 빚 상환에 쫓기다 보니 가계는 소비를,
기업은 투자를 줄여 결국 소득도, 일자리도 창출하기 힘들어졌어
요. 결국 부채에 또다시 의존하는 악순환이 되풀이되고 있습니다.
이처럼 반복해서 쌓이는 가계부채가 금융위기를 가져올 도화선이
라 보는 시각도 있는데 어떻게 생각하십니까?

가계부채발 금융위기 가능성

윤석헌 물론 도화선이지만 단기적 위기 가능성을 크게 보지는 않습

니다. 일반적으로 부채가 많거나 소득이 적어서 부채원리금을 제대로 갚지 못할 가능성을 신용위험이라고 합니다. 이러한 위험은 두 가지 요인, 즉 '가계부채 규모와 이자부담' 그리고 '자산가치 내지 소득'으로 결정됩니다. 요즘 가계부채가 사상 최대규모로 확대되면서 주택담보 대출의 원리금상환부담이 늘어나고 있어요. 일자리 창출이 어렵고 노동자의 임금은 오르지 않으며 산업 경기는 쇠퇴 일로여서 연체의 늪에 빠지기 쉬운 상황이죠.

2015년 부동산 경기가 좋아지는 듯했지만 향후 부동산시장의 전망은 그리 밝지 않아요. 특히 앞으로 2년간 신규분양과 재건축 등으로 공급이 확대될 예정이어서 벌써 미분양을 걱정하는 소식도 들립니다. 작년 11월에는 과잉분양과 금리인상 예상 등으로 전국 미분양 주택 물량이 한 달 새 54.6%(1만 7,503채)가 증가했다는 보도가 있었습니다. 고령인구 소유주택이 시장에 나오고 인구 감소로 인한 주택수요 또한 감소하면 주택가격은 점차 하락할 것입니다.

한편 신용대출 관련해서 자영업자 부실 위험도 무시하지 못할 복병입니다. 경기침체가 지속되는 상황에서 시장에 일시적 충격이 가해진다면 시장금리가 급등하고 주택가격이 급락해 한국경제에 다시 한 번 위기가 초래될 수 있습니다.

그러나 가계부채 및 자영업자 부채의 연체율과 부실비율이 아직은 안정적인 데다 미국 금리가 인상되었는데도 시장에서 향후 약 1년간 한국은행의 금리인상 가능성을 크게 보지는 않는 것 같습니다. 그리고 주택시장 동향 역시 본격적인 하강세를 논하기에는 일러요. 이런 요인을 모두 고려할 때 단기적으로 가계부채발

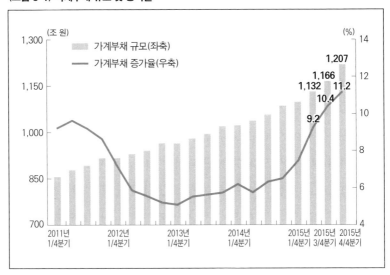

〈그림 3-1〉 가계부채 규모 및 증가율

주: 1) 가계신용통계 기준 2) 전년동기 대비
출처: 한국은행 〈금융안정보고서(2015년)〉

금융위기 현실화 가능성은 크지 않습니다. 다만 연초부터 중국의 성장둔화, 저유가 및 이에 따른 글로벌 금융시장의 변동성 증대 등 외부 위험요인이 확대되는 문제가 있습니다.

김태동 선진국과 달리 우리나라에서는 아직도 만기일시상환대출이 많아요. 만기일시상환대출은 평소에 이자만 내다가 만기에 원금을 일부 갚는 것인데, 저금리기간이거나 채무자가 이자 낼 능력만 유지되면 연체되지 않으니 원금분할상환대출이 대부분인 선진국에 비해 우리나라는 연체율이 낮게 나타나지요. 그러다가 신용경색(금융회사들이 미래 불확실성을 우려해 돈을 풀지 않는 바람에 시중에 자금이 유통되지 않는 현상)의 태풍이 몰아치면 금리도 오를 뿐만 아니라 은행들이 불안한 나머지 만기날짜를 잘 연장해주지 않으니까 연체율이 갑자기 치솟는 거죠. 또한 변동금리 대출이 많아 저금리 기간에는 연체율이 낮지만 금리가 오르면 연체도 높아지겠죠. 금감원이 발표하는 연체율에는 이런 한계가 있어요.

부채로 인한 소비와 투자 위축이 더 문제

윤석헌 부채를 크게 가계부채와 기업부채로 나누어 살펴보면, 가계는 가계부채 부담으로 소비가 위축되고 기업은 사내유보금을 잔뜩 쌓아놓은 일부 대기업 외에는 부채부담으로 투자를 줄이고 있습니다. 기업재무론에서는 이를 '부채의 잔류효과debt hangover effect'라고 하는데, 부채를 잔뜩 짊어진 기업은 제 돈을 투자하지 않는다는 거죠. 후일 투자의 성과물이 채권자에게 먼저 돌아가므로 투자유인이 줄어든다는 것입니다. 이런 상황에서는 부채발행이나 은행차입도 어려워 투자가 일어나지 못하고 따라서 소득이나 일자리 창출이 계속 어려워지는 악순환에 빠집니다. 이것이 오늘날 한국경제가 당면하고 있는 진정한 위기라고 생각합니다.

김태동 잘나가는 재벌은 사내유보금이 오히려 너무 많아 문제 되고 있습니다만 잘나가지 못하는 재벌의 수가 더 많거든요. 2~3년 전만 해도 동양그룹이 문제 되었잖습니까? 증권회사나 심지어 대부업체까지 소유하고 있어서 많은 사람에게 피해를 줬죠. 기업부채 가운데 동부그룹이나 한진그룹 등 부채비율이 높은 기업들을 걱정할 필요는 없을까요?

윤석헌 최근에 좀비기업 문제가 한국경제에 또 하나의 불씨를 던지고 있습니다. 좀비기업은 회생 가능성이 크지 않은데도 정부나 채권단의 지원으로 간신히 연명하는 기업을 일컫는데 돈을 빌려 사업을 추진해도 수익이 제대로 발생하지 않아 또다시 부채에 의존하게 됩니다. 2015년 12월 한국은행의 〈금융안정보고서〉에서 한계기업(이익보상배율, 즉 '영업이익/이자비용'이 3년 연속 1 미만인 기업을 말하며 이 배율이 1 미만인 경우를 통상 좀비기업이라고 부름)의 수가 2009년 말 2,819개(전체 외부감사대상기업 중 12.4%)에서 2014년 말 3,471개(14.4%)로 증가했다고 했어요. 특히 대기업의 한계기업화가 빠른 속도로 진행되고 있어 2009년 13.7%에서 2014년 17.0%로 늘어난 반면, 중소기업의 비중은 그만큼 하락한 것으로 드러났어요.

또한 6년 동안 연속해서 영업적자이고 자본잠식 상태가 지속되

〈그림 3-2〉 만성적 한계기업 현황

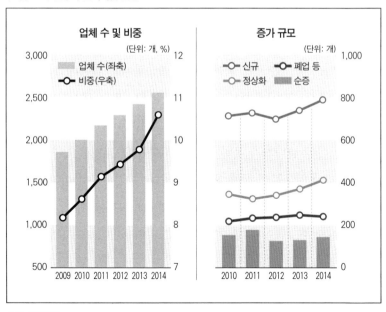

출처: 한국은행

는 기업, 즉 좀비 중에서도 부실의 정도가 매우 심각한 기업인 '만성적 한계기업'을 분석했어요. 수익성 부진으로 운영자금을 주로 외부 차입에 의존함으로써 부채비율이 장기간 상승하고 있는 기업들인데, 그야말로 상시적 구조조정이 제대로 일어나지 못한 경우죠. 2009년 8.2%였던 만성적 한계기업이 2014년 10.6%(2,561개)로 증가했어요. 부채규모가 큰 대기업들이 주로 해당됩니다. 2014년 말 기준으로 동부그룹은 8년 연속, 한진그룹은 7년 연속 부실(징후)기업에 포함되어 만성적 한계기업으로 분류되었을 겁니다. 이밖에 현대그룹과 한진중공업그룹은 2011년 이후 연속 4년 연속, 동국제강그룹과 대성그룹은 2012년 이후 3년 연속 장기부실입니다.

전성인 은행은 상대적으로 안전한데 다만 최근 기업부채의 부실문제가 심각해지고 있어요. 가계부채 부실은 비은행권 금융기관들에, 좀비기업 부실은 거의 은행권과 연결되어 있거든요. 만약에 금리 충격 같은 일이 동시에 터지면 금융권, 비금융권, 가계, 기업 할 것 없이 모두에 영향을 줍니다.

장세진 오락가락하는 정부의 가계부채 정책도 시장의 도덕적 해이를 초래합니다.

윤석헌 맞습니다. 주목해야 할 부분은 작년 7월 정부가 LTV Loan To Value ratio (주택담보대출비율)와 DTI Debt To Income (총부채상환비율) 규제를 1년 더 완화한다는 내용을 담은 '가계부채종합관리방안'을 발표했는데, 그 후에 가계부채 총액이 오히려 더 빠르게 늘었다는 점이에요. 내년에는 정부정책이 규제강화로 바뀔 것이니 그 전에 빨리 돈을 빌리자는 식으로 시장이 반응한 탓이죠. 정부는 이어서 작년 12월 14일에 '주택담보대출심사를 실질적으로 강화한다'는 내용의 여신심사선진화방안을 발표했는데 정작 중요한 집단대출은 제외했어요. 집단대출은 일정 자격요건을 갖춘 특정 집단의 차주借主(돈이나 물건을 빌려 쓴 사람)를 대상으로 일괄승인에 의해 취급되는 여신與信(금융기관에서 고객에게 돈을 빌려주는 일)을 말하는데 일반적으로 분양아파트 및 재건축(재개발) 아파트 입주(예정)자 전체를 대상으로 집단으로 취급되는 대출을 말하며, 중도금, 이주비, 잔금 대출 등으로 구분됩니다.

이처럼 정부가 부동산시장 활성화와 가계부채 규제강화를 놓고 저울질하는 사이, 시장에 혼란을 초래해 정책이 실효성을 잃고 있어요. 가계부채 총액이 빠르게 확대되는 상황에서 연체율과 부실률이 안정적인 모습을 보이는 것은 그래도 다행이라고 생각합니다. 다만 연체율과 부실률 관련해서는 앞에서 김태동 교수가 지적한 문제들 외에 대출이 확대되면서 연체율의 분모가 상대적으로 빠르게 커짐으로써 발생하는 착시현상이 있고 또 연말에는 부실채권을 서둘러 정리함으로써 발생하는 연말효과 등이 있어 방심은 금물입니다.

주택담보대출 방식에 따라 다른 연체율의 의미

전성인 주택담보대출에서 연체율이 지닌 의미는 두 가지로 살펴봐야 해요. 하나는 연체율이 낮기 때문에 시스템리스크System Risk(개별 금융회사의 부실위험과 대조적으로 금융시스템 전체가 부실화될 위험을 의미)가 낮다고 생각할 수도 있지만 연체하지 않고 열심히 갚기만 하면 소비 여력이 없다는 의미도 있죠. 총수요로 돌아가야 할 몫을 채권 금융기관이 챙기고 있는 셈이니까요. 최근 금리 인하가 투자를 활성화하지 못한다는 반론이 있는데도 금리 인하가 필요한 이유는 변동금리대출인 경우, 금리 인하가 많은 사람의 이자 상환부담을 떨어뜨려서 소비 여력을 늘려주는 역할을 할 가능성이 있기 때문이에요.

주택담보대출은 금융 시스템이 경제위기에 탄력적으로 대응할 수 없도록 하기 때문에 문제예요. 자산시장과 금융시장을 딱 붙들어 매거든요. 외환위기 당시 재벌기업이 부도로 쓰러졌을 때 선단식 경영으로 한 기업이 불타면 그룹 전체에 불이 옮겨붙어서 문제였다고 많이 거론했는데 지금은 부동산시장과 금융시장의 연계가 강화되고 있어서 설사 연체율이 올라가지 않더라도 두 시장 중 한 시장에 불이 나면 바로 옮겨붙을 확률이 크다는 점에서 바람직한 정책은 아닙니다.

윤석헌 2014년 기준 OECD 주요국의 가계부채 비율을 살펴보면(〈그림 3-3〉), 23개국 평균이 130.5%였는데 한국은 164.2%였어요. 한국보다 높은 나라로 덴마크(315.3%), 네덜란드(273.6%), 노르웨이(223.9%), 스웨덴(173.4%) 등이 있습니다. 그런데 이들 나라들의 면면을 볼 때 가계부채 수준 자체가 큰 의미를 지니는 것 같지는 않고 오히려 가계부채 변화율이 더 문제입니다.

그림에 나와 있지 않지만 한 가지 흥미로운 사실은 2008년 세계금융위기를 비교적 잘 견뎌낸 캐나다의 최근 가계부채 비율이 우리나라와 유사하다는 점입니다. 미국에서는 모기지mortgage(부동산을 담보로 돈을 빌리는 제도) 대출을 주로 했는데 디폴트default(채

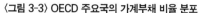

〈그림 3-3〉 OECD 주요국의 가계부채 비율 분포

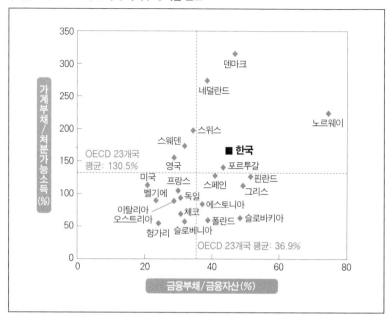

주: 1) 자금순환통계 기준
   2) 2014년 말 기준, 그리스·스위스·폴란드의 처분가능소득 대비 가계부채 비율은 2013년 말 기준
출처: 한국은행, OECD

무에 대한 이자 지불 또는 채무원리금을 상환할 수 없는 상태)가 될 경우 담
보로 잡힌 주택을 금융기관에 넘기면 정리됩니다. 이를 비소구권
모기지mortgage without recourse라고 해요. 반면 캐나다는 우리나
라처럼 주택을 금융기관에 넘겨도 집값 하락 시 부족분을 마저 갚
아야 하는 소구권 모기지mortgage with recourse입니다. 캐나다는
무조건 다 갚아야 하므로 미국보다 부채비율은 높지만 연체율과
부실률이 낮은 거죠. 한편 주택 매도만으로 반드시 모기지 상환의
무에서 벗어날 수 없다면 주택가격이 하락해도 서둘러 매도할 이
유가 없고 오히려 기다릴 가능성이 높아지므로 결국 주택가격 안

정화에도 도움이 됩니다. 그렇다면 부채비율이 높은 캐나다가 부채비율이 상대적으로 낮은 미국보다 더 위험하다고 봐야 할까요, 아니면 연체율 등이 낮으니 덜 위험하다고 봐야 할까요? 우리도 캐나다와 유사한 소구권 모기지이므로 부도 가능성을 크게 보지 않아요. 요즘 일부에서 모기지를 미국식 비소구권 모기지로 바꾸자는 논의가 있는데 신중해야 합니다.

김태동 다시 국내 문제로 돌아가서 우리 금융은 안녕한가요?

우리 금융은 안녕한가?

전성인 저는 금융이 안녕하냐는 말을 '금융이 건전하냐'는 뜻으로 이해했습니다. 우리 금융은 안녕하지 않습니다. 금융여건이 악화되고 금융관리체제가 낙후하고 감독기구의 유인구조가 왜곡되어 있으니까요.

금융여건의 악화는 생명보험회사가 역금리에 직면해 있고 은행은 NIM net interest margin(순이자마진)이 계속 하락하는 등 금융회사들의 이윤창출 가능성이 현저히 떨어지고 있음을 보면 알 수 있어요. 그뿐만 아니라 우리나라의 성장지원형 금융감독체제에서는 금융시장의 효율성이나 소비자 보호라는 원론적인 감독목표가 없는 데다 무엇보다 경제가 성장하지 않으니 할 일이 더욱 없어졌죠. 그리고 과거에는 국가경제발전에 일조하겠다는 생각으로 제대로 관리하는 사람이 있었는데 요즘에는 감독기구 담당자들의 유인구조가 왜곡되어 있어요.

김태동 여기에 과거 금융감독기구인 금감위에서 부위원장을 지내신 윤원배 교수와 이동걸 교수가 계십니다. 전성인 교수가 언급한 감독체계에 대해 말씀해주시죠.

윤원배 대체로 동의하면서도 뉘앙스의 차이가 있어요. 물론 금융기관들이 저성장, 경기침체 등 여건 악화로 과거와 같은 혜택을 누릴 수 없게 되었으면 바뀐 환경에 맞추어야 하는데 잘못된 방향으로 가고 있어요. 이는 금융기관이나 감독기관의 뜻이라기보다 정책을 최종적으로 책임져야 할 정부, 대통령 등이 잘못된 철학으로 개입하다 보니 나타난 현상이에요.

저성장은 금리가 높아서나 시중에 돈이 적어서가 아닙니다. 무조건 성장률을 높이려는, 잘못된 정책의지를 세워 낮은 금리로 돈을 더 풀어 경제를 활성화시키려는 데서 나타난 것입니다.

감독기구뿐 아니라 공무원들은 국가와 국민을 위한 철학이 없고 자신의 이익 확대에만 관심 있어요. 그런 상황에서 제도를 고치고 기관을 만들어 경제를 성장시킨다는 발상은 잘못되었습니다. 물론 잘못된 제도는 바꿔야 하지만 무엇보다 윗선에서 시키는 대로만 하니까 금융이 정상화되지 않습니다. 권력자들이 잘못된 철학을 바꿔야 금융이 정상화되는데 여당은 말할 것도 없고 야당도 손을 놓고 있어서 기대하기 힘들어요.

이동걸 금융감독의 역할이 약자가 피해 보지 않도록, 시장이 제대로 굴러가도록 감독하는 건데 도리어 감독자들이 출세나 직위를 높여줄 상급 명령권자의 눈치만 본다든지 잠재적 고용자를 위해 일하니 결국 금융 시스템이 왜곡되고 망가질 수밖에 없지 않겠습니까? 가계부채 문제가 커진 데는 정치권의 책임이 크지만 감독기관도 비난을 피할 수 없어요. 금융감독 담당자들은 정치권과 대통령의 입김에도 흔들리지 않아야 하는데 대부분 그러지 않으니 우리 금융이 계속 망가지고 있습니다.

김태동 돈의 대내가치인 물가는 유가폭락 덕분에 안정되어 있지만, 원화의 대외가치는 불안하지요. 2015년에 환율이 10%가량 올랐으니까요. 미국의 금리 인상과 시원찮은 중국 경제에 많이 영향을 받는 나라가 한국이에요. 잘못된 금융정책이 계속되는 데다 금융 관료들이 조작할 수 있는 통계로 돈의 안녕을 위장하고 은폐하고 있으니 점점 더 금융이 비정상으로 되어갑니다. 그동안 5~6년에 한 번씩 금융위기를 겪었어요. 2008년 이후 7년이 지났는데 이명박 정권과 현 정권 동안 금융이 안정되고 있는 건지, 금융위기를 걱정하지 않아도 되는 건지 되짚어볼 필요가 있습니다. 그렇다면 지금부터 3년 내 위기발생 가능성은 어떻게 보십니까?

3년 내 금융위기 발생 가능성

윤석헌 매우 높아 보입니다. 현재의 가계부채 증가세가 지속되고 소득창출이 계속 부진하다면 가계부채발 금융위기 가능성은 시간 문제인 거죠. 따라서 소득을 늘리거나 부채증가 속도를 줄여야 하는데, 아무래도 후자가 쉽지 않겠습니까? 그리고 정부가 주택담보 대출 상환방법을 선진화하는 등 여러 가지 노력을 하고 있지만 부채는 어디까지나 부채입니다. 상환방법의 변경만으로 해소할 수는 없는 것이죠.

결국 정부가 가계부채 총량의 증가속도를 줄이는 방향으로 정책을 전환해야 해요. 부채의 규모가 커지고 가처분소득 대비 가계부채 비율 등이 계속 오르는 와중에 가장 큰 문제는 앞에서 언급한 것처럼 소비와 투자가 위축되어 소득증가로 이어지지 않고 있다는 점입니다. 정부가 중점적으로 추진하는 부동산 경기가 반짝 살아났을 뿐 여타의 실물경제로 파급이 되지 않는 상황에서 만약 주택가격의 붕괴나 소득 감소 등 충격이 발생하면 저소득층이나 자영업자들의 대규모 파산으로 이어질 수 있어요.

이밖에 요즘 금리가 워낙 낮다 보니 집주인들이 전세를 월세로 전환하면서 전세금이 천정부지로 치솟고 전세물건은 희귀해지고 있어요. 게다가 월세는 월세대로 오르면서 무주택 서민들의 주거비 부담이 크게 늘고 있어 내수가 자라지 않는 또 다른 요인으로 작용하고 있습니다.

장세진　거시경제의 안정성만 보면 2~3년 내 위기설도 예단하기 어렵습니다. 2003년 카드대란은 1997년 외환위기의 대응과정에서 생겨났고 2008년 세계금융위기는 미국이 우리나라에 영향을 미친 것이니까요. 가계부채가 현재의 추세대로 누적될 거라고 보는 것도 무리가 있습니다. 사실 금융 불안과 가계부채 문제는 금융위기나 거시적 안정성보다 오히려 미시적 안정성, 서민의 주름살에 비중을 두고 봐야 합니다.

원론적인 문제를 제기하자면 미국의 골드스미스R. W. Goldsmith는 경제가 발전할수록 금융 관련 비율이 올라간다고 했어요. 과거에는 기업대출에 비해 가계대출이 어려워서 가계부채 비율이 적었어요. 학자금 대출을 받기 어려워서 소 팔아서 공부했죠. 그런데 서민금융, 학자금 대출이 정책으로 세워지고 누적되다 보니 가계대출이 늘어난 거죠. 다른 면은 보지 않고 잘못된 가계대출 정책으로 가계부채가 쌓인다고만 하면 이율배반적이게 됩니다.

또한 저량貯量(일정 시점에서 정의되는 측정지표로 자산, 부, 부채, 자본이 여기에 속함)으로써 가계부채는 또 다른 저량인 대차대조표항목과 같이 봐야 합니다. 2013년에 실시한 국부國富조사로는 가계의 금융자산은 3,000조 원, 비금융자산은 5,000조 원 정도입니다. 가계부채를 1,300조 원으로 치면 순자산이 6,700조 원 정도이니 부채자본비율이 20% 정도인 셈이지요. 거시안정성의 관점에서는 부채자본비율이 300%인 기업부채가 더 문제입니다.

가계부채가 정상적인 상황에서 늘어났으면 자연스러운 현상입니다. 다만 인위적인 경기부양책으로, 빚을 늘려 무엇을 사라고 권하는 사회가 되는 바람에 사태가 악화되었죠. 적절한 시기에 금융체계나 금융감독이 체크하지 못하면 문제될 겁니다. 장기적인 추세와 일회적인 경기부양 수단으로 늘어난 가계부채 또한 거시적인 안정성과 서민부채문제를 분리해서 살펴야 합니다.

윤석헌 우리가 흔히 '예상한 위기는 발생하지 않는다'고 하지요. 그런데 가계부채발 위기는 예상하면서도 제대로 대처하지 못해서 발생하지 않나 걱정됩니다.

숨은 가계부채, 자영업자 대출

김태동 숨은 가계부채라고도 하는 자영업 대출이 2014년 6월부터 2015년 6월까지 24조 원 이상 급증했습니다. 또한 한국의 자영업자 수가 해외 대비 높은 수준으로 알고 있는데, 근래 자영업자 수가 얼마나 되고 또 그 추세가 어떤가요?

〈표 3-1〉 OECD 자영업자 비율 및 순위   (단위: %)

2013년 순위	구분	2010년	2011년	2012년	2013년
	OECD 평균	16.1	15.8	–	–
1	그리스	35.1	36.1	36.6	36.9
2	터키	39.1	38.3	37.1	35.9
3	멕시코	34.7	33.7	33.7	33
4	**대한민국**	**28.8**	**28.2**	**28.2**	**27.4**
5	이탈리아	25.5	25.2	25.1	25
6	폴란드	23	22.9	22.4	21.8
7	포르투갈	22.9	21.3	21.9	21.7
8	체코	17.8	18.1	18.5	17.9
9	스페인	16.8	16.5	17.4	17.9
10	아일랜드	17.1	16.6	16.7	17.1
11	슬로베니아	17.3	16.8	16.2	16.9
12	네덜란드	15	15	15.3	16.1
13	슬로바키아	16	15.9	15.5	15.6
14	뉴질랜드	16.1	16.5	16.4	15.2
15	벨기에	14.4	14.3	14.3	15.1

출처: 기획재정부

〈표 3-2〉 자영업 수와 부채잔액

구분	2011년	2013년	2014년	2015년 6월
수(만 개)	552.8	562.3	565	556.9
부채잔액(조 원)*	418	451	499	519.5

주: * 자영업자 대출(기업대출 및 가계대출 포함) 기준
출처: 통계청, 한국은행

윤석헌 최근 베이비붐 세대 은퇴자들의 자영업 시장 진출이 늘고 있는데, 이는 자영업이 일반 직장인들의 고용 출구임을 의미합니다. '모든 경력 경로는 치킨집으로 통한다'고 하지요. 그러니 자영업 도산이 증가하면 은퇴자들이 갈 데가 없어지고 역으로 노동시장의 퇴출결정을 어렵게 만드는 요인으로 작용합니다.

자영업자 수는 2013년 기준 전체 취업자의 27.4%로 OECD 국가(평균 16%) 중 네 번째로 높았어요. 자영업자 수는 2002년 말 619만 명을 기록한 후 감소세를 보이다가 2011년부터 베이비붐 세대들의 진입으로 증가세로 반전해 2014년 말 565만 명, 작년 말에는 556만 명을 기록한 것으로 추정되고 있습니다. 대부분 매출 규모 1억 원 미만으로 영세하고 평균소득은 임금노동자보다 낮아요. 〈표 3-2〉에서 연도별 자영업 수의 변동성이 큰 편인데, 진입과 퇴출이 빈번하다는 뜻이겠죠.

평균생존율은 영업을 시작해서 1년까지 83.8%, 3년까지 40.4%, 5년까지 29.6% 그리고 10년까지는 16.4%로 떨어집니다. 6 대 1 정도로 살아남기 어렵습니다. 조기퇴직이 늘어 자영업자들 간 경쟁이 심화되고 청년실업자들까지 가세하는 상황에서 내수침체가 지속되면 자영업자의 파산이 심하게 증가할 수 있어요. 자영업자 대출은 순기업대출(기업대출만 받은 경우), 순가계대출(가계대출만 받은 경우), 중복대출로 구분되는데, 이 중 순가계대출이 부실 우려가 가장 큽니다. 차주(대출자)의 신용등급이 상대적으로 낮고 고금리 비은행 대출 이용 비중이 높아요. 한국은행에 따르면 순가계대출의 경우 2015년 6월 기준 126만 7,000명(50.1%)이 128.9조 원(24.8%)을 대출받아서 차주 1인당 평균 1억 원 수준입니다.

김태동 우리나라 자영업자 비중이 OECD 선진국에 비해 상당히 높으니까 당연히 생존율이 낮을 수밖에 없어요.

전성인 가계부채를 거론하는 데 시스템의 건전성 여부는 논란이 있지만 다중채무자의 문제는 거론되지 않는다는 데 문제가 있어요. 3개 이상 금융기관과 거래한 다중채무자 문제는 채무불이행 가능성이 큰 고위험군 채무자로 보아야 합니다. 시스템리스크 차원에서의 가계부채 조치는 신중하게 하더라도 상환가능성이 매우 작은 채무자에 대한 구제조치는 서둘러야 합니다. 그중에서도 신용채무의 구조조정이 시급합니다.

윤원배 우리가 경제상황을 지표로 판단할 수밖에 없지만 지표가 정상적으로 유지되더라도 한국경제가 굉장히 불안하니 깊이 있게 살펴봐야 합니다. 소득과 소비가 주는데도 지표만 인위적으로 안정적이게 관리하는 정책을 쓰다 보면 결국 엄청난 혼란이 발생할 수밖에 없습니다.

　그런 측면에서 가계부채의 증가폭이 큰 데다 굉장한 속도로 늘고 있다는 것은 심각한 문제입니다. 가계부채는 소비용 대출은 극히 드물고 주로 조기퇴직자들이 우선 먹고살기 위해 조그마한 사업이라도 하려고 빌리는 경우가 많습니다. 그러나 영세 자영업이 과잉이다 보니 사업을 시작해도 어려울 수밖에 없죠. 가계대출증가의 부작용이 나타날 때쯤이면 우리 경제가 엄청난 소용돌이에 휘말리면서 어려워지지 않을까 걱정스럽습니다.

장세진 사실 그동안 가계부채와 자영업자 부채가 구분되지 않았습니다. 주민등록번호를 대면 개인부채로, 사업자등록번호를 대면 자영업자 부채로 처리되니까요. 최근 가계부채 명목으로 돈을 빌린 자영업자들이 급속도로 늘고 있어요. 상당히 심각한 수준입니다.

2008년 이후 생활 대출 비중 늘어

김태동 이명박 정권부터 현 정권까지 수십 차례의 부동산대책으로 부동산 거품을 지켜온 것이 결국 가계부채를 통제 불능 수준으로 악화시킨 거죠. 2009년부터 따지더라도 7년 이상 부동산 거품 정책을 써왔으니 점점 부작용이 나타나고 있는 것 아닙니까? 개인적으로 궁금해서 은행직원에게 가계대출 연체율이 실제로 낮으냐고 물어본 적이 있어요. 그런데 은행직원의 대답이 연체가 발생하려 할 때는 만기를 연장해주거나 거치식 원금분할상환대출의 경우 거치기간이 끝나 원금을 일부 상환하기 시작할 때 은행이 나서서 새로운 거치식 대출로 바꿔주기도 한다는 거예요. 그렇게 하지 않으면 지점실적이 나빠져 은행 경영진이 난색을 보이니까요. 통계 당국이 그런 걸 모아서 지표를 내기 때문에 태평성대처럼 보이는 거예요.

결국 부동산 문제입니다. 자본주의 국가 중 가장 앞서가던 일본과 미국도 부동산 거품이 빠지고 금융이 동반 붕괴되면서 위기가 왔거든요. 우리나라의 가장 큰 위험요인 역시 거품붕괴 직전 미국, 일본과 비슷합니다. 미국과 일본도 투기세력을 비호하다가 금융위기를 예방하지 못했는데, 한국 정권들이 예방할 가능성은 더 작겠지요. 오히려 위기를 재촉하는 정책을 펴왔으니까요.

윤원배 지난해(2015년) 은행권 가계대출 규모가 사상 최대로 증가했는데 대부분 주택담보대출이었어요.

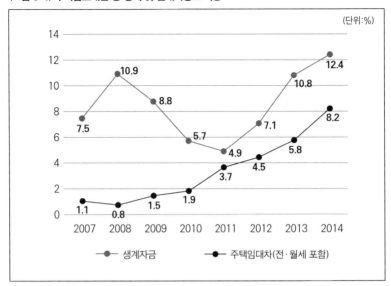

〈그림 3-4〉 주택담보대출 중 생계 및 임대차용도 비중

출처: 한국은행

이동걸 최근 주택담보대출을 받는 사람 중에는 전·월세 가격이 치솟아 마침 대출이자가 낮으니 차라리 집을 사자는 실수요층이 꽤 됩니다. 그러나 주택담보대출 자료를 보면 과거 거의 3분의 2에 달했던 주택구입용도 비중이 2008년 세계금융위기 이후 50% 아래로 급격히 떨어졌고 대신 전·월세를 포함한 주택임대차 용도와 생계비 용도의 비중이 빠르게 늘어난 것을 알 수 있습니다. 또 베이비붐 세대의 은퇴 후 자영업용 사업자금 대출도 많이 늘었고요. 그러니 신규 주택담보대출 중에서 적어도 20~30%는 주택과 상관없이 생활이 어려워서 내는 대출이라고 할 수 있겠지요. 점점 더 가계부채의 질이 나빠지는 추세입니다.

김태동 사실 전세라는 것이 엄청난 사금융입니다. 전세 세입자가 수

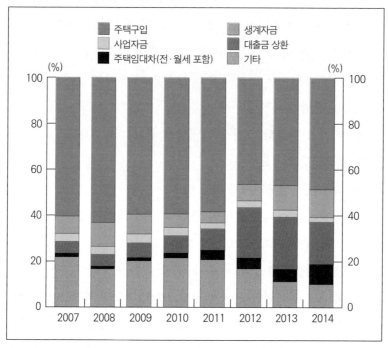

〈그림 3-5〉 은행 주택담보대출 자금용도별 비중 변화

주: 기간 중 국내 9개 은행 신규 취급액 기준, 2014년은 1~8월 기준
출처: 한국은행

억에 달하는 보증금을 집주인에게 무이자로 대출해주는 거죠. 전
세제도는 동서양에 한국에만 있는데, 지금 전국의 매매가 대비 전
세가 비율이 70%를 넘어 사상 최고수준입니다. 비싼 전세금으로
집값의 70%를 부담하고도 집 구매를 꺼리는 사람이 많다는 것은
많은 사람이 앞으로 집값 거품이 꺼질 거라고 예견하고 있다는 방
증이죠. 그래서 2015년 11월부터 아파트 미분양 물량도 폭증했고
요. 반면에 많은 사람이 보증금을 더 달라는 집주인의 요구를 들
어줄 수 없어 월세로 전환하고 변두리로 밀려나고 있죠. 이런 여

러 가지 의미에서 우리 경제가 극한까지 왔다고 봅니다. 언젠가는 부동산 거품이 꺼지면서 외환위기 못지않게 크게 터지겠죠. 앞서 〈1장 양극화〉의 〈그림 1-3〉에서 보았듯이 서울의 PIR(소득대비 주택가격 배수)은 다른 선진국 주요 도시에 비해 매우 높은 수준이며, 거품이 분명 존재합니다.

윤석헌 전세가 시장의 조정장치 역할을 한다는 것이네요. 집값보다 비싼 전세도 있지요?

장세진 일부에서 깡통전세가 있긴 하죠.

김태동 작년에는 아파트 분양이 사상 최고에 달하면서 중도금 대출 등 집단대출이 크게 늘어났습니다.

윤석헌 집단대출은 중도금, 이주비, 잔금 대출을 포함하는데 2014년 말 101.5조 원이었던 은행권 집단대출액이 작년 말 110.3조 원으로 증가한 걸로 발표됐어요(관계부처 합동 보도자료, 2016. 2. 24). 다만 안심전환대출로 인해 집단대출 중 일부가 주택금융공사의 개인대출로 이전된 점을 감안하면 실제 증가폭은 이보다 컸을 것으로 생각됩니다. 그런데도 정부는 작년 12월 '가계부채 대응방향'에서 '획일적으로 규제하는 것이 불합리하다'는 이유로 여신심사 선진화 가이드라인 적용을 배제했어요. 저는 오히려 집단대출부터 선진화 가이드라인 적용대상에 포함시켜야 한다고 봐요. 어쨌거나 금년 들어서도 집단대출이 계속 늘어 1월 말 기준 111.4조 원을 기록했고 1월 중 승인액이 6.3조 원에 달하고 있어요.

〈표 3-3〉에 정부가 발표한 여신심사 선진화 가이드라인의 내용을 제시했어요. 은행의 여신심사를 담보 위주에서 차주의 상환능력 위주로 전환하겠다는 것이 주가 됩니다. 중장기적으로 여신심

주요 내용	기본방향
① 소득증빙자료 객관성 확보	상환능력을 정확히 평가하기 위한 소득증빙자료 객관성 확보
② 분할상환 관행 정착	신규 주택구입자금, 고부담 대출 등은 비거치식 분할상환 유도
③ 변동금리 주택담보대출에 금리 상승가능성 고려 상환능력 평가	변동금리 주택담보대출은 금리상승 가능성 고려해 대출한도 산정
④ 차주의 총 금융부채 상환부담 평가 시스템(DSR) 도입	총체적 상환부담을 산출하고 이를 은행 자율로 사후관리에 활용

출처: 전국은행연합회 보도자료(2015.12.14.)

사 관행의 개선에는 도움이 되겠지만 당장의 리스크관리에는 큰 힘이 되지 못할 것으로 보입니다. 무엇보다 총량규제가 빠졌고 집단대출도 제외됐어요. 게다가 신규 주택구입자금과 고부담 대출의 비거치식 분할상환 유도는 신용위험 확대효과가 우려됩니다. 향후 2~3년간 한국경제 성장둔화가 지속될 경우 비거치식 상환방식이 신용위험을 키울 수도 있기 때문이죠.

윤원배 그렇다면 금융기관의 부실화도 문제 되겠는데요?

이동걸 금융기관 가운데 제2금융권(비은행)이 문제죠. 은행은 신용등급 10등급 중 4등급 이상 우량비율이 80% 이상이고 7~8등급 이하 저신용 등급은 거의 없어요. 그에 반해 상호저축은행, 신용협동조합 등 비은행은 저신용 등급이 80~90% 가까이 됩니다. 금감원에서 '금융기관들이 대손충당금을 충분히 쌓아놨다'고 할 때의 금융기관은 은행입니다. 미래에 발생할 대손貸損에 대비해 설정하는 대손충당금을 쌓을 여력도 없고 부실위험도 큰 제2금융권은

〈그림 3-6〉 은행권과 비은행권의 가계대출 추이

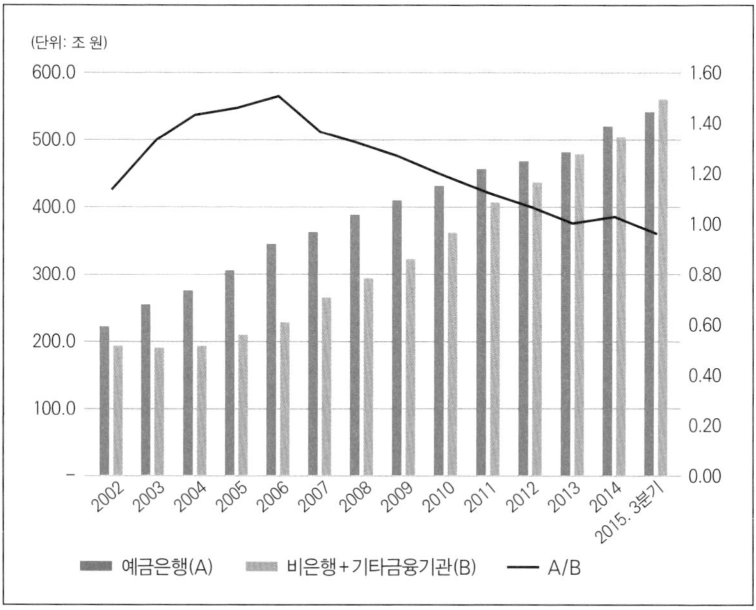

(단위: 조 원)

출처: 한국은행

대출자들이 거의 저신용자인 데다 최근 몇 년간 가계대출액이 많이 늘어서 점점 위험해지고 있다고 봐야 합니다. 2006년에는 가계대출 잔액이 은행 1.5 대 비은행 1의 비율이었는데 최근 7~8년간은 비은행 가계대출이 빠르게 늘어서 1 대 1이 됐어요.

윤원배 그래서 은행들은 추가로 대출해줘도 된다는 건가요?

이동걸 총체적으로 볼 때 가계부채 문제가 부실위험률이 높은 비은행 쪽에서 시작될 것이라는 거지요. 비은행쪽은 부실이 발생했을 때 자체적으로 처리할 능력도 거의 없습니다.

윤원배 주택담보대출이 이미 위험수위를 넘어섰으니 은행이든 비은행이든 대출이 더 늘지 않도록 해야지요. 비은행쪽에서 문제가 발

144

생하더라도 일단 문제가 터지면 은행권도 무사하지 못할 겁니다.

이동걸 가계부채문제가 심각하다고 갑자기 대출을 줄이기 시작하면 금융시장의 타격이 클 겁니다. 최선은 가계부채 증가속도를 점차 줄이면 경제규모가 커지면서 국민소득 대비 안정적인 부채비율까지 낮아지겠지요. 물론 불필요한 가계부채 증가는 될 수 있는 대로 억제해야겠지요. 가계부채가 GDP 성장률보다 천천히 늘어나면 가계부채의 상대적 비율이 감소할 테니까 부담 가능한 영역으로 낮아지지 않겠느냐는 거죠.

윤원배 그 논리가 성립하려면 현재 수준이 유지되어도 위기발생 가능성이 없다는 전제가 있어야 해요.

이동걸 위기발생 가능성이 있습니다. 그런데 가계부채를 총체적으로 줄여서 해결할 것이 아니라 위기발생 위험성이 높은 부분을 찾아서 그 부분을 국지적·집중적으로 해결해야 한다고 봅니다.

윤원배 가계부채 문제를 금융만으로 풀 수는 없다고 봐요. 소득을 늘리거나 고용을 증가시켜 부채를 갚아나갈 여력을 만들어주는 것이 바람직하지, 부채 자체를 늘리거나 유지하려는 처방은 바람직하지 않지요.

이동걸 가계부채 문제가 금융수단만으로 해결하기 어렵다는 데는 저도 동의합니다. 소득을 늘리고 분배를 개선하고 저소득층의 지원을 확대하는 동시에 상환능력이 부족해진 가계에는 과감하게 탕감해주고 가계부채 구조조정도 하는 등 종합적인 대책으로 해결해야 한다는 데는 이론의 여지가 없습니다. 그런데 가계부채를 선불리 경착륙시키면 오히려 화근이 될 수 있다는 거지요.

제가 오히려 걱정하는 건 정부가 가계부채를 인위적으로 급격하게 줄이면서 시장이 얼어붙고 경기가 침체되면서 금융기관들이 대출을 회수하거나 축소하는 '자산축소현상'이 발생할 수도 있다는 겁니다. 금융시장이 축소되기 시작하면 상상 이상의 충격이 올 거예요. 그러면 전성인 교수가 걱정하는 자산시장 붕괴까지 올 수 있죠. 주식시장, 부동산시장 모두 붕괴하는 거지요. 우리나라 가계 재산의 70~80%가 부동산 아닙니까? 가계의 자산가치가 하락하면 모두 더 가난해지니까 소비지출이 감소하고 경기침체가 심해지겠지요. 그리고 담보가치가 하락하고 금융부실이 심해지는 등 금융시장도 같이 붕괴하는 거죠.

윤원배 그건 인정하는데 부동산을 활성화해 경기를 살리겠다는 현 정부의 방향은 잘못됐다는 거죠.

이동걸 정말 잘못된 건데 그걸 고치겠다고 다시 가계부채, 부동산시장을 급하게 꽉 조이면 어디가 터질 수 있다는 거죠.

민생문제 해결 위해 만든 국민행복기금

허성관 실제로 가계부채는 금융문제일 뿐만 아니라 민생문제입니다. 예를 들어 어떤 한 사람이 5억 원짜리 집을 사는데 자기 돈 2억 원과 이자율이 3%를 넘지 않으면 큰 문제없이 원금과 이자를 갚을 수 있다고 판단해서 3억 원을 빌렸다고 가정해봅시다. 이런 식으로 한 사람이 집 한 채만 소유하고 있으면 소득으로 메워나갈 수 있어서 크게 문제 되지 않는데 여러 주택을 여기저기에서 돈을 빌려서 샀을 경우에는 부동산 거품이 꺼지고 나면 줄줄이 파산합니다. 이렇게 되면 당장 먹고사는 문제가 커지고 사회적 혼란을 감당하기 어려울 것입니다. 현재 정부의 정책을 금융과 민생 양쪽에 맞춘 정책을 미리미리 마련해야 합니다.

윤석헌 마침 민생문제를 꺼내셨으니 국민행복기금을 좀 얘기하겠습니다. 현 정부는 지난 대선 때 신용불량자를 지원하겠다며 국민행복기금을 20조 원 규모로 제시했는데 대선 이후 신용회복기금과 합친 다음 KAMCOKorea Asset Management Corporation(이하 캠코, 한국자산관리공사)에서 분리했어요. 최근에는 서민금융진흥원이라는 기구를 새로 만들어 국민행복기금을 흡수하려고 하고 있습니다. 한시적 프로그램이라고 하더니 이를 다시 제도화하려고 해요. 서민금융 시장에 도덕적 해이를 창출하고 있습니다.

김태동 선거공약이라면서 실현되지도 않을 국민행복기금을 내세웠죠. 표를 얻는 데는 효과가 있었지만 그 뒤에는 흐지부지되는 거죠. 그런데도 아무도 책임을 지지 않는 정치인의 도덕적 해이가 더 문제예요.

윤석헌 정치인의 도덕적 해이뿐만 아니라 개인들이 사적 채무계약에서 손쉽게 빠져나갈 수 있다는 인식이 우리 사회에 확산되는 것은 국가적으로 큰 문제입니다. 2015년 3월에 판매된 연 2.5~2.6% 대 금리의 안심전환대출은 사인私人들 간의 대출계약에 정부가 사후적으로 개입해 대출조건을 바꾼 것인데, 두 가지 문제가 있었어요. 첫째, 원리금상환 능력이 없는 국민에게는 그림의 떡이라서 결국 중간소득층을 지원한 셈이 되었어요. 금리 혜택이 적절하지 않았죠. 둘째, 정부의 오락가락 정책이 국민을 혼란에 빠뜨리고 도덕적 해이를 야기했어요. 정부를 믿고 미리부터 고정금리부로 전환했던 사람들은 대상이 아니므로 금리 혜택이 박탈되었죠. 정부 정책의 신뢰가 떨어질 수밖에 없습니다.

허성관 그런 과정으로 나라가 망가지는 거죠.

윤석헌 정부가 주도하는 대부분 서민금융제도가 정도의 차이는 있지만 이런 문제점을 공유하고 있습니다. 그래서 민간금융과 공적 금융을 명확히 구분해야 합니다.

전성인 당시 국민행복기금이 대선 공약으로 나왔을 때 머리를 세게 맞은 듯했어요. 그때 제가 있던 대선캠프에서는 2조 원까지 '진심 펀드'를 이야기했어요. 파산한 사람들이 집을 팔아야 하는데 그러면 가족이 풍비박산 나니까 보증금 좀 도와드리자 해서 말이죠. 국민행복기금은 그 규모가 18조 원이던가 20조 원이더라고요. 공(0)이 하나 다른 숫자가 나오더니, 한술 더 떠서 부채를 명시적으로 최대 70%까지 탕감해준다는 거예요.

심지어 부채탕감을 행정부가 하겠다고 나서는데 황당했죠. 해당자의 실제 채무상환 능력보다 덜 깎아주면 채무자에게 못할 짓이고 더 깎아주면 금융권의 재산을 깎아 먹는 일인데 제대로 할 수 있겠어요? 오직 법원만이 할 수 있는 일을 정부가 하겠다고 나서는 원론적 문제가 있었어요. 저는 그때 깨달았죠, 선거는 이렇게 하는 거구나. 이런 게 선거공약이구나.

윤석헌 문재인 진영에서도 '힐링 통장' 얘기가 있었어요.

장세진 당시 제가 문재인 민주통합당 대선후보의 선거캠프에서 가계부채특별위원회의 위원장을 맡았습니다. 우리도 펀드를 만들자고 해서 발표준비까지 했는데 막판에 하지 않았어요. 우리는 국민행복기금을 표를 갉아먹을 요인으로 판단해서 건전하게 자금을 모으는 방안을 심사숙고한 다음 발표하려고 했죠.

이동걸 사실 정부나 여당만이 아니라 야당도 문제가 많아요. 지난 대선에서 야당을 도와주면서 제일 큰 문제라고 느낀 점은 재벌개혁 방안, 가계부채의 핵심인 자영업자·노년층·다중채무자를 중심으로 한 대책 등 정책방안을 만들어줘도 쓰지 않고 그대로 푹푹 삭힌다는 거였어요. 또 학자금대출 이자탕감 문제도 내부에서 다 논의했는데 다른 후보 쪽에서 먼저 발표해서 김샜죠.

박근혜 후보 진영의 가계부채 대책방안을 반박하는 자료도 만들었습니다. 국민행복기금의 요체는 예를 들어 1,000만 원을 빚졌을 때 70%인 700만 원을 대신 갚아주는데 은행은 책임지지 않고 빠지게 해주는 것이지, 채무자의 편의를 봐주는 게 아니에요. 그런 취지에서 박근혜 후보쪽 가계부채 대책은 잘못됐다고 반박자료, 토론자료를 만들어줬는데 그게 다 어떻게 됐는지 모르겠어요.

전성인 박근혜 후보 진영의 대선 공약은 '정부가 은행을 제외시키고 18조 원이든 20조 원이든 투입시켜 펀드를 만들어 채무불이행자들에게 원금은 다 받지 않고 조금만 받겠다'였어요.

박근혜 대통령 집권 1년 차에 국민행복기금이 만들어졌을 당시 상법상 주식회사로 만들면서 정부 재원은 단 한 푼도 들어가지 않았어요. 정부가 금융기관의 구조조정을 지원하기 위해 지출하는 구조조정자금에서 회수한 잉여분을 금융기관에 돌려주기로 약정되어 있었는데 그걸 가져다 쓴 거죠. 금융기관들이 주로 출연하고 캠코는 아주 조금만 출연했는데도 의사결정권은 캠코가 반수 이상을 가졌고 금융기관은 마치 채권자 지위처럼 됐어요.

그래서 이 상법상 주식회사의 의사결정은 '재무를 출연하지 않은 캠코가 하고 재무출연한 쪽은 상법상 주식회사를 운영하면서 수익이 나면 출연비율에 따라 분배한다'로 되어 있어요. 정부 돈이 하나도 들어가지 않았고 금융기관이 주식은 가졌지만 실질적으로는 일종의 채권자처럼 참여한 거예요. 게다가 금융기관이 가진 채권을 넘길 때 돈이 없으니까 '일단 아주 싸게 넘기고 회수하면 정산해주겠다'는 식으로 계약했어요.

김태동 사후정산방식인 거죠?

전성인 그렇죠. 사후정산방식은 쥐어짜면 짤수록 이득이 생기는데, 이렇게 되면 금융기관에도 많은 이익이 넘어갈 수 있어요. 그러다 보니 국민행복기금의 목적이 부채탕감이 아닌 부채회수로, 결국 채권추심기관이 된 거예요. 따라서 금융기관은 채권회수로 돈을 받아갔어도 사후정산과정에서 또 한 번 이중으로 이득을 취하게 됐죠. 개별적으로 자기 부채와 관련해 직접 받아내고 상법상 주식회사 전체적으로 이득이 나면 출연비율에 따라 배당받듯이 또 받아간 셈이죠.

이 회사가 그런 식으로 운영되다가 박근혜 대통령 집권 첫해 7월쯤 국회에서 '사후정산방식이 문제가 있다. 회수해서 남은 이득은 다중채무 등 공적 사업에 써야지 그걸 왜 또 은행이 가져가느냐'는 식의 정책토론회 비슷한 게 열렸던 적이 있어요.

사후정산방식 말고도 국민행복기금에는 문제가 또 있어요. 원래는 채무당사자들이 국민행복기금에 신고해야 하는데 잘 하지 않고 대신 연대보증인이 있는 사람들이 신고했어요. 왜냐하면 파산해도 보증채무는 면책되지 않는데 국민행복기금은 채권자가 채무를 탕감해주는 거니까 주채무와 같이 보증채무도 탕감되므로 보증인이 먼저 와서 신고하기도 한 거죠.

그러고 나니 더는 신고하는 사람이 없는 거예요. 금융기관에서 채권을 일괄 매입해서 한두 번 채권추심을 해보고 안 되니까 제3의 채권추심기관에 넘겨버렸어요. 그 과정에 넘긴 채권 중에는 면책채권도 있었어요. 일반 채권추심 기구는 무조건 채권추심 통지문을 보내니까 면책자에게도 채권추심을 통보했다가 난리가 난 거죠. 그래서 국회에서 문제 됐었어요.

애초 공약에서는 채무자를 위한 조치인 양 선전했지만 국가는 한 푼도 도와주지 않고 상법상 민간 회사가 은행에 채권추심을 대행하는 기관이 되어버린 거죠. 국민행복기금이 아니라 국민채권추심기금이죠.

윤석헌 정부는 2013년 3월부터 2015년 말까지 국민행복기금을 통해 총 47만 명을 지원했고 신용회복위원회의 개인워크아웃을 통해서는 총 24만 명을 지원한 것으로 홍보하고 있습니다. 한편 최근에 신용회복위원회의 법정기구화를 추진 중에 있는데, 관치의 영역을 키워나가는 노력이 계속되는 것이죠.

김태동 하여튼 국민행복기금은 박근혜 대통령의 성공스토리이기 때문에 다음 대통령이 누가 되었든 간에 이 문제를 잘 연구하시고 대통령 후보에게 자문하는 사람들도 잘 공부해서 더 좋은 정책이 나왔으면 좋겠습니다.

위험한 부동산 경기 부양정책

윤석헌 주택공급이 늘어 2년 후에는 주택가격이 폭락한다고들 합니다. 실제로 작년에는 언제 주택시장이 고꾸라질지 모르니 추진

〈표 3-4〉 연도별 입주물량 추이

(단위: 천 호)

구분	2012년	2013년	2014년	2015년	2016년	2017년
전체	178.3	193.8	262.2	263.2	273.7	323.8
임대제외	148.2	162.7	203.0	203.1	210.2	299.6

출처: 〈주간경향〉(2015.12.08)

중인 주택사업을 다 털어내자는 분위기였는데, 그 와중에 주택인허가가 76만 가구로 사상 최대를 기록했어요. 이러한 영향이 〈표 3-4〉처럼 올해 그리고 특히 내년 입주물량 증가로 나타나고 있어요.

윤원배 2~3년 안에 주택가격이 안정적으로 하락하면 바람직하다고 봅니다. 현 상황에서도 많은 사람이 2~3년이면 집값이 폭락할 것으로 예측합니다. 그런데 지금 주택공급을 늘리면 주택가격이 더 내려가니까 당장 주택공급을 늘리거나 주택대출을 늘리는 건 주의해야 합니다. 다들 정부가 주택공급 관련 정보를 제대로 주지 않는다고 생각하는데 수도권에서는 이미 소형이든 대형이든 공급초과라고 보는 전문가도 있습니다.

윤석헌 지역별 편차가 있겠지만, 작년 11월 기준 전국 미분양 주택이 4만 9,724가구로 10월보다 54.3%(1만 7,503가구) 증가했어요. 물량 기준으로는 2008년 6월에 1만 9,060가구가 증가한 이후 최대치라고 하네요. 중장기적으로 보면 노년층이 소유한 주택들 역시 역모기지 등으로 시장에 나올 겁니다. 신축이든 재건축이든 공급이 계속 늘 것으로 보입니다.

허성관 그건 시장에서 알아서 결정하게 내버려두면 되겠죠.

윤원배 시장에서 결정하게 돼야 하는데 정부가 자꾸 부동산 경기를 부추겨서 경제를 성장시키려고 대출해주는 건 잘못됐다는 거죠.

이동걸 임대주택을 많이 공급해야 합니다. 주거비를 낮추면 가계의 실질소득이 늘어나니 대출상환능력이 향상되고 전·월세를 위해 가계대출을 받을 필요도 줄겠지요.

전성인 종합적인 대책이 필요합니다. 앞서도 말씀드렸지만 제2금융 권에 부실이 집중될 확률이 높은데 대책이 없어요. 정부가 서민금 융을 위해서 서민금융진흥원이라는 것을 만들겠다고 하지만 결국 계속 돈을 빌려주고 채권 추심하겠다는 겁니다. 그보다는 소득을 늘리는 것이 중요한데 이와 관련해서 지자체가 할 수 있는 역할이 좀 더 있지 않겠어요?

외국의 경우 정부가 펀드를 만들어 지방에 보내면 지방은 멤버 뱅크member bank(조합은행)를 만들어요. 지방개발이나 서민지원 관련 멤버뱅크가 되겠다고 선언하면 지원도 해주고요. 중앙은행 이 있지만 지방에는 거점은행들이, 가령 저축은행이든 새마을금 고든 멤버뱅크로 모여 지역개발, 서민대출 시 금리지원 등 준중앙 은행적 기능을 하는 거죠.

현재 우리나라는 제2금융권에 문제가 터졌을 때 중앙에서 모든 일을 해결하려고 하기 때문에 여러 가지 문제가 있어요. 그런 의 미에서 우리은행을 꼭 팔아야 하나 싶어요. 거점은행으로 만들어 다른 방식으로 이용할 수 있는 여지가 있지 않겠어요? 우리 금융 이 발전하려면 지방은행과 제2금융권을 육성하고 활성화해야 해 요. 그래야 가계부채도 해결할 수 있습니다.

산업은행 민영화와 기촉법으로 드러난
정부의 오판

김태동 이명박 정권과 현 정권이 금융부문에서 부채 이외에 잘못한 부분을 평가하고 개선방안을 얘기해볼까요?

윤석헌 이명박 정권과 현 정권이 잘못 쓴 금융정책이 많은데 그중 '산업은행 민영화 도로 무르기'가 대표적입니다. 금융정책의 기본방향이 흔들리는 사이 기간산업이 부실해졌으니까요. 그리고 산업자본의 은행지배금지, 즉 은산분리(산업자본의 은행 지배 금지) 규제를 완화하려는 정책도 잘못입니다. 2015년 11월 29일 정부는 카카오뱅크와 K뱅크를 인터넷 전문은행 후보로 예비 인가했고 은산분리 규제를 완화하는 쪽으로 은행법 개정을 추진하면서 개정시 추가 인가 가능성을 예고한 바 있습니다. 인터넷 전문은행을 핑계로 은산분리 규제완화를 추진하려는 것 같은데, 인터넷 전문은행의 이득보다 은산분리규제완화 비용이 훨씬 많아서 비교대상이 되지 않습니다. 인터넷 전문은행은 무엇보다 기존 은행의 인터넷 뱅킹 업무 활성화가 더 중요한 과제입니다. 해외 학술논문들도 대체로 이 부분을 중시해요.

　물론 최근 핀테크FinTech(금융을 뜻하는 파이낸셜financial과 기술을 뜻하는 테크놀로지technology의 합성어로 첨단기술을 활용해 기존 금융기법과 차별화된 금융서비스 기술을 의미) 추세에 편승할 필요는 있어요. 또 해외 인터넷 전문은행의 성공사례도 있고 기존 은행권에 자극을 준다는 의미도 있습니다. 사람 사는 행태가 기술발전에 맞추어 변화하고 있으므로 금융 역시 그 추세를 쫓아가야 하니까요. 다만 정부가 나서서 강제로 이거 하라 저거 하라 하면 도움되기는커녕 오히려 부담됩니다. 금융 자율화를 보장해주고 감독체계를 튼실하게 해놓고 마음껏 해보라 하면 한국 사람들이 워낙 재주가 많으니 금융과 기술을 엮어서 경쟁력 있는 무언가를 만들어낼 수 있을 것입니다.

전성인 전지전능한 정책 당국자가 기업의 대차대조표를 보면서 금융기관에 구조조정을 하라는 식으로 명령을 내리는 시스템은 현 상태에서 가능하지도 않을뿐더러 바람직하지도 않습니다. 따라서 정부는 구조조정에서 손을 떼야 해요. 기촉법을 폐지하고 법원에 통합도산법상의 절차로 기업이든 가계든, 기업 채무조정이든 가계 채무조정이든, 채무자가 빨리 법원에서 채무 재조정을 신청할 수 있도록 시스템을 짜야 합니다.

그런데 정부가 기업 구조조정 권한을 틀어잡고 기촉법을 상설화하려 하고 서민금융진흥원을 만들어서 가계부채 구조조정까지 감당하려고 해요. 과거에 관행이 있었더라도 지금은 놔야 합니다.

김태동 기촉법이 왜 잘못됐는지 구체적으로 설명해주세요.

전성인 대우조선해양을 예로 보면 국책금융기관인 산업은행이 대주주이자 채권자여서 CFOChief Financial Officer(재무담당 최고 책임자)를 내내 임명했어요. 게다가 금융위가 공적자금상환기금 형태로 12%의 주식을 가진 상법상 주요 주주예요. 그런데 실질적으로 3조원 이상의 분식이 벌어졌는데도 제대로 관리가 이루어지지 않았어요. 주가는 반 토막이 나고 국민의 재산 손실이 엄청나게 났죠. 바로 이것이 모피아MOFIA(지금 기획재정부의 전신인 재무부 출신 인사를 지칭하는 말로, 재정경제부MOFE, Ministry of Finance and Economy와 마피아(Mafia의 합성어)나 산업은행이 부실기업을 관리할 노하우도 없고 그 관행이 투명하지도 않다는 걸 보여주는 산 증거죠.

산업은행은 기업 구조조정 과정에서 대주주 증자를 지원하기 위해 부실기업에 우회적으로 대출해줬다가 감사원에서 감사까지 받았어요. 예전에는 산업은행이 재원조달능력이나 기업구조조정 노하우가 특출했기 때문에 효율적이었지만 지금은 달라요. 정부가 민간기업의 구조조정을 촉진한다면서 오히려 피해만 더 늘려놓고 시장에 매물이 나오기도 전에 산업은행이 독식하니 어떻게 민간 구조조정 시장이 발전하겠어요? 정부가 기업구조조정 시장을 인위적으로 육성하겠다고 하는데, 사실 법원에 맡기면 알아서 매물이 나와요. 그러면 그걸 사들이는 민간 구조조정 전문업체가 활기를 띨 것이고 이 과정에서 민간이 주도하는 상시적 구조조정이 되는 것이죠. 채무기업이 자연스럽게 법원에 가겠다는 협박을 할 수 있어야 은행과 거래할 수 있어요. 지금처럼 누구도 먼저 꺼내려 하지 않는 상황에서는 구조조정이 지연될 뿐이에요.

윤원배 제가 볼 때는 외환위기 때 정부가 주도한 구조조정이 나쁜 선례를 남겼어요. 지금도 민간기업의 재무상태가 좋지 않으면 정부, 금감원이 개입해서 자의적으로 하는 구조조정을 당연하게 받아들이고 있어요. 정부가 기업 활동에 직접 간섭하려는 행태가 정당화되고 있는데 이는 잘못되었습니다.

윤석헌 정부가 기촉법을 핑계로 채권은행과 민간기업 간 워크아웃에 관여하다 보니 기업들은 채권자인 은행을 제쳐놓고 정부나 그 대변자인 감독 당국의 의중을 살핍니다. 한편 금융위나 금감원은 대기업의 구조조정과 관련해서 윗선의 눈치를 보지 않을 수 없어요.

특히 정부가 경기부양책을 쓰거나 선거가 가까워지면 구조조정을 소신대로 할 수 없습니다. 경남기업처럼 워크아웃 과정에서 외부의 입김이 작용해 결과가 뒤바뀌는 일도 있습니다. 이런저런 사유로 은행은 워크아웃의 주도권을 잃게 되는데 관치금융이 민간금융을 밀어내는 거죠. 구조조정 시점에서 민간은행의 기업 협상력 부재는 워크아웃 자체의 실효성 저하는 물론, 민간은행의 기업금융 위축을 초래해 한국금융의 발전을 저해하는 주요요인으로 작용합니다.

현재 국내에서 기업금융을 많이 취급하는 은행은 산업은행과 우리은행으로 모두 정부가 대주주(산업은행은 100% 정부 소유)예요. 그런데 산업은행의 경우 워크아웃이 길어진다는 지적이 있어왔어요. 주채권은행으로서 적시에 교통정리를 해줘야 하는데 계속 끌다 보니 그동안 쌓인 부실이 요즘 터지고 있다고 봅니다. 최근 금융위가 산업은행의 정책금융 방향을 중견기업 지원으로 바꾸겠다고 발표했는데, 이보다 벤처·창업이나 중소기업 지원 등 정부지원이 꼭 필요한 쪽으로 방향을 완전히 전환해야 한다고 봅니다. 나머지는 민간은행으로 보내야 하고요.

산업은행은 한동안 민영화한다고 법석을 떨다가 180도 방향전환을 하는 게 쉽지는 않겠지만 일단 정책금융기관의 길로 다시 접어들었다면 정책금융을 확실히 책임지는 게 옳은 방향입니다. 대기업 및 중견기업 지원은 전대on-lending(정부가 담보나 신용이 낮은 중소기업 등에 직접 정책금융을 지원하는 대신, 민간 위탁을 통해 간접 지원하는 방식)나 협조융자co-finance(둘 이상의 융자기관이 동일 융자 대상 사업에 자금을 분담해 융자하는 방식) 등의 방식을 주요수단으로 사용하는 게 적절하다고 봅니다.

허성관 정부가 민간기업에 관여한 나쁜 선례가 바로 구조조정이라는 지적도 있지만 국가를 경영하는 정권 입장에서는 경제가 어려워졌을 때 일시적으로 부실을 안고 처리해줄 수 있는 창구가 한군데는 필요합니다. 산업은행이 그 역할을 담당할 수 있는데 이명박 정부가 산업은행의 민영화를 추진하면서 이 점을 간과했습니다.

윤원배 허 교수의 말대로 그런 기능이 있어야 하는데 문제는 정부가 기업구조조정에 당연히 개입해야 한다는 인식입니다.

윤석현 저는 이명박 정부가 산업은행 민영화를 추진한 것은 옳았다고 봅니다. 첫째는 그간 대기업 지원에 치중해왔던 산업은행이 한국경제의 체질 변화에 필요한 정책금융 수요에 효과적으로 부응하기 어렵다고 보기 때문입니다. 오히려 정책금융공사 정도의 중형 정책금융기관이 효과적일 수 있습니다. 둘째는 산업은행이 국내 자본시장의 발전을 이끌어갈 선도형 투자은행으로 거듭날 수 있다고 믿기 때문입니다. 아무튼 현 정부가 산업은행을 정책금융기관으로 다시 되돌린 상황에서 이제는 효과적인 정책금융기관으로 거듭나는 것이 중요합니다. 현시점에서 한국경제가 필요로 하는 정책금융과제를 부여하고 아울러 지배구조를 투명하게 갖추는 작업도 해야 합니다.

전성인 이제 산업은행은 기업구조조정을 잘할 수 있는 조직이 아닙니다. 기업구조조정은 법원에 맡기는 편이 훨씬 나아요. 과거에는 법원 판사들이 기업회생 절차를 열면 부채를 탕감하고 다 갚을 때까지 끌어안고 있었어요. 요새는 회생계획을 짜고 채무를 탕감하고 나면 바로 M&A를 물색합니다. 법원은 산업은행보다 훨씬 빨리 결과를 낼 수 있어요.

김태동 여러분이 말씀하셨듯이 기업의 퇴출 절차가 투명하지 않고 이상하게 관료들의 손에 들어가서 대마불사 정도가 아닌 정치권력에 기대면 소마도 퇴출당하지 않는 소마불사小馬不死의 나라가 되어버렸어요. 결국 국민이 그 부담을 몇 배로 부담해야 하는 문제가 되었습니다.

실패한 금융정책

허성관 다시 두 정권이 잘못한 부분을 언급하자면 낙하산, 비전문가로 금융권 인사에 개입했다는 것이에요. 대선 캠프 출신들이 줄줄이 행장이나 회장이 되었으니까요.

장세진 그뿐만 아니에요. 2015년 1월 금융위 보고서에 68조 원으로 창조금융을 하겠다고 했어요. 산업은행의 정책자금이 68조 원인데 그 금액이면 정책자금 전체입니다. 예전에 녹색금융이었다가 간판만 바꿔단 게 창조금융이에요.

이동걸 저도 그것과 관련해서 칼럼을 썼는데요. 2015년 초 정부에서 발표한 창조금융 총액이 180조 원으로, 기관별로 보면 산업은행 63조 원, 기업은행 56조 원, 신용보증기금 41조 원, 기술신용보증기금 19조 원이었습니다. 각 기관이 그 액수를 공급하려면 산업은행은 기존의 기업대출금 전액, 신용보증기금과 기술신용보증기금도 기존의 보증액 전액 그리고 기업은행은 기존 대출금의 약 50%를 창조금융으로 전환해야 합니다. 이 금융기관들이 기존 대출금을 그대로 두고 180조 원이나 되는 액수를 창조금융으로 새로 공급한다는 것은 불가능합니다. 기존 대출금을 전부 회수해 그것을 창조금융으로 돌리면 그 과정에서 대출금을 강제 회수당한 무수한 기업들이 연쇄 도산할 테니 금융시장이 난리 나겠지요. 이제 1년이 지났으니 정부의 창조금융 공급실적을 확인해보시죠. 새빨간 거짓말이었다는 게 백일하에 드러날 겁니다.

윤석헌 해야 할 일을 하지 못한 것도 많아요. 신제윤 금융위원장이 부임해서 금융감독체계 개편, 우리금융 매각, 정책금융 역할 재정립, 금융회사 지배구조 개선 등을 다루기 위해 네 가지 태스크포스Task Force (특정 과업을 해결하기 위해 소수의 인재를 여러 부문에서 발탁해 조직하는 임시조직)를 만들었잖아요. 그중 우리금융그룹 자회사 일부 매각이 유일하게 한 일입니다. 후임 임종룡 금융위원장은 부임하면서 규제완화를 절대 절대 포기하지 않는다는 소위 '절절포'를 강조했고 그림자규제(법적 근거 없이 구두지침, 공문, 협조 요청 등으로 기업활동을 가로막는 행위)를 개선하겠다면서 현장중심 금융개혁을 강조하고 있습니다. 결과적으로 이제까지 현 정부 금융정책을 평가한다면 용두사미이고 신관치라고 하겠습니다.

이동걸 최근에 금감원에서 금융기관 직원들을 징계하지 않는다고 했는데, 검찰이 범인을 잡지 않고 벌도 주지 않겠다는 소리와 무엇이 다릅니까? 그리고 국민행복기금으로 국민이 행복해지지 않았고 안심전환대출로 국민이 안심되지 않았죠. 그뿐만 아니라 목돈이 들지 않는 전세 한다더니 여전히 많이 들어 국민은 전·월세에 시달리고 있습니다.

윤석헌 금감원이 정기 종합검사를 폐지한다고 했는데 과연 옳은 것인지 모르겠습니다. 감독의 핵심은 확인인데 말이죠.

이동걸 금감원이든 금융위든 시장과 소비자를 염두에 두고 그에 알맞은 정책을 펴야 하는데 이명박 정권 때부터 시작해 현 정권에서 심해진 게 금감원장, 금융위원장이 정치권과 청와대만 쳐다본다는 겁니다. 정책의 첨병처럼 창조금융을 한다, 기술금융을 한다, 금융감독을 하지 않는다고 선언했는데 그것부터 거꾸로 된 거죠.

세계금융위기 이후 전 세계적으로 금융규제가 강화되었는데 우리는 창조경제를 한다며 반대로 규제를 더 풀고 있습니다. 박정희 정권 시절에 금융을 개발금융으로 정책 수단화하면서 우리 금융은 망가졌습니다. 따라서 정경유착도 심했는데 또다시 금융을 정책 수단화하고 있습니다. 금융이 본질적으로 발전되어야 할 시점에서 굉장한 후퇴이지요.

가계부채의 책임과 금융감독체계 개편

윤석헌 여기서 가계부채 문제가 오늘에 이르기까지 책임소재 문제를 짚어보겠습니다. 이는 향후 우리나라 금융감독체계 개편에 중요한 시사점을 던지기 때문입니다. 우선 금융기관의 건전성과 소비자보호를 책임지는 금감원에 일차적 책임이 있겠죠. 그런데 금감원은 금융위의 지시·감독을 받게 되어 있으니 금융위의 책임이 더 크다고 할 수 있어요. 금융위의 문제는 금융 관련 산업정책과 감독정책을 모두 관장한다는 데 있습니다. 자동차의 액셀러레이터와 브레이크를 묶어 놓은 셈이지요. 이런 상황에서 정부가 추진하는 경제활성화 지원이라는 액셀 역할에 충실하다 보니 위험감독이라는 브레이크 역할을 제대로 못 한 거죠. 금감원은 집행기관으로서 따라갔을 것이고요. 실제로 우리나라에서 감독기구가 견제와 균형checks and balances 기능을 제대로 수행하지 못하는 문제는 계속 되풀이되고 있어요. 1997년의 외환위기와 2003년의 카드사태가 이런 문제인데, 2008년 이명박 정부 들어 당시 재정경제부의 금융정책국과 금감위를 합쳐 금융위를 만들어 문제를 더 악화시켰어요. 그 결과 2011년 저축은행 사태와 최근의 가계부채 문제에서 감독기구가 정부의 경기부양책에 위험을 경고하는 목소리를 내지 못했어요. 결국 이로부터 발생했거나 발생할 손실은 국민이나 금융소비자 부담으로 귀결되겠죠.

책임 있는 기관이 또 있지요. 우선 경제정책을 총괄하는 기획재정부 책임이 큰데, LTV와 DTI 규제 등을 완화함으로써 가계부채 문제를 주도했지요. 한국은행도 책임이 없지 않아요. 결과론이지만 낮은 금리가 소득과 일자리 창출에는 도움이 되지 못하고 가계부채만 확대했기 때문입니다. 다만 강조하고 싶은 것은 가계부채 확대에 따른 위험을 경고할 일차적인 책임은 금융위와 금감원으로 구성된 감독기구에 있다는 점입니다. 특히 금융위 책임이 컸죠.

여기서 향후 금융감독체계 개편에 대한 시사점을 얻을 수 있어요. 우선 금융위의 금융산업정책업무는 기획재정부로 보내 국제금융정책업무와 합치고 감독정책업무는 민간 공적기구 형태의 새로운 감독기구로 통합해서 브레이크가 제대로 작동하게 만들어야 합니다. 그리고 새로운 감독기구는 금융기관의 건전성감독을 책임지는 건전성감독기구와 금융시장과 소비자보호를 책임지는 행위규제기구로 이분하는 게 금융시장 발전과 소비자 신뢰 회복을 위해 필요합니다. 2013년 7월 4일 경제·경영·법률 학자 및 전문가

143명이 공동으로 발표한 선언문에 이런 내용이 담겨 있었는데 학계와 전문가들 사이에선 어느 정도 공감대가 형성된 내용입니다.

김태동 경제가 잘 풀리지 않고 지지도가 떨어지면 그 메뉴명을 바꿔요. 같은 자장면이라도 대선후보일 때는 '경제민주화'를, 2013년 초 인수위 때부터는 '창조경제'를, 2014년부터는 '경제혁신 3개년 계획'을 그리고 2015년에는 '4대 개혁'이라고 다른 이름을 붙여서 내놓았어요. 4대 개혁 중 '금융개혁'은 어찌 되어가는지요?

전성인 금융소비자보호 기획단을 폐지하고 금융개혁을 전담하는 실무부서를 만들었어요. 몇몇 교수와 규제완화와 관련해 회의한 끝에 공무원 조직이 필요하다고 해서 금융소비자보호 태스크포스를 없애고 공무원 자리를 늘린 겁니다. 조직을 만들고 자리 늘리기에 혈안이 되어 있어요. 금융개혁회의조차도 그 목적이 조직 늘리기 입니다. 지금 금융개혁의 핵심은 '어떻게 조직을 정리할 것이냐' 인데 정리대상인 조직이 금융개혁을 한다면서 조직을 더 늘리고 있어요. 금융개혁이 제대로 될 리 없죠.

김태동 1997년 1월에 한보그룹이 무너지고 얼마 되지 않아 청와대 직속으로 금융개혁위원회가 생겼거든요. 중간에 배가 산으로 가서 한국은행을 독립시킨다느니 금융개혁을 하느니 하다가 국회에서 통과도 되지 않고 외환위기가 왔어요. 2015년 3월에 박근혜 정부식 '금융개혁'을 시작하면서 자율책임 문화조성, 실물지원 역량 강화, 금융산업 경쟁력 제고와 더불어 연금, 세제, 외환제도 등과 협업관계로 외연을 넓힌다고 했죠.

윤석헌 지금 정부가 하는 금융개혁은 1997년과는 다릅니다. 1997년 에는 불안한 경제상황에서 금융개혁을 통해 정리하고 새 길을 찾아서 제대로 자리 잡자는 취지에서 시작했습니다. 그런데 지금은 상황이 불안하기 때문이 아니라 정부가 가고자 하는 길에 금융을 가져다 쓰고 싶은 것이에요. '보신주의하지 마라', '경쟁력 높여라' 등의 주문은 창조경제를 추진하는 데 금융을 사용하겠다, 그걸 위해 필요하면 개혁도 하고 규제완화도 하겠다는 것으로 이해됩니다.

정부의 핵심 경제정책 방향 바뀌어

김태동 이제 가계부채 대응방안에 대해 논의해보실까요?

윤석헌 가계부채문제는 우선 기존의 가계부채와 앞으로 늘어날 가계부채를 구분해서 다루어야 합니다. 향후 가계부채의 증가속도 조절이 시급한데, 특히 신규 가계부채가 증가하지 않도록 억제해야 합니다. 이를 위해 DTI, LTV 규제강화가 필요한데 이를 위한 정부의 의지가 중요하고요. 기존의 가계부채는 통제를 기본방향으로 하되, 급격한 감축이 시장에 경색을 초래할 가능성에도 유의해야겠죠.

사전에 연체나 부실에 대비하기 위해서 은행과 여타 금융기관들의 자체 워크아웃이나 신용회복위원회의 프리워크아웃 preworkout을 적극 활용할 필요도 있습니다.

신용회복위원회의 프리워크아웃은 1~3개월 미만 연체자의 채무를 대상으로 하고 신용회복위원회의 워크아웃은 3개월 이상 연체채권을 대상으로 신용회복위원회와 채권금융회사 간 협의를 거쳐 조정해주는 제도입니다. 따지고 보면 가계부채 문제가 국가 시스템리스크로 번지게 된 데는 금융회사들의 책임이 작지 않을 뿐 아니라 만약 국가의 위기로 번진다면 금융기관의 비용부담이 클 것이므로 이를 사전적으로 줄이자는 취지입니다. 이와 관련해 국내외 문헌에서 거론되는 대손상각(채무자의 상환능력이 없거나 회수할 수 없는 채권을 손실 처리하는 것)과 대손충당금의 증대 요구를 고려할 수도 있습니다. 금감원 측에 비공식적으로 문의해보니 대손충당금은 이미 충분히 확보되었다고 합니다. 그런데 중요한 것은 대손상각과 대손충당금 요구를 추가적으로 하는 게 대출의 유인을 줄이는 데 도움이 된다는 것이죠.

한편 사후적 관점에서 매몰비용deadweight costs을 낮추는 방안도 모색해야 해요. 따라서 예일대학교 경제학과 교수인 로버트 실러Robert Shiller의 지속적 워크아웃 모기지continuous workout mortgage(집값이 내려가거나 실업률이 올라가면 자동으로 워크아웃을 시작하는 방식)와 아티프 미안Atif Mian과 아미르 수피Amir Sufi의 책임분담모기지shared responsibility mortgage(주택가격이 모기지 금액 아래로 떨어지는 경우 은행과 가계가 손실을 분담하는 방식) 등 신축적 모기지 제도의 도입을 고려할 수 있습니다.

김태동 2008년 금융위기 후 대부분 선진국에서는 가계부채는 물론 다른 부채도 줄어드는 디레버리징Deleveraging(부채정리)이 일어나지 않았습니까? 우리나라처럼 부채가 많이 늘어난 건 예외적이잖아요. 부채 증가 속도를 완만하게 줄이는 게 부채정리는 아닌데요. 부채정리는 필요 없다는 건가요?

윤석헌 2008년 세계금융위기 직후 세계가 위기를 극복하는 과정에서 부채정리가 이루어졌는데 현재는 대부분 금융위기 이전 수준으로 다시 늘어났어요. 한국은 그전에는 상대적으로 적었으므로 특히 많이 늘어난 셈입니다. 제가 우려하는 것은 위기발생 전에 부채가 늘다가 갑자기 줄면서 금융위기가 초래된 사례가 적지 않다는 거죠. 2008년 세계금융위기에서도 그랬고요. 현시점에서 급격한 부채정리는 오히려 위기를 재촉하는 의미가 있습니다.

김태동 한 달에 어느 정도로 부채정리가 이루어지면 안전할까요?

윤석헌 글쎄요. 추측임을 전제로 하고 그동안 부채가 한 달에 10조 원씩 늘었다면 일단 그 반인 5조 원 아래로 속도를 진정시키고 시간이 가면서 더 늦추어 어느 정도 안정된 후에는 정리절차를 밟는 것이 어떨까요?

김태동 전성인 교수의 의견은 어떤가요? 부채정리까지는 필요 없고 부채증가 속도를 줄이는 것만으로 가계부채의 파탄을 막을 수 있을까요?

전성인 저는 신용대출과 주택담보대출을 구분해야 한다고 봅니다. 주택담보대출은 담보가 걸려 법률문제가 생기고 자산시장에도 너무나 위험해서 섣불리 건드리면 안 됩니다. 부채정리는 다 갚든지, 못 갚으면 팔든지 둘 중 하나예요. 잘못 건드리면 부동산시장이 위축되는 도화선이 될 수 있어요. 주택담보대출은 건드리지 않고 늘지 않도록 하는 게 최선이라고 생각합니다.

신용부채는 과감하게 구조조정을 해야 해요. 특히 다중채무자, 한계소득, 저소득 등은 신용대출로 문제가 있는 것이므로 1,000만 원 이하를 갚지 못해 도망 다니는 사람들은 빨리 해결해야지요.

이동걸 제가 몇 달 전에 모 신용정보회사와 모의실험을 해본 결과, 추가대출이 중단되는 경우 가계부채 부실이 가장 많이 늘어나는 것으로 나타났습니다. 예를 들면, 금융시장이 불안해지면 신용경색으로 추가대출이 전부 끊기겠지요. 그다음에는 주택가격이 약 20% 이상 하락하는 경우와 이자율이 2~3% 오르는 경우였습니다. 그런데 경제상황이 나빠지면 주택가격 하락, 이자율 상승, 대출중단이 한꺼번에 오기 때문에 우리 경제가 폭삭 내려앉는다는 시나리오가 2~4년 이내에 실현될 확률이 꽤 높습니다. 개별적 시나리오를 보면 금융시장의 경색으로 금융기관이 신규대출을 해주지 않는 게 가계부채 부실에 가장 크게 미치는 영향이에요. 나머지는 부실률이 좀 늘어가도 그럭저럭 버틸 수 있는데 문제는 여러 악재가 한꺼번에 올 확률이 크다는 거지요.

장세진 경제혁신 3개년 계획의 세 가지 목표가 튼튼한 경제, 혁신경제, 내수·수출 균형경제잖아요. 핵심정책이 내수발전인데도 현 정부는 필요 없는 부동산 규제를 없애서 부동산 경제가 살아나고 있음을 일종의 치적으로 강조하고 있습니다. 경기가 살아나서 부동산 경기가 활성화되는 게 자연스러운데 부동산 활성화로 내수를 활성화하겠다는 정책이니 자기모순에 빠지는 겁니다. 그 뒤에는 반짝 경기를 이룰지는 몰라도 오히려 부채가 내수의 발목을 잡을 거예요. 정부의 핵심 경제정책의 방향부터 바꿔야 합니다.

허성관 경제 발전과 성장을 같은 것으로 인식하는데, 구분해야 합니다. 경제가 성장하면 속된 말로 떼돈 벌 기회가 줄어듭니다. 소득이 빨리 증가하지 못하는 건 당연합니다. 경제가 발전하면 누구든 조금이라도 더 행복해야 하는데 그런 사람이 별로 없고 거의 살기 어렵습니다. 이런 사정이 구체적으로 나타난 현상이 가계부채입니다. 이것이 우리가 살펴보아야 할 핵심적인 관점일 수도 있습니다.

김태동 지난번에 금융선진국인 미국과 영국이 세계금융위기를 맞았어요. 발원지인 미국과 심하게 당한 영국이 위기를 겪은 후 소 잃고 외양간이라도 고친 게 있어요. 먼저 영국은 금융감독기능을 중앙은행 안으로 넣었죠. 그전에는 형식적으로 한국의 금감위와 비슷한 구조였어요. 미국에서도 시스템적으로 중요한 금융기관 SIFISystemically important financial institution에는 중앙은행이 감독기능을 강화하는 제도개혁이 있었습니다. 우리는 1997년 외환위기 뒤에 시스템 개혁이 있었지만 전반적으로 작동하지 못했고 이명박 후보가 당선된 뒤 금융위로 바뀌면서 오히려 개악이 되었죠.

금융은 경제주체 간에 신뢰가 핵심인데 그게 되지 않으니 담보대출에 의존하게 되고 쳇바퀴 돌 듯 상황은 악화되고 있습니다. 그런 가운데 가계부채가 터질 게 우려되니 청와대 경제정책 책임자나 재정부 장관 등은 은근슬쩍 우리는 빚 내서 집을 사라고 한 적 없다면서 한국은행의 잘못으로 떠넘기려는 조짐이 있습니다.

금융소비자 등 사회적 약자에게 희생을 강요하고 금융을 통한 수탈도 이루어지고 있습니다. 그 덕을 보는 건 정치권력의 지지도 상승과 정권 재창출로 정당 수명이 늘어나는 것 말고는 거의 없어 보입니다. 부동산거품이 꺼지거나 가계부채가 터지면서 또 한 번 금융위기가 오면 99%의 약자뿐만 아니라 1%의 금융부자들도 막대한 피해를 보게 될 것입니다. 론스타 같은 먹튀 자본을 포함해 외국자본에 대한 종속성만 커지겠죠. 실물 부분을 도와주지는 못할지라도 해치는 역할을 하지 않게 하려면 오늘 제시된 대안들에 정치 지도자들이 주목해야 할 것입니다.

제 **4** 장

노동

어떻게 좋은 일자리를 만들까?

사회자
이동걸

발제자
김태동

참여자
윤석헌 · 윤원배 · 장세진 · 허성관

게스트
김유선

현대판 노예로 전락한 이 시대의 장그래들

이동걸 오늘은 한국노동사회연구소(이하 노사연) 선임연구위원인 김
유선 박사와 함께 '노동'을 주제로 토론하겠습니다. 그동안 노동
현실이 열악해진 것은 주지의 사실인데요. 실제로 관련 수치가
얼마나 악화했는지 살펴보시고, 노동자의 처지가 속절없이 나빠
질 수밖에 없었던 이유를 노조의 역할이나 위상의 변화와 함께
점검해보겠습니다. 그리고 최종적으로 개혁의 방향을 짚어보겠
습니다. 먼저 김태동 교수께서 현재 우리나라의 노동 현실을 살
펴주시겠습니다.

김태동 최근에 정부에서 4대 개혁안을 내놨습니다. 노동개혁은 1997
년 외환위기 이후부터 4대 개혁 안건 중 하나였어요. 이후 10여
년이 지났지만 우리나라 노동자의 삶은 상대적으로 열악해졌고
비정규직 비중도 OECD 최고수준이죠. 여기에 노동소득도 정체
되어 있습니다. 노동자의 연간 노동시간은 여전히 매우 길고 산재
율도 높습니다. 대다수 노동자야말로 '헬조선'을 살아가고 있죠.

이동걸 대학교를 졸업해도 제대로 된 일자리를 얻기 어렵고 취직해도 저임금에 비정규직이기 때문에 그런 표현이 더욱 설득력을 얻는 것이 아닐까 싶습니다. 이런 상황을 전반적으로 다루기 위해서는 비정규직 현황부터 살펴봐야 할 듯싶습니다.

비정규직, 실제 비율 줄고 체감 비율 늘었다

김유선 노사연의 집계방식으로는 참여정부 시절의 비정규직 비율이 55~56%였는데 참여정부 말기부터 감소하기 시작해 2015년 3월에는 45%로 잡혀요. 약 839만 명이 비정규직입니다. 정부의 집계방식에 따르면 601만 명인데 수년간 줄지도 늘지도 않아 비율로 보면 33% 수준입니다. 그런데도 많은 분이 비정규직이 증가했다고 보는 이유는 이미 나타난 현상이 지속적으로 반복되면서 체화되었기 때문이 아닌가 하는 생각이 듭니다. 물론 비정규직 관련

〈그림 4-1〉 비정규직 규모와 300인 이상 사업체(기업체) 비정규직 규모(2015년 3월)

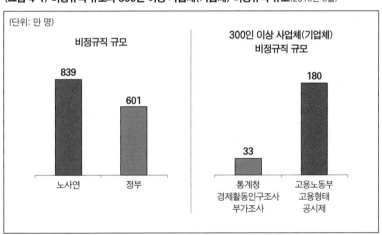

출처: 통계청 경제활동인구조사 부가조사(2015. 3), 노동부 고용형태공시제 결과(2015. 3)

통계가 제대로 집계되고 있느냐의 문제도 있죠. 비정규직 통계에는 이주노동자가 빠집니다. 게다가 요즘 가장 문제 되는 사내하청(하청업체가 원청업체 내에서 생산공정을 책임지고 수행하는 것)도 설문문항에 없다 보니 정규직으로 분류됩니다. 대기업에서 사내하청을 많이 쓴다는 점을 고려하면 현재 집계된 45%가 아닌 50%는 넘을 것으로 추론할 수 있어요. 그렇다고 해서 참여정부 시절보다 비정규직이 증가했다고 단정하기는 어려워요. 한국 사회에서 임시직이나 일용직은 비공식 고용인데 일정 부분 공식화·제도화되면서 줄었거든요. 또 하나는 참여정부 때 시행한 기간제근로자보호법이 한계도 많지만 비정규직의 비율을 4%p 정도 축소하는 효과가 있었다고 평가합니다. 그런 것들이 맞물린 결과로 보고 있습니다.

이동걸 수치가 그런데도 사람들이 심리적으로 비정규직이 증가했다고 느끼는 이유는 뭘까요?

믿을 수 없는 비정규직 정부통계

김유선 저도 그게 궁금해요. 비정규직이 워낙 신분제처럼 굳어져 다들 그렇게 느낀다는 생각이 먼저 들어요. 정규직과 비정규직의 임금 격차가 100 대 50에 근접했다가 2008년 세계금융위기 때 더 벌어졌어요. 경제위기에 따른 부담이 취약계층에 더 전가되었음을 반영하는 거죠.

통계상 비정규직의 규모가 더 커지지는 않았지만 의심스러운 부분은 있어요. 통계청의 경제활동인구조사 자료에서 대기업 비정규직은 33만 명이라고 나와요. 300인 이상 사업체에서 14%죠.

그런데 고용노동부가 2014년 3월에 시행한 고용형태공시제(대기업이 고용하고 있는 노동자들의 유형을 고용노동부 워크넷에 입력하면 고용노동부가 이 자료를 정리한 뒤 일반에 공개하는 제도)에서 300인 이상 대기업 비정규직이 180만 명이에요.

사내하청 이외에 사업체 규모냐 기업체 규모냐의 기준에서 오는 착시효과가 있다는 점을 고려해도 차이가 이렇게 크다는 것은 잘 설명되지 않아요. 예컨대 10대 재벌을 보면 직접 고용한 비정규직은 7%로 9만 명밖에 없어요. 그런데 사내하청이 31%로 40만 명이에요. 대기업 비정규직은 대부분 사내하청이라고 볼 수 있는데, 통계청 자료에서는 이들이 정규직으로 잘못 분류되고 있어요.

이동걸 정부 스스로 통계 불신을 조장하는군요. 절대적 수치와 상관없이 우리 주위의 10명 중 4~5명이 비정규직이라는, 대한민국 노동자들의 처절한 삶의 수준을 보여주네요. 어떤 이유로도 내버려둘 수 없는 문제예요. 나이별, 고용형태별로도 차이가 있겠군요.

김유선 나이별로 보면 정년을 앞둔 고령층은 직장에서 밀려나와도 대부분 노후생활이 보장되지 않기 때문에 다른 일거리를 찾아야 하는 형편입니다. 청년층은 아르바이트 비중이 상당히 높습니다. 비정규직 문제가 악화된다고 느끼는 이유는 청년층과 고령층 때문이라고 봐요.

고용형태별로는 기간제근로자보호법이 시행되고 나서 기간제 노동자 비율이 전체 노동자의 18%에서 14% 수준으로 떨어졌어요. 4%p 정도 줄어든 게 기간제근로자보호법의 성과인데, 14% 선에서 더 내려가지 않는 것은 이 법의 한계라고 봅니다. 2년마다 노동자를 바꿔 쓰는, 소위 돌려막기가 가능하니까요. 요즘 직접고용 비정규직 중 파트타임이 꾸준히 증가해서 2015년 8월에는 224만 명이 되었어요. 2001년 정규직과 파트타임의 시간당 임금이 100 대 80이었는데 지금은 100 대 50이 안 될 정도로 훨씬 질이 나빠졌습니다. 파트타임 일자리가 최저임금 수준의 저임금 일자리 중심으로 확대되고 있는 거죠.

그다음은 간접고용 비정규직이에요. 요즈음 비정규직 문제는 파견근로나 용역근로, 사내하청 등을 일컫는 바로 이 간접고용 비정규직에서 주로 발생하는데 앞으로도 확대될 것으로 예상돼요

통계청이 집계하고 발표하는 파견노동자는 2015년 3월 현재 19만 명으로 전체 노동자의 1%예요. 다른 나라에 비해 높은 수치는 아니지만 문제는 용역근로를 파견근로에 포함하지 않는다는 점이에요. 다른 나라 사람들이 우리나라를 찾아오면 항상 용역근로가 무엇이냐고 물어요. 파견법을 도입하기 전에도 이미 청소와 경비 쪽은 파견근로가 허용되었는데 주로 '용역'이라고 불렀어요. 그러다 보니 기존에 허용하던 것은 용역으로, 새로 허용하는 것은 파견으로 분류했던 거예요.

통계청의 설문지를 봐도 '당신이 월급을 받은 업체가 어디냐'고 물어요. 답변항목에 파견업체, 용역업체가 나뉘어 있는데 파견에 동그라미를 치면 파견노동자, 용역에 동그라미를 치면 용역노동자가 되는 거죠. 현재는 청소, 경비도 파견법 허용대상에 들어가서 그 두 가지를 합치면 파견근로가 85만 명으로 전체 노동자의 4.5%가 되는데, 그러면 OECD 국가 중 두 번째로 높아요. 다른 나라는 1% 수준이거든요.

게다가 사내하청은 대부분 불법파견(「파견근로자보호 등에 관한 법

률」이 허용하고 있는 노동자 파견 이외의 파견)입니다. 대기업 사내하청 92만 명까지 포함하면 177만 명, 전체 노동자의 9%로 뛰어요. 우리나라의 비정규직 문제는 비정규직 수가 많다는 점, 격차가 심하고 일종의 신분제로 작용한다는 점 이외에, 간접고용이 지나치게 많다는 점도 들 수 있어요. 직접고용이 아닌 간접고용 비정규직이 벌써 10% 가까이 되는데, 업주로서는 노동법상의 의무를 벗어날 수 있는 방식으로 운영하다 보니 여기서 비롯되는 문제가 크다고 봅니다.

폭발 임계점으로 치닫는 열악한 노동 현장

허성관 1970년대에 제가 반년 정도 구로공단에서 근무한 적이 있었는데 당시 여성 노동자들의 하루 임금이 거북선 담배 한 갑 값인 300원 정도였어요. 노동자들이 임금을 10원, 20원만 더 준다는 업체로 구름처럼 몰려다니면서 산재도 엄청나게 일어나던 시절이었죠. 그때 만약 저 사람들이 거리로 쏟아져 나와 자신들의 권리를 주장하면 나라가 어떻게 될까 하고 심각하게 걱정했던 적도 있었습니다. 3년 후에 가발수출업체 YH무역의 여성 노동자들이 폐업조치에 항의해 당시 야당인 신민당 당사에서 농성시위를 벌이다가 여공 1명이 숨진 소위 YH 사건이 났어요.

지금 제가 느끼는 감정이 그때와 거의 유사해 조마조마합니다. 정규직은 말할 것도 없고 비정규직으로도 취업이 잘 안 됩니다. 신분이 대물림되고 개천에서 용이 나는 경우는 보기 어렵습니다. 특히 비정규직은 현대판 노예제도와 다름없어요. 이런 불만들이 쌓여 희망을 상실한 세대가 폭발하게 되면 우리 사회가 치러야 할 대가는 너무 큽니다. 정부가 여러 가지 대책을 내놓고 있지만 상황인식 자체가 안일합니다.

김태동　노사연에서는 비정규직 비율을 전체 노동자의 45%로 집계하셨죠? OECD 최고 아닙니까? 노동자가 지속해서 필요한 업무라면 당연히 정규직으로 써야 하는데 기업이 비정규직을 45%씩이나 쓰다니요? 비정규직을 20% 넘게 쓴다는 것 자체가 상식적으로 문제이지 않나요?

　비정규직의 비율이 여전히 높다는 것을 재벌도 정부도 알고 있다 보니 둘 다 비정규직의 현실을 은폐하는 거예요. 사내하청이 대표적이죠. 재벌이 은폐하니까 중견기업이나 중소기업도 따라 하고 있어요.

　사회에 최초로 비정규직 문제의 심각성을 알린 대표사례가 기륭전자거든요. 기륭전자 직원들은 정규직이 아닌 파견노동자라는 이유로 가장 먼저 해고됐어요. 기륭전자 불법 파견노동자들이 2005년부터 1,895일간 투쟁해서 10명이 복직했습니다. 일반 소비자들은 노동현장을 잘 모르니까 전자제품을 사도 고장 나면 방문해서 수선해준다는 이유로 삼성, LG 같은 대기업 제품을 사요. 그런데 서비스센터 직원 대부분이 불법파견된 비정규직입니다.

장세진　그것도 불법인가요?

김태동　2013년에 삼성전자서비스 노동자들이 위장도급(실제는 노동자 파견인데 규제를 피하기 위해 도급형식으로 위장하는 것)을 판정해달라고 고용노동부에 요청했는데, 고용노동부는 실무자의 의견을 무시하고 위장도급 없는 몇몇 지사만 조사해서 오리발을 내민 적이 있었죠. 어느 야당 의원이 국정감사에서 문제를 제기해 일반인들도 알게 되었어요.

현대자동차의 경우는 불법파견이라고 대법원 판결이 난 사안인데도 여전히 파견노동자들을 정규직으로 전환하지 않고 있어요. 2015년 초에 몇 달 동안 특히 SK브로드밴드나 LG유플러스 등을 다니는 통신 노동자들이 서울 명동의 중앙우체국 옆 광고탑에서 고공농성을 했죠. 자기들은 SK나 LG 대표가 사장인 줄 알았다며 진짜 사장 나오라고 요구했죠.

김유선 박사의 말씀대로 사내하청은 불법입니다. 사내하청은 파견업체에서 파견하는데, 작업장에서 명찰도 다르고 상여금 같은 복지 혜택도 때에 따라 10분의 1만 받고 있어요. 매일 똑같이 일하는데 동일 임금은커녕 절반밖에 주지 않아요. 현재는 사내하청이 불법이지만 현 정권의 노동개혁을 보면 파견범위를 늘려서 대부분의 사내하청도 합법으로 만들겠다고 하고 있어요. 분명히 개악이죠.

윤석현 비정규직 문제가 지속되면 노동자가 대기업 대신 중소기업을 선택할 수도 있을 것 같은데요? 물론 업종이 문제 될 수 있겠지만 동종업이라면 차라리 중소기업으로 가겠다는 움직임은 없나요? 아까 중소기업도 대기업을 따라 비정규직을 늘린다고 하셨는데, 중소기업도 같은 문제가 있는 것인지요? 그리고 같은 비정규직이라도 중소기업보다 대기업에 발을 들여놓는 편이 경력에 도움이 되나요?

김유선 중소기업에서는 정규직과 비정규직의 임금 차이가 크지 않다고 하지만 자료를 분석해보면 대기업 정규직의 임금을 100이라고

〈표 4-1〉 사업체 규모와 고용형태별 월임금총액과 임금 격차(2015년 3월)

	월임금총액(만 원)			임금 격차1(%) 300인 이상 정규직=100		임금 격차2(%) 각 규모별 정규직=100	
	정규직	비정규직	노동자	정규직	비정규직	정규직	비정규직
1~4인	208	120	138	51.1	29.4	100.0	57.4
5~9인	242	139	184	59.4	34.0	100.0	57.2
10~29인	273	154	221	66.9	37.9	100.0	56.6
30~99인	296	179	258	72.6	44.0	100.0	60.5
100~299인	304	193	279	74.5	47.4	100.0	63.6
300인 이상	408	206	379	100.0	50.6	100.0	50.6
전규모	299	147	231	73.4	36.1	100.0	49.1

출처: 통계청 경제활동인구조사 부가조사(2015. 3), 김유선(2015),《한국의 노동 2016》에서 재인용

할 때 대기업 비정규직의 임금이 50, 5인 미만 사업체 정규직의 임금이 50이에요. 5인 미만 사업체 비정규직의 임금은 30으로 떨어집니다. 300인 미만 사업체의 고용규모별로 정규직과 비정규직 임금을 비교해보면 거의 100 대 60이에요. 사업체 규모에 따른 차별, 정규직과 비정규직의 차별이 중첩되어 있어요. 그래서 대학을 나온 젊은이들은 취업재수를 해서라도 대기업에 가려고 하죠. 기아자동차 사내하청 노동자들이 국가인권위원회(이하 인권위) 옥상에서 농성을 시작하자 기아자동차 쪽에서 중소업체 노동자들보다 임금을 많이 받는다며 공격하더라고요. 현대자동차 사내하청 노동자의 연봉은 4,000만 원이래요. 현대자동차 정규직보다는 적지만 중소기업보다는 많죠. 이렇게 기업규모와 고용형태에 따른 차별이 겹쳐지다 보니 취업희망자들이 대기업 정규직을 가장 선호

하고 그것도 안 되면 대기업 비정규직이라도 가고 싶어 하죠.

기간제, 시간제에 파견근로까지

장세진 어떻게 우리나라에 비정규직이 도입되었나요?

김유선 과거에도 시간제, 기간제, 가내근로, 호출근로 등의 비정규직
고용형태는 있었습니다. 파견근로는 근로기준법에서 중간착취로
금지한 고용형태인데 1980년대까지만 해도 없다가 1990년대 초
반부터 생겨나기 시작했고 외환위기 직후인 1998년에 파견법이
도입되면서 부분적으로 허용된 고용형태입니다. 2015년 8월 현재
기간제 286만 명(전체 노동자의 14.8%), 시간제 224만 명(11.6%), 호
출근로 88만 명(4.5%), 파견용역 87만 명(4.5%)에 달합니다. 물론
아직 불법인 사내하청은 빠진 정부통계입니다.

윤원배 1970년대부터 우리나라뿐 아니라 세계적인 기업들이 조직의
활성화와 효율성 제고를 내세워 분사시켰어요. 그때는 이런 사태
까지 발생할지 예상하지 못했겠죠. 그게 대세였으니까요.

장세진 효율성의 관점, 경영자의 관점에서 충성심이나 커뮤니케이션
의 문제가 생길 수도 있지 않나요?

허성관 비정규직 채용은 단기적으로 보면 원가절감에 의한 효율성이
높아 보이지만 장기적으로는 그렇다고 보기 어렵습니다. 일의 재
미도, 희망도 없는데 어떻게 생산성이 향상되겠습니까? 목구멍이
포도청이니 일을 하지만 장기적으로 보면 숙련도가 떨어져서 효
율성이 떨어지는 것이 일반적입니다.

윤석헌 효율성과 성과를 구분해서 봐야 할 것 같아요. 대기업은 실력

이 좋은 사람을 뽑아 장기적으로 고용하고 계속 많은 성과물을 뽑아내는 것이 중요해요. 그렇게 가치를 창출해야 하는데도 자꾸 비정규직으로 뽑아서 눈앞의 비용을 절감하는 데만 혈안이 되어 있는 게 문제죠. 결국은 대기업의 역할이 중요해요.

허성관 결국은 관점의 문제입니다. 기업들이 단기적인 시각으로 성과를 평가하니까 비정규직 문제가 악화됩니다. 기업이 장기적으로 살아남기 위한 경영을 한다면 비정규직 문제가 어느 정도 해결될 것입니다.

윤원배 요즘 산업구조가 고도화되면서 서비스의 비중이 높아지자 오히려 비정규직을 선호하는 사람들이 늘어났어요. 따라서 장기적·추세적으로 비정규직 비율이 높아진 경향도 있습니다. 저는 그 부분도 고려해야 할 것 같아요. 비정규직으로 고용해서는 안 될 부분을 비정규직화해서 효율성을 떨어뜨리고 사회문제를 일으키는 부분만 따로 뽑아서 종합적으로 해석하는 것이 중요합니다.

장세진 최근에 의료기기 산업 내 비정규직 비율을 조사했는데 4~5% 수준으로 아주 낮대요. 왜 그런지 봤더니 하청이 없대요. 비정규직이 하청과 밀접하다고 생각했는데 실제로 하청단가 때문인가요?

김유선 2014년에 재벌닷컴에서 10대 재벌기업의 비정규직이 6%밖에 되지 않는다고 보도자료를 내서 깜짝 놀란 적이 있어요. 고용노동부의 고용형태공시제 자료를 보면 직접고용 비정규직은 6%밖에 되지 않지만 사내하청이 30%예요. 재벌의 경우 사내하청 방식으로 쓰고 있는데 자꾸 비정규직이 아니라고 우겨요.

김태동 삼성전자 반도체 사업장을 기준으로 보면 비정규직이 정규직보다도 더 많죠.

허성관 비정규직의 수도 중요하지만 문제는 제조원가 대비 인건비입니다. 삼성전자의 경우 제조원가 중 인건비 비중이 7~8%입니다. 재벌들은 인건비가 높아져서 경쟁력에 영향을 미친다고 하지만 원가구조를 들여다보면 수긍하기 어렵습니다.

윤석헌 그게 사실이라면 높은 인건비 탓에 해외로 공장을 이전해 상품을 생산한다는 말도 이치에 맞지 않아요. 해외이전 자체가 추가 비용 발생요인이 될 수 있기 때문이죠. 결국 기업의 입장에서 해외를 선호하는 다른 이유가 있다는 의미인데, 그 결과 국내 일자리가 줄고 있습니다.

이동걸 삼성전자가 1조 원을 설비투자하면 일자리가 8개 늘어난다는 이야기를 들은 적이 있어요. 중소기업이 1조 원을 투자하면 늘어나는 자리가 수백 개인데 삼성전자는 전부 자동화 설비니까 10개 미만이에요.

정규직은 살 만한가?

이동걸 어쨌든 비정규직이 핵심문제인 것은 사실인데, 정규직도 편한 실정은 아닌 것 같아요. 정규직과 비정규직의 갈등문제도 있고요. 김유선 박사가 설명해주시고 논의했으면 합니다.

김유선 1997년 외환위기 이후 성장에 못 미치는 임금인상이 이루어지다가 2008년 세계금융위기 이후로는 성장은 하되, 실질 임금은 아예 인상되지 않는 현상마저 나타나고 있어요. 이명박 정권이 들어서고 세계경제위기를 겪은 이후 질적인 변화가 있었다고 봐요.

김태동 질적으로 더 나빠졌나요?

김유선 그렇죠. 제가 볼 때는 정규직도 비정규직보다 형편이 조금 나을 뿐, 경제성장에 미치지 못하는 임금인상이었어요. 고용노동부의 통계를 보면 지난 15년간 경제성장률이 4.4%인데 임금인상률은 2.5%로 집계됩니다. 고용노동부가 5인 이상 사업체 상용직을 조사한 수치이니까 대체로 정규직 자료라고 보면 되는데요. 한국은행 국민소득 통계에서 전체 노동자 임금인상률을 추정해보면 1.4%가 나옵니다.

2013년 고용노동부 고용보험 통계연보에서 고용보험 가입자는 1,157만 명입니다. 여기서 공무원, 교사 그리고 비정규직이 상당 부분 빠지는데, 그나마 형편이 괜찮은 민간 부분은 대부분 망라했다고 볼 수 있습니다. 그런데 1,157만 명 중 1년 안에 직장을 그만두는 사람이 562만 명으로 절반입니다. 물론 한 사람이 이직을 두세 번씩 하는 바람에 수치가 올라간 점도 있지만, 무려 절반이 이직한다는 점은 의미심장합니다. 이직자는 자발적 이직과 비자발적 이직으로 구분하는데 비자발적 이직이 40%예요. 회사의 경영상 사정에 의한 이직이 20%이고 계약직 기간만료가 17%죠. 정년퇴직은 0.6%밖에 없어요.

국제적으로 근속연수를 비교해봤는데 저도 충격받을 정도였어요. 근속연수가 1년이 되지 않는 사람이 한국은 32%예요. 1년에 3분의 1은 직장을 옮겨 다닌다는 거죠. 멕시코만 하더라도 25%거든요. 세계적으로 이런 나라가 없을 정도로 초단기근속의 나라예요. 그런 면에서 한국의 정규직이 실제 느끼는 고용불안은 객관적인 근거가 있습니다.

김태동 단기 이직자와 장기근속자를 포함하면 평균 근속연수가 얼마

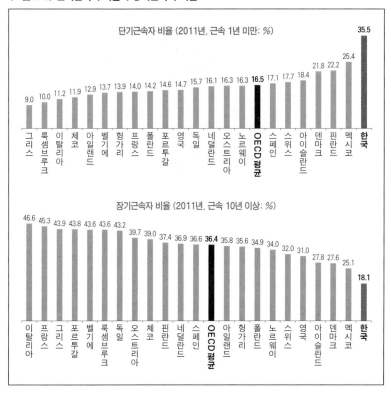

〈그림 4-2〉 단기근속자 비율과 장기근속자 비율

단기근속자 비율 (2011년, 근속 1년 미만; %)

그리스	룩셈브루크	이탈리아	체코	아일랜드	벨기에	헝가리	프랑스	폴란드	포르투갈	영국	독일	네덜란드	오스트리아	노르웨이	OECD평균	스페인	스위스	아이슬란드	덴마크	핀란드	멕시코	한국
9.0	10.0	11.2	11.9	12.9	13.7	13.9	14.0	14.2	14.6	14.7	15.7	16.1	16.3	16.3	16.5	17.1	17.7	18.4	21.8	22.2	25.4	35.5

장기근속자 비율 (2011년, 근속 10년 이상; %)

이탈리아	프랑스	그리스	포르투갈	벨기에	룩셈브루크	독일	오스트리아	체코	핀란드	네덜란드	스페인	OECD평균	아일랜드	헝가리	폴란드	노르웨이	스위스	영국	아이슬란드	덴마크	멕시코	한국
46.6	45.3	43.9	43.8	43.6	43.6	43.2	39.7	39.0	37.4	36.9	36.6	36.4	35.8	35.6	34.9	34.0	32.0	31.0	27.8	27.6	25.1	18.1

출처: OECD. stat에서 계산. 김유선(2015), 《한국의 노동 2016》에서 재인용

나 되죠?

김유선 5.5년입니다.

김태동 2013년 기준으로 5.5년인데 그것도 OECD 국가 중 꼴찌죠.
비자발적 해고 방지로 직장에 오래 다니면서 임금을 제대로 받아
야 노동자의 고용이 안정됩니다. 1년 미만 근속자의 비중은 크고
장기근속자의 비중이 작다 보니 평균근속기간 부분에서 OECD
국가 가운데 우리나라가 꼴찌예요. 그렇다면 실질적인 고용보호

국가	지수
독일	2.98
벨기에	2.95
네덜란드	2.94
프랑스	2.82
이탈리아	2.79
멕시코	2.62
터키	2.47
덴마크	2.32
한국	2.17
일본	2.09
호주	1.94
영국	1.62
캐나다	1.51
미국	1.17
뉴질랜드	1.01

2.29 OECD 평균

주: 2013년 현재 정규직의 일반해고·정리해고에 대한 규제 수준을 0(제한 최소)부터 6(제한 최대)까지 수치로 표시한 것. 한국은 34개 회원국 중 22위

출처: OECD, Employment Outlook 2013. 김유선(2015), 《한국의 노동 2016》에서 재인용

지수도 OECD 국가 중에서 꼴찌여야 하는데 왜 22등이죠?

김유선 OECD는 각국의 법률 조항에 0점부터 6점까지 점수로 매겨 고용보호지수를 측정합니다. 점수가 높으면 고용보호 수준이 높은 나라로 분류되어야 하는데 우리나라에서는 경직적이라고 해석해서 나쁘다고 평가받아요. 점수가 낮으면 고용보호 수준이 낮은데 유연해서 좋은 나라로 불리고요.

김태동 노동자를 보호하지 않을수록 좋다고 하는 비정상국가이군요.

법률과 현실의 차이

김유선 OECD는 고용보호 수준을 점수로만 내놓는데 대체로 노동시
장 유연화론자가 주류인 나라에서는 점수가 높으면 경직적이라
고 해석해요. 그런 식으로 해석하면 전 세계적으로 하르츠 개혁
Hartz I~IV(2002년 2월에 구성된 하르츠 위원회가 같은 해 8월에 제시한 4단계
노동시장 개혁 방안)을 실시한 독일의 고용보호 수준이 가장 높으니
독일이 제일 경직적인데 선진국 중 잘나가잖아요? 앞뒤가 맞지
않죠.

　법률조항에 점수를 매기는 까닭에 우리나라는 22등인데 그걸
놓고 봐도 고용보호 수준이 낮은 편입니다. 법률과 현실이 다르기
때문에 근속연수나 실제 고용 현실과 차이가 벌어져요. 특히 일
본 사람들과 이야기를 나누다 보면 그 차이를 실감할 수 있어요.
일본은 중소업체의 업주들도 일단 법은 지키고 보는 반면, 한국은
중소기업은 물론 대기업도 일단 법을 지키지 않아요. 거기서 오는
괴리가 크죠.

윤석현 법과 현실을 각각 점수 매기면 완전히 다르다는 말씀이시죠?

김유선 실제 근속연수나 비자발적 이직 현황 등을 놓고 보면 한국 같
은 나라가 없어요.

장세진 근속연수를 보는 눈인데요. 제 기억으로 미국에서는 3억 인구
중 노동력이 1억 5,000만 명 정도입니다. 최근 자료(2005~2015년)
에 의하면 취업자 1억 4,000만 명 중 매월 평균 500만 명 정도가
일자리를 떠나고 비슷한 수가 다시 취업해요. 연간 6,000만 명으
로 취업자의 약 40%가 일자리를 이동하는 거죠. 우리나라보다 낮

지만 상당수가 움직이는 셈입니다. 일자리를 떠나는 사람 중에 약 300만 명, 즉 60%는 자발적으로 그만두는 것이고 나머지가 해고 등입니다. 일자리 분리를 해고라고 전제하지만 아닐 수도 있어요. 해고로 인한 이직만을 분리해서 집계한 자료도 있습니까?

김태동 김유선 박사가 말씀하셨듯이 고용보험 통계에서 고용보험 적용자가 전체 노동자 수는 아니지만 적어도 고용보험자 중에는 40% 정도가 비자발적으로 해고되고 있죠. 실업급여를 받으려면 비자발적 해고여야 하니 고용보험에서 엄격하게 심사했겠죠.

이동걸 타의로 인한 이직도 분류해서 연구해봐야겠지만, 똑같은 이직률도 상황에 따라 의미가 달라서 단순 비교하기에는 무리가 있어요. 미국의 경우 직장 간 수평이동이 자유롭고 직장을 새로 구하기가 쉽지만 우리는 그렇지 않으니 이직률의 의미가 훨씬 큽니다.

장세진 동의합니다.

윤석헌 해고된 후 얼마나 오랫동안 비고용 상태로 있는가도 중요한 변수가 되겠네요.

김유선 통계상 실업률과 장기실업자 비율 모두 상당히 낮게 나와요. 구직활동을 포기하면 비경제활동인구로 빠져버리기 때문이죠. 청년 실업률이 높아졌다고 합니다만, 현재 10% 정도의 실업률은 OECD 국가들과 비교하면 낮은 수준이에요. 재미있는 사실은 NEETnot in education, employment or training(이하 니트족)라고 해서 취업도 하지 않고 교육훈련도 받지 않는 청년층의 비율이 OECD 국가 중 상당히 높아요. 대부분 비경제활동 인구로 빠지는 바람에 실업자로 집계되지도 않습니다.

김태동 조선일보가 지난 2015년 8월에 통계청 고용통계에서 '쉬었음'이라고 답한 사람들 160만 명을 잉여라고 치부하면서 대부분이 '아무 일도 안 하면서 헬조선 불만 댓글이나 다는 젊은이'라고 오보한 것을 이동걸 교수가 한 신문 칼럼을 통해 비판했죠. 물론 비경제활동인구 중 '쉬었음'에 해당하는 수의 일부는 청소년이지만 실제로 20대는 30만 명에 불과하고 50대 이상이 90만 명이에요. 청년층이 니트족이 될 수밖에 없는 사회구조가 문제이지, 청년층이 비난받을 사항이 절대 아니에요.

윤석헌 중소기업을 좀 더 일할 만한 곳으로 만들어 청년들이 쉽게 갈 수 있도록 정부가 지원해야 하지 않을까요?

김태동 이명박 대통령이 청년들에게 "왜 대기업만 가려고 하느냐? 눈높이를 낮춰 중소기업에 가면 바로 취직하지 않겠느냐?"라고 발언했다가 현실을 모르는 권력자로 창피를 당한 적이 있었죠. 지난 5년간, 조금 길게 잡으면 10년간 일반 시민들까지 알 정도로 우리 사회에 정리해고가 큰 파문을 일으켰습니다. 정리해고되어 투쟁하는 해직 노동자들과 시민사회에 어떤 연대가 이루어졌죠. 대표적인 사례가 한진중공업 사태입니다.

한진중공업은 2008년까지 부산에서 매출액 1위를 기록하는 기업이었는데 2010년 12월에 정리해고를 했어요. 해직 노동자들이 투쟁하는 가운데 김진숙 지도위원이 309일간 크레인에서 고공농성을 하면서 국제적으로 ILO International Labor Organization(국제노동기구)나 여러 노동단체에 알려졌죠. 크레인 위 고공농성을 시작한 지 몇 달이 지나 국민을 태운 희망버스가 정리해고 철회를 외치며 1차 17대, 2차 200대로 약 1만 5,000명 정도가 전국에서 부산까지 갔어요. 그렇게 국민이 힘을 보태준 덕분에 이들이 복직되기는 했지만 복수노조가 되는 바람에 아직도 완전히 해결되지는 않았어요. 법적으로 정리해고는 기업의 생존을 위해서 계속되는 경영의 악화방지·생산성 향상 등 긴박한 경영상의 이유로 해야 한다고 정의되어 있는데, 법률에 '긴박하다'는 표현이 들어갔다는 자체가 애매모호해요.

또 하나의 사례는 쌍용차 사태입니다. 한진중공업과 비슷한 시기인 2008년 가을부터 2009년 봄까지 2,000명 이상 정리해고했죠. 국회 청문회도 거쳤고 500명이 복직되었지만 1,500명은 아직도 해고 상태입니다. 그리고 30명 가까이 세상을 떴지요.

또 하나는 구미에서 스타케미칼이라는 합성섬유회사가 경영상 어렵다는 이유로 2014년 1월에 노동자 228명의 희망퇴직 신청을 받았어요. 스타케미칼의 차광호 씨는 고공농성을 408일간 했어요. 결국 희망퇴직을 거부하고 해고당했던 12명 중 1명은 돌아가시고 11명은 힘든 투쟁 끝에 다행히 복직했죠.

해고된 노동자들은 적법하지 않았다고 항의할 곳이 마땅히 없으니까 세계 어느 나라에서도 찾아보기 힘든 고된 투쟁을 해요. 몇 년 지나 극히 일부가 복직하지만 다른 수많은 사업장에서는 계속 해고문제가 발생해요. 정리해고가 어느 정도인지 알고 싶습니다.

김유선 정리해고를 따로 집계한 통계는 없지만 경영사정으로 1년 사이에 110만 명 가까이 비자발적 이직을 해요. 적법한 절차를 거친 정리해고도 그중에 포함되어 있습니다만 그 수는 많지 않아요. 대체로 회사사정이 어렵다면 알아서 나가기도 하고 명예퇴직 등을 통해 내보내기도 하죠. 그 수가 110만 명 정도로 상당히 광범위하게 이뤄지고 있죠.

허성관 미국 같은 나라와 비교했을 때 우리나라의 해고나 비정규직은 훨씬 문제가 심각합니다. 우리는 익명성이 보장되지 않아요. 누군가 해고되었다고 하면 문제 있으니 잘렸다는 식으로 주홍글씨를 찍어요. 그러니 다른 직장으로 옮기기가 굉장히 어렵죠. 노동문제를 바라보는 기계적인 시각보다도 우리나라의 상황이 훨씬 어렵다는 점을 인식해야 합니다.

김태동 해고노동자들은 복지 혜택이 선진국에 비해 아주 미약해서 당장 생활난에 빠지죠. "해고는 살인이다"라고까지 절규해요. 정리해고된 노동자로서는 결코 과장된 주장이 아니죠.

임금인상 없는 성장, 노동시간은 OECD 1등

이동걸 정규직 비정규직 모두에게 노동환경이 열악해진 것이 사실입니다. 실질적으로 얼마나 나빠졌는지 임금, 노동시간, 산재율로 살펴보겠습니다.

김유선 임금의 경우 '임금 없는 성장'이라는 말이 단적으로 표현해주죠. 그리고 노동시간의 경우, 2000년대에 주5일제를 시행하면서 노동시간이 줄었다가 2013년을 저점으로 2014년에는 더 늘어났어요. 그동안 노동시간이 단축되었다지만 여전히 1년 노동시간이 2,240시간이에요. 노동자뿐만 아니라 자영업자까지 포함한 전체 취업자 기준으로는 OECD 1위, 노동자 기준으로는 멕시코에 이어 2위입니다. 노동시간이 높은 수준인데도 단축될 기미가 보이지 않고 오히려 늘어나고 있어요.

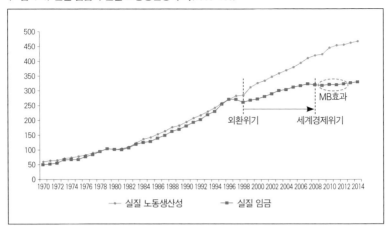

〈그림 4-4〉 실질 임금과 실질 노동생산성 추이(1980=100)

출처: 한국은행 국민계정; 통계청 물가조사, 경제활동인구조사에서 계산, 김유선(2015),《한국의 노동 2016》에서 재인용

김태동 2015년에 최저임금을 1만 원까지 인상해달라는 노동자들의 요구와 집회, 시위가 있었어요. 최저임금은 5,580원, 월급으로 치면 116만 원이죠. 올해에는 최저임금이 6,030원이 되었는데 그것도 받지 못하는 노동자가 상당수입니다.

김유선 2015년 최저임금도 못 받은 노동자가 전체의 12%로 222만 명 정도예요.

김태동 서울시와 성남시 같은 지자체 차원에서 고용된 사람들의 경우 최저임금으로 기초생활이 어렵다고 해서 2015년에 박원순·이재명 시장이 생활임금제를 도입했어요. 서울시의 경우 생활임금을 작년의 최저임금 5,580원보다 많은 6,687원, 성남시는 6,974원으로 책정했어요. 이것도 복지정책이라며 중앙정부가 시비를 걸지 모르겠어요.

김태동 산재 사망률도 OECD 가운데 1등입니다. 정부 통계로만 볼 때 몇 년간 산재 사망자가 2,200명 정도, 부상자가 9만 명 정도 되는데 실제는 이보다 13~30배 더 많다는 주장이 있어요. 그걸 주장하는 분들은 여러 해 전에 나온 〈국가 안전관리 전략수립 연구〉라는 논문을 근거로 합니다. 그 자료를 보면 2007년 한 해 총사고가 1,300만 건이 일어났고 그중 21%가 사업장 사고예요. 1,300만 건 중 21%라면 270만 건인데, 부상자가 9만 명이라면 사업장 사고 1건당 1명씩만 다쳤다고 봐도 실제 사고건수는 정부 통계의 13~30배가 된다는 거죠.

삼성전자 반도체 사업장인 용인 기흥 공장에서 근무하다 백혈병에 걸려 숨진 황유미 씨를 모티브로 한 〈또 하나의 약속〉이라는 영화가 2014년에 개봉했죠. 반도체 노동자의 건강과 인권 지킴이인 반올림에서 산재를 신청한 사람만 해도 60명 내외인데 근로복지공단이 단 1명도 직업병으로 인정하지 않아서 산재 혜택을 받지 못했어요. 서비스 산업에서도 감정노동 때문에 정신질환이 굉장히 많이 발생할 텐데 근로복지공단에 따르면 각종 정신질환을 이유로 산재를 인정받은 경우는 지난해 47명에 그쳤어요. 게다가 위험한 작업을 하는 비정규직에 사고가 나면 119를 부르지 않는다고 해요. 119를 통해 병원에 가면 산재로 잡히니까 은폐할 시간을 갖는 거죠. 이미 공식통계로도 1등이지만 실제는 매우 많을 것이라고 봅니다.

김유선 OECD 통계를 보면 호주는 최저임금으로 주당 20시간 일하면 4인 가구가 빈곤에서 탈출할 수 있는데 한국은 주당 62시간 일해야 해요. 흔히 주당 60시간 노동을 과로사 기준으로 봐요. 그 기준을 넘겨서까지 일해야 식구들의 기본생활이 된다는 겁니다.

장세진 호주는 최저임금이 17.29호주달러로 세계 최고 수준이에요.

이동걸 죽을 만큼 일해야 먹고살 수 있는 수준의 임금을 주는 것을 노예제도라고 하죠. 지금이 실질적 노예제도네요.

윤석헌 우리의 현실이 호주의 3~4배 정도 더 열악하네요.

이동걸 노동의 열악한 현실은 얘기를 해도 해도 끝이 없네요.

김태동 미국이 올해 대통령 선거를 치르는데 뉴욕 주는 3~6년간 최저임금을 단계적으로 올려서 15달러로 한다고 하죠. 연봉으로 계산하면 대략 3만 달러(현재 환율로 3,600만 원)가 돼요. 민주당 경선 후보 버니 샌더스Bernie Sanders도 15달러 최저임금을 공약으로 내걸었죠. 우리나라는 기업 간 격차가 너무 큰 바람에 자영업자나 프랜차이즈에 종사하는 분들이 힘든 측면이 있기는 하지만 과로사 수준 최저임금은 비극이죠.

윤석헌 최저임금도 받지 못하는 사람들이 있는데 그들의 상황은 더욱 심각하겠네요.

김유선 220만 명 넘게 최저임금조차 받지 못하고 있습니다. 이는 전체 노동자의 12%에 해당합니다. 8명 중 1명꼴인 셈입니다.

장세진 어떤 경우가 최저임금을 받지 못하고 일하나요? 주로 외국인 노동자들인가요?

김유선 외국인노동자는 아예 통계에서 빠집니다. 최저임금 수혜자를 최저임금의 ±10%로 정의하면 최저임금 수혜자와 미달자가 일부 중첩되지만 수혜자가 10%, 미달자가 12%로 집계됩니다. 비정규직이 압도적이고 노조에 가입하지 않은 노동자가 대부분이에요. 아무래도 여성이 많은데 청년층과 고령층도 많아요. 사업장 규모로는 영세업체가 많죠. 우리 사회에서 취약계층으로 분류되는 사람들은 최저임금조차 받지 못하거나 잘해야 최저임금 정도 받으면서 일하고 있습니다.

장세진 장애인은 제외되나요?

김유선 장애인은 고용노동부 장관의 인가를 받으면 최저임금 적용대상에서 제외되죠. 아마 장애인들은 대부분 최저임금 미달자에 포함되어 있을 겁니다.

설 자리 없는 노조

이동걸 지난 20~30년간 신자유주의가 팽배해지면서 세계 어느 나라에서나 노동조건이 열악해졌죠. 세계금융위기를 거치면서 그 흐름이 조금 바뀌기도 했지만, 왜 유독 우리나라는 노동조건이 심각해졌을까요? 다른 나라는 진취적인 정책도 펴면서 노동문제를 개선해보려고 하는데 우리나라는 왜 그러지 않을까요? 현 정부가 추진하는 노동개혁의 쟁점과 노조 문제의 대책을 겸해서 노조가 취약해진 이유를 짚어보고 다시 노조의 역할을 회복 내지 강화할 수 있는 방안을 논의해보겠습니다.

김태동 그전에 먼저 정권별로 노조에 대한 정책이 어떻게 바뀌었는지 간단히 살펴보겠습니다. 김대중 정권과 노무현 정권에서는 전국교직원노동조합(이하 전교조)이나 상급단체인 전국민주노동조합총연맹(이하 민주노총)뿐만 아니라 공무원 노조도 일부 인정하면서 노동 삼권을 지켜주려고 했습니다. 전교조는 현 정권이 다시 해직교사가 포함되었다는 핑계로 법외 노조화하려 하고 있어 힘든 법정싸움을 하게 되었지만요. 그런 노력에도 노조조직률이 10% 정도로 매우 낮아요. 1987년 이전 독재정권에서는 노조가 말살되다시피 했는데 1987년 민주화와 함께 아주 폭발적으로 증가했죠. 노조조직률이 낮아도 임금이나 노동조건을 단체협약으로 적용하는 비율이 높으면 이 대신 잇몸으로라도 때우는 건데 노조조직률도, 단체협약 적용비율도 낮아서 전반적인 노동조건이 상대적으로 나빠지고 있습니다.

또 이명박 정권에서 2010년에 노조 및 노동관계조정법을 개정해 2011년 7월부터 시행하면서 한 사업장 내에 여러 개의 노조가 존립할 수 있도록 복수노조를 허용했죠. 결국 어용노조를 만들고 일반 노동자들에 의한 민주노조를 억제하는 효과가 있었고요. 우리나라 시가총액 1위 기업인 삼성전자를 비롯해 삼성그룹에서는 지금도 경영철학이라며 무노조를 주장하고 있습니다. 삼성에서는 인정하지 않지만 소수의 직원이 삼성일반노동조합을 결성하고 있어요. 몇 년 동안 매주 한 번씩 삼성 본관 앞에서 집회도 하고 있죠.

또 하나는 IT가 발전하면서 노동조건이 더 나빠지고 있다는 점이에요. CCTV나 GPS 등 노동자를 감시하는 비용이 적게 들고 쉽게 설치할 수 있으니까 사용자는 해외여행을 하면서도 실시간으로 노동자를 감시해요. 노동강도가 더 심해지고 있는 거죠. 그런 상황을 견디다 못해 파업하면 사용자 측에서는 불법파업이라고 주장하면서 깡패를 용역으로 씁니다. 용역은 파업만 분쇄한 후 도망가는데 경찰이 도망간 용역을 수사하지 않으니까 파업을 지속하기 어려워요. 그렇게 노동자들이 다치고 죽으면서도 파업을 계속하면 그 가족까지 협박하고요. 그런데도 파업이 장기화되면 불법이라고 누명을 씌워서 고소·고발을 남발하죠.

재판에 가면 사법부는 거의 사용자 편을 들어요. 쌍용자동차가 파업노동자 100여 명에게 불법파업으로 회사에 손해를 끼쳤다며 손해배상 소송을 제기했고 법원은 1심, 2심 모두 해고노동자들에게 33억 원을 배상하라고 판결을 내렸죠. 지옥이죠. 노동기본권이 보장되지 않고 고용노동부 등 정부조직까지 사용자 편이기 때문에 악순환이죠. 일단 노동 삼권 유린 부분에서만 말씀드렸습니다.

허성관 노동자를 가장 심하게 압박하는 수단이 손해배상청구소송입니다. 어떻게 그렇게까지 손해배상을 요구하는지 모르겠어요. 게다가 노조가입률도 떨어지고 있어요. 정작 노조를 해야 할 사람은 못 하는 실정인데, 양보해야 할 노조원들도 비정규직을 차별하는 안타까운 현실이죠.

김유선 지난 50년간 국내 노조가입률은 항상 10%대였어요. 우리 사회의 반공·분단·성장 이데올로기가 주된 원인으로 작용했죠. 더불어 노동시장 자체가 아주 비정상이에요. 과거에도 노동시장은 상용직, 임시직, 일용직으로 구분되어 있었는데 노조의 조직화가 기업단위로 이루어졌던 터라 소규모 사업장이나 임시직, 일용직은 노조에 가입하기가 어려웠죠.

허성관 산업별 노조가 아니라 기업별 노조였다는 거죠?

김유선 네. 1987년 당시에는 기업별 노조가 아니면 법으로 인가해주지 않았어요. 그 관성이 지배해왔기 때문에 노조조직률이 10%대를 벗어나지 못하는 거죠. 2005년에 한국노동연구원이 노동패널 부가조사를 하면서 노조가입 희망 여부를 물어봤어요. 남녀, 나이, 정규직과 비정규직의 차이 없이 40% 정도 가입하겠다고 대답했죠. 그런데 실제 노조가입률과는 차이가 크거든요. 우선 사업장에 노조가 있는지에 따라 가입여부가 크게 좌우되죠. 직장에 노조가 있으면 가입하고 없으면 가입하고 싶어도 못하는 거예요. 노조가 입률이 낮은 주원인은 제도적 환경과 더불어 사업장마다 노조를 공급하지 못한 노동운동이죠. 유럽과 비교하면 상당히 척박한 환경입니다.

최근 ILO나 유럽 쪽 문헌을 보면 노동이 약화되고 밀리면서 정부나 국가가 제도적 차원으로 노조지원방안을 강구하지 않으면 추세를 되돌리기 어렵다는 내용이 많아요. OECD 국가 중 노조조직률이 50%를 넘는 나라가 4~5개인데 전부 북유럽입니다. 북유럽 국가들은 실업보험을 노조가 관리·운영하는 겐트 시스템Ghent system 덕분에 유지돼요. 우리나라처럼 정부가 실업급여 재원을 걷되 관리·운영권은 노조에 줍니다. 우리도 국가나 제도 차원에서 노조의 조직과 가입을 촉진하는 장치를 제도적으로 강구해야 해요. 우리는 정부의 지원을 받기는커녕 계속 두들겨 맞으니 노조가 밀릴 수밖에 없죠.

참여정부나 국민의 정부 때는 노동시장이 많이 유연해졌어요. 이를 굳이 변호한다면 당시는 노동시장 유연화가 국제표준이라도 되는 양 회자되던 시점이어서 많은 사람이 유연화해야만 하는 것으로 생각했어요. 2008~2009년 세계금융위기를 겪으면서 노동시장 유연화 정책이 문제 있다는 반성과 함께 ILO가 소득주도 성장론을 제기하고 피케티의 저서 《21세기 자본》이 나오면서 분위기가 많이 바뀌었어요. 과거에는 어느 정부든 노동시장 유연화를 자랑스럽게 이야기했는데 지난 총선과 대선에서는 안정성을 중심으로 복지, 경제민주화를 논했죠. 노동시장 유연화 공약은 찾아볼 수 없었고요. 박근혜 후보도 '상시·지속적 일자리는 정규직 직접 고용'이라는 공약을 내세웠는데 꽤 괜찮은 공약이었어요.

윤원배 노조원들이 조합에 갖는 신뢰나 기대치는 어느 정도입니까? 실제로 도움이 된다고 생각하나요?

김유선 수단이나 도구적 차원에서 보죠. 현재 노조집행부는 민원창구 내지는 문제 해결사 비슷한 역할을 합니다. 영국의 노사관계학자 리처드 하이만Richard Hyman은 '어느 나라 노동운동이든 시장, 계급, 사회 셋 중 어느 하나를 전적으로 무시할 수는 없지만 나라마다 방점에 차이가 있다'고 했어요. 영미권은 실리적 이해관계, 즉 '시장'에 방점을 찍는다면, 스페인이나 이탈리아 노조는 '계급'에, 독일과 스웨덴은 '사회'에 방점을 찍습니다. 우리나라 노조는 상당 부분 시장에 근접해 있어요. 특히 기업별 노조체계에서는 당장의 직접적 이해관계가 중요할 수밖에 없어요. 기업별 교섭에서 노조는 임금을 올리고 노동조건을 보장하는 것 외에 할 일이 거의 없죠.

노조의 조직형태는 외환위기 이후 산업별로 바뀌었는데, 사용자가 거부하다 보니 산업별 교섭은 잘 진전되지 않아요. 참여정부 때도 제도가 아닌 운영과정에서 산업별 교섭을 도와주는 정도였죠. 그때 금융, 금속, 보건의료 등 몇몇 분야에서 산업별 교섭이 진전되었는데, 정권이 바뀌면서 그조차 후퇴하고 말았어요. 아까 복수노조를 말씀하셨는데 복수노조 허용 자체보다는 개별기업단위에서 법률로 창구 단일화를 강제한 게 문제거든요. 그러다 보니 기업 단위로 교섭이 묶이면서 더는 진전하지 못하고 있어요.

윤원배 기업별이든 산업별이든 노조집행부가 노조원들의 임금 인상을 위해 노력했다면 노조가입비율이 높아질 가능성도 있었을 텐데요. 과거에는 노조위원장이 이득이나 취하고 개인적으로 관리할 수 있는 사람들만 노조로 묶어서 이권을 나눠 먹는 형태가 있었죠. 의도적으로 노조원들을 탄압하기도 했는데 지금도 그런가요? 집행부가 노조원들을 위해 어떤 노력을 기울이고 있는지 궁금합니다.

김유선 노조집행부도 사람이 하는 일이니까 스펙트럼이 다양해요. 그래도 옛날처럼 노골적으로 자기 이득을 채우기는 어려워요. 현대자동차 노조를 살펴보면 단적으로 드러나요. 지난번 집행부는 실리중심이어서 조합원의 이익을 중시했어요. 최근 현대자동차가 워낙 잘나가기도 했고 현대자동차 정규직 대부분이 조합에 가입해 있어요. 조합원도 실리중심이어서 한 번은 이 집행부, 다음번에는 저 집행부를 지지해요. 집행부의 성향은 바뀌지만 다른 집행부가 들어서도 할 수 있는 일은 제한되어 있으니 큰 차이는 없죠.

이동걸 다른 면에서 보면 노조가 힘과 조직력을 키워서 원하는 만큼 강하게 노동자를 대변하기는 쉽지 않다는 말씀으로 들리네요. 암울한 전망이군요.

김태동 노조도 상대가 있으니까요. 노조를 인정하지 않으려는 삼성이나 현대자동차 같은 재벌이 사용자예요. 이미 노조가 결성된 곳은 유지하기 힘들고 아직 노조가 없는 기업은 새로 설립하기 어렵잖아요. 재벌총수의 막강한 힘에 민주정권의 장·차관, 국회의원 들도 넘어갔는데, 이명박 정권·현 정권의 노골적인 노동탄압기에 재벌노조가 명맥을 유지하고 있는 것만도 쉬운 일이 아니죠.

정규직과 비정규직의 충돌

이동걸 재벌기업에서 노조를 유지하기 힘들고 정부는 노조를 도와주지 않는 상황에서 실리추구에도 한계가 있는데 어떻게 해야 노동시장이 개선될까요?

윤원배 노조에 대한 인식이 바뀌지 않으면 노조참여율이 더 떨어질 거예요. 노조도 조합원들의 이익을 대변하다 보면 비정규직이 소외되기도 하거든요. 자연히 '노노갈등'으로 나타나기 마련인데 정부는 그걸 의도적으로 이용해 정규직과 비정규직의 갈등을 유발해요. 따라서 노조도 사회 전체의 관점에서 활동해야 합니다.

김유선 현 정부가 노동개혁을 언급하면서 정규직 과보호론을 들고 나왔어요. 그런데 대기업의 사내유보금이 문제 되면서 오히려 문제의 근원이 재벌 과보호라는 지적이 있었죠. 비정규직이 대기업에 상당 부분 몰려 있다는 점이 드러나니까, 노동문제와 재벌개혁의 연결고리도 형성되었고요. 2015년에 ILO가 발간한 보고서를 보다가 깜짝 놀랐어요. 한국에서는 정규직 과보호론이나 내부자-외부자 이론이 상당 부분 먹혀들잖아요? 내부자-외부자 이론은 내부자insider(취업자)들의 우월한 협상력 때문에 비자발적 실업이 발생해 외부자outsider(실업자)들이 피해를 본다는 주장인데, 한국에서는 '내부자=정규직, 외부자=비정규직'이 되어 정규직 과보호론의 이론적 근거가 되고 있죠. 그런데 최근 ILO 보고서에서는 내부자-외부자 이론을 맹렬히 비판하고 있어요. 정규직 보호를 완화하니까 비정규직 고용이 더 나빠지더라는 실증분석 결과를 다룬 보고서도 많고요.

윤석헌 일종의 풍선효과네요.

김유선 최근 최저임금에 관심이 높아지고 있는데 저는 최고임금제도 시행해야 한다고 생각해요. 최고임금제 대상을 대기업 CEO에 한정하는 경우가 있지만 그럴 필요 없이 전체 근로소득자를 대상으로 시행하는 게 나아요. 개별 기업단위에서 임금을 억제하는 식이 아닌, 임금을 밑에서는 올리고 위에서는 끌어내리는 노력이 같이 이루어져야 임금 격차가 줄 수 있어요. 임금이 너무 많으면 세금으로 걷으면 되겠죠.

윤원배 고임금을 낮추어 저임금 노동자를 지원하는 형태는 자칫 노노갈등을 부추기는 부작용을 발생시킬 수 있어 조심해야 해요. 노동소득분배율이 낮아지는 문제부터 해결해야 하지 않을까요? 노동생산성의 관점에서 보면 사내하청이든 정규직이든 문제는 장시간 노동의 과로체제예요. 임금에서 시간 외 수당의 비중이 높은 노동자들은 근로시간을 줄이면 임금이 많이 줄어들 수 있다는 이유로 근로시간 단축을 반대하고 있어요. 그런 부분을 잘 조절하면서 정부가 지원을 확대하면 근로시간을 줄여 정규직 일자리를 늘릴 수 있지 않을까요?

김태동 사내하청의 직무 자체는 상시적이고 지속적인 업무죠. 현행법상으로도 불법파견이니까 해당 정부부처에서 적발해야죠. 적발되고 고소·고발되고 사법부가 제대로 신속히 판결하면 사내하청이 줄겠죠.

이동걸 김태동 교수가 정답을 말씀하셨는데 현대자동차의 경우처럼 명백하게 불법이니까 정규직으로 채용하라고 법원에서 판결해도 실행하지 않고 있어요.

김태동 그러니까 정부가 재벌의 앞잡이라는 소리를 듣기 싫다면 법대로 해야죠.

저성과자 일반해고의 등장

이동걸 현 정부가 노동개혁이 포함된 4대 개혁을 한다고 하는데 그 내용이 대단합니다. 이미 노동자를 쉽게 정리해고할 수 있는 데다 고용 안정성이 하위권인 나라인데도 개혁이라면서 정리해고를 지금보다 더 쉽게 할 수 있는 노동법 개정안이 국회에 제안되어 있어요.

김태동 현 정권 3년 차에 경제성장률이 떨어졌는데 마치 노동자의 잘못인 양 책임을 전가하면서 노동개혁을 한다고 해요. 자본주의 국가에서는 자본가와 경제를 망치는 제도를 도입한 정치권력이 경제난의 책임을 져야 하는데 그 책임을 오히려 노동자에게 돌리고 더 큰 희생을 요구하는 거죠.

김유선 지난 대선 때 박근혜 후보가 정리해고 요건을 강화하겠다고 공약했는데, 그건 어느새 사라지고 갑자기 저성과자 일반해고가 등장했어요. 2014년까지만 해도 노사관계 전문가들 사이에서 논의조차 되지 않았던 것인데 말이죠. 현행법상 성과가 좋지 않다는 이유만으로는 노동자를 해고할 수 없어요. 지금까지 해고와 관련된 대법원 판례는 해고 대상자가 상당한 귀책사유로 좌시하면 안 될 정도여야 해고가 가능해요. 현행법은 징계해고, 정리해고로 나누고 있는데 둘 다 정당한 사유가 있어야 하고요.

윤석헌 일반해고는 법률용어가 아니라는 말씀인가요?

김유선 우리나라 근로기준법에는 일반해고라는 용어 자체가 없어요. 지금까지는 직장에 타격을 미칠 정도로 성과가 좋지 않으면 다른 상황까지 종합해서 해고할 수 있었어요. 반면에 대법원에서는 성과가 나쁘다는 것만으로 해고하면 부당해고라 하거든요. 그러니까 암암리에 기업체에서 저성과자들을 내보내고 있는데 이런 해고를 일반화·보편화시키려는 의지로 보입니다. 과거 김대중 정부 때 정리해고 법률이 도입되었잖아요.

김태동 정확히는 김영삼 정부 마지막 달인 1998년 2월입니다.

김유선 날짜는 그렇지만 실상은 김대중 당선자 측과 협상했던 거죠. 당시에도 정리해고를 하지 못했던 것은 아닌데 함부로 못 하다가 입법되니까 누구나 할 수 있다는 식으로 분위기가 조성된 거죠. 현 정부가 일반해고를 들고나오는 이유도 성과가 좋지 않으면 해고할 수 있다는 식으로 사회적 분위기를 몰고 가려는 것으로 보여요. 국회에서 통과되기는 불가능하다고 보니까 고용노동부 지침으로 하겠다는 거고 고용노동부 지침이 노동자 해고 요건을 엄격히 제한하고 있는 근로기준법 취지에 어긋나는 줄 뻔히 알면서도, 억울하면 법원에 가서 호소하라는 겁니다. 고용노동부 지침으로 밀고 가면 사회적 분위기는 만들 수 있다고 보는 거죠.

취업규칙 불이익 변경요건 완화도 마찬가지예요. 일반 민사계약도 쌍방이 합의해야 계약하잖아요? 근로기준법상 취업규칙을 노동자에게 불이익하게 바꿀 때는 노조나 노동자 과반수의 동의를 얻어야 해요. 고용노동부도 임금피크제 도입이 노동자에게 불이익하다는 점을 인정하면서도 밀어붙이는 이유가 사회적 합리성이 있으면 불이익 변경도 할 수 있다는 거예요. 노동자 과반수의 동의 없이도 불이익을 변경할 수 있게 지침으로 담겠다는 겁니다.

금융권 사람들은 저성과자 일반해고 도입을 명퇴위로금도 주지 않고 내보내려는 속셈이라고 생각하더군요. 그동안 경영사정으로 회사를 그만둔 노동자가 100만 명이 넘는데, 상당수가 위로금이라도 받았을 거예요.

윤석헌 최근 금융권에도 성과주의, 성과급이 많이 거론됩니다. 특히 임종룡 금융위원장이 몇 번 언급하니까 기자들이 그걸 구조조정의 신호로 받아들이는 것 같아요. 지금 말씀하신 일반해고와도 연관되어 보입니다. 참고로 정부가 저성과자 해고요건을 명확하게 규정하는 일반해고와 노조나 노동자의 과반 동의 없이 취업규칙을 변경할 수 있는 '취업규칙 변경요건 완화'를 올해 1월에 발표했어요.

장세진 지금도 마음먹으면 해고할 수 있는데 한직으로 내몰거나 열등감을 느낄 만한 일을 시키는 등 해고비용이 많이 드니까 일반해고를 들먹인다는 분석도 있죠.

김유선 핵심은 그겁니다.

김태동 그렇다면 해고문제를 어떻게 해야 정상화될까요? 현 정부가 어떻게 하든, 다음에 노동자 측과 사용자 측에 중립적인 정부가 들어섰을 때 해고문제를 해결하려면 어떤 방법이 있죠?

김유선 저성과자 일반해고는 재계의 요구로 느닷없이 공론화되었어요. 모 TV토론회에서 고용노동부 장관에게 제가 명색이 노사관계 전문가인데 일반해고는 처음 듣는다, 왜 한 번도 논의조차 되지 않은 사안을 추진하느냐고 물었던 적이 있어요. 그랬더니 국내

외 재계가 일반해고를 도입해야 투자를 늘리겠다고 해서 그렇다는 답이 나왔어요. 나중에 알고 보니 2014년에 전경련이 규제개혁위원회에 요구한 사안이었더라고요.

요즘은 법원 분위기가 바뀌어서 정리해고도 회사에서 구조조정의 필요성만 느끼면 다 인정해주는 식이에요. 긴박한 경영상의 필요성 요건을 조금 더 명시적으로 강화해야 한다는 주장이 여러 차례 제기되었어요. 여야의 공약이기도 했고요.

윤원배 앞으로 새 정부, 정직한 정부가 들어서서 어떻게 할 것인가도 중요하지만 먼저 현 정부가 노동문제와 관련해 잘못하고 있는 부분에 대해 노동자들이 의사표시를 분명히 해야 하지 않나요? 박근혜 대통령의 지지율이 크게 변하지 않고 있어요. 현 정부의 노사정책을 반대하는 여론이 기저에 깔렸을 수 있는데 아직 드러나지 않아요. 왜 그럴까요? 그게 풀어야 할 핵심과제라고 봐요.

김유선 콘크리트 지지 이야기인데요. 참 답답하죠.

비정규직 문제와 노조의 정치력

이동걸 현실이 이런데 어떻게 하게 만들까를 고민해야 한다고 생각해요. 물론 정권이 바뀌어야겠지만 당장 현 정권에서 정규직-비정규직 문제에 어떤 노력을 기울여야 할까요?

김태동 현 정권은 노동개악을 단념하고 가만히 있어만 줘도 다행입니다. 앞으로 경제민주화를 표방할 정권이라면 실질적인 노동개혁을 해야죠. 가령 대통령 재임 5년간 비정규직을 50% 줄이거나 OECD 평균 수준으로 낮춘다는 목표를 공약하고 그걸 이뤄나가는 방안으로 정부조직을 개편해야 한다고 봅니다. 경제가 잘 돌아가지 않으면 노동자 탓으로 돌리고 잘되면 경제 관료와 대통령, 재벌의 덕으로 보는 행태를 불식시켜야 해요. 그런 논리를 가진 정부조직이라면 기획재정부 장관, 경제부총리 자리에 중립적인 인사가 와도 역할을 제대로 수행하지 못하거든요. 일자리 창출을 공약으로 내세우지만 실제 정부조직은 그 공약에 어울리지 않아요. 고용노동부를 기획재정부 상위기구로 올리지 않으면 예산부터 시작해서 제대로 될 게 없어요. 그리고 우선 고용노동부에서 비정규직을 조사해야 할 텐데 조사인원의 수를 늘려야 해요. 사내하청, 불법 비정규직부터 줄여나가고 합법적 비정규직 축소는 다음 단계로 하고요.

장세진 비정규직을 회사가 직접 정규직으로 채용하면 어떤 불이익이 있죠?

김유선 아무래도 인건비가 늘어나죠. 비정규직일 때는 여차하면 우리 직원이 아니라는 식으로 내보내면 되는데 정규직으로 전환하고 나면 함부로 해고하기 힘들죠. 게다가 예컨대 현대자동차라면 노조가 힘이 있으니까 대부분 가입할 텐데, 노조의 힘이 더 세진다고 우려하겠죠.

허성관 제가 광주과학기술원 총장으로 있을 때도 정규직과 비정규직의 갈등이 심각했습니다. 연말 보너스를 정규직, 비정규직의 구별 없이 주려고 했더니 정규직들이 당장 반발하기에 보너스를 주는 과정과 비정규직의 공헌도로 설득했죠.

이동걸 그런 경우는 많지 않을 거예요. 비정규직을 차별해서 돈을 아끼려는 사람이 훨씬 많죠. 월급도 그렇지만 직장에서의 모멸감이

나 멸시도 심하고요. 비정규직이 허드렛일, 더러운 일은 도맡아 하잖습니까? 위험한 곳에 들어가서 일하다가 사망하는 사람들이 거의 비정규직이잖아요.

장세진 창립기념일 기념품이나 회식비를 받을 때도 정규직만 준대요.

이동결 그게 비정규직의 참담한 현실이지요.

김태동 전국민주노동조합총연맹(이하 민노총)은 반성했는지 드라마 〈미생〉 이후에 '장그래 살리기 운동본부'라고 비정규직 문제를 주로 다루는 단체를 만들었어요. 비정규직 노조를 결성하려고 하는 곳이나 투쟁현장에 직접 가서 연대해주더라고요. 한국노동조합총연맹(이하 한노총)에서는 어떤 움직임이 있는지 모르겠어요.

이동결 노조의 외연과 지지세력을 넓히려는 노력과 더불어 노조의 정치적 영향력 또는 역량을 키우는 것도 중요합니다. 한노총이 이쪽 정당을 지지하면 민노총은 다른 정당을 지지하는 식으로 전략적인 선택을 해왔어요. 실리적인 선택이라고 할 수 있는데 문제는 그게 노조를 위한 전략적 선택이 아닐 수도 있다는 겁니다. 노조위원장으로 활약하다가 국회의원이 된 분과 관련한 이야기가 있어요. 어느 날 노조에서 그분을 찾아가 도와달라고 했더니 이 양반이 '내가 아직도 노조위원장인 줄 아느냐'고 대꾸했다고 해요. 어떻게 생각하면 노조의 정치적 힘을 키우는 데 실패한 거죠. 그런 현실을 어떻게 극복할지도 고민해봐야 해요.

파업 불편 감수하는 시민의식

김태동 아주 극히 예외적인 기업을 제외하면 노동자는 노동을 소득의 원천으로, 사용자는 동서를 막론하고 비용으로 볼 겁니다. 시민들이 이해관계에 의해 노동을 제대로 바라봐야 하는데, 선진국과 비교했을 때 우리 시민들은 어떤 편인가요?

윤석헌 1980년대 말에서 1990년대 초반에 캐나다 경제가 좋지 않았어요. 성장률이 -1% 수준이었으니 자연히 노조의 파업이 계속되었죠. 예를 들어 지하철 공사 현장이라면, 길을 다 뜯어놓고는 그대로 두고 앉아만 있는 식으로요. 물론 불편해진 시민들이 속으로는 욕했겠지만 겉으로 짜증을 내거나 민원을 접수하거나 하지 않았어요. 파업을 바라보는 시민들의 시각이 너그럽고 여유롭더라고요. 아주 인상적이었습니다. 언론도 상당히 참을성이 많았고요. 상대적으로 한국이 수용적이지 못하다는 느낌이 들었습니다.

김태동 노조가 강한 프랑스에서는 지하철 파업을 하면 시민들이 불편해도 어느 정도 감수해요. 한국에서는 파업하기도 힘들뿐더러 정부가 파업을 무리하게 불법으로 규정해도 시민들이 쉽게 수긍하죠. 노동자들이 왜 파업하는지 알아보고 그들의 요구가 정당할 경우 머지않은 미래에 모두에게 이익이라는 인식이 있다면 시민들은 당장은 불편해도, 정부가 파업에 악선전해도 휩쓸리지 않을 거예요.

허성관 제가 행정자치부 장관으로 있던 시절에 금속노조, 민주노총이 대대적으로 파업하고 시위에 나선 적이 있었어요. 당시 10만 명가까이 시위에 나섰는데 새총으로 볼트와 너트를 쏘는 사람들도 있었죠. 시위가 너무 격렬한 데다 살상무기가 될 수 있는 새총까지 등장하자 경찰도 강력하게 진압하지 않을 수 없었습니다. 평화로운 시위는 보장해줬지만 그 시위는 절대 용납할 수 없는 수준이었으니까요.

　또 하나는 공무원 노조의 시위였는데 솔직히 무척 강력하게 대응했어요. 당시에는 공무원 노조가 아니라 직장협의회로서 존재했죠. 공무원 노조를 만들 수 있는 근거 법을 만드는 과정이어서 엄밀하게 말하면 파업이라고 부를 수도 없었고요. 공무원들이 공무원 노조법 안에 파업권을 넣어달라고 요구하는 바람에 벌어진 일이었으니까요. 그때 소위 친노조 정부였는데도 도저히 파업권을 포함시킬 수가 없었어요. 민간기업에서 힘의 균형이 잡히지 않는 부당하고 극단적인 파업을 할 경우 직장을 폐쇄할 수 있는데 공무원들의 직장인 정부는 그럴 수 없으니까요. 그런 이유로 그들의 요구를 들어줄 수 없었고 강력하게 대처할 수밖에 없었죠. 지금도 인터넷에서 제 이름을 검색해보면 공무원 노조를 압살한 원흉이라는 기사가 많아요.

김태동　다른 선진국은 공무원 노조의 파업권이 없습니까?

김유선　파업권을 주지 않는 나라도 많아요.

허성관　파업권을 주는 나라들은 대부분 공무원도 민간기업처럼 구조조정을 할 수 있어요. 노조가 없는데 파업을 하면 불법집단행동이 됩니다. 법을 집행해야 하는 공무원들이 불법집단행동에 들어가니 강력하게 대응했죠. 국민으로서는 법적으로 신분, 급여, 연금이 보장된 공무원이 노조도 아니면서 파업하니까 신뢰가 가지 않는 측면이 있었다고 봐요.

이동걸　노조 지지가 취약할 소지가 있다는 말씀이시죠?

허성관　네. 대표적인 사례죠.

이동걸　그런 면에서 노조도 반성해야 하고 시민의식을 키우는 노력도 있어야겠네요.

허성관 하나만 더 말씀드릴게요. 사용자나 정부 입장으로서는 단결이 잘되고 일사불란한 노조가 교섭하기에도 좋고 교섭이 끝난 후에도 후유증이 없어요. 사용자가 일정 정도는 노조와 협조 관계를 유지하면서 제대로 해나갈 수 있도록 돕고 지원하는 것이 바로 상생입니다.

재벌기업에 대한 정규직 전환 강제 조치

이동걸 이제 비정규직 축소 방안에 관한 얘길 좀 해볼까요?

김유선 사실 비정규직 문제는 '상시·지속적 일자리는 정규직으로 직접 고용하겠다'는 정부의 공약대로만 지키면 됩니다. 물론 박근혜 대선 캠프에서 공약할 때는 공공부문 직접고용에 한정했던 것 같아요. 이걸 치고 나온 게 지자체들이에요. 서울, 인천, 광주, 성남 등의 지자체에서는 간접고용도 상시·지속적이면 정규직으로 바꿔야 한다고 해서 청소, 경비를 정규직으로 바꿨어요. 저는 민간 부문도 적어도 재벌기업에서는 상시·지속적 일자리 정규직 전환을 강제해야 한다고 생각해요. 10대 재벌만 놓고 봐도 사내하청이 40만 명이에요. 이들 대부분이 상시·지속적 일자리이자 불법파견이에요. 현행법만 제대로 집행하면 상당 부분 강제할 수 있어요. 재벌기업의 40만 명을 정규직으로 바꾸고 한 사람당 1,000만 원씩만 임금을 올려주면 젊은이들이 엄청나게 가고 싶어 하는 일자리가 될 겁니다.

장세진 공공부문과 재벌만 그렇게 해도 분위기가 꽤 달라지겠네요.

김유선 흔히 기업의 99%가 중소기업이고 노동자의 88%가 중소기업
에서 일한다고 하잖아요? 이건 통계청 경제활동인구조사에서 뽑
은 수치예요. 그런데 통계청 임금근로일자리행정통계를 보면, 정
부 부분이 210만 명이고 민간 대기업이 486만 명이어서 합치면
700만 명이에요. 이 둘의 차이가 너무 크다 보니 도대체 무엇이
맞느냐 다들 의아해했어요. 그러다가 고용노동부가 전수조사를
한 고용형태공시제 자료를 보니 300인 이상 대기업에서 일하는
노동자가 460만 명이에요. 후자가 맞는 거죠.

그러면 통계청 자료끼리 차이 나는 이유가 무엇인지 궁금해지
는데, 전자는 사업체 규모를, 후자는 기업체 규모를 기준으로 한
데서 비롯됐다고 볼 수밖에 없어요. 은행 지점에서 일하는 사람
은 기업체 규모를 기준으로 하면 거대기업 소속이지만 사업체 규
모를 기준으로 하면 중소업체 소속이에요. 공립학교 선생님들은
공무원이고 거대한 내부 노동시장에서 일하지만, 학교가 직원이
300명도 되지 않는 곳이 대부분이다 보니 사업체로는 중소업체로
분류되고요. 그동안 비정규직도 대부분 중소기업에 몰려 있어서
비정규직 문제 해결이 쉽지 않다고 했어요. 그런데 실제로는 전
체 노동자의 43%(2014년 현재)가 정부와 대기업에서 일하고 있고
재벌 대기업도 비정규직이 40%죠. 이쯤 되면 정책 방향이 완전히
달라져야 해요. 대기업과 정부만 확실히 잡으면 비정규직 문제의
반은 해결되는 거죠. 그렇게 해서 기준을 바꾸면 나머지 업체들은
따라올 거예요.

윤원배 설사 현재 대기업의 고용비율이 낮더라도 대기업에서 정규직
을 늘려야만 비정규직 문제가 해소될 수 있어요. 상시·지속적 일

〈표 4-2〉 10대 재벌 비정규직 현황(2015년 3월)

	계열사 (개)	수(천 명)					비정규직 비율(%)		
		노동자	정규직	비정규직	직접 고용	간접 고용	전체	직접 고용	간접 고용
삼성	40	396	255	141	17	124	35.6	4.4	31.2
현대자동차	28	226	146	80	15	65	35.5	6.6	28.8
SK	30	96	69	27	4	23	28.0	4.4	23.6
LG	28	160	135	25	5	21	15.7	2.8	12.9
롯데	25	121	64	58	26	32	47.5	21.2	26.3
포스코	15	64	32	32	4	28	50.2	6.2	44.0
GS	17	46	20	26	9	17	56.1	19.8	36.3
현대중공업	8	111	37	74	3	71	66.7	2.8	63.9
한진	11	45	28	17	3	14	38.6	7.0	31.6
한화	14	36	26	10	4	6	27.6	11.8	15.8
10대 재벌	216	1,301	811	490	90	400	37.7	7.0	30.7
11~20대 재벌	94	387	202	186	46	140	47.9	11.9	36.1
고용형태 공시제 대상	3,233	4,593	2,778	1,815	898	918	39.5	19.5	20.0

출처: 고용노동부 '고용형태공시제 현황'(2015.3)에서 계산, 김유선 · 윤자호(2015)에서 재인용

자리의 정규직화도 필요하지만 근로시간을 단축해 정규직을 늘려야 합니다. 지금 현 정부에서도 논의하고 있고 여야 모두 그 필요성을 인정하는 사항이기도 하면서 많은 사람이 관심을 두는 부분이 '근로시간 단축'인데 그것만 제대로 시행된다면 비정규직의 문제만이 아니라 고용문제, 실업문제 그리고 산재 및 경제적 비효율 문제의 많은 부분을 해소할 수 있습니다. 실제로 대기업에서는 정규직이든 비정규직이든 노동자들을 혹사시키고 있어요. 엄청난 과로체제에서 치르는 경제적 비용이 막대합니다. OECD 회원국 중 제일 긴 근로시간을 10% 이상 줄이면 정규직 10% 정도가 늘여지가 있습니다. 김 박사의 지적대로 통계오류를 고려해 대기업

부터 정규직을 10%씩 늘려도, 일자리가 전체적으로 늘어요.

이동걸 사실 법대로만 실행해도 우리가 논의하는 모든 문제가 어느 정도 해결될 겁니다. 그리고 판사가 제대로 판결했으면 좋겠어요. 또 비정규직이든, 산재든 투명하고 통계를 정확히 내야 노동문제를 바꿀 계기가 될 거에요.

윤원배 현대자동차의 경우 판결이 났는데도 불법을 계속하고 있는데 그에 대한 조치는 어떻게 되죠?

이동걸 금융위의 경우 판결했는데도 명령을 따르지 않을 경우를 대비해 이행강제금제도를 도입했어요. 판결했는데 이행하지 않으면 예를 들어 하루에 1억씩 내라 이겁니다. 참여정부 때 미국의 이행강제금제도를 도입했는데, 노동법에도 이를 도입하면 어떨까요? 현대자동차가 판결대로 이행하지 않을 때 10억씩 내라는 식으로 밀어붙이면 효과가 있지 않겠습니까? 미국 법원은 중요한 사안일 때는 실제 하루 100만 달러 이상의 이행강제금을 부과하는 경우가 종종 있어요.

김유선 현대자동차는 직접 대법원 판결을 받아온 사람만 정규직으로 전환하면 된다는 식이에요. 나머지는 법원에 다녀오라는 거죠.

김태동 그렇다면 집단소송제로 가야 하나요?

김유선 지금까지는 그렇습니다.

재벌 입맛대로 법 바꾸는 정부

김유선 앞서 사내하청 이야기도 나왔지만 오히려 문제는 파견근로 대폭 확대예요. 현재는 32개 업종만 허용하고 제조업은 금지하고 있는데, 이번에 내놓은 개정안을 보면 55세 이상과 고소득 전문관리직, 뿌리산업은 파견근로가 허용돼요. 55세 이상 고령자와 고소득 전문관리직은 중복을 제외해도 400만~500만 명이에요. 전체 노동자의 4분의 1을 새로이 파견근로 대상에 포함시키겠다는 거죠. 게다가 뿌리산업인 용접, 금형 등 기초공정산업 분야도 파견근로를 허용하겠다는 거예요. 대부분 불법인 재벌기업의 사내하청을 합법화시키겠다는 거죠.

어느 정권이 들어서든 국회에 여야가 있기 때문에 법을 바꾸기가 쉽지 않아요. 현 정부는 법은 놔두고 지침이나 시행령, 해석을 통해 원하는 방향으로 가고 있어요. 지금 주 52시간을 초과해서 근무하는 사람이 360만 명이에요. 최저임금 위반자가 전체 노동자의 12%고 10대 재벌만 보더라도 대부분 불법파견인 사내하청이 40만 명이에요. 인도 사람이 쓴 보고서를 보니 '기업 프렌들리'가 다른 게 아니에요. 있는 법을 기업에 유리하게 해석해주거나 기업인들이 법을 지키지 않아도 눈감아주는 것이 기업 프렌들리에요. 우리나라에서는 그런 기업 프렌들리가 노골적이죠.

이동걸 그러니까 관료개혁과 사법개혁을 하고 비례대표제를 확대해야 해요. 그리고 노동시간 축소 문제가 나왔습니다. 우리나라 노동자가 OECD 평균보다 연간 300여 시간 더 일한다고 하죠. 그동안 박근혜 대통령은 노동시간 단축을 공약했고 그걸 이행하는 방향으로 가는 듯하다가 삼천포로 빠졌습니다. 이에 대한 평가 및 대책이 궁금합니다.

김유선 박근혜 대통령의 공약은 2020년까지 OECD 평균 수준인 1,800시간으로 노동시간을 단축하겠다는 겁니다. 물론 그때는 대통령의 임기가 끝난 이후죠. 지금까지 나온 정책수단을 보면 노사정위원회에서도 몇 차례 합의한 연간 근로시간 1,800시간을 달성할 수가 없어요. 파트타임을 늘려 통계상 시간을 줄이는 쪽으로 가겠다는 건지 잘 모르겠어요.

이번 개혁안에서 노동시간과 관련한 쟁점은 이겁니다. 현행법은 주 52시간 상한제인데 40시간에 주 12시간 연장근로가 가능해요. 그동안 고용노동부는 휴일근무는 주 52시간에 넣지 않는 것으로 마음대로 해석해서 지침을 내렸어요. 일주일은 5일이고 주말근무는 52시간 외의 별도라는 거죠. 그러면 토요일, 일요일에 8시간씩 더 일하면 주 68시간까지 근무할 수 있다는 거예요. 누가 봐도 말이 안 됩니다. 이게 지난 총선, 대선 때 문제 됐어요. 일주일이 5일이라는 게 말이 되나요? 우리는 법대로 52시간 상한제를 지키라고 하는데, 현 정부는 2016년은 주 68시간까지 허용하고 2017년부터 2020년 사이는 단계적으로 주 60시간 상한제로 이행하고

〈그림 4-5〉 주당 실 노동시간 분포(2014년) (단위:%)

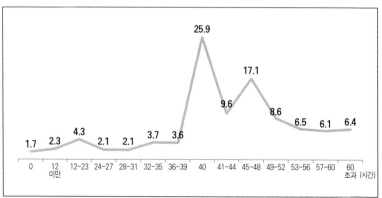

출처: 통계청 경제활동인구조사(2014). 김유선(2015),《한국의 노동 2016》에서 재인용

2024년에 가서야 주 52시간 상한제로 하자고 해요. 법제상으로 주 68시간, 주 60시간 상한제로 후퇴하자는 거죠. 많은 기업을 순식간에 범법자로 만들 수 없다는 게 명분이죠. 정부 쪽에서는 한 10년 정도 뒤로 갔다 오자고 하는 거예요. 그래서 저희는 법제는 그대로 두고 몇 년 정도 면벌조항을 두자고 제안했어요.

김태동 현행법상 52시간 상한제 유지도 어렵네요.

윤원배 52시간 하면 연간 근로시간이 얼마나 됩니까?

김유선 2,500시간 정도 되죠.

청년희망펀드와 청년수당, 진정한 청년 실업 대책 될까

이동걸 청년층을 포함해 일자리 늘리는 방안에 의견을 모아보죠.

윤석현 학교에 몸담고 있다 보니 아무래도 학생들의 취업이 신경 쓰이는데, 최근에 보면 학생들이 대기업, 금융기관, 공기업에만 가려고 합니다. 그런 곳에 다 갈 수도 없을뿐더러 취업을 준비하다 보면 재수, 삼수까지 하기도 하는데 그래도 결과가 좋지 못하면 굉장히 암담하죠. 그 연장선에서 오포, 칠포 세대라는 표현까지 나왔고요. 구체적인 방안이 더 필요하겠지만 그보다는 청년들에게 창업이나 벤처를 권장하는 사회적 분위기가 형성되어야 합니다.

장세진 청년인턴지원제도보다는 창업지원으로 노동정책 방향을 틀 수 있겠죠. 그런데 창업은 결국 성공 가능성이 얼마나 되느냐가 핵심이겠죠?

이동걸 요즘 경제가 자영업자들의 무덤이라고 하잖아요. 젊은이들이 덜컥 창업에 뛰어들어서 몇 년 만에 망하는 식이면 안 되겠죠. 다만 윤석헌 교수가 말하는 창업은 미래 지향적인 기업 설립이죠?

윤석헌 그렇죠. 다만 벤처와 창업 둘 다 교육과 컨설팅 지원, 인프라와 사회보장제도를 확충해야 해요. 그리고 '모든 경력 경로는 치킨집으로 통한다'고 하는데 치킨집으로 대변되는 퇴직 후 자영업의 공급역량 강화도 필요하고요.

윤원배 청년 일자리만 따로 떼어서 고민한다는 것도 문제 있어요. 한참 일할 수 있는 분들을 단지 나이가 많다는 이유로 쫓아내고 대신 청년 일자리를 만든다는 것은 잘못되었어요. 중소기업이 기술을 개발하면 대기업이 전부 먹어치우는 환경도 바꿔야 창업할 수 있겠지만, 무엇보다 전체적으로 일자리 수와 정규직을 늘리면서 청년층이 자동으로 흡수되게 하는 것이 정도正道거든요. 지금 정부는 창업을 지원하는 척하면서 생색만 내는 데다 실제로 이루어낸 게 없어요. 지원해줘도 요건에 맞는 사람이 아니라 엉뚱한 사람이 받아서 엉뚱한 데 쓰니 실질적인 효과는 없다고 봐요.

윤석헌 일자리 창출과 관련해서는 시행착오를 거쳐야 해요. 너무 급하게 생각해서는 안 되고 중장기적 계획도 필요하겠죠.

윤원배 저는 관련 정책을 빨리 시행해야 한다고 봐요. 대기업이나 여유 있는 중소기업의 근로시간을 줄여서 그만큼 노동자를 고용하도록 강제하는 게 바람직해요.

윤석헌 청년희망펀드가 청년들의 일자리 창출에 어떤 도움이 될까요? 청년희망펀드를 어떻게 쓸지는 전혀 논의하지 않아서 무엇을 할지 모르겠지만 젊은이들이 창업에 뛰어들 수 있도록 인프라를 깔아주면 어떨까 싶어요.

김태동　박원순 서울시장이 일자리 대장정으로 보름 이상 여러 곳을 찾아가 시민들을 만나고 나서 내놓은 아이디어 중 하나가 청년 니트족 대책입니다. 청년 니트족 등 50만 명으로 추산되는 서울시의 '사회 밖 청년' 중 극히 일부에게 구직 인센티브를 주기 위해 월 50만 원씩 두 달에서 반년 정도 지원한다죠. 구직활동계획을 쓰면 심사해서 대상자를 선정한다고 합니다. 새누리당은 이 정책을 두고 포퓰리즘이라고 비판했고 행정자치부는 '중앙정부와 사전협의 없이 새로운 사회보장제도를 도입하는 지자체에 교부금(국가 또는 지자체가 특정한 목적을 위해 내주는 금전을 총칭)을 삭감할 수 있다'는 내용으로 지방교부세법 시행령을 서둘러 개정했죠. 보건복지부는 대법원에 청년수당의 위법성을 묻는 소송을 제기했고 박원순 시장은 복지예산이 아니라 일자리예산이라고 주장하고요.

　　파워블로거 아이엠피터가 지적한 바에 의하면 2011년 당시 박근혜 한나라당 비상대책위원장 스스로 청장년의 취업활동수당을 여러 번 강조했답니다. 그에 따라 한나라당이 1,500억 원의 예산안까지 내놨고요.

김유선　박원순 서울시장의 청년수당은 청년 실업이 심하니까 나오는 방안 중 하나로 구직촉진수당과 비슷해요. 저도 제안한 적이 있었고 야당 대선공약에도 있었어요. 취업한 적이 없는 청년들은 고용보험에 가입할 기회조차 없죠. 취업해도 6개월 이상 고용보험에 가입하지 않으면 실업급여를 받을 수 없어요. 그런 청년들을 그냥 내버려둘 수 없는데, 그렇다고 고용보험금을 내지 않은 청년층에게 똑같이 실업급여를 지급할 수는 없으니까, 구직활동을 몇 달씩 해도 취업하지 못한 청년에게 수당이라도 지급하자는 겁니다. 일종의 한국형 실업부조가 구직촉진수당입니다.

서울시 청년수당과 유사한 사례가 프랑스의 '청년보장'이에요. 프랑스는 구직활동과 직업교육 참여를 약속한 18~26세 청년들에게 월 452유로(약 57만 원)의 보조금을 지급하고 있어요. 금액은 적지만 젊은이들은 경제력이 부족한 경우가 많으니까 도움이 되죠. 같은 맥락에서 성남시는 청년배당을 추진하고 있어요. 1년에 상품권 비슷한 걸로 100만 원을 준다고 해요.

김태동 박근혜 대통령이 2,000만 원을 내고 재벌총수들이 몇십억씩 내서 청년희망펀드를 만들었으니, 박근혜 대통령의 방식이 맞는다고 생각하는 사람도 있지 않겠어요? 어쨌든 정치하려는 사람이라면 여야를 막론하고 자신이 옳다고 생각하는 방식에 적극적으로 참여해야 한다고 봐요. 청년희망펀드에 가입하든, 박원순식 청년수당제도를 자기 지역구에서 활용하든 지자체장이나 광역의원에게 해보라고 제안하든 해서요.

윤석헌 결국 그 돈으로 어떤 종류의 인프라를 만들어 가느냐의 문제예요. 국가가 책임지고 그런 아이디어를 만들어낼 생각을 해야지, 돈 조금 낸다고 해서 해결되는 문제는 아니죠.

윤원배 박원순 서울시장식 청년수당이든, 이재명 성남시장식 청년배당이든, 구직활동에는 돈이 들어가기 때문에 청년들의 구직활동에 도움을 주는 것이라고 설명하면 설득력이 높아질 수 있다고 봐요. 그리고 청년들의 활동계획서 등을 엄격하게 심사해서 면접 볼 기회를 한 번이라도 더 만들어주는 건데, 여당에서는 반대하기 위해 무조건적인 지원이라고 해요. 김태동 교수의 말대로 실제로 박근혜 대통령의 공약에도 청년지원금 부분이 있었는데 다른 사람이 하니까 포퓰리즘이라고 공격하고 있어요.

김유선 지난번 정부가 청년 고용절벽 대책을 내놓으면서 2017년까지 청년 일자리 기회를 20만 개 이상을 창출한다고 했는데 실제로는 절반 이상을 청년 인턴으로 교육 훈련시킨다는 거예요. 청년층이 교육을 덜 받아서 취직이 안 되는 게 아니잖아요? 청년희망펀드도 사업목적 자체가 없어서 결국 교육 훈련으로 변질될 것 같아요. 그리고 필요하다면 국가 재정으로 투자해야지, 왜 기금을 모으는지도 모르겠어요.

윤석헌 초점이 바뀌어 청년희망펀드에 이름 올리는 데 방점이 찍혔어요.

윤원배 야당에서도 핵심을 잘 짚어야지, 오히려 역공당하잖아요? 정부가 할 일을 민간 기업들에 강요하다시피 하고 있는데 야당이 이 부분을 비판하지 못하고 있어요. 박원순 시장은 시 재정을 이용하겠다는 것인데, 중앙정부가 재정으로 해야 할 일을 지방정부가 대신해주고 있는데도 여당과 정부로부터 지방정부와 야당이 공격당하고 있어요.

파트타임과 임금피크제가 아닌 질 좋은 일자리 늘리기

이동걸 일반적인 일자리 늘리기 대책으로는 무엇이 있을까요? 박근혜 대통령은 고용률을 70%까지 올린다고 했는데 2012년 OECD 기준 15~64세 고용률이 65%는 넘었으니 높은 목표는 아니고 달성의지도 있다고 봅니다. 질적으로는 어떻든 수치상으로는요. 현재 정부의 정책 평가와 대책에 대해 말씀해주시죠.

김태동 그 일환으로 내세운 정책이 55세 이상 임금피크제예요. 임금 피크제를 도입하고 청년 일자리를 늘리자고 하고 있어요. 고용노 동부 홈페이지에 가면 첫 페이지에 고용률이 크게 나와요.

장세진 고용률을 0.1% 올리기도 쉽지 않을 텐데요.

이동걸 고용률은 명시적인 수치로 정치적 함의가 있어서 무조건 맞 추려고 할 겁니다. 그에 따른 폐해도 많을 것 같은데요?

김유선 고용률은 고용의 질과 분리된 문제가 아닙니다. 나이별 고용 률을 살펴보면 청년층은 낮고 중장년층은 OECD 평균 수준이고 노년층은 일하지 않으면 먹고살 수 없으니까 오히려 다른 나라 보다 높아요. 일반적으로 학력 수준이 높을수록 고용률이 높아지 는데 우리나라 여성은 학력과 관계없이 비슷합니다. 저학력층은 OECD 평균보다 높고 고학력층은 낮아요. 청년 노동시장에서는 남녀 차이가 없지만, 30대부터 자녀를 출산하고 양육하면서 고용 격차가 벌어져요. 여성들은 아이를 낳고 다시 노동시장에 나올 때 주어지는 일자리가 비정규직밖에 없거든요. 저학력층은 그거라도 하지 않으면 살 수 없으니까 어쩔 수 없이 하고 고학력층은 그 돈 을 받으면서 일하느니 차라리 집에 있겠다는 거죠. 차이가 거기서 생겨요.

우리나라에서 고용률을 높이려면 청년층과 고학력 여성의 고용 률을 끌어올려야 합니다. 이들이 아르바이트 자리가 없어서 취업 하지 않는 게 아니에요. 갈만한 일자리를 제공해야 고용률이 올라 가는데 정부는 수치상 고용률을 높이고 노동시간도 줄일 수 있는 파트타임 일자리만 늘리려고 해요.

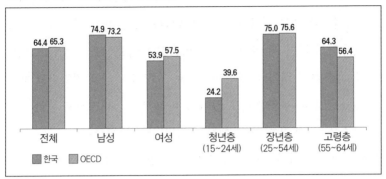

〈그림 4-6〉 성별·연령별(15~64세, 2013년)

출처: OECD, Employment Outlook 2014. 김유선(2015), 《한국의 노동 2016》에서 재인용

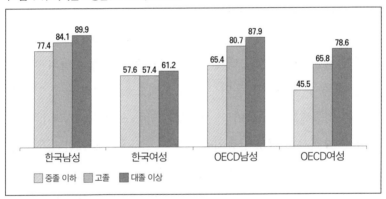

〈그림 4-7〉 학력별 고용률(25~64세, 2012년)

출처: OECD, Employment Outlook 2014. 김유선(2015), 《한국의 노동 2016》에서 재인용

김태동 아버지가 55세 이상 정규직으로 비싼 월급을 받고 있어서 청
년들이 고생한다는 논리를 새누리당이 펴잖아요. 이에 대해서는
어떻게 보시나요?

김유선 공기업에서 정년퇴직을 앞둔 사람들의 급여가 7,000만~8,000
만 원 수준인데, 이들의 월급을 떼어서 젊은 사람들의 월급을 만
들어내라는 건데요. 공기업은 기획재정부가 정원을 관리하기 때

문에 일자리를 만들 수는 있지만, 정부 목표를 100% 충족시켜도 1년에 4,000명까지예요. 그런데 민간기업은 돈이 없어서 직원을 채용하지 않는 게 아니에요. 재벌은 사내유보금을 쌓아놓고 있어도 채용하지 않아요. 임금피크제로 고령자 임금을 깎았다고 해서 신규 직원을 채용할 리도 없어요. 따라서 임금피크제를 통한 고용창출은 1년에 많아 봐야 4,000명이니 극히 제한적이죠.

장세진 반론의 여지는 있을 수 있어요. 그것 때문에 청년들을 새로 채용할 수는 없지만 임금피크제를 시행하지 않으면서 정년을 연장하면 청년들의 취업사정이 더 팍팍해진다는 논리를 펼 수는 있죠.

윤석헌 임금피크제의 문제점도 있어요. 임금피크제는 정년에 가까운 숙련직원, 즉 전문성이 높은 경력직원을 어느 정도 업무에서 물러나게 하는 의미가 있는데 만약 신입직원이 들어와 이들의 빈자리를 메울 수 없다면 노동의 질이 총체적으로 떨어질 수도 있어요. 물론 업종별로 청년들이 더 생산적인 업종도 있고 그렇지 않은 경우도 있겠지요. 예로 금융처럼 경험과 노하우가 중요한 경우는 임금피크제 도입으로 회사가 경비를 절약하겠지만 반면에 생산성 하락이 예상됩니다. 결국 임금피크제란 서로 대체성이 낮은 경력직원과 신입직원 간에 마치 높은 대체성이 있는 듯이 포장해 추진하는 정책으로 보여요.

김유선 고용노동부의 고용보험통계에 따르면 1년에 정년퇴직자가 3만 1,000명이에요. 50대 후반은 1만 8,000명이고요. 공무원이 빠져 있지만 민간 부문에서 50대 후반 정년퇴직자는 많은 수가 아니에요. 정년이 연장된다고 해서 정년퇴직자 수가 지금보다 늘지는 않을 거예요.

윤석현 임금피크제의 도입보다 중장기적으로 어떤 산업을 일으켜서 일자리를 창출할 것인지를 고민해야 해요. 서비스업이나 내수산업처럼 일자리를 많이 창출하는 산업과 그렇지 않은 산업 등으로 분류해 일자리 창출을 산업정책과 연계시키는 정책이 필요합니다. 또 하나는 해외에 나가 있는 재벌기업들을 불러들이거나 최소한 일자리 공급 의무를 분담하도록 해야 합니다. 현지법인이든 뭐든, 이런저런 핑계를 대면서 나가 있는데 분담금을 내든지 해서 그 기금으로 일자리 창출에 사용하는 거죠. 그간 국가의 혜택을 받은 재벌이 국가가 어려울 때 돕는 것은 당연하겠지요.

김태동 FTA 협정에 위반되는지 확인해봐야겠네요.

노동시간 52시간 지키면 일자리 62만 개 창출

이동걸 김유선 박사의 논문에서 우리나라가 OECD 수준으로 노동시간을 줄이면 상당 부분 일자리가 창출된다고 하셨는데, 좀 자세하게 이야기해주시죠.

김유선 주 52시간이 넘는 일자리를 주 52시간까지만 일하게 하고 나머지 시간을 모아서 52시간으로 나누면 일자리가 62만 개 나와요. 주 40시간씩 일한다면 일자리 81만 개가 나오고요. 5인 미만 사업장, 특례산업, 감시 단속적 근로를 제외하더라도 33만~43만 개 정도 일자리가 창출되지요. 유럽연합의 주 48시간 상한제를 적용하면 일자리 수는 더 늘어나죠. 지금처럼 경제환경이 불확실할 때는 노동시간 단축이 유일한 일자리 창출 방안이죠. 물론 보건복지처럼 사회 서비스 부문에서도 일자리 창출은 가능하다고 봅니다.

김태동 교대제를 바꾸는 게 어떻겠냐는 말씀도 하셨죠. 스타케미칼 차광호 씨의 말에 의하면 2교대제를 하는데 12시간씩 일하면서 휴일도 없는 경우가 많다고 합니다. 종업원 몇백 명 수준의 중소기업이 그 정도니까 기업에서 교대제를 늘려서 3교대, 4교대까지 하면 일자리 수가 확 늘 겁니다. 그러면 주가도, 생산성도 올라간다는 실증적인 경험이 있어요. 노동자만을 위한 일이 아니에요.

윤원배 근로시간 단축은 직접 일자리를 창출하지만 효율성 제고에도 영향을 미쳐요. 과로를 벗어나면서 산재가 줄겠죠. 그리고 지금은 가족들과 어울리는 문화가 없잖아요. 그 자체가 우리나라 전체를 크게 바꿀 수 있어요. 게다가 실제로 고용이 늘면 내수는 자동으로 증가하기 때문에 종합적으로 판단하면 기업에도 이익이 될 것입니다.

장세진 기업으로서는 교대제를 바꿀 때 임금감축 없는 노동시간 단축이라고 하면 비용이 많이 든다고 생각하겠죠.

윤원배 그 부분을 잘 설득해야죠. 첫 번째로 산재비용 절감이 있고 두 번째로 노동자들의 건강이 나아져야만 효율성도 올라갑니다. 또 하나는 법을 제대로 적용하면 초과수당에 높은 임금을 지급해야 하는데 이 부분도 많이 줄어요. 대선 후보로도 나왔던 문국현 씨 이야기를 들어보면 실제로 임금을 크게 줄이지 않아도 효율성 향상으로 대체된다고 해요.

김태동 4교대제는 6시간씩이 아닌 12시간씩 일해요. 그러면 두 개조만 일하는데, 나머지 두 조 중 한 조는 쉬고 다른 한 조는 사내교육 또는 사외교육을 받는 형식으로 운영돼요. 일주일에 4일 근무하고요. 그러니까 생산성이 높아지죠.

이동걸 장 교수의 말씀처럼 노조가 임금을 덜 받고 일을 덜 하는 시스템을 받아들일 준비가 되어야 하는데 아직 그 정도는 아닌 것 같아요.

장세진 효율성 임금제efficiency wage라는 관점에서 보면, 노동시간을 줄이면 시간당 임금이 올라가고 그러면 더 뛰어난 자질을 갖춘 사람이 그 일자리로 몰릴 것이고 동시에 재직자의 충성심이 커지고 이직도 줄어 업무숙련도가 높아져서 생산성이 올라가겠지요. 말하자면 주는 만큼 일하게 되겠죠. 다만, 시작단계에서 상호 간에 어느 정도는 양보해야 한다고 봅니다.

이동걸 40시간 일하고 50시간 일한 만큼 임금을 받아야겠다고 생각하면 힘들겠죠. 노조도 40시간 일하는 대신 임금을 줄이겠다는 자세가 필요해요. 삶과 임금을 교환하는 준비도 해야 하고요.

일자리의 질이 삶의 질을 바꾼다

이동걸 이제 노동개혁이나 재벌개혁이 되면 노동자의 99%가 헬조선에서 탈출할 수 있느냐는 주제를 중심으로 말씀해주십시오.

장세진 헬조선이라는 말은 신중하게 사용해야 합니다. 반감을 불러올 수 있어요. 헬조선의 원래 의미가 '일제강점기가 조선보다 더 좋았다'라는 의미라고 해요. 4~5년 정도 전에 일베 쪽에서 나온 말이라는데 그만큼 조선 말기가 엉망이었다는 뜻이죠. 물론 지금은 그 의미에서 벗어나 '대한민국이 조선보다 형편없다'는 말입니다만, 학생을 지도하는 입장에서 우리가 나서서 쓸 필요가 있느냐는 생각이 들어요. 윤석헌 교수의 말씀대로 학생들이 지향하는 시절이 어디인지는 모르겠지만, 아직 한국도 기회 있는 나라라는 희망을 주고 싶어요.

이동걸 그런 의미였군요.

윤석헌 경제민주화 또는 재벌개혁 문제는 대체로 논리가 분명해진 선택의 문제라고 봅니다. 그러나 노동개혁 문제는 개혁의 방향을 잡는 데서부터 쉽지 않습니다. 누구를 위한 개혁인가가 헷갈리니까요. 최소한 현재 정부가 추진하고 있는 노동개혁은 우리가 논의하는 방향과 정반대 방향으로 가고 있지 않습니까? 그래서 노동시장과 노동문제를 더 많이 연구해야 해요. 산업별 특색도 충분히 연구하고 각 산업에 맞는 대응방안도 고민하고 자영업 지원방안도 더불어 생각해야 하고요.

윤원배 정부가 노동문제에 개입하면 사태를 더욱 악화시키는 경우가 많아요. 노사관계는 대립관계만이 아니고 협조관계로 더 좋은 성과를 얻을 수 있다는 점을 인식하고 정부의 간섭 없이 문제가 해결될 수 있도록 노사 양측이 노력해야 합니다.

김유선 현 정권도 노동개혁을, 우리도 노동개혁을 지향하고 있습니다. 그런데 그 내용과 수준이 달라요.

김태동 우리가 원하는 건 OECD 평균 수준입니다.

김유선 청년들의 말을 들어보면 정말 취직하기 힘들어요. 취업 절차만 서너 단계에 이르고 언론에도 나왔지만 면접 단계에서 역사교과서 국정화에 대한 의견까지 물어요. 자기들끼리도 취업과정을 두고 종놈 뽑는 과정이라고 해요. 전반적으로 척박해진 사회적·문화적 분위기가 얼마나 교정될 수 있느냐에 좌우될 것 같아요.

김태동 현 정권의 노동개혁은 개혁이 아니라 개악이에요. 그렇기에 이를 반대하는 노동자와 농민 시민 10여만 명이 '민중 총궐기'로 모였던 거죠. 그러나 현 정권은 주권자들의 의사를 무시하고 집회를 탄압하고 '경제를 살린다'는 미명 하에 개악 정책을 밀어붙여요. 국회의장에게 직권상정하라 윽박지르기까지 하고요. 노사정위원회에서 민주노총이 빠진 데 이어, 저성과자 해고, 취업규칙 불이익개정 등 지침 개악으로 한국노총까지 탈퇴했죠. 일방적으로 재벌 편들기에 노동자를 핍박하는 정권에 어떻게 그들이 협조할 수 있겠습니까? 기간제법 개정뿐만 아니라 파견법 개정도 철회되어야 해요. 저성과자 해고 허용, 취업규칙 불이익 변경 등은 노동자 권리를 크게 침해하는 것으로 법률 개정사항이지, 행정지침 꼼수로 해결될 일이 아닙니다.

임금은 기업에는 비용으로만 보일지 모르지만, 국민경제 전체로는 노동으로 부가가치가 창조되어 임금 형태로 분배되는 거죠. 따라서 임금이 오르고 양질의 일자리가 창출되는 것은 아주 바람직하고 정부는 그런 방향으로 정책을 세우고 추진해 나아가야 해요.

지식노동자의 연구개발 노동에서 단순노동자의 노동까지 부가가치 생산 차원에서 하나도 가볍게 봐서는 안 돼요. 재능과 노력과 땀에는 충분히 보상하고, 반면에 투기는 억제하고 부정부패는 뿌리 뽑아야 하는데, 과연 그렇게 하고 있나요? 오히려 거꾸로 부동산을 통한 투기를 부추기고 부정부패로 감옥에 가야 할 자들은 활개 치며 살게 하면서, 탄압에 저항하는 노동자들과 시민을 감옥에 보내고 있어요. 이렇게 법 집행이 문란한 사회에서는 경제가 꽃필 수 없죠. 부패는 일자리의 적입니다. 공정한 경쟁질서로 중소기업의 기업가와 노동자 들도 사람답게 살 수 있는 세상을 만들어야죠.

출산 여성의 경력단절이 또 하나의 미결과제예요. 충분한 유급 출산휴가 그리고 직장에 돌아왔을 때 불리함이 없도록 빈틈없이 제도를 설계한다면 경력이 중단된 여성을 최소화할 수 있어요.

경제가 양적 성장에서 질적 성장으로 가야 한다는 말은 20년 전부터 나왔는데, 결국 경제를 이루는 노동 일자리가 단순한 노동에서 질 높은 노동으로 가야 한다는 말이죠. 즉 양질의 일자리가 늘어나야 해요. 정부가 연구개발투자에 많은 세제를 지원하는데, 일자리를 늘리는 데도 투자해야 합니다. 정치인이 내세우는 정책과 실현 의지를 비교하고 제대로 투표한다면 '헬조선' 탈출 가능성은 커져요.

이동걸 가짜 노동개혁을 중단하고 민생부터 챙기라는 말을 마지막으로 하고 마무리하겠습니다.

제 5 장

재벌

경제 게임의 룰을 지배하는
변종 포식자

사회자
윤석헌

발제자
최정표

참여자
김태동 · 윤원배 · 이동걸 · 장세진 · 허성관 · 이정우

게스트
김상조

돈으로 쌓은 견고한 성, 재벌

윤석헌 재계財界에서 여러 개의 기업을 거느리며 막강한 재력과 거대한 자본을 가지고 있는 자본가·기업가의 무리, 즉 재벌은 우리나라에만 존재하는 기형적 포식자인데요, 오늘은 경제개혁연대 소장이자 한성대학교 교수이신 김상조 교수를 모시고 토론을 진행하겠습니다. 오늘의 발제자는 최정표 교수십니다. 최 교수께서는 재벌을 세 가지 측면으로 구분했습니다. 첫째 '경제 전체에서의 재벌', 둘째 '개별 기업으로서의 재벌,' 셋째 '경제민주화 정책에서의 재벌'입니다. 이 순서대로 오늘 토론을 진행할 텐데 그동안 재벌 관련 정책 가운데 무엇이 왜 제대로 실행되지 못했고 앞으로의 과제는 무엇인지 등을 논의하도록 하겠습니다.

대한민국 주권은 재벌에서 나온다?

최정표 저는 그 세 가지와 더불어 선거공약, 정치권 관계, 정부, 청와대 관계, 시사적인 문제까지 토론했으면 합니다. 사실 경제 전체에서 볼 때 재벌이 차지하는 비중이 너무 높아요. 일례로 우리 사회, 정치, 경제 어느 부분도 삼성의 입김이 미치지 않는 데가 없죠. 30대 재벌까지 적용해보면 사회 전반을 장악하고 있다고 봐도 될 정도로 모든 힘이 재벌에 집중되어 있습니다.

윤석헌 최 교수가 집필하신《한국재벌사연구》를 보면 재벌문제를 다각화, 가족경영, 비대화로 짚으셨던데요?

최정표 그렇죠. 문어발식 다각화, 가족 중심의 지배와 세습경영, 비대화로 인한 과도한 경제력 집중 등이 재벌의 특징이자 재벌문제의 핵심이죠.

'경제 전체에서 볼 때의 재벌'은 숲을 보는 것이라면, '개별 기업으로 볼 때의 재벌'은 나무 하나하나를 보는 셈입니다. 시장 속으로 들어가 재벌 하나하나의 문제점을 보자는 거죠. 사실 지금 재벌문제는 기업 간에 공정한 경쟁이 안 된다는 거죠. 현 재벌 중에서도 삼성과 삼성이 아닌 기업의 차이가 크고 재벌과 비재벌도 게임이 되지 않아요. 경제 전체가 일극一極 구조로, 견제도 안 되고 경쟁도 없는 시스템이에요. 그 결과, 경제가 빨대 구조가 되었죠. 정점에 있는 놈은 계속 잘나가는데 밑에 있는 놈은 안 죽을 정도로만 유지되고 있는 거죠. 그것이 바로 '경제민주화 정책에서의 재벌' 문제입니다.

이동걸 저는 재벌이 마음대로 사회 전체의 규칙을 바꾸고 사회를 움직여나가는 '룰 벤딩rule bending(규정 변형) 문제'가 가장 심각하다고 봐요. 특히 법·조세·재정 체계가 재벌 편향적인 경우가 많아요. 법인세 공제·감면 혜택이 대표적인 예죠. 2013년 법인세 공제·감면액이 8조 2,000억 원인데 그중 대기업에 76.9%, 중소기업에

23.1%가 돌아갔어요.

2014년 법인세 실효세율을 보면 삼성전자는 15.6%이고 시가총액 상위 10대 기업은 17.9%, 100대 기업은 19.1%예요. 거대기업이 될수록 법인세 실효세율이 낮아지는 경향은 결코 우연이 아니죠. 대기업 편향적 체계가 중소기업 친화적 체계로 바뀌지 않는다면 큰 문제예요. 이렇듯 사회 전체, 경제 전체가 돌아가는 체제에 재벌이 미치는 영향도 논의했으면 합니다.

허성관 다르게 표현하면, '삼성이 망하면 나라가 망한다'는 말이 있어요. 규모가 크든 작든 기업이 망하면 나라가 망한다는 발상은 그간 나라의 정책이 잘못되었다는 방증입니다. 민주주의 국가에서 주권은 국민에게서 나와야 하는데 권력의 중심이 재벌로 옮겨가다 보니 대한민국 주권이 재벌에서 나오고 있어요. 한마디로 재벌 공화국인 거죠.

재벌 건드리면 왕따

이동걸 저도 경제력 집중은 정치의 집중이고 권력의 집중이라는 점에 동감해요. 그래서 제가 참여정부 때 금감위 부위원장직에서 쫓겨났는지도 모르겠지만요. 처음에 삼성생명의 변칙회계 처리문제를 건드릴 때 두려웠어요. 그런데 현안으로 튀어나오니까 건드리지 않을 수 없었는데 막상 하고 나니 대한민국의 모든 사람이 적이 되더라고요. 언론, 관료, 심지어 청와대까지 등을 돌리더군요. 삼성을 건드리면 극소수 개혁적 학자 빼고는 전부 반대편에 서게 된다는 것을 확실하게 알았어요.

김태동 왕따 당한 건가요?

이동걸 글쎄요, 잘잘못의 여부를 떠나 그냥 '너 시끄럽게 하지 마라'
예요. 처음에 '왜 시끄럽게 하느냐'고 그러길래 논리로 맞섰더니
'이동걸은 일 처리를 시끄럽게 하는 사람이다'라고 비난하는 거예
요. 상대편이 수긍하지 않으니까 계속 논쟁할 수밖에 없고 어떻게
해서 언론의 이슈가 되다 보니 시끄러워지고 계속 시끄러워지다
보니 결국 부위원장직에서 내려오게 되더라고요.

김태동 윤원배 교수도 국민의 정부 때 금감위 부위원장이셨잖아요?
4년 임기제였나요?

이동걸 임기는 3년이었는데 윤원배 교수는 국민의 정부 때 1년 반 일
하셨고 저는 참여정부 때 1년 반 일했죠.

김태동 김대중 정권과 노무현 정권이 학자 출신 비관료를 고위직에
임명했다는 것은 그전 정권이나 그 이후 정권보다 상대적으로 개
혁적이라고 볼 수 있는데 중간에 그만두게 된 데는 기득권 세력,
즉 친재벌 세력의 입김이 있었을 거예요.

허성관 제가 있는 그대로 말씀드리면 삼성생명 문제가 터지니까 삼
성 쪽에서 청와대에 있는 D 씨에게 이동걸을 잘라야겠다고 했답
니다. D 씨는 겉으로는 개혁적인 학자인데 삼성과 유착했어요. 소
위 삼성 사람들과 골프를 치는 사이인 거죠. 그 와중에 청와대 지
인들까지 계속 "그 사람 좀 조용히 있으라고 하면 안 돼요?"라고
부추기는 거죠. 여러 명이 한 사람을 폄훼하는 겁니다. 이동걸 교
수가 물러나게 되는 과정을 보면 그 사람이 하는 일의 옳고 그름
을 배제하고 '인간적으로 문제 있다, 일하는 방식이 문제 있다, 시
끄러운 사람이다'라며 문제 삼아 쫓아낸 거죠.

이동걸 제가 경험한 바로는 1단계에서는 '쟤가 뭘 모르면서 좌빨적 성격에 덤빈다'는 거였어요. 그래서 아니라고 설명했죠. 그랬더니 2단계는 논리적 하자가 있다고 공격하더군요. 그 역시 다 설명했죠. 결국 3단계에서는 윗선에서 불러서 '쟤 좀 조용히 처리할 수 없겠냐'며 압박하더군요.

허성관 그게 바로 우리가 반성해야 할 부분인 거죠. 그건 그렇지 않다고 설명하면 들을 때야 다 듣기는 들어요. 그런데 다음에 또 설명해야 해요. 술로 죽이든 인맥으로 죽이든 내 논리에 승복할 수 있을 정도로 상대를 완전히 포섭해야지, 그렇지 않고서는 끊임없이 그런 식으로 접근합니다.

이동걸 제 경험에 의하면 삼성이란 조직은 경제적 힘, 정치적 힘까지 발휘해요. 그뿐만 아니라 우리나라에서는 재벌까지는 아니어도 특정 금융지주사처럼 일단 덩치가 크면 힘이 있더라고요. 당시 비대해진 금융지주사에 문제가 생겨 건드렸더니 삼성생명 때와 비슷한 현상이 나타나더군요. 자산규모나 재력에 의한 힘이라는 게 사실은 내재되어 있는 건데 조직적 힘과 노하우까지 있으니까 암담했죠.

허성관 거기다가 재벌들의 사람관리능력이 참 무섭습니다. 참여정부 시절에 경험한 바로는 삼성 CEO들이 정부 고위직 인사들을 혈연, 지연, 학연 인맥으로 나누어 관리하더군요. 한국에서는 마냥 거부할 수만은 없죠. 밥 한번 먹으면 골프 치러 가게 되고 때마다 선물을 주고받으면서 계속 관계가 이어집니다. 정부의 각 부 장관 담당이 정해져 있고 과장급, 부이사관, 이사관급 등 아래부터 더 철저하게 관리한다고 해요. 그러다가 가령 이동걸을 내쫓자고 타깃이 정해지면 그걸 어디에 얘기하면 처리가 잘 되는지 정확하게 계산해서 다양한 방법으로 목표 달성을 위해 공격하는 거죠.

윤원배 재벌문제를 부문별로 접근하는 것은 문제의 본질을 잘못 보는 겁니다. 정치권 전체가, 최고 권력자들이 전부 연결되었다는 점이 가장 중요하죠. 그러니까 우리나라에서 대통령이 무엇을 바꾸자고 해도 주위 사람들이 다 연결되니까 마음대로 못하는 지경이 된 거죠.

허성관 노골적인 예를 들면 참여정부 인수위가 출발한 직후 어떤 분과에서 참여정부 정책목표를 삼성경제연구소에 용역을 준 거예요. 그때 다들 어이없어했죠.

김태동 삼성경제연구소가 2001년 2월에 《국가전략의 대전환》이라는 책을 냈어요. 당시 노무현 대선 후보 보좌관 E 씨가 그 책을 들고 다니면서 대선공약에 반영하라고 주장했고 결국 일부 반영됐다는 얘기까지 있었어요.

허성관 정책이 좋으면 그럴 수도 있죠. 하지만 당선 후 정권을 창출해 놓은 다음에도 그런다면 문제가 있어요. 재벌이 현실의 정권에 관여하는 경우에는 권력 중심에 사적 이익을 취하려는 내연자가 있다는 얘기죠.

김태동 재벌은 경제만이 아니라 우리나라 전체에서 미치는 영향력이 막강해요. 우리나라 헌법 1조에 '대한민국은 민주공화국이다, 모든 주권은 국민에게서 나온다'고 하지만 실제로 대한민국은 재벌 총수 집안의 공화국이죠. 정치행정은 부패의 자금원이자 부패조직의 핵이고 법치논란의 핵심이 삼성과 여러 재벌이죠. 기회 불균등인 사회, 세습사회, 언론과 교육이 왜곡되는 비정상 사회를 만들고 시민사회까지 오염시키는 오염원이 재벌입니다. 친일파가 청산되지 않은 역사 70년 뿌리도, 우리 5,000만의 생각과 사상까지 지배하는, 황금만능주의나 신자유주의의 뿌리도 전부 재벌입니다.

윤원배 재벌의 힘이 막강할 뿐 아니라 실제로 세상을 지배하고 있죠. 참여정부뿐 아니라 국민의 정부 때도 마찬가지였어요. 그 어려운 경제위기 속에서도 재벌들을 지원해주느라 아주 난리였어요. 당시 대우가 문제 많았죠. 우리나라뿐 아니라 전 세계 금융시장이 한국이 대우를 어떻게 처리하는지 주목하고 있었어요. 그런데 대우가 조건도 기간도 따지지 않고 돈을 다 쓸어가니까 금리가 37%까지 올라서 다른 기업들이 죽는다고 아우성이었어요.

당시 제가 "우리나라가 대우를 어떻게 처리할지 국제금융시장이 주시하고 있기 때문에 대우를 지원해서 살리기에는 우리 경제가 입을 타격이 너무 크다"라고 말하고 다녔더니 청와대 홍보수석 F가 대우가 대선 때 도와줬는데, 네가 이러면 안 된다, 우리 경제를 살리려면 대우를 도와줘야 한다고 설득하더군요. 그때는 그냥 그런대로 지나갔는데 그러다가 경제가 조금 나아지는 것 같으니까 다시 대우를 지원하기 위해 공적자금을 늘리겠다고 나섰어요. 제가 또 반대하니까 출장 간 사이에 사직 처리하더군요.

윤석헌 그게 IMF 시대의 시각이었다면, 요즘 김상조 교수가 관심을 보이는 엘리엇 사건은 최근의 시각이라 할 수 있겠죠. 김 교수가 그 이야기를 해주십시오.

엘리엇, 삼성 황제경영에 브레이크 걸다

김상조 경제 전체에서 재벌의 문제를 '경제력 집중'으로 본다면 경제력이 집중되면서 문제가 생기고 그 결과 집중의 오남용 같은 문제가 시장경제원칙과 민주주의의 훼손으로 나타납니다. 경제력 집중이라는 원인과 그것의 오남용이라는 결과 중 어느 것이 더 중요하다고 말하기는 어려워요. 문제 해결을 위해서는 각각의 영역에서 체계적으로 정책적인 노력을 기울여야 해요.

우선 경제정책 측면에서 경제력 집중 억제 정책과 지배구조 개선 정책이 있어요. 경제력 집중을 억제하기 위한 재벌규제정책 중 일부 또는 상당 부분은 시장경쟁을 제한하는 효과가 나타나는 경우가 많아요. 그래서 우리의 의도와는 무관하게 기존 재벌들, 특히 상위 재벌들의 경제력 집중을 고착화시키는 역효과를 가져오죠. 그런 의미에서 경쟁정책이나 산업정책의 틀을 다시 생각해볼 필요가 있습니다.

또 하나는 엘리엇 사태와 관련해 논란이 된 '지배구조의 문제'예요. 엘리엇을 편드는 건 아니지만 엘리엇의 공격을 통해 지난 10년간 정부와 국회가 하지 못했던 일을 할 수 있는 계기가 마련되었다고 봐요. 물론 그것이 언제나 좋은 결과를 가져온다는 의미는 아니죠. 이 사건 이후 우리가 원하는 삼성의 변화를 앞당길 가능성도 생긴 반면, 소버린 사건(2003년 미국계 소버린 자산운용이 보유 지분을 바탕으로 SK의 경영권을 흔든 뒤 2005년 9,459억 원에 가까운 막대한 시세차익을 얻고 떠난 사건)처럼 사회 전반의 애국심 마케팅, 민족주의적 정서를 강화하는 방향으로 갈 가능성도 생겼죠. 어쨌든 삼성

물산의 임시주주총회에서 합병안건은 간신히 통과되었습니다. 예
상대로 삼성이 광란의 애국심 마케팅을 펼친 결과 국민연금과 소
액주주들이 대거 찬성표를 던진 것이 결정적이었죠.

이는 삼성의 지배력을 새삼 확인시켜준 의미도 있지만, 삼성의
지배구조가 의외로 취약하다는 사실을 드러낸 계기가 되기도 했
어요. 특히 국민연금이 기존 절차를 무시하고 찬성을 결정한 데

〈표 5-1〉 2015년 삼성물산과 제일모직의 합병 추진 일지

5월	26일	삼성물산·제일모직 합병안 발표
6월	4일	엘리엇매니지먼트, 삼성물산 지분 7.12% 취득 공시 보유 주식 현물배당 정관 개정 요구 주주제안서 발송
	5일	엘리엇, 국민연금·삼성 SDI 등에 합병 반대 동참 요구 서한 발송
	9일	엘리엇, 삼성물산 상대 주주총회 결의 금지 가처분 신청
	10일	삼성물산, 자사주 5.76% KCC에 매각 발표
	11일	엘리엇, 삼성물산 자사주 처분 금지 가처분 신청
	12일	공정위, 제일모직·삼성물산 기업결합신고 승인
	18일	삼성물산 이사회, 엘리엇 주주제안 주총 안건으로 추가
	24일	엘리엇, 삼성물산 주주들에게 의결권 위임 요청
	25일	삼성물산, 주주들에게 의결권 위임 요청
	30일	제일모직, 긴급 기업설명회 개최 주주 친화 정책 발표
7월	1일	법원, 주총 소집 통지 및 결의 금지 가처분 신청 기각
	3일	미국 의결권 자문회사 ISS, 합병 반대 권고 발표 엘리엇, 삼성물산 주총 금지 가처분 기각 결정에 항고 국민연금, 삼성물산 보유 지분 추가 취득 11.61% 보유 공시
	7일	법원, 엘리엇 '자사주 매각 금지' 가처분 신청 기각
	10일	국민연금 투자위원회, 합병 찬성 결정
	16일	법원, '주총 결의 금지' '자사주 처분 금지' 가처분 항고 모두 기각
	17일	삼성물산·제일모직, 합병 결의안에 대한 주총 안건 통과
8월	6일	합병 반대 주주 주식매수청구권 행사 종료
9월	1일	통합 삼성물산 출범
	15일	합병 신주 상장

비난 여론이 거세지면서, 기금운용본부장이 교체되었고 기관투자자의 주주권 행사와 관련한 모범규준을 제정하는 데 탄력을 받았죠. 삼성의 이재용 부회장은 얻은 것 이상으로 큰 비용을 치른 주주총회였습니다. 아무튼 경제 정책적인 노력을 분명히 해야 하고 정치적·사회적 측면에서의 민주화를 위한 노력이 결부되어야 해요.

최정표 재벌규제가 시장경쟁을 제한한다는 건 재벌들의 주장인데, 구체적인 사례를 내놓지는 못하고 있어요. 재벌규제는 경제력 집중 완화와 집중된 힘의 남용을 방지하는 것이 목적인데 이는 시장경쟁을 공정화하고 제고하는 방향이라고 봐야 해요.

윤원배 재벌문제는 몸집이 너무 커서 부분적으로 접근해 대책을 내놓으면 역효과가 있을 수 있어요. 총체적으로 접근해야 하는데 사실 어떻게 해야 할지 모를 정도예요.

윤석헌 김상조 교수의 말씀도 대안을 하나씩 내놓기도 어렵고 실효성도 낮을 것이므로 이러한 문제들을 종합적으로 다룰 방안을 찾는 것과 예측 가능성을 높이는 게 중요하다는 뜻으로 이해됩니다.

허성관 현재 재벌의 형태는 천민자본주의의 표상이라고 불러도 될 정도예요. 빨대 경제구조로 재벌 2세가 기업을 승계했는데, 2세 또는 3세가 '을'의 입장이 되어본 적이 없다는 게 문제죠. 과거 개성상인들은 아들이 '을'의 입장에서 성공해야 사업을 물려주었어요. 소위 차인제도差人制度를 활용했죠. 예를 들어 제 아들을 윤 교수께 보내서 배우게 하고 윤 교수는 아들을 장 교수께 보내 경영에 관한 가르침을 받게 하는 거죠. 어느 시점이 지나 능력이 길러졌다 싶으면 모 지점의 지점장을 시키고요. 그때부터 아들이 본인의 생각대로 일해서 이익이 나면 주인과 반씩 나누는 겁니다. 그 과정에서 2, 3세들은 철저히 '을'의 입장을 경험하게 돼요. 1960년대 초반만 해도 우리나라에서 이런 예들이 종종 있었는데 이후로는 전혀 없네요.

재벌이 지배하는 유통업

윤석헌 이제 주제를 조금 바꿔서 경제 내 산업부문에서 일어나는 문제들을 구체적으로 얘기해볼까요?

최정표 재벌 문제가 특히 심각한 곳이 유통업이에요. 유통업은 서민경제에서 재벌경제로 완전히 바뀌었어요. 재래시장도 골목상권도 사라지기 직전이죠. 지방 부자들이 운영하던 극장도 사라졌어요. 서민들이 영세하게 꾸려가던 가게들을 재벌들이 다 먹어버렸으니까요. 편의점이 구멍가게를, 대형마트가 재래시장을 잠식하면서 몇 개 재벌이 우리나라 유통사업을 모두 장악한 구조가 되었죠.

윤석헌 결과적으로는 영세 소상인들의 사업이 힘들어지고 소득창출이 어려워지면서 가계부채가 늘어나는 식으로 악순환이 이어지는 거죠. 재벌문제의 이면에 중소기업 하청문제와 자영업자의 어려움이 공존하는데, 결국 기업의 양극화 문제로 이어지고 있습니다.

장세진 그 원인은 경제정책과도 관련될 텐데요. 얼마 전 중소사업체가 서울 하수처리사업을 따내면서 대기업과 맞서고 있다는 소식을 들었어요. 대기업에서 제시한 하수처리기술이 이치에 맞지 않아 그건 말이 되지 않는다며 관료들을 설득하면 그들은 '대기업은 나중에 문제가 생겨도 어떻게든 해결해주지만 중소기업은 그렇지 않다'고 하며 결국 대기업을 선택한대요. 기술적으로 봐도 대기업의 기술은 무리라고 아무리 설명해도 마이동풍이라고 합니다. 대기업에서는 교수들을 회유해서 자기네 기술이 타당하다고 억지를 부리고요. 기본법칙에도 어긋나는 수치를 인용해 떼를 쓰는데 대항할 방법이 없대요.

윤석헌 결국 관료들이 재벌의 편일 수밖에 없다는 말씀이네요.

장세진 관료들도 소비자들도 재벌 쪽이 안전하다고 느끼는 거죠. 운동화 하나를 살 때도 재벌이 불량처리를 더 쉽게 해준다며 선호하는 경향이 있죠.

이동걸 그뿐만이 아니에요. 과거에는 중소기업들이 소비자에게 직접 생산품을 팔 수 있었는데, 이제는 재벌이 유통체인을 장악하면서 소비자와 직접 대면할 수 있는 판로가 완전히 막혔어요. 재벌에 포위되어 형성된 경제 생태계, 그 결정체가 바로 재벌의 유통업 장악입니다. 물론 재벌이라도 구매하지 않을 수 없는 기술특허를 가진 기업이나 해외판로를 개척한 기업은 재벌과 거래하지 않겠다고 배짱부릴 수 있어요. 그런데 그 외의 중소기업들은 아무리 좋은 제품을 생산해도 대형마트를 통하지 않으면 소비자와 접촉할 수 없으니 결국 재벌의 손아귀에 잡혀 있는 셈이죠.

윤석헌 질문이 하나 있습니다. 소비자가 지역 내 작은 가게가 아닌 대형쇼핑몰로 쇼핑하러 가는 건 미국도 마찬가지죠. 그렇다고 미국 내 유통권을 재벌이 장악했다고 보지는 않잖아요. 미국의 경우와 우리나라의 경우 간에 어떤 차이가 있고 또 우리에게 주는 시사점은 무엇인지요?

최정표 미국의 경우 재벌이 없어요. 소유와 경영이 분리되고 경영이 투명한 대기업만 존재할 뿐이죠. 그리고 시장경쟁도 철저하고요. 여기에서 재벌은 가족 기업입니다. 미국은 반독점법이 엄격해서 큰 기업이라도 횡포를 부릴 수 없어요.

김상조 우리나라도 세계의 유통채널 발전과정을 비슷하게 거쳤어요. 처음에는 독립적인 도매상 위주 유통채널이었다가 점차 제조업체들이 직접 유통망을 만든 대리점 시스템으로 바뀌었죠. 그다음이 유통전문업체에 의한 시스템이고요. 우리나라뿐 아니라 전 세계적으로 일반적으로 일어난 변화죠. 유통전문업체가 발전하면서 제조업체보다 힘이 세지는 건 어쩔 수 없는데, 문제는 한국 시장이 너무 작다는 거예요. 어떤 산업 분야도 2~3개 업체만 들어가면 시장이 포화돼요. 그러다 보니 중소기업이 대기업의 거래를 거절할 수가 없어요. 기껏해야 거래할 수 있는 대기업이 2~3개뿐이고 그 2~3개의 대기업도 총수 일가에 의해 왜곡된 전략을 취한다는 문제가 겹쳐 있는 거죠.

저는 중소기업을 발전시킬 수 있는 중요 정책 중 하나가 '판로 개척'이라고 봐요. 대기업의 횡포를 없애는 정책도 필요하지만 국내 시장을 넘어서는 판로를 개척하는 정책이 필요해요. 그 대신 중소기업들이 해외에 혼자 나가기 어려우니까 중소기업 간 협업 체제를 만들어주는 것이 문제 해결의 열쇠가 되지 않을까 싶어요.

이동걸 유통업에서 재벌의 폐해를 줄이는 해결책은 판로개척으로 귀결되는데요, 해외 판로를 뚫어주자는 차원에서 지난 대선 때 KOTRA(대한무역투자진흥공사) 자원을 중소기업으로 돌리라는 제안을 내부에서 했는데 중간에 무산됐죠. 왜 대기업의 물건을 팔아주는데 KOTRA가 앞장서느냐, 모든 재원을 중소기업의 물건을 팔아주는 데 집중하라는 거였죠. 정확히 기억하지 못하지만 국민의 정부 때부터 나왔던 대안이 전국 대도시에 중소기업 상품 전용 백화점을 수십 개 만들자는 거였어요. 홈쇼핑을 중소기업 전용채널로 만들어주자는 제안도 있었고요. 1999년 말 목동에 '행복한백화점'을 오픈했는데, 중소기업 전용백화점은 그것으로 끝났습니다. 그리고 2012년 말에 '홈&쇼핑' 채널을 개설했죠.

홈&쇼핑 채널은 중소기업중앙회, 중소기업유통센터, 중소기업은행, 농협중앙회 등이 공동으로 설립한 회사인데, 중소기업 제품의 방송비율을 80% 이상으로 한다는 조건으로 방송채널이 허가됐습니다. 그런데 아쉽게도 홈&쇼핑의 판매수수료율이 30%를 넘어 대기업 계열 홈쇼핑 채널 못지않은 데다 이익을 너무 많이 내려고 해서 공공적 성격으로 허가된 취지가 무색하다는 비판을 받고 있어요.

그 외에 중소기업 아이디어 혁신제품의 판로를 지원한다는 목적으로 중소기업유통센터가 '아임쇼핑'이라는 중소기업 전용판매장을 전국에 14개 오픈했습니다. 그런데 말 그대로 20~30평 규모의 소규모 매장에 불과하고 그나마 판매부진이 심각하다고 해요. 원래 취지는 그보다 더 많은 수의 대형 백화점을 만들자는 것이었는데 그것이 소규모 매장으로 대체된 셈입니다. 그야말로 용두사미지요.

윤석헌 동반성장위원회에서 중소기업 적합업종을 지정하잖아요? 처음에는 힘 있게 추진하더니 서서히 힘이 빠지고 있어요. 그동안 중소기업 적합업종 지정 및 재지정 등을 추진해왔는데, 업종 수도 줄고 힘을 받지 못하는 상황이에요. 국내 산업 정책상 매우 중요한 기능을 수행할 수 있는 조직인데 안타깝습니다.

김태동　새 정권이 들어서고 초기에는 재벌의 횡포를 규제하는 조치가 도입되는데, 잘해야 1년 정도 가고 그다음 4년은 재벌의 반격으로 재벌에 더 유리하게 제도가 바뀝니다. 민주정부 10년간에도 그랬는데 2008년 이후 친재벌정권에서는 집권 첫해부터 노골적으로 재벌 세상을 만들어주기에 바빴죠. 결국 1987년 공정거래법에 재벌규제가 도입될 때에 비해서도 재벌총수들이 더 활개 치는 세상이 되었어요.

허성관　제가 부산에서 경영대학 교수로 있으면서 중소기업 CEO들을 만나 보니 대기업에 납품하지 않는 세상에 살고 싶다는 게 대다수의 희망사항이었어요. 그렇게 된 데는 몇 가지 요인이 있어요. 첫 번째는 대기업에서 중소기업이 겨우 생존할 수 있는 수준에서 납품가격을 책정하기 때문이에요. 두 번째는 기술특허심사 과정이 오래 걸리는데 그동안 대기업이 해당 중소기업의 기술을 조금만 바꿔서 특허를 신청해요. 그러면 늦게 신청한 대기업의 특허가 오히려 먼저 나오는 경우가 있다는 거죠.

김태동　제가 조성구 얼라이언스시스템 전 사장을 여러 번 만났는데 그분의 사연은 더 기막혀요. 지난 2002년 신기술을 가지고 삼성 SDS의 협력사로 우리은행 전산망 개선을 위한 시스템을 구축하는 사업 입찰에 참여했어요. 그런데 이 과정에서 삼성 SDS 측이 애초 논의했던 입찰조건인 300명 접속 사용자 제한이 아닌, '무제한 접속 사용자 조건'으로 계약하면서 150억 원가량의 손해를 입었어요. 조성구 전 사장이 삼성 SDS 측의 행태를 뒤늦게 알고 사기죄로 고소했는데 검찰은 묵살했고 결국 기업사냥을 당해 회사까지 잃고 알거지가 되었죠. 여러 번 언론에 보도되었지만 막강한 삼성과 비호세력에 유린당한 대표적인 사건이에요.

윤석헌 무한한 재벌과의 싸움에서 밀리는 형국이군요. 2014년 말에는 대한항공 땅콩회항 사건이 있었잖아요. 대한항공 회장의 장녀인 조현아 전 부사장이 활주로에서 이륙하기 위해 움직이던 비행기 안에서 승무원의 서비스를 트집 잡아 비행기를 돌려세웠죠. 조현아 전 부사장의 행동으로 당시 승객 250여 명을 태운 비행기의 출발이 20분가량 지연되었고요. 경영권 세습이 빚은 웃지 못할 해프닝이었는데 어떻게 보십니까?

황제경영, 가족경영이 낳은 오너리스크

최정표 소위 말하는 '황제경영', '가족경영'이 낳은 폐해죠. 실제로는 법적인 직책 없이 실권을 행사하는 배후경영이 문제예요. 법적으로 책임이 없으므로 결국 책임경영, 투명경영이 되지 않고 견제도 없으니 독주하게 되죠. 따라서 재벌총수와 그 일가의 무소불위 권한에서 비롯된, 즉 제반의 비민주성에서 비롯된 문제들이 재벌 내부에 있어요. 더불어 경영권이 세습되지 않으면 문제 삼을 필요가 없는데 그렇지 않으니 심각한 문제죠. 2, 3세들이 기업을 제대로 경영할 능력이 있는가, 검증되었는가, 훈련받았는가 등 기업가 정신도 반드시 논의되어야 해요.

이동걸 소문에 의하면 인하대학교 재단 이사회를 할 때 조현아 대한항공 전 부사장이 총장에게 서류를 집어 던졌다고 하던데 사실인가요?

장세진 총장이 물러난 건 사실이에요. 그래도 아버지 친군데 어떻게 그랬는지 모르겠어요. '을'의 경험이 없으니 그런 거겠죠.

김상조 우리나라는 그룹마다 총수의 위상이나 역할이 달라요. 삼성을 예로 들자면 외환위기 이후에 구조조정을 거치면서 오히려 세계 기업으로 발돋움했는데 그 과정에서 가장 큰 공로자가 이건희 회장이 아니라 이학수 부회장이에요. 이건희 회장은 25년간 재임하면서 직접 비즈니스 관련 의사결정을 내린 적이 거의 없어요. 그 전까지는 아버지의 가신들에게 둘러싸여 있었는데 이병철 회장이 1987년에 타계하고 2세 총수가 된 다음 1993년 프랑크푸르트에서 신경영을 선언하면서부터 친정을 시작했어요. 그때부터 진행한 프로젝트 3개를 죄다 실패했어요. 당시 폐암 수술을 받으면서 이후에는 거의 경영에 개입하지 않았고요. 그러면서 이학수 부회장 스타일의 재무쟁이들이 그룹을 관리하는 시스템이 됐죠. 오히려 그게 삼성의 성공 비결이었다고 할 수 있겠죠.

　문제는 그 삼성의 성공 비결이 지금 깨졌다는 거예요. 최지성 부회장은 이학수 전 부회장 같은 능력과 카리스마가 없고 현재 삼성의 미래전략실은 일사불란하지 못해요. 미래전략실 인원 100여 명이 그룹의 모든 정보를 수집해서 합리적인 판단을 내릴 수가 없어요. 그뿐만 아니라 그동안 삼성이 너무 성공했기 때문에 성공의 역설이 있어요. 가장 대표적 증거가 엘리엇 사태입니다.

허성관 삼성서울병원의 메르스 사태 역시 대표적 사례죠.

이동걸 견제와 균형이 없는 비민주적 제도의 병폐를 보여주는 예죠.

김상조 삼성의 문제가 더 큰 이유는 그들이 1등이라는 거예요. 그래도 2~3등은 1등을 바라보며 바꿀 수 있는데 1등은 전략을 바꾸지 못하니까요.

윤석헌 30대 재벌 상황은 어떤가요? 그쪽도 아버지 총수, 아들 총수, 딸 총수 시스템인데 그들이 그럴 만한 능력이 있을까요?

김상조 효성그룹이 한때 4~5대 재벌이었어요.

김태동 창업할 때는 삼성 이병철 씨와 동업했죠.

김상조 예. 비록 지금은 재계순위 30위 수준까지 떨어졌고 둘째가 집을 나가서 형을 고발한 상황이지만요. 재벌 3세들과 현재 재벌의 문제를 주제로 이야기를 나눈 적이 있는데 두 가지 리스크가 있다고 해요. 첫 번째는 좋은 교육을 받았지만 도전정신을 상실한 무능한 3세예요. 일감 몰아주기로 돈 벌 생각만 한다는 거죠. 두 번째는 정보를 왜곡하는 가신이에요. 과거 한국경제도 재벌도 그 규모가 작았을 때는 총수가 꼭대기에서 보면 다 보였는데 지금은 아니니까요.

이동걸 재벌 시스템에서 벗어나지 않으면 안 된다는 증거죠. 소수가 관리할 수 없는 경제와 기업의 규모로 커가고 있는데도 여전히 몇 사람이 재벌을 관리하고 있기 때문에 나타나는 부작용 아닌가요?

윤원배 그러니까 답답한 거죠. 바뀔 가능성이 있으면 희망이라도 있지, 오히려 그 사람들은 아까 허 교수의 말씀대로 대우사태를 보면서 방어벽이 강해졌어요. '나도 잘못하면 K 회장처럼 되겠구나'라는 생각을 하면서 말이죠. 분명히 자기들도 문제가 있다고 알면서도 나는 그렇게 되기 싫다는 생각에 모두 망하는 길로 가고 있는 게 아닌가 하는 생각이 들어요.

윤석헌 재벌세습과 관련한 개선방안이 나와야겠군요.

최정표 세습하지 않으면 해결되겠지만 재벌들은 세습을 포기하지 않겠죠? 그러니까 나라와 재벌이 함께 몰락하는 길로 가는 거죠. 재벌의 투명성 문제도 같이 생각해봐야 합니다. 내부 견제장치가 없으니 황제경영을 해요. 소수 주주권을 강화해 소액주주가 대주주를 쉽게 견제할 수 있도록 상법을 개정하고 전자투표제 의무화, 집중투표제, 독립감사위원회 등을 도입하면 내부 투명성을 확보할 수 있습니다.

재벌유지수단인 내부출자를 막으려면

최정표 이제 '내부출자', '내부거래', '사익편취'를 한꺼번에 논의하도록 하겠습니다. 내부출자는 재벌유지수단이에요. 상호출자, 순환출자와 같은 거죠. 가공자본을 통제하는 것이 출자총액제한제도(이하 출총제)인데 현재 없어졌죠. 내부거래는 김상조 교수가 많이 지적하는 사항인데 계열사끼리 하는 수의계약 거래로, 공정위에서 이야기하는 부당내부거래, 몰아주기 거래와 같은 거죠. 여기서 사익편취, 편법상속, 불공정한 재벌 확장 등이 일어나요. 회사의 이익과 총수의 이익이 충돌하는데 총수의 이익 위주로 거래를 수행하는 거죠. 내부에서 행해지면서 재벌세습수단으로 많이 이용됩니다. 이런 게 사전상속으로, '경영권 세습'까지 가요. 탈세, 증여 등도 일맥상통합니다.

이동걸 이런 것들만 근절해도 재벌문제가 많이 해결되죠. 이런 창의(?)적인 방법으로 회사 돈을 편취하는 거잖아요.

윤석헌 결과적으로 소액주주들의 이익을 편취하는 거죠.

윤원배 역대 정부의 재벌 대책을 보면 항상 한발씩 늦어요. 재벌들이 거의 행동을 끝낼 무렵에서야 정부나 국회 같은 입법기관이 법을 만드는 식이죠. 순환출자만 봐도 시민단체가 금지를 주장할 때 바로 법을 만드는 것이 아니라 재벌들이 버티다가 도저히 버틸 수 없어 양보하면 그때야 입법해요. 그렇게 해서 만들어진 법조차 재벌들이 빠져나갈 구멍도 여럿 만들어주고 힘들여 만든 법도 제대로 지켜진 적이 없어요.

이동걸 재벌의 불법·편법 상속문제는 노무현 대통령이 상속증여를 포괄적으로 규정해서 해결하려고 했어요. 구체적으로 규정해놓으면 우리처럼 문구 위주로 해석하는 체계에서는 법망을 빠져나가기가 쉽지 않습니까? 수백, 수천 개 규정을 만들기 전에는 말이죠. 어떻게 법을 해석·적용하느냐의 문제라서 도둑 잡기 정말 힘들죠.

윤석헌 출총제를 포함해 내부출자를 통제할 수 있는 법과 제도에 대해 말씀해주시죠.

최정표 공정거래법에서 내부출자를 규제하는 수단으로 출총제가 있었죠. 1987년에 출총제를 도입해서 시행할 때만 해도 제법 강력했는데 재벌들이 끈질기게 물고 늘어져서 예외규정을 10개 정도 만들어 무력화시켰어요. 노무현 정권 때는 출총제를 유지하되 졸업을 통해 출총제 대상을 줄이는 졸업제도까지 만들었고요. 그나마도 출총제가 있으면 재벌들이 불편해하니까 이명박 대선 후보가 없애겠다고 공약했고 결국 2009년에 폐지했죠.

그룹 계열사들끼리 돌려가며 자본을 늘리는 순환출자도 문제예요. 박근혜 대통령은 금지를 공언했지만 기존의 순환출자는 묵인하고 신규만 금지했어요. 재벌들을 통제하려면 예전 방식으로는

〈표 5-2〉 출총제 적용 기업집단 계열사 추이

	2001년	2007년	2011년
	(출총제 부활)	(사실상 폐지)	(폐지 상태)
삼성	64개	59개	78개
현대자동차	16개	36개	63개
SK	64개	57개	86개
롯데	31개	44개	78개
LG	44개	31개	59개
두산	21개	20개	25개
한화	27개	34개	55개

출처: 공정위의 기업집단포털 오프니(OPNI)

안 돼요. 출총제를 재도입해도 예외 없이 강력하게 실행해야 하고 순환출자를 완벽하게 금지하는 방식이 있어야 내부출자 문제를 해결할 수 있어요.

윤석헌 출총제 폐지 이후 어땠나요?

최정표 이명박 정권 초기에 출총제를 없애고 나서 계열사가 급속히 늘었어요. 출총제는 재벌들이 엄청나게 반발했던 제도라 재도입하기 어려울 거예요.

이동걸 재벌들이 출총제 폐지를 맛보았는데 다시 출총제를 도입하기는 어렵죠. 따라서 규제완화는 신중히 해야 해요.

김태동 다른 나라에도 우리나라 재벌과 유사하면서 순환출자를 하는 기업이 있나요?

최정표 재벌이 없는 일본에서는 기업들이 순환출자로 구성되어 있어요. 두 개 회사가 직접 상대방에 출자하는 직접 상호출자도 하는데 거긴 오너가 없어요. 소유와 경영이 분리되어 회사끼리 주고받으니 적대적 M&A를 못해요. 일본 회사들끼리 거미줄처럼 얽혀 있으니까 미국이 일본 회사는 먹기 힘들죠. 오너경영체제가 아니면 순환출자도 괜찮다고 봐요.

김태동 그럼 최 교수가 재벌총수라면 여러 내부출자 규제 정책 중에서 어느 것을 결정적으로 싫어할 것 같으세요?

최정표 출총제를 가장 반대하겠죠. 왜냐하면 계열사 출자가 재벌을 유지시키는 중요수단이니까요. 지금도 직접 상호출자는 금지되어 있어요. 그런데 3개 회사 이상이 돌아가면서 하는 순환출자는 한 단 말이에요. 출자총액이 제한되어 있으면 순환출자에도 한계가 있는데 출총제가 없어졌으니 이제 무한으로 할 수 있는 거죠.

김태동 기존 출총제의 기준이 순자산의 40% 이하였나요? 순자산은 총자산에서 부채를 뺀 거죠. 외환위기 전에는 자산도 많지만 부채도 만만치 않아서 순자산이 총자산에 비해 적었잖아요. 지금은 5대 재벌의 경우 부채비율이 많이 축소됐어요. 총자산 대비 순자산 비율이 높아졌으니까요. 그런 현실적 변화를 도외시하고 1987년 버전처럼 순자산의 40%로 제한한다는 건 말이 안 되죠. 변화를 고려해서 지금은 순자산의 20%까지 제한해도 1987년의 순자산 40% 효과는 있을 것이라고 보시는 거죠?

최정표 그 정도 규제를 도입할 수 있으면 엄청난 일이죠. 그런데 하지 못할 거예요. 현 출총제를 재도입해서 순자산 20% 정도로 제한하면 좋은데, 재벌들은 싫어할 테니까요. 이명박 대통령이 오죽하면 당시 출총제가 이미 무력화되었는데도 공약으로 내밀고 당선되자마자 없애줬을까요? 그러고 나서 1~2년 사이에 재벌들 계열사가 하고 싶은 업종을 다 넣고 20~30개씩 늘렸어요.

윤원배 그런데 이게 중소기업 지원 정책과도 상당히 밀접하게 관련 있다고 봐요. 사실 중소기업에 주는 혜택이 많은데도 실제 중소기업들이 아닌 오히려 대기업 자회사가 지원받고 있죠.

최정표 현재 중소기업 지원책 중 대부분이 사실상 대기업 지원정책이 되어버려요. 대기업이 중소기업에 빨대를 다 꽂고 중소기업이 죽지 않을 만큼만 남긴 채 빨아먹기 때문에 중소기업에 아무리 지원해도 재벌로 가버리죠. 농어촌 지원 정책으로 농어촌에 돈을 풀면 학자금이다 뭐다 해서 하룻밤 사이에 서울로 올라오거든요. 똑같아요. 중소기업 지원금도 결국은 대기업으로 간다고 보면 돼요. 재벌이 착취하지 못하게 정책을 마련해야 중소기업 지원이 제대로 되는 거예요.

이동걸 그걸 트리클 다운trickle-down effect(낙수효과)의 반대말로 외국에서는 트리클 업trickle-up effect(빨대 효과)이라고 하더라고요. 선진국에도 있는 현상이지만 우리나라에서는 재벌 때문에 특히 심각합니다.

윤원배 대기업에 종사하는 사람들이 머리가 좋아서 그런지 몰라도 정책을 만들기만 하면 대기업으로 그 혜택이 전부 가요. 연구개발비 투자촉진을 위한 지원정책을 도입하니까 일단 공장건물부터 크게 지어놓고 연구개발비에 투자했다고 돈을 받아가요. 재벌들은 부동산 투기를 하면서도 정부의 지원을 받는 것이죠.

최정표 정부의 정책이 얼마나 왜곡되나 하면요, 김영삼 정부 때 재벌의 문어발식 영업을 규제하기 위해 주력업종을 정해서 하라는 '주력업종제도'를 펼쳤어요. 주력업종을 키우려면 비주력을 매각하고 처분하라는 식으로 관료들이 유도해야 하는데 주력업종에 지원해주니까 결국 이 지원을 가져다가 비주력업종에 써요. 결국 비주력업종에 지원한 셈이나 마찬가지가 되었죠. 정말 놀랄 따름이에요. 재벌문제를 해결하지 않으면 관료들이 정책을 제대로 펼 수가 없고 대한민국 경제에 앞날도 없어요.

수상하고 부당한 내부거래

김태동 이제 내부거래 문제를 좀 다뤄볼까요?

최정표 대표적인 내부거래가 일감 몰아주기예요. 계열사 중에서 오너 가족의 지분이 많은 계열사에 집중적으로 혜택을 주는 거래를 하는 거죠. 예를 들어 모 재벌이 수송업을 하던 계열 중소기업에 집중적으로 일감을 몰아줘서 일약 대기업으로 키웠죠. 지원받은 계열 중소기업은 아들의 지분이 많았으니 실질적으로는 상속한 거나 마찬가지죠.

이동걸 그런 식으로 해서 투자수익률이 백 배에서 이백 배 넘은 거 아닙니까?

김태동 그러다가 증권시장에 상장하니까요.

이동걸 그 돈으로 상속하고 지배구조를 유지하잖아요?

김태동 삼성에버랜드나 삼성 SDS, 다 그렇죠.

최정표 그뿐 아니라 대기업에 납품하는 회사 가운데 계열사와 비계열사를 비교해보면, 비계열사의 영업이익률을 3%라고 가정했을 때 계열사는 9% 가까이 돼요. 계열사의 영업이익률은 원청사와 큰 차이가 없는데 비계열사는 죽지 않을 정도로만 이익률을 설정해주거든요.

윤원배 그런 차이를 금하는 규제가 없나요?

최정표 공정거래법에 부당내부거래는 금지하고 있는데 그 부당성을 공정위가 입증할 수 없어요. 시장거래와 비교해서 부당하다는 걸 입증해야 하는데 쉽지 않으니까 부당거래로 제재한 건은 몇 건 안될 거예요.

윤석헌 시장거래 자체가 투명하지 않아 입증하기 어려운 점도 있겠습니다. 여기서 공정거래법 얘기를 좀 해볼까요? 김상조 교수가 말씀해주세요.

김상조 선생님들, 앞으로 공정거래법에 크게 기대하지 마십시오. 제가 보기에는 우리나라 공정거래법이 규제라는 측면에서 한계까지 왔어요. 여기서 규제를 더 강화한다는 것은 정치적으로 쉽지 않을 뿐더러 경제적으로도 부작용이 더 클 수 있습니다.

경쟁법인 공정거래법이 불공정거래를 규제하려면 두 가지 조건이 성립해야 해요. 하나는 부당하게 경제적 이익을 제공했다는 '부당성'이, 그리고 여기에 더해 그 행위로 인해 '시장에서 경쟁성이 제한되었음'이 입증되어야 합니다. 사실 부당성 입증도 쉽지 않거니와 시장에서 공정경쟁을 제한했다는 입증은 더 어려워요. 특히 하도급 거래에서 말이죠.

그리고 상호출자와 순환출자 규제 역시 법으로 하는 규제는 별로 효과가 없습니다. 그 이유가 뭐냐? 재벌의 지배구조가 순환출자로 만들어졌다고 하지만 그룹마다 출자구조의 특성이 굉장히 달라요. 솔직히 삼성은 순환출자와 관계없어요. 순환출자가 그룹 지배구조의 핵심인 경우는 현대자동차와 현대중공업 정도예요. 대부분은 당장 순환출자를 끊어도 총수의 지배력 유지에 타격이 없어요.

김태동 삼성도 문제가 있기 때문에 삼성물산과 제일모직이 합병한 것 아닌가요?

김상조 그건 순환출자가 아닙니다. 엄격하게 말하면 순환출자는 'A→B→C→A' 구조의 출자를 일컫는데, 삼성의 경우 C에서 A로 가는 고리가 상당히 약해서 없어도 상관없을 정도예요. 그리고 지난 1년 반 정도 이른바 삼성의 계열사들을 합치고 나누는 사업 재편과정에서 순환출자가 많이 없어졌어요. 심지어 롯데 같은 경우 과거에는 1만 개가 넘을 정도로 순환출자가 있었는데 최근에 400개 정도로 줄었어요. 형제간 경영권 분쟁 이후 더욱 많이 줄어서 2015년 10월 현재는 67개만 남았죠. 아무 부담 없이 그렇게 줄였던 거죠. 가공자본을 만드는 과정 중 하나가 순환출자일 뿐인 겁니다. 그리고 또 하나 금융계열사 출자가 지배력에 핵심역할을 하는 그룹은 삼성 딱 하나예요. 그룹마다 소유지배구조의 특성이 다르기 때문에 공정거래법상 하나의 규제장치로 30대 그룹 모두의 소유지배구조를 해결할 수는 없어요.

김태동 순환출자 방법에 동의하시나요?

최정표 저는 출총제를 도입하자고 했어요.

김상조 순환출자 규제와 출총제는 전혀 다른 이야기입니다. 예컨대 현재 딱 두 그룹만 문제 되는 순환출자를 제재할 경우 그 두 그룹 은 가진 자원을 총동원해 전 방위적으로 로비할 테죠. 반대로 금융계열사 출자 관련법을 고치려고 하면 삼성이 로비하겠죠. 이처럼 타깃이 정해져 있고 직접 규제가 가해지는 방식은 정치적 논란이 일면서 법을 만들 수도 없고 설사 만들었다고 해도 효력이 사라질 수 있어요. 오히려 재벌소유 지배구조가 의외로 취약해서 비교적 간접적으로 접근할 수단이 더 많아요. 그게 바로 상법적 수단인데 더 효과적이죠.

윤석헌 엘리엇 사태는 어떤 방식이죠?

김상조 이번에 엘리엇이 들고나온 방법은 간단합니다. 주식 7%를 쥐고 흔들면서 삼성의 합병계획안이 주주에게 불공정했다고 문제를 제기해 삼성의 승계 프로그램이 폐지될 뻔한 상황까지 이른 거예요. 이 방법은 모든 기업에 적용할 수 있고 훨씬 효과적일 수 있죠. 그렇다고 해서 공정거래법을 통한 정부의 직접 규제가 불필요하다는 말은 아닙니다. 정부의 규제는 시장의 공정한 룰을 만드는 정도고 그걸 넘어서 특정 타깃의 특정 문제를 해결하는 방식을 규제방식으로 접근하는 것은 효과적이지 않아요. 과거 재벌개혁이 성공하지 못한 주요인 중 하나라고 생각해요.

또 하나 말씀드리면 순환출자 금지와 관련해 문재인 후보와 박근혜 후보의 가장 큰 차이가 '모두 금지'와 '신규 금지'였잖아요? 신규만 금지하는 박근혜 후보의 공약은 경제민주화가 후퇴한 것이고 그걸 법으로 정해봐야 의미가 없다고 야당이 비판했지만 실제로는 효과가 있어요. 신규 순환출자 금지는 새로운 순환출자를 금지할 뿐 아니라 기존의 순환출자 강화 역시 신규에 들어가기 때문에 제재하는 효과가 있는 겁니다.

삼성에 순환출자 고리가 8개 정도 있는데, 이번에 제일모직과 삼성물산이 합병하는 순간 순환출자 고리가 강화되는 부분이 생기기 때문에 엘리엇이 공정거래법 위반이라고 문제를 제기했던 거예요. 법 규정만 보고 재벌개혁의 성공과 실패, 의지의 강약을 판단하기보다는 현실을 정확히 분석하고 문제점을 지적하면서 얼마나 일관되게 나가느냐가 더 중요해요.

이동걸 재벌개혁을 법으로만 할 수는 없는 것이, 우리가 법망의 루프홀loophole(법률상 허술한 구멍)을 잘 모르기 때문에 법을 만들어도 재벌들이 빠져나갈 것이라는 가능성을 이야기하잖아요? 그런데 사실 박근혜 후보의 신규 순환출자 제한이 예상외의 효과를 낸 것은 역 루프홀이거든요. 신규 순환출자만 제한하면 재벌들에 절대 영향이 없을 것이라고 본 거였죠. 재벌들도 비슷하게 생각했을 겁니다.

김상조 사실 전경련은 신규 순환출자만 금지하더라도 나머지 그룹 역시 문제 될 것을 알고 있었어요. 그래서 문제를 제기했는데 대선에서 쟁점이 되었기 때문에 박근혜 후보 쪽에서 신규 순환출자를 추려낼 수가 없었죠.

이동걸 그래서 법에 기대하지 말라고 하지만 그래도 공정거래법에 기댈 여지가 있다는 말씀 아닌가요?

김상조 현재의 규제수단들은 사전적 의미에서 한계까지 왔어요. 지금 필요한 것은 공정위가 법을 엄정하게 집행하는 것이지, 새로운 규제를 도입해도 더 좋은 결과를 낼 수는 없습니다.

재벌규제, 하나의 법으론 어렵다

김태동 최정표 교수는 출총제의 초기 버전을 도입해야 한다고 주장하셨는데 다른 분들은 어떻게 생각하십니까?

김상조 전 반대합니다. 출총제가 기업의 출자구조와 관련된 규제수단

중 가장 간명하고 강력하며 효과적인 수단인 것은 맞아요. 그러나 오히려 그렇기 때문에 반대 로비가 너무 강해요.

김태동 최 교수도 자신이 기업 총수라면 출총제를 가장 반대할 거라고 하셨으니까요.

김상조 왜 출총제가 부활했다가 다시 폐지되었느냐를 생각해보면 답이 나옵니다. 한때 출총제의 법조문이 공정거래법 10조였는데 출력해보면 A4용지로 4장이나 되었어요. 원래 조항에 예외조항이 16개나 붙었기 때문이죠. 이 예외조항들 때문에 출자액 중 반 이상이 예외로 빠져나갔어요. 이런 식의 구멍을 도저히 피할 수가 없습니다. 출총제를 부활시키기도 어려울뿐더러 부활시켜도 똑같은 과정을 거치면서 국가 공권력에 대한 국민의 불신만 강화하는 폐해를 가져올 거예요.

윤석헌 그렇다면 한국의 재벌시스템이 가진 수많은 문제를 효과적으로 다룰 방법은 무엇이라고 생각하십니까? 방법이 있을까요?

김상조 출총제는 물론 지배구조와도 관련 있지만 어떤 의미에서 경제력 집중 억제장치예요. 공정거래법상 자산 5조 원 이상의 상호출자제한 기업집단이 대상인데 재벌이라는 생각이 들지 않는 기업들도 있어서 결국 출총제 같은 제도를 사전적 규제로 하려면 규제대상을 지금보다 굉장히 추려야 합니다. 현재 68개가 대상인데 저는 4대 재벌만 규제대상으로 해도 충분하다고 봐요. 대상을 10개 이상으로 늘리면 정치적으로 실현 불가능한 법이 되어버려요. 경제력 집중 억제장치는 대상을 좁혀야 하고 대신 지배구조 개선장치는 대상을 넓혀야 합니다. 이런 식으로 대상을 확대하려면 공정거래법이 아닌 상법으로 해야죠. 솔직히 말하면 우리 같은 전문가도 문제점에 대응할 때 과거의 방식에 고착된 부분이 있어요. 그런 의미에서 제도를 구상하고 집행할 때 재고해볼 부분도 많습니다.

윤석헌 지배구조를 개선하는 정도로 재래상권 문제, 빨대 구조 등이 정리될 수 있을까요?

김상조 그렇지는 않아요. 오늘 언급된 재벌문제는 정치, 사회 전반에 걸쳐 있기 때문에 공정거래법, 상법, 금융법, 노동법이 다 필요해요. 다양한 영역에서 한 부분씩 맡아가면서 전체적으로 효과를 높이는 방법을 찾아야 하죠. 그런데 왜 그렇게 되지 않을까요? 정치인들에게 이런 안을 말하면 수긍하기는 하는데 선거에서 쓸 수가 없어요. 선거공약은 1분 안에 설명을 마쳐야 하기 때문이죠. 그런 의미에서 평소 정당의 정책적 기능이 뒷받침되어야 하는데, 선거를 코앞에 두고 정책자료집을 만들게 되면 아무리 좋은 법도 도입하지 말라고 할 수밖에 없어요. 2012년 총선 때 제가 유종일 박사에게 출총제 부활을 거론하지 말라고 한 것도 같은 맥락이에요. 출총제 부활을 공약하면 모든 경제민주화 논란이 출총제에 집중되면서 다른 중요한 부분이 논의되지 않을 게 뻔하거든요.

로펌개혁과 언론

윤석헌 재벌문제에서 빠질 수 없는 게 로펌문제예요. 대형로펌이 재벌 관련 사건들을 재벌에 유리하게 해결해주는 역할을 하잖아요? 게다가 로펌 하면 전관예우 문제도 있는데, 요즘에는 후관예우 문제까지 나오더라고요. 미래의 판검사 후보자들에게 인턴자리도 주고 하면서 미리 챙겨두는 겁니다.

최정표 저는 전관예우와 관련해서는 로펌문제가 심각하다고 봐요. 대부분의 로펌은 재벌이 주 고객이에요. 대형로펌들은 재벌 사건으로 먹고산단 말이죠. 그럼 대형로펌에 누가 있느냐? 전부 전관들이죠. 국무총리가 퇴임하는 날에 대형로펌 소속 차를 타고 퇴근한다니까요?

윤원배 우리나라에서는 대부분 법이 제대로 만들어진 경우가 거의 없기 때문에 정부나 정치인들이 만든 법으로 규제할 경우 우리가 기대하는 효과를 볼 수 있는지도 생각해봐야 해요. 사외이사제도 같은 건 원래 기업경영의 독단을 견제하기 위해 도입되었는데 오히려 관료 및 기업주와 유착을 강화하는 데 이용되는 경우가 많잖아요? 독립감사위원회도 말만 독립이지 실제로는 대주주와 밀접한 사람들을 세워놓게 되면 오히려 재벌기업들을 지원하고 부패를 조장하는 기구가 되죠. 좀 더 철저하게 대책을 마련해야 해요.

이동걸 김상조 교수가 소송을 많이 해봐서 잘 알겠지만 미국에서 법을 공부하고 훈련받은 사람들이 '미국은 소송과정에서 정보가 투명하게 공개되는데 우리나라는 그렇지 않아서 힘들다'고 해요. 그러니 소송에서 이길 수가 없죠.

김상조 그걸 디스커버리 제도Discovery(증거개시제도)라고 하죠.

이동걸 공정하고 투명한 사법제도를 위해서도 반드시 고쳐야 할 부분이죠. 그리고 공정위 사람의 말을 들어보면, 자기들은 돈이 없어 대형로펌을 쓸 형편도 안 되지만 설령 돈이 있어도 대형로펌들이 주로 재벌을 고객으로 하기 때문에 자기네 의뢰를 꺼린다고 하더라고요. 얼마나 신빙성 있는 말인지는 모르겠지만, 상식적으로 봐도 로펌들이 재벌보다 공정위를 신경 쓰겠습니까? 사실 로펌의 재벌 편향적 행태가 굉장히 심각한 문제예요.

김상조 요즘 굴지의 대형로펌이 굉장히 어렵다고 해요. 대형로펌은 기업들이 회사법이나 세법, 공정거래법에 문제가 생긴 사건을 수임해야 먹고사는데, 정부가 경제민주화를 하지 않는 바람에 사건을 수임하지 못해서 위기가 왔대요. 그래서 변호사가 나가도 새로 뽑지 않는다고 해요.

로펌은 스스로 부가가치를 만들 수 없으므로 기업에서 부가가치가 와야 하죠. 따라서 로펌 자체의 개혁은 쉽지는 않다고 봐요. 전문가 시장이라는 특성상 변호사가 아니면 변호사가 하는 일을 잘 알 수 없거든요. 기업이 투명하지 않기 때문에 로펌 법률서비스를 받을 필요가 생긴다는 점을 생각하면 로펌개혁이 재벌개혁에 가장 효과적인 방법이라고 생각합니다.

윤원배 금융감독 당국에서 감사를 나가는 경우에도 재벌의 잘못을 찾아내거나 밝히는 것을 꺼려하는 경향이 있어요.

윤석헌 전관예우를 기대하는 거네요.

윤원배 그럴지도 모르지만 그보다는 과거의 경험에 비추어 재벌들에 잘못 보였다가는 불이익을 당하리라는 것을 알고 있는 거죠.

윤석헌 예컨대 금감원의 검사역들에게 종신 재직권을 보장해주는, 즉 테뉴어tenure 제도를 도입해 전관예우의 관행 및 기대를 없애자는 주장이 있어요. 일정한 성과요건을 만족시킨 금감원 시니어 검사역들에게, 마치 대학교수들처럼 정년을 보장해주어서 퇴직 후 예하 기관에 낙하산으로 갈 생각을 하지 않게 하자는 거죠. 더불어 시니어들의 경험과 노하우를 살리는 일거양득을 노리고요. 이런 방식으로 전관예우의 싹을 자르면 결국 감독이 제자리를 잡는 선순환 구조가 가능하지 않을까요?

윤원배 사실 우리나라의 부패문제는 너무 심각하다 보니까 어디서부터 손을 대야 할지 방법을 찾아내기가 쉽지 않아요. 감독관청에서 검찰에 고발하는 데까지 재벌을 끌고 가도 검찰에서 무시해버릴 수도 있고 검찰에서 재판에 넘기더라도 재판과정에서 판사가 무력화시킬 수도 있어요. 또 재판에서 처벌하도록 판결하더라도 대통령의 특별사면처럼 정치적으로 해결해버리는 경우도 있어요. 그러니까 실무자들이 재벌에는 이기기 어렵다는 걸 알고 되도록 손을 안 대려고 하지 문제를 해결하려고 하질 않아요. 그러한 행동이 부패문제에 초래하는 결과가 얼마나 심각한지 국민이 제대로 인식해야 해결할 수 있습니다.

최정표 '경제민주화 정책에서의 재벌'로 논의를 넘기기 전에 언론과 재벌의 유착문제도 지적해볼까요? 이제 언론기관들은 망할 수밖에 없는 구조예요. 광고가 주 수입원인데 언론기관이 워낙 많아지니까 경쟁이 치열해졌죠. 게다가 재벌이 광고를 주지 않으면 최고 신문도 살아남기 어려워요. 언론이 겉으로는 가끔 재벌을 욕하지만 실제로는 재벌이 한국 언론의 생사여탈권을 쥐고 있죠. 언론이 뒷받침하지 않으면 재벌개혁을 할 수 없는데 말이죠.

윤석헌 언론도 재벌 계열과 비재벌 계열로 구분됩니다. 우선 중앙일보나 한국경제 같은 재벌계 매체가 있고 비재벌 쪽에는 한겨레와 경향신문 등이 있지요. 그리고 조금 규모가 작은 인터넷 신문들은 눈치를 보고 있고요. 조선일보는 소유구조 면에서 재벌과 직접 연결되어 있지 않은데도 재벌 쪽에 서 있지 않습니까?

이동걸 2000년 전에는 조선일보가 중앙일보와 대척점에 있었기 때문에 안티재벌이었어요. 정치적으로 보수적이지만 경제적으로 어느 정도 진보적이었는데, 이제는 완전히 재벌 편향적으로 바뀌어서 언론지형이 바뀌었죠.

윤원배 제가 알기로는 언론기관들의 재정상태가 악화되면서 더욱 심화됐어요.

최정표 종이신문의 영향력도 줄어들고 해서 종합편성채널(이하 종편)을 만들었잖아요? 광고가 더 필요해졌죠.

김태동 언론기관의 사주라도 우선 이익이 나야 하고 직원들에게 월급을 줘야 하기 때문에 소위 편집권의 독립을 찾기 힘들죠. 재벌이 소유와 경영의 분리가 안 된 것처럼 재벌언론 역시 소유와 편집권이 분리되어 있지 않아요. KBS, MBC 등 TV는 공영의 본분을 저버리고 있고요. 재벌문제보다 언론문제가 더 악화됐어요.

윤원배 보수정권과 진보정권이 권력을 쥐었다가 놓았다가 하는 과정에서 진보정권은 민주화시킨다면서 공영방송에 알아서 하라고 맡겨놓고 내부경쟁만 부추긴 데 반해, 보수정권은 공영방송이 편들어주면 특혜를 많이 주었죠. 그러다 보니 경영전문지식이나 언론기관의 책무의식도 희박한 사람들이 정치권의 힘을 빌려 방송경영에 참여하려 기를 쓰고 일단 경영권을 잡으면 그걸 준 사람에게 충성하죠. 그것을 보수정권이 이용하고요. 이것이 바로 현재 공영방송에서 나타나는 현상이죠.

윤석헌 결국 언론산업이 어려워지면서 재벌개혁이 더 힘들어지고 있어요. 그럼 여기서 '재벌지정방식' 문제로 넘어가볼까요?

공정거래법의 재벌지정방식 개선

최정표 '공정거래법의 재벌지정방식 개선'은 상당히 중요해요. 공정
거래법에 의하면 재벌을 지정하면 바로 정책대상이 되는데, 처음
에는 그 대상을 자산총액 얼마 이상으로 지정했다가 어떤 때는 30
대 재벌로 정하는 등 1987년 이후 지정방식이 여러 번 바뀌었어
요. 지정방식을 자산총액으로 고정시키면 정책대상이 자꾸 늘어
나니까 직전 연도를 기준으로 자산총액을 5조 원에서 10조 원으
로 늘렸는데 재벌들이 집단 규제를 받게 되는 것에 부담을 느끼고
저항하는 바람에 관료들이 공기업까지 포함시켰어요. 공기업도
규제받는데 너희는 왜 받지 않느냐는 논리를 내세우기 위해 한전,
한국철도공사, 한국가스공사 등을 다 넣었죠. 도대체 왜 이런 공
기업들이 재벌규제를 받아야 하는지 모르겠어요. 재벌지정방식부
터 바꿔야 해요.

김태동 어떻게 바꾸는 게 좋을까요?

최정표 공기업은 당연히 빼야죠. 그리고 자산총액으로 지정하지 말고
대상을 확 줄여야 해요. 아까 4대 재벌만 재벌로 하자고 했는데 그
건 너무 적고 자산순위 10위까지가 대상이면 정책을 유효하게 펼
수 있어요. 사실 10개를 넘어서면 재벌로서 의미도 없어요. 1위 재
벌과 30위 재벌은 자산규모가 하늘과 땅 차이인데 같은 규제를 적
용한다는 건 의미가 없어요. 사실 10위까지 해놓으면 1~7위까지
는 고정적이고 나머지만 유동적이에요.

김태동 그럼 10위 밖은 공정거래법 규제를 다 풀고 10대 재벌만 하자
는 말씀이신 거죠?

〈그림 5-1〉 30대 기업집단 규모별 평균자산 변동 추이

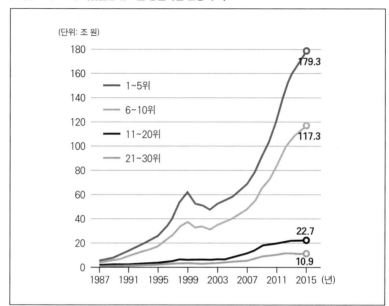

(단위: 조 원)

출처: 공정위

최정표 그렇죠, 그 외 재벌은 마음대로 클 수 있도록 놔둬야 한다고 봐요. 그 기준 밖의 기업은 재벌로서 의미가 없어요.

장세진 김상조 교수는 규제대상이 10개냐 4개냐에 대해서 포커스가 더 명확해야 한다고 의견을 냈지만 그 전에 법이 특정업종을 타깃으로 하는 경우 정치적인 반발이 거셀 수밖에 없다고 의견을 냈잖아요? 규제대상이 4개일 경우에도 그와 비슷한 문제에 부딪히지 않을까 하는 우려가 드네요.

김상조 저는 15개까지도 괜찮다고 봐요. 그래야 4대 재벌에서 계열 분리된 그룹들이 포함되니까요.

연결납세 조건 강화

윤석현 또 하나의 경제력 집중 수단으로 지주회사 문제를 살펴보지 않을 수 없는데 최 교수께서 지주회사 규제의 역사를 좀 소개해주시죠.

최정표 지주회사는 적은 돈으로 회사를 많이 거느리는 역할을 해요. 우리나라에서는 1987년 이후 경제력 집중 수단으로 악용될 우려가 있어 지주회사 설립을 금지해왔다가 1997년 외환위기 이후 '지주회사가 있어야 구조조정을 쉽게 할 수 있다'는 판단으로 허용했죠. 당시에는 부채비율 100%, 의무소유율 30% 등으로 규제를 강하게 했어요. 공정위에서 지주회사 도입문제로 토론했을 때 저는 '도입하면 부작용이 많다, 많이 규제하겠다고 하지만 규제라는 게 계속 풀어주는 방향으로 진행된다'면서 반대했어요. 실제로도 손자회사, 증손자 회사까지 만들면서 규제를 엄청나게 풀어줬죠. 이제 지주회사 금지는 어려우니 처음 지주회사를 도입했을 때의 수준으로 규제를 강하게 걸자는 게 제 의견이에요.

김태동 처음으로 규제를 완화한 게 언제인가요?

최정표 참여정부 때 2003~2004년이에요.

김상조 그래서 연결납세제도가 도입됐는데 지주회사 허용조건이 너무 완화되어서 현재 상장의 경우 지분보유율이 30%이고 비상장은 50%입니다. 연결납세는 지주회사가 자회사의 지분을 상장의 경우 30%, 비상장의 경우 50% 이상 가지면 자회사로부터 받는 이익의 세금을 면제해주는 방식이거든요. 이를 상장은 70%, 비상장은 80%로 올리면 기업들이 세법의 효과로 세금이익을 얻기 위해 자회사 지분율을 올릴 수밖에 없을 것이라는 거죠.

이동걸 그러니까 연결납세 혜택을 세법으로 엄격하게 해서 지주회사를 방만하지 못하게 규제해야 한다는 거죠?

김상조 공정거래법의 규제보다 세법으로 손대는 게 더 효과적일 수 있다는 겁니다.

윤석헌 지주회사제도 문제는 연결납세 조건의 강화가 하나의 대안이 될 수 있을 것 같네요. 또 다른 규제가 있나요?

김상조 지금 말씀하신 것처럼 지주회사제도를 좀 더 명실상부하게, 취지에 걸맞게 만들도록 규제를 강화할 필요가 있어요. 다만 공정거래법으로 규제할 것이냐, 세법조건을 엄격하게 하거나 상법에서 이중대표소송제도(자회사 임원의 잘못으로 손해를 입은 모회사 주주가 자회사 주주를 대신해서 내는 대표소송제도)를 도입하는 방식으로 할 것이냐는 선택은 있죠. 그런데도 저는 지주회사가 우리나라 재벌이 가야 할 길이라고 생각해요.

이번에 삼성의 엘리엇 사태를 보면서 느꼈는데요. 사실 삼성의 미래전략실이 지주회사 아닙니까? 컨트롤 타워죠. 재벌들의 참모 조직은 법적 실체가 없어서 대외적으로 나설 수가 없어요. 관련 정보도 받을 수 없고 전면에 나서서 설득하지도 못하는 등 완전히 폐쇄된 조직으로 운영될 수밖에 없단 말이죠. 이런 상황에서는 정보흐름의 단절 및 왜곡이 심해지고 자기 세계에만 갇혀 잘못된 판단을 내리기도 합니다. 지주회사 전환은 권한만큼 책임지는 구조가 되는 것이므로 경제력 집중차원에서는 재벌의 규제를 강화해야 하지만, 지배구조 개선차원에서 보면 재벌구조보다는 지주회사구조가 훨씬 더 바람직한 제도이니 그쪽으로 가야 한다고 봅니다.

이동걸 　우리나라 재벌들은 순환출자도 하면서 지배력을 늘려나가는 사업지주회사(직접 자기 사업을 영위하면서 타기업, 즉 자회사의 주식을 보유해 지배, 관리하는 지주회사) 형태이지 않습니까? 그런데 순환출자도 하지 못하고 불편한 게 한둘이 아닌 순수지주회사(타기업, 즉 자회사의 주식을 보유함으로써 그 기업을 지배, 관리하는 것을 유일한 업무로 하는 지주회사. 경영권만 확보할 뿐 독립적인 사업을 영위하지 않음)로 전환하겠습니까? 그럴 이유가 없죠?

최정표 　지금 재벌은 구조가 복잡해요. 계열사 그룹이 지주회사 계열사도 있고 지주회사 밖의 회사도 있어요. 지주회사가 없던 방식으로도, 지주회사를 이용해서도 계열사를 거느리고 있죠. 재벌로서는 수단 하나가 더 생긴 겁니다.

이동걸 　그래서 재벌들에게 양자택일을 강제하는 외부압력이 필요합니다.

김상조 　3세 승계를 추진하고 있는 그룹 쪽에는 지주회사 전환의 인센티브가 있는데 거기에는 두 가지 이유가 있습니다. 첫 번째로 지주회사 전환이 지배력을 높이는 방법이 될 수 있어요. 두 번째는 지주회사 전환을 통해 과거로부터 단절할 수 있어요. 삼성에버랜드를 제일모직과 합병했다가 또다시 삼성물산으로 합병하는 과정을 거치면서 삼성에버랜드 전환사채와 얽힌 과거의 기억을 지우려 했던 것과 같은 이치죠.

이동걸 　이재용 부회장의 경우 지배권을 승계하는 데 지주회사 체제가 편할 수 있다는 말인데, 그 재원은 지주회사가 아닌 상태에서 벌었잖아요? 결국 좋은 것만 따먹는 거 아니냐는 거예요.

김상조 억울하지만 어쩔 수 없는 일이죠.

남의 돈으로 지배력 행사하는 금융계열사

윤석헌 현재 재벌의 금융계열사 의결권을 15%까지 허용하고 있는데 어떻게 보시나요?

최정표 저는 10%로 줄여야 한다고 생각하는데, 15%로 만드는 데도 삼성에서 헌법소원까지 냈어요. 그래서 당시 강철규 공정위원장이 얼마나 애를 먹었다고요.

윤석헌 30%에서 15%까지 되었는데 이를 더 줄여야 한다는 말씀이시죠?

이동걸 금융이론의 시각에서 보면 당연히 줄여야 하죠. 금융기관이 고객의 돈으로 자기(또는 지배 대주주)에게 이익이 되는 일을 한다는 건데, 이해 상충 행위의 위험이 크지요. 원래 0%가 원칙인 걸요.

김태동 1987년에 처음 만들었을 때는 0%였는데 2002년에 30%가 되었죠.

최정표 그걸 15%로 줄이는데 재벌의 저항이 그렇게 거셌다니까요?

이동걸 금융의 근간, 자유시장경제의 근간을 흔드는 셈인데요. 당연히 0%로 가야 합니다.

김상조 경제개혁연대가 30%로 오르게 된 빌미를 제공했어요. 삼성전자에 이사 후보를 추천해서 표 대결을 펼쳐서 저희가 20%의 표를 모았거든요. 지금 가치로 하면 몇십조 되는 돈이었죠. 그때는 금융계열사의 의결권이 0%로 금지된 시절이었죠. 삼성전자가 그 사건을 겪고 난 이후 다시는 이런 일이 반복되지 않을 방법을 찾으라고 해서 삼성생명이 가지고 있던 삼성전자 지분의 의결권을 살리려고 했던 거고요. 그걸 위해 온 힘을 다해 로비했어요. 그 결과 내부 지분율을 30%까지 올려줬어요. 2001년 말에 법이 제정되었고 2002년부터 시행되었죠.

윤석헌 중간금융지주회사(일반지주회사의 자회사인 금융지주회사, 현재는 금산분리로 허용되지 않음) 얘기를 좀 해볼까요?

최정표 중간금융지주회사에 관해서는 김상조 교수와 제가 견해가 다른 부분이 있는데 김 교수의 생각을 먼저 듣고 싶습니다.

김상조 재벌들이 금융업에 진출해 제2금융권이 재벌가의 놀이터가 되면서 금융계열사의 규제가 도입되었는데, 솔직히 현재는 어느 재벌도 금융업을 시작하려고 하지 않아요. 금융업은 사양산업이에요. 따라서 기존 금융계열사들이 문제지, 새로 들어올 재벌들을 막기 위해 규제를 강하게 둘 필요는 없어요. 너무 엄격한 금산분리(금융자본과 산업자본이 상대 업종을 소유 및 지배하는 것을 금지하는 원칙) 규제는 기존 금융계열사들의 기득권을 강화시킵니다. 바로 이것이 금융업의 경쟁력을 저해하는 중요원인 중 하나예요. 지금은 돈이 넘치기 때문에 동양그룹처럼 망하기 직전이 아니라면 금융계열사를 사금고화하려는 유인이 크지 않아요. 부실에 근접한 그룹의 사금고화 문제를 규제하는 것은 결국 금융감독의 몫이지, 사전에 금융업을 하지 못하게 하는 게 대책은 아니라고 봅니다. 이것이 금산분리의 규제를 좀 더 합리적으로 바꿀 필요가 있다고 보는 이유예요.

　은행을 제외한 제2금융권에서는 실제로 그룹에서 금융계열사를 떼어내기가 어려워요. 또한 금산결합으로 되어 있다면 지주회사를 만들지 못해요. 저는 그래도 지주회사제도가 지금의 재벌구조보다는 나은 시스템이라고 판단하기 때문에 금산결합을 하는 그룹이 금융을 떼지 못한다면 같이할 수 있게 허용은 하되, 대신 위험의 전이를 막고 감독을 쉽게 할 수 있는 지주회사 구조를 만들어줘야 한다는 거죠.

윤석헌 중간금융지주회사가 절충방안 아닌가요?

김상조 중간금융지주회사제도는 제가 제안했는데 많은 분이 반대하시죠.

이동걸 그 문제에 대해서는 〈3장 가계부채〉 편에 게스트로 와주셨던 전성인 교수와 의견이 달라서 논쟁하셨죠?

김상조 전성인 교수가 중간금융지주회사제도를 반대하는 이유는 삼성전자와 삼성생명 이슈가 심각하고 시급히 해결해야 할 과제라고 봤기 때문인데 그 문제의식에는 동의하지만 저는 그 문제를 다른 방법으로 해결할 수 있다고 생각해요. 중간금융지주회사제도를 제가 제안했지만 흔히 말하는 '이종걸 법', 즉 삼성전자 주식을 시가로 평가하는 보험업법 개정안 역시 제가 제안했거든요. 중간금융지주회사를 허용하되, 이렇게도 통제할 수 있다는 거죠. 오히려 그런 방향이 금융업의 발전을 위해 바람직하다고 생각하고 있어요.

이동걸 원칙론에서 중간지주회사를 허용하는 방법은 어떻게 생각하시나요?

김상조 당연히 해야 해요. 일반지주회사제도를 규율하는 별도의 법규정을 가진 나라는 우리나라와 일본밖에 없어요. 지주회사제도는 회사 조직의 한 형태일 뿐이에요. 다른 나라들은 지주회사를 상법에서 규율해요.

최정표 지금은 공정거래법에 일반지주회사와 금융지주회사가 완전히 분리되어 있어요. 이 둘을 섞을 수 없거든요. 일반지주회사 아래에 금융회사가 들어가지 못하게 하는 체계인데, 중간지주회사란 큰 지주회사 밑에 일반지주회사와 금융지주회사를 동시에 만들 수 있게 하는 것이죠. 이는 매우 위험한 발상이라고 생각해요. 경제력 집중 완화에 역행하는 일이지요. 중간지주회사는 재벌총수가 더욱 쉽게 금융업종까지 지배할 수 있게 하는 것이거든요.

윤석헌 중간금융지주회사에 은행은 들어가지 않죠?

김상조 은행은 아니죠. 현재 은산분리는 건드리고 있지 않고 제2금융권만 해당돼요. 예를 들어 지금 삼성그룹을 지주회사로 전환한다면 삼성전자 쪽 지주회사 하나, 삼성생명 쪽 지주회사 하나를 두고 모두를 지배할 지주회사를 허용해주자는 거예요.

이동걸 경제민주화 실천모임(이하 경실모)에서 불러서 갔을 때 이혜훈 전 새누리당 최고위원이 제게 중간금융지주회사를 반대하느냐고 물어서 그렇다고 했더니, 그래도 그 방법이 현재보다는 진일보하지 않겠느냐고 하더라고요. 그 점에는 동의한다고는 했어요. 새누리당이 그걸 주장하는 건 좋은데 새정치연합에서 주장하는 건 말이 되지 않는다는 거죠. 금산분리를 허물자는 보수여당 쪽에서 중간금융지주를 주장하면 그나마 진일보한 거지만, 금산분리 원칙에 충실하고 또 그걸 더 강화해야 하는 진보성향의 야당 쪽에서 중간금융지주회사를 주장하면 그건 절대 진일보가 아니라는 게 제 생각입니다.

김상조 금융산업 중에서도 은행업은 한 국가의 화폐시스템을 구성하는 특별업종이기 때문에 엄격한 은산분리 원칙을 견지할 필요가 있어요. 그러나 증권업·보험업 등의 제2금융권에서는 다시 생각해볼 대목이 없지 않습니다. 제2금융권의 경우 금산결합을 금지하는 강제규정이 있는 나라는 없고 우리나라도 그렇고요. 그 결과 제2금융권에서는 재벌의 계열사가 지배적 위치를 차지하게 된 현실입니다.

여기서 어떻게 할 것인가가 고민인데, 추가적인 확장이나 오남용을 막기 위해 매우 엄격한 규제를 시행하고 있으나 이는 삼성처럼 이미 금융계열사를 가진 재벌의 기득권을 더 고착화함으로써 금융산업 전체의 발전을 저해하는 부작용도 적지 않아요. 따라서 이미 가진 금융계열사를 강제로 팔게 하는 것이 현실적으로 어렵다면, 그룹 내의 산업부문과 금융부문 사이에 차단벽을 쌓게 해, 오남용의 소지를 줄이고 금융감독을 쉽게 하자는 것이 제가 제안한 중간금융지주회사 의무화 방안이에요. 제가 독창적으로 만들어낸 것이 아니라 미국 등의 선진국에서는 일반적으로 시행되는 제도죠.

이동걸 금산분리가 가능한가, 불가능한가의 문제를 떠나서 금산분리를 인정해야 하느냐, 인정해도 악이라고 정의해야 하느냐의 문제는 있죠.

김상조 금산분리는 금산을 분리하지 않았을 때 드는 비용을 올리는 방식으로 실현할 수밖에 없어요. 산업이 금융을 지배할 때 드는 비용을 올리는 겁니다. 금융감독을 강화하거나 대주주 규제를 강화하는 방식을 통해 장점을 없애는 방식으로 해결해야 하죠.

최정표 금융과도 연관 있으니 계열분리도 논했으면 좋겠어요. 계열분리는 재벌 분할입니다. 중간지주회사가 아니라 아예 계열사를 분리하라는 거죠.

이동걸 금융계열을 강제로 분리하는 '계열분리명령제'는 노무현 대통령의 선거공약에 처음 나왔잖아요. 결국 실현되지 못했지만 취지는 재벌해체죠.

최정표 금융계열 분리도 당연히 들어가지만 비금융계열도 너무 심한 내부거래 문제가 들어갈 수 있죠. 재벌 분할이에요.

이동걸 그렇죠. 재벌 분할인데 비금융계열까지 분할하자고 하면 힘들 테니까, 일단 금융계열을 지배하고 있는 재벌 중에서 부실화되거나 비리가 있어서 문제 있을 것들을 선제로 처리해 부실확산과 금융시장이 받을 충격을 막자는 취지였어요.

최정표 미국에 기업분할명령제도가 있어요. 미국 법 가운데는 경쟁상태를 유지해야 한다는 조항에 근거해서 판사가 기업분할명령을 내릴 수 있어요. 그래서 반독점법에 의해 록펠러John Davison Rockefeller의 스탠더드 오일Standard Oil Co.을 34개로 쪼개버렸거든요. AT&T도 분할했고 마이크로소프트는 쪼개려다가 독점력을 행사하지 않는다는 방향으로 합의를 봤죠. 분할은 계열분리명령제를 법제화시키면 돼요. 지금 삼성, 한솔, CJ 등이 다 쪼개졌잖아요. 알아서는 쪼개는데 왜 법으로는 만들지 못하느냐 이거죠.

김태동 다른 선진국에도 비슷한 제도가 있다는데 김상조 교수는 어떻게 생각해요?

김상조 도입해도 행사하지 못할 것 같은데요. 일본은 1975년에 계열분리명령제를 도입했는데 한 번도 행사하지 못했어요. 사실은 꺼

내지 않을 때 더 무서운 무기란 말이죠.

윤원배 미국도 AT&T를 쪼개면서 말이 엄청나게 많았잖아요.

최정표 분할이 무척 힘든 일이에요. 사유재산권 침해이기 때문이죠. AT&T도 10년 걸려 쪼개놓고 보니 이동통신사들이 난립해서 자연스럽게 경쟁체제가 만들어졌죠.

저는 재벌문제의 궁극적인 해결책은 '소유와 경영의 분리'라고 봐요. 일본, 미국에서 3세 이상 재벌은 거의 유지되지 못해 저절로 소유와 경영이 분리되었어요. 그런데 우리는 젊은 세습총수의 황제경영이 더 강화되고 있어요.

김태동 일본은 자발적으로 해체하지 않았잖아요? 맥아더 군정에 의한 거 아닙니까?

최정표 맥아더 군정이 해체하기 전에 이미 소유와 경영이 분리된 체제로 갔어요. 오너 가족들은 지주회사 지분만 있었지 회사 하나하나의 경영권은 전문경영인들의 역할이 막강했어요. 재벌이 해체되기 전에 이미 전문경영인들의 힘이 막강해져서 내각제처럼 왕격인 총수가 할 수 있는 역할이 줄어든 거죠. 해체 이전에 이미 그렇게 되었는데 맥아더가 와서 해체한 거죠.

김태동 일본은 자발적으로 제2차 세계대전 직전까지 소유와 경영이 분리됐다는 말씀이시죠?

최정표 80% 이상 분리됐죠. 지주회사를 금지시켰고 계열사를 막 쪼개버렸죠.

김태동 일본 학자들이 전후 경제발전을 평가할 때 맥아더의 재벌개혁을 어떻게 평가합니까?

최정표 자존심이 있어서 좋게 평가하지는 않아요. 미국이 처음 재벌

해체 정책을 설계했을 때는 재벌 경영진을 쫓아내고 재취업도 금지했어요. 미쓰이〔三井〕 물산도 수십 개로 쪼개버렸으니까요. 나중에는 다 복권해줬죠.

소유와 경영의 분리가 궁극적 해결책

김태동 소유와 경영이 분리되지 않은, 가족기업의 집단에 불과한 재벌이 한국경제에서 황제노릇을 하는 것이 경제가 비정상이란 걸 보여주는 명약관화한 증거인데요. 미국이나 다른 나라의 경우는 소유와 경영이 법에 의해 분리된 건가요?

최정표 자율적이었죠. 사회전통과 기업문화 그리고 기업제도가 그랬으니까요. 투명경영과 책임경영이 철저하니 경영권을 행사한다고 해서 자기들에게 이로울 것도 별로 없었어요. 말하자면 경영권 프리미엄이 없었지요. 그리고 상속세를 내면 지분도 계속 줄어들었고요. 기업이 크게 성장하니까 지분이 또 줄어드는 거지요. 경영권을 장악할 지분을 확보할 수 없습니다.

윤석헌 지금 우리나라는 3세들이 승계하는 상황인데 소유와 경영의 분리 문제를 지금 제기하지 않으면 고착화될까요?

최정표 미국은 소유와 경영이 분리되지 않을 수 없는 이유가 상속하면서 지분이 쪼개져요. 록펠러도 주니어까지는 경영권을 행사했는데 그 이후는 되지 않았거든요. 회사는 커지는데 지분이 성장속도를 쫓아가지 못하니까 지배력을 행사할 수 없게 돼요. 자동으로 지분이 분산되는 거죠.

윤원배 우리도 3~4세로 가면 결국 그렇게 되지 않을까요?

최정표 우리는 상속이 아니라 사전상속, 증여를 하기 때문에 힘들어요. 비자금을 조성하고요. 총수가 감옥까지 가면서 세습하려고 하잖아요.

김태동 그래서 삼성에버랜드 전환사채 사건 같은 문제가 생기는 거죠.

최정표 미국은 경영이 투명하니까 그런 방법을 쓸 수가 없어요. 그랬다가는 이해관자들이 걸어오는 소송을 감당할 수 없을 거예요. 게다가 자식도 많으니 지분이 더 많이 쪼개져 경영과 소유가 분리되고요.

윤원배 현재의 법이 미비하긴 하지만 법만 잘 지켜도 지금보다 더 나아질 가능성이 클 텐데요.

최정표 지금도 법은 지키지만 편법을 쓰니 문제죠. 삼성물산과 제일모직의 합병도 지배권을 승계하려는 합병이잖아요. 삼성에버랜드 전환사채 사건처럼 불법을 해도 무혐의를 받는 상황인데요?

김상조 이 문제는 사실 국민의 정부와 참여정부에 계셨던 분들이 해결하셨어야 하는 문제예요. 제가 삼성 SDS 사건을 8건이나 고발했잖아요. 1996년 에버랜드, 최소 15만 원 또는 8만 5,000원에 평가된 주식을 7,780원에 넘긴 사건이고요. 1999년 삼성 SDS는 장외거래에서 5~6만 원 이상 거래되는 주식을 7,150원에 넘긴 겁니다. 그렇게 지분을 확보한 후 삼성그룹 계열사가 10여 년간 일감 몰아주기로 원래 가격의 사백 배 이상으로 뻥튀기한 후 상장했고요. 그걸 통해서 이른바 이건희 회장이 사망하면 상속세를 내는 거죠. 그런데도 삼성 지배구조 꼭대기에 있는 제일모직을 통해 지금과 같은 형태로 지배할 수 있는 구조로 만들어놓은 겁니다.

　이재용 시대에는 이건희 회장과 같은 방식으로 삼성그룹을 지배하면 시장도, 국민도 용납하지 않을 거예요. 그러니까 당연히 엘리엇 사태가 발생하는 것이고 삼성그룹이 지금 모습으로 유지될 수 없다고 보고요. 제일모직과 삼성물산이 합병했지만 여기서 끝나지 않아요. 기승전결 가운데 승도 끝나지 않았다는 거죠. 이재용 부회장이 제대로 된 3세 총수가 되기 위해서는 더 먼 길을 가야 하는데 여기서 엘리엇 사태로 브레이크가 걸렸으므로 삼성이 지금 모습으로 남아 있을 수 없어요. 지금 모습으로 남아 있겠다고 하면 성공한 CEO가 될 수 없겠죠.

윤석헌 그렇군요. 김상조 교수의 말씀을 듣다 보니 워런 버핏은 본인 명의로 재단을 만들 수 있는데도 빌게이츠 재단에 거금을 기부했다는 기사가 떠오르는데요, 우리나라 재벌들이 이 정도 수준까지 기업가 정신이 고양되려면 어떻게 해야 할까요? 최 교수께서 마무리 발언을 하고 끝내겠습니다.

최정표 우리도 미국이나 다른 나라처럼 소유와 경영이 분리되면 재벌문제는 해결됩니다. 그러기 위해 경영권 프리미엄이 없는 분위기가 조성되어야 할 뿐만 아니라 사전상속과 증여를 금지하도록 지금보다 더 강력한 법 체계를 정착시키려고 노력해야 합니다.

제 6 장

관료개혁

그들만의 성, 어떻게 깰까?

사회자
장세진

발제자
이동걸

참여자
김태동 · 윤석헌 · 윤원배 · 이정우 · 허성관

힘으로 쌓은 그들만의 성

장세진 얼마 전에 인천공항공사에 정일영 사장이 취임했다는 기사를 봤습니다. 박완수 전 사장과 달리 정 사장은 국토해양부의 항공정책실장을 거친 항공분야 전문가인데요, 기사를 보니 '관피아'라는 수식어도 따라붙었더군요. 관피아는 다들 아시겠지만 관료와 마피아를 합성한 말이죠. 퇴직한 고위 공직자들이 관련 기관에 낙하산 인사로 자리를 잡아서는 마피아처럼 거침없는 힘을 행사한다는 의미인데 오늘 논의할 관료 개혁의 핵심문제이기도 합니다. 오늘은 이동걸 교수의 발제로 토론을 시작하겠습니다.

이동걸 교수는 오늘의 주제인 '관료'를 '관료제도의 문제', '관료제도를 개선하기 위한 노력과 그 결과', '다른 선진국 관료제도와의 비교', '관료제도 개혁방향' 이렇게 네 부분으로 나누었는데요. 관료제도의 문제와 실태 파악을 선두로 해서 역대 정부의 관료개혁 노력과 그러한 노력이 실패한 원인을 짚어보고 개혁방안을 찾아보겠습니다. 이동걸 교수가 먼저 시작하시겠습니다.

민주주의의 잠재적 위협요인, 관료제도

이동걸 우리가 행정학 전문가는 아니지만 정부 안팎에서 관료제도 문제를 두루 경험하셨을 테니 잘 아실 겁니다. 일반적으로 많이 거론되는 문제가 관피아와 부정부패인데 그 외에도 정책 왜곡, 복지부동, 정치적 편향성 등이 있어요.

미국에서는 건국 당시 정치지도자들이 관료제도에 우려를 표한 글이 남아 있을 만큼, 직업관료제도가 민주주의를 위협할 수 있다고 판단했어요. 즉 관료들이 국민의 이익보다는 자신의 이익을 추구하고 국가권력을 독점적으로 행사하거나 남용해서 다른 집단이 쉽게 그들을 견제하거나 통제하지 못하게 권력 집단화할 우려가 크다는 거죠. 그래서 미국은 관료제도를 채택하지 않았는지도 모르겠어요.

관료제도의 병폐는 공직자가 권력을 오·남용하거나 사유화하는 문제로, 공공선택 이론(정치적 의사결정과정을 경제학 방법론을 적용해서 연구하는 이론), 도덕적 해이, 대리인 문제 등이 세계적으로 자주 거론되는 것을 보면 우리나라뿐 아니라 다른 나라에서도 보편적인데요. 특히 우리나라는 전통적으로 관리는 귀하고 백성은 천하다고 여기는 관존민비官尊民卑 사상이 강한 사회죠. 이 상황에서 권력을 민주적으로 통제하고 견제하는 장치가 미처 정착되기도 전에 비민주적 권위주의 독재정부 하에서 강력한 관치가 행해졌어요. 그러한 특수환경에서 '권력을 정년까지 확실히 보장'하는 직업공무원제도가 뿌리내리다 보니 특히 더 심각한 문제를 야기하고 있어요.

사실 우리나라의 공무원 집단은 특권의식과 선민의식選民意識
이 강해서 일부 관료들은 자신들이 일상적·보편적으로 저지르
는 잘못을 전혀 인식하지 못해요. 우리나라가 정치적이든, 경제적
이든 제대로 된 선진국이 되려면 관료제의 병폐를 해소하는 개혁
이 꼭 필요해요. 물론 쉽지는 않을 겁니다. 그런 문제를 심도 있게
논의하고 많은 사람의 공감대를 형성해야 해요. 고견을 많이 내서
해결책을 찾았으면 좋겠습니다.

장세진 먼저 공직에서 관료제의 병폐를 몸소 경험하셨던 이야기부터
해주시죠.

윤원배 제가 금감위 부위원장에 갑자기 임명되었을 당시는 외환위기
를 수습해야 할 때라 맡아 처리해야 할 중요한 일이 많았는데 같
이할 사람이 없으니까 관료에 의존하게 되더군요. 그런데 정작 내
가 의견을 제시하고 싶은 중요한 일은 관료들끼리 속닥속닥 해서
하고 처리하기 모호한 문제는 정권의 눈치를 보면서 시간을 끌다
가 피해가요. 그러다 보니 관료조직에 새로 투입되어도 일에 쫓기
다 보면 무슨 일이 일어나는지 모르고 상황이 끝나버려요. 공직을
맡아 일하면서 개인적으로 많은 어려움을 겪었죠.

이동걸 제 경험도 마찬가지예요. 정책 실현이라는 측면에서 정치와
행정이 제대로 맞물려 돌아가야 한다는 데는 이론의 여지가 없지
만 실제로 정책을 결정하고 집행하다 보니 공무원들이 명시적으
로 내세운 정책 밑에 숨은 어젠다, 숨은 목적, 다시 말해서 특정 집
단의 이익을 도와주는 의도가 숨어 있는 게 많이 보이더군요.

상부조직이 결정 내린 정책을 공무원들이 정책의 취지와 목적
에 맞게 얼마나 잘 집행하느냐가 정책 성패의 관건인데, 그 부분

에서 왜곡되고 특정 이익집단의 이익이 은근슬쩍 반영되는 경우가 많았어요. 결국 정치적 영향력이 있는 외부집단의 이해가 정책에 반영되어 왜곡되고요. 저는 관료 대부분이 보수 기득권의 입장을 반영하기 때문에 이 사회가 개혁도 진보도 이루어지지 않는다는 생각을 했어요.

윤석현 저는 직접 경험은 못 해봤지만 어깨너머로 관료제도의 유인구조를 살펴보면 관료의 권한이 책임보다 훨씬 커 보여요. 관료들이 실질적으로 국가의 일을 좌지우지하면서 끌고 간다고 말씀하셨는데, 사실 상당히 큰 권한을 가지고 특히 정책에 막중한 영향력을 행사하는 데 반해 책임지지 않는 경향이 있어요. 의사결정은 자기들이 해놓고 빠져나갈 구멍을 만들어놓죠. 의도적이지 않을수도 있겠지만 그게 지속되면서 관행으로 굳어지고 있어요. 개인적인 출세, 집단 이기주의 또는 관료시스템 자체를 옹호하는 노력등이 강화되면서 한마디로 국가가 아닌 사적인 이득을 위해 행동하는 결과를 초래하죠.

고시만 통과하면 인생역전

장세진 우리나라에서 관료가 되는 길, 즉 고시 자체는 기회의 평등이이루어지는 장일지 모르겠지만 일단 관료가 되면 흔히 '철밥통'이라고 하는 평생이 보장되는 시스템, 그러면서도 어떤 책임도 묻기힘든 구조로 들어가요. 그런데 책임을 물려 해도 공무원끼리 조직적으로 저항할 길이 있다는 게 문제예요. 이 문제를 이동걸 교수가 칼럼과 논문에서 여러 번 지적하셨죠?

이동걸 우리나라 공무원 조직에서는 외부인사의 중상위 직급 진출 기회가 닫혀 있어요. 다시 말하면 임용고시 출신 직업관료들이 승진기회를 독점하고 있는 셈이어서 소수의 비임용고시 출신은 도태되거나 동화되어야만 생존할 수 있는 체제가 되었죠. 이렇게 공무원 체제가 폐쇄적·배타적으로 운영되니 정부 내에 직업관료 집단을 견제할 집단이 있을 수 없고 또 외부에서도 권력을 가진 직업관료 집단을 통제하기가 쉽지 않아요.

그런 데다 직업관료들은 자신의 지위와 권한 강화에 매진하면서 조직의 전체 이익에 반하지 않는 이상 부처 간, 또는 부처 내 국·과 간 영역을 서로 인정하고 견제하지 않는 폐습이 알게 모르게 고착돼요. 직업관료 조직 내에서 서로 이익이 된다고 생각하는 행동을 한 결과, 직업관료들끼리 강한 연대감과 동질성이 형성되면서 관료조직이 집단 조직화한 거지요. 공직에는 권력이 따르게 되고 그 권력에 상응해 의무와 책임이 따라야 하는데, 관료조직이 집단화하면서 통제와 견제, 의무와 책임이 실종된 겁니다.

윤석현 일단 임용고시를 패스하면 국민과 분리돼요. 국민의 언어가 아닌 자기들만의 언어를 사용하기 시작하고 일종의 분파를 형성해서 자기들끼리의 논리, 유인구조 속에서 살죠.

장세진 가치관도 달라져서 국민의 이익에 봉사하는 자세가 아니라 이익을 취하는 사람이 되어버리죠.

이정우 '관은 치治하기 위해 존재한다'고 생각하는 거지요.

윤석현 그 점이 한국의 독특한 상황이에요. 많은 나라가 관료제도를 채택하고 있지만 우리나라처럼 집단 이기주의가 강하고 임용고시로 완전히 차단해놓고 건너오는 놈은 자기 편, 건너오지 못하는 놈은 남의 편이라는 식으로 이분화된 나라가 또 있을까요?

이동걸 공무원 구조는 일반직, 별정직, 정무직으로 나뉘는데 일반직
은 시험을 보고 들어온 사람이고 별정직이나 정무직은 특정 목적
을 위해 임명된 사람이죠. 일반직이든 별정직이든 정무직이든 공
무를 담당하는 사람을 공무원으로 정의해야 맞는데 대한민국에서
는 고시를 봐서 들어온 사람만 공무원이고 별정직이나 정무직은
공무원이 아니라고 생각해요.

장세진 제도적입니까, 아니면 관습입니까?

윤석현 제도로 창출되었는데 이제는 관습이 된 거죠.

이동걸 일반직 공무원들이 대통령은 5년짜리 비정규직, 국회의원은
4년짜리 비정규직이라고 칭한다고 해요. 어차피 몇 년 안에 나갈
사람들이라 결국 자기들이 정부를 움직이는 주인이라는 생각인
거죠.

윤원배 책임과 권한이라는 측면에서 우리나라는 권한에만 치우친 나
머지, 책임지지 않는 행태가 너무 심각해요. 김대중 정부 때 규제
혁파라고 해서 규제를 50% 이상 줄이라는 지시가 내려진 적이 있
어요. 너무 많은 규제로 효율성이 떨어진다고 해서 내려진 조치
였죠. 그런데 저처럼 대통령 임기 중간에 공직에 들어간 사람들
이 적극적으로 나서서 일 처리를 하니까 직속도 아닌 어떤 장관
이 '당신이 책임질 수 있겠냐'고 따지더군요. 별 소란 없이 규제에
손대지 않고 그대로 가져가고 싶다는 뜻을 노골적으로 표시한 거
죠. 어쨌든 이런저런 상황으로 일이 하도 지지부진하니까 대통령
께서 빨리 개혁하라고 지시했어요. 그러자 장관이 앞장서서 규제
의 50%를 줄인다며 움직이기는 했는데, 형식적으로만 50%를 줄

이는 형태로 피해가더군요. 여러 개의 하부 규제를 철폐하는 대신 이를 하나로 묶어 포괄적으로 규제해버리는 거예요. 그런 식으로 책임은 면하고 권한만 행사하고 싶어 하는 게 관료들의 속성이고 지금도 전혀 바뀌지 않았다고 봅니다.

직업공무원제도의 경직성이 문제

장세진 그럼 관료채용상의 문제는 무엇인지 이동걸 교수가 짚어주시겠습니까?

이동걸 임용고시제도가 관료문제의 핵심이라는 사람도 있어요. 그래서 관료개혁을 논할 때 임용고시제도를 없애자는 쪽도 있었고 반대로 그마저도 없애면 흙수저가 중산층으로 올라가는 기회마저 막힌다는 반발도 있었잖아요? 저는 임용고시제도 자체의 문제가 아니라고 봐요. 임용고시제도는 경쟁적 선발제도에 불과합니다. 경쟁적 선발제도는 상대적으로 부유한 사람과 상대적으로 여유 없는 사람, 상대적으로 우위에 있는 집단과 열위에 있는 집단이 공개적으로 경쟁하는 장이기 때문에 약자에게 도움이 된다는 의미도 있거든요.

장세진 그럼 무엇이 문제죠?

이동걸 직업공무원제도의 경직성이죠. 문호를 임용고시로 한정하고 그 방식으로 채용된 사람만이 정년과 신분을 보장받고 끈끈한 연대를 유지하면서 권력을 지속해서 행사하는 경직적·배타적 운영 말이죠. 사실 직업공무원제도가 정년보장으로 정치적 중립성을 지키고 국가와 국민에게 봉사한다는 좋은 취지도 있잖아요? 그

취지대로 됐는지, 오히려 공무원 집단이 독자적인 기득권을 집단화하는 데 방패막이 된 건 아닌지 판단해야 해요. 제 생각에는 독자적 기득권을 집단화하면서 자기 이득을 추구하는 집단이 되지 않게 하려면 감시·감독체계가 필요해요. 가령 투명한 사회, 국회나 정치권에서의 공무원 감시, 언론의 감시 등 외부적인 감시가 꾸준히 이루어질 때 직업공무원제도의 원래 취지대로 운영될 수 있어요. 외부의 감시가 취약한 지금에서는 직업공무원제도를 유지할 필요가 있는지 고민해야 할 시점이에요.

장세진　직업공무원제도라는 말이 우리나라에서만 적용됩니까?

이동걸　프랑스와 일본은 공무원 학교와 고시제도가 있어서 우리와 비슷하게 정년이 보장되는 형태일 겁니다. 다만 미국이나 영국은 임용이 계약과 마찬가지여서 계약을 해지하면 끝나는 거죠.

장세진　직업공무원제도는 정년보장의 의미가 있나요?

이동걸　그렇죠. 하지만 정년이 보장되지 않는 자리도 많아요. 정무직은 물론 별정직은 언제든지 면직하면 끝나니까요.

김태동　헌법 1조에 '모든 주권이 국민에게 있다'고 명시되어 있어요. 공무원은 우리의 심부름꾼이잖아요? 주인으로서 심부름꾼을 평가할 기회가 없어서 이런 문제가 커지는 거예요. 그나마 선출직 공무원은 몇 년에 한 번씩이라도 견제하고 평가할 기회가 있는데 공무원은 전혀 그럴 수가 없어요. 그러면 대통령이 국민 대신 공무원을 평가해줘야 해요. 장관은 대통령이 평가하니까 어떻게 보면 굉장히 많이 책임진다고 볼 수 있죠. 평균 재직기간이 1년도 되지 않으니까요. 대통령이 장관을 최종 결정한 거지만 잘못되면 장관이 물러나야 해요.

윤석헌 물러나는 정도로 책임진다고 할 수 있나요? 최근에 장관을 하다가 국회의원에 출마한다고 물러나는 정치관료들이 있는데, 결코 좋은 모습이 아니에요.

김태동 문제는 이거죠. 1997년 외환위기 이전 2~3년간 경제가 좋지 않았을 때 장관들이 바로바로 물러나니까 그 밑에 있던 관료들이 장관이 됐어요. 국민경제가 나빠질수록 경제 관료의 승진은 더 빨라지는 거예요. 인센티브의 틀이 잘못된 거죠. 세월호 참극의 경우만 봐도 일어나지 말아야 할 참사가 일어나니까 관련 공무원들의 출세가 빨라졌어요. 주인인 국민이 고통받을수록 관료들이 잘 되는 인센티브 구조를 바꿔야 해요.

　　미국은 임기제가 아니라도 대통령과 4년을 같이하는 장관이 대부분인데, 우리는 평균 1년이에요. 관료 출신이든 아니든 장관의 정책생산능력이 발휘되기 어렵죠. 후임 장관 물망에 오르는 자들도 이력이나 능력이 비슷비슷하니 악순환이 계속될 수밖에 없고 대형참사나 경제위기가 되풀이되는 겁니다.

이동걸 윤석헌 교수가 좋은 지적을 하셨어요. 공무원들이 권한은 큰데 책임이 없어요. 가장 크게 책임을 묻는 방법이 고용관계를 종료시키는 거잖아요? 그런데 직업공무원제도는 큰 문제가 없으면 징계받더라도 정년은 보장되고 정년 이후에는 연금까지 받죠.

윤원배 정년이 완벽히 보장되지는 않았죠. 고위공무원단 자리로 보내버리고 몇 년 지나면 적격심사를 거쳐 자동으로 옷을 벗겨버리니 형식적으로는 고용관계를 종료시킬 방법을 마련해놨죠.

이동걸 윤원배 교수는 공무원이 옷을 일찍 벗으니 정년이 보장되지 않는다고 하셨는데 일단 공무원연금을 확보한 다음에 옷 벗게 하는 데다 외부에 좋은 자리까지 마련해준다니까요?

윤원배 잘하고 있다는 얘기는 아니고요.

이동걸 외부에 좋은 자리를 만들어주지 않으면 정년까지 버티고 있어요. 공무원들이 지금은 나가지 않는대요. 안 나가면 자를 방법이 없습니다.

윤원배 아니, 고위공무원단으로 보내고 몇 년 뒤에는 자르는데도요?

이동걸 고위공무원으로 가서도 버티고 있으면 돼요.

윤원배 보직을 주지 않고 2년인가 지나면 자동 해직되는 장치는 마련되어 있어요. 임용고시제도가 좋은 점도 있다고 말씀하셨잖아요? 과거에도 과거제도로 인재를 등용하는 방법이 있었죠. 잘만 쓰면 좋은 제도인데, 지금은 옛날과 달라서 공무원들, 특히 고위공무원들이 다른 세력들, 재벌들과 결탁하는 모습을 보면 문제가 커요.

　　5급 이상만 되면 적어도 국장, 차관으로의 승진이 거의 보장되죠. 그러다 보니 기업들이 핵심부처에 배치된 신임 사무관부터 지원하고 관리해요. 임용고시제도를 하더라도 5급부터가 아니라 6급부터 해서 수를 늘려서 재벌들이 관리부담을 느끼도록 하는 방법도 있어요.

이정우 그 수를 엄청나게 늘리려면 6, 7급까지 확대해야겠죠.

이동걸 제 말은 임용고시제도 자체의 문제가 아니라는 겁니다. 폐지하면 더 큰 문제가 있을 수 있어요.

윤원배 그렇죠. 어떤 방식으로든 인재는 등용해야 하니까요.

윤석헌 하여튼 문제는 편익과 비용, 권한과 책임이 비대칭적으로 차이 난다는 거예요. 공무원의 권한과 편익을 줄이고 책임과 비용을 늘려야 해결되는데 권한과 편익을 줄이는 방법으로는 지금 말

쓸하신 것처럼 면직이라는 방법이 있을 텐데 그게 가능할지 모르겠어요. 비용 개념으로 평가를 연금에 반영해 감액하는 방법을 고려하면 어떨까요? 공무원들이 하는 정책은 그 효과가 장기적으로 드러나니까 단기적으로 평가하기 어려워서 그 정도의 유인책이 없으면 도덕적 해이가 지속되겠죠. 고의 중과실의 경우에는 완전히 옷을 벗게 하든지 해서 책임을 제대로 물어 비용과 편익 격차를 줄이는 방법을 고려할 수 있겠죠.

공무원의 집단 세력화와 전관예우

윤원배 공무원의 집단 세력화도 지적하고 싶어요. 5급 공무원으로 합격하면 집단 세력화가 되잖아요? 경찰도 경찰대학교 출신들을 경위로 대우해주다 보니까 자기들끼리 끌어주고 외부에서 유입된 사람은 무시하는 식이죠. 5급 공무원과 경찰대학교 출신의 행태가 같은 문제를 내포하고 있어요.

김태동 나라의 주인인 국민이 직접 공무원의 실태를 모르니까 이익집단화가 더 심해져요. 사실 본인이 직접 당하기 전까지는 인식할 기회가 없거든요. 감사원이 정부 내에서 제대로 평가하고 언론이 관료의 무능과 비리를 제대로 밝히면 관료집단 견제가 어느 정도 가능할 텐데, 한국의 감사원과 언론에 그걸 기대하기는 어렵죠.

윤석헌 지금 말씀하신 것과 관련해서 보면 공무원의 힘 중 하나가 선배는 후배를 끌어주고 후배는 선배를 전관예우 해주고 선후배가 알아서 서로 끌어주고 밀어준다는 것입니다. 그런 식의 연결고리로 엄청나게 힘 있는 집단이 되었어요.

김태동 일본문화예요, 야쿠자식 관리방법이죠. 재무관료를 모피아라고 하는 이유도 바로 이 때문이에요.

이정우 일본에 아마쿠다리〔天下リ〕(하늘에서 내려온 사람)라고 있어요. 퇴직한 고위관료가 해당 분야의 민간기업 등에 고위직으로 가는 낙하산 인사를 가리키죠. 한국이 일본의 악습을 그대로 본받았어요. 고위직으로 갈수록 큰 떡을 먹을 수 있기 때문에 아무도 조직문화를 거스르는 바른말을 못 해요. 순응하고 복종하고 비민주적이고 보수화돼요. 떡이 너무 크기 때문에 쉽게 사라지지 않아요. 모든 개혁을 좌절시키는 잘못된 문화입니다.

장세진 조직에서 따돌림을 당하면 전관예우에서 제외됩니까?

이정우 그렇죠, 국물도 없어요.

이동걸 퇴직 장관들이 매일 신문을 보는 이유 중 하나가 부고란, 결혼란 때문이래요. 관련 부처에 있는 후배들 소식 중 혹시 놓치는 게 있나 찾은 다음에 잊지 않고 챙기려고요. 그 사람들의 가장 중요한 일이 후배들 밥 사주기라고 해요.

장세진 공짜는 아니군요.

이동걸 투자죠. 남의 돈으로 후배들 밥을 사줄지언정 어쨌든 자기가 조달해서 사주는 거죠. 이익으로 끈끈하게 맺어진 연대죠.

윤석헌 여러 가지 측면에서 다양한 대안을 강구하면서 해결책을 찾아야겠습니다. 즉 임용고시제도나 평가만의 문제가 아니고 전체를 아우르는 종합적이고도 근본적인 해결책을 찾는 노력이 필요해요.

민주적 통제체제로 대체되지 못한 게
기득권 집단화 원인

김태동 일반 국민이 그동안 관료의 잘못된 행태를 제대로 몰랐다가 알게 된 사건이 바로 1997년에 일어난 외환위기였어요. 대통령이 그 중요한 정보를 우선 보고받아 판단을 내려야 했던 때가 1997년 여름 이후였으니까요. 금융개혁 문제로 왈가왈부하는 가운데 외환위기 태풍이 불어닥쳤죠. 당시 재정경제원 장관이나 경제수석이 대통령께 상황을 보고하지도 않고 한국은행에 압력을 행사해서 외환보유액을 풀어버렸어요. 가용할 수 있는 외환보유액이 10분의 1 정도로 확 줄었고 너무 늦게 대통령이 상황을 파악하는 바람에 IMF와 굴욕적인 구제금융협정을 맺어야 했죠.

환란이 국가에 불어닥쳤는데도 장관급 경제 관료들이 자기 책임을 면하려고 대통령께 보고도 안 하는 비정상 국가, 관료들이 국가와 국민을 위해 존재하는 것이 아니라는 사실을 온 천하에 명명백백히 보여준 사례죠.

장세진 국가 대위기를 대통령이 알지 못했다는 사실은 지금 생각해도 어처구니없는 일인데요, 국가의 안전보다 자신의 안위가 우선인 우리나라 관료들, 도대체 어떻게 이 지경까지 되었을까요?

이정우 선진국 중에서는 관료의 힘이 센 나라로 프랑스와 일본을 듭니다. 프랑스는 독특하게도 행정학교 출신 관료들이 행정부를 장악해서 국가 주도적으로 경제개발정책을 추진해왔어요. 일본 역시 관료주도형 경제개발 모델을 메이지유신 직후부터 채택했고요.

사실 미쓰이나 미쓰비시[三菱] 같은 4대 재벌들은 경제발전 개

넘조차 없었는데 메이지유신 주역들이 주도했죠. 메이지유신의 주역이자 일본 관료제의 아버지인 오오쿠보 도시미치〔大久保利通〕가 선진국을 모방해서 모든 부처를 만들다시피 했고 스스로 여러 부처 장관을 겸직하면서 정부를 끌고 갔어요. 이토 히로부미〔伊藤博文〕 같은 사람은 봉건시대 상업계층 출신인 4대 재벌을 찾아다니며 철강공장을 맡아달라, 조선소를 지어달라, 최대한 성공을 보장하겠다, 손해 보지 않게 해주겠다면서 감언이설로 경제개발에 나서게 했어요.

한국은 일본의 식민 통치 탓에 일본의 영향이 컸죠. 게다가 박정희 대통령이 5·16 쿠데타 이후 경제개발을 하면서 일본을 그대로 모방했어요. 그러다 보니 한국 관료제가 굉장히 힘이 세졌고 국가 주도적 경제개발 모델을 갖게 됐죠. 그뿐만 아니라 한국은 보수층의 집단 지도체제가 강고하게 구축되어 있어요. 관료, 재벌, 언론, 보수정치인 들에 보수학자들까지 도와주고 있는데 관료들은 거기에 자기들이 속한다고 생각하죠. 말로는 국가 이익을 앞세우지만 기득권층의 이익을 철저하게 수호하는 것을 임무로 여기고 있어요. 반세기가 지나 시장, 재벌의 힘이 많이 커지면서 관의 우위가 상대적으로 약화되었지만 한국형 관료제 모델은 그런 역사적 배경에서 출현했어요.

허성관 우리의 역사를 되돌아보면 고려 광종 때(서기 958년) 처음 시행된 과거제도가 전문 관료제의 시작이에요. 그런데 조선 후기에 접어들면서 노론의 일당 독재가 정착되고 왕권이 약화되자 관료의 중심인 노론이 견제 없는 세력이 되었어요. 이들은 200년 이상 국익보다는 정파와 가문의 이익을 우선하고 권력을 사익추구의 수단으로 삼았어요. 집권 정파인 노론들이 나라를 팔아먹는 데 앞장선 결과로 일제강점기에 접어들었죠. 이들은 일제강점기에서도 호의호식했어요. 광복 이후에도 일제의 잔재가 청산되지 못하자 그 후예들이 관료의 중심이 되었고 여전히 공익보다는 사익을 앞세웠죠. 그 결과가 오늘날 우리에게 관료개혁이 절실히 필요한 연원이죠.

이정우 초급 관료일 때는 그나마 공익정신, 정의감이 있는데 국장 정도 되면 공익정신과 정의감을 가진 사람들은 도태되고 출세주의자들 그리고 보수로 똘똘 뭉친 사람들끼리 뽑아주고 밀어주고 당겨주는 체제가 형성되어 있어요. 국장을 지나 장·차관쯤 되면 국가의 이익이나 국민의 이익은 관심에서 더욱더 멀어지고요. 곧 퇴임해서 이른바 대형로펌 같은 곳에 가서 고문하면서 공무원 봉급과 비교도 안 되는 금전적 이익을 얻을 수 있는데 어느 누가 그걸 하루아침에 허물어뜨리는 모험을 하겠어요? 그러니 위로 갈수록 더욱 보수화하고 개혁을 반대하는 구조가 강고해요. 한국의 관료제는 공업화 초기에는 경제발전을 이끌고 간 긍정적 측면도 있었지만 그에 비해 부정적 측면이 더 커요. 시급히 개혁하지 않으면 한국의 발전은 어렵다고 봐요.

이동걸 서양사를 살펴보면 관료제를 활용해 중앙집권적 군주제가 컸고 그것이 근대국가로 발전했어요. 중앙집권제는 국가의 모든 권력이 중앙에 집중되는 통치체제이므로 권력을 중앙에서 통제하고 행사하기 위해서는 체계적이고 조직화된 관료제도가 필요했죠. 그리고 명분상 국가라는 조직이 권력을 한곳에 응축시키고 행사하기에 가장 적합했으니 통치자들이 그걸 중심으로 권력행사용이

나 국가운영용 조직을 만드는 것은 당연했죠. 그런 과정에서 관료제가 정착되고 발전한 거예요.

관료제는 국가든 그 외 무엇이든 거대한 조직을 운영하기에 매우 효율적인 조직체계예요. 물론 긍정적인 면도 있었지만 근래에 관료제의 장점은 사라지고 단점만 남아 있다고 평가하는 기저에는 중앙집권적 통치자가 있을 때는 설령 독재자라 하더라도 적어도 관료를 통제할 시스템이 있었는데, 민주체제로 대체되지 않은 채 중앙통제체제가 없어지다 보니 관료 조직이 독립적으로 기득권 집단화되었다는 생각이 깔렸다고 봐요.

장세진 왕이 있을 때와 다르다는 말씀이네요.

이동걸 왕이나 독재자에 의한 통제가 민주적 제도에 의한 통제로 대체되지 못한 거죠. 속된 말로 정부가 무주공산無主空山이 된 거예요. 정부를 통제할 사람이 없어지니 스스로 권력화하는 기관이 생겼어요. 사실 민주화하면서 그런 계기가 마련되었잖아요? 관료를 통제할 독재자가 있을 때는 관료가 힘이 있어도 독재자의 눈치를 봤는데 이제 독재자가 사라지니까 자기들이 왕이고 주인이라는 인식이 나타난 거죠. 배타적인 공무원제도에서 기득권을 집단화하니까 문제가 생긴 거고요.

기득권을 강화하는 방법은 두 가지예요. 더 강한 자에게 붙거나 강한 기득권 집단과 연합하는 거죠. 강한 기득권자인 통치자가 없어지니 재벌이나 보수 기득권 집단과 연합하면서 기득권이 점점 더 강화되는 거예요. 근대적 기득권 집단의 폐해, 전근대적 봉건제도의 폐해가 보수집단의 연합체로 나타나고 있다는 생각이 들어요. 그래서 관료개혁이 힘들고 시급하죠.

윤원배 서양사에서 관료제의 출현은 왕이 부패하고 시민사회가 성장
하면서 왕권을 견제하는 수단으로 나타난 경향도 있어요. 절대군
주시대에 정치에 예속되었던 행정이 1688년 영국에서 일어난 명
예혁명 이후 근대 입법국가시대로 접어들면서 의회가 생기고 권
력이 나뉘면서 정치로부터 분리되어 나왔어요.

그런데 우리나라의 자유당 시절을 보면 부패와 연결된 세무공
무원, 산업공무원 들이 아주 잘살았어요. 제대로 통제되지 않았던
거죠. 박정희 정권이 독재화되면서 겉으로 나타난 관료 부패는 줄
었는데 대신 정부주도의 행정이 지배하면서 행정력이 강화됨과
동시에 공무원의 힘이 세졌어요. 그리고 민주화되는 과정에서 통
제할 독재자가 사라지니까 이익집단으로서 관료 전체의 힘이 더
세지고 견고해졌고요.

윤석헌 이동걸 교수와 윤원배 교수께서 관료집단의 힘이 강해지고
있다고 말씀하셨는데, 저는 최근 들어 예전 같지 않다는 느낌이
들어요. 여성들의 관료진출이 늘어나고 젊은층의 개인주의가 확
대되면서 관료집단에도 조금씩 변화가 감지되고 있어요. 서열에
의해 상명하복 하는 기존의 관료제도 행태 역시 느리지만 바뀌고
있다는 느낌이에요. 물론 좀 더 지켜봐야 하겠지만요.

그리고 한국 관료제도에서 굉장히 중요한 요인이 바로 세종시
예요. 금융 관련 공무원들이 기획재정부에 가지 않으려 하고 금융
위에 있는 걸 다행으로 생각해요.

이정우 서울에 있으려는 거죠.

윤석헌 고시성적이 좋으면 서울에서 일하려고 해요. 그러다 보니 금
융위에도 여성 사무관, 과장 들이 오기 시작했는데 그러면서 우리

가 예전에 알고 있던 강력한 재무부, 권력을 휘두르고 금융기관을 쥐락펴락하는 모습이 조금씩 달라지고 있다고 봐요.

이동걸 윤 교수께서는 관료제도가 약화되고 있다고 보셨는데 저는 동의하지 않습니다. 관료 개개인의 권력남용, 부정, 비리가 감소하는 것과 집단으로서 관료 전체의 장악력은 관계없어요. 공무원 집단의 국가운영능력이 과거보다 낫다, 못 하다의 문제와 실제로 공무원들의 행태가 다른 것처럼 말이죠.

아무것도 없던 시절에 박정희 대통령은 포항제철을 짓느라 쫓아다녔어요. 사실 대통령이 할 일이 아닌데 그때는 우리 경제가 그만큼 단순했으니까 공무원을 동원해서 국가경제를 운영했던 거죠. 그런 의미에서 현재의 국가관리능력이 과거보다 떨어지는 건 당연하고요. 게다가 과거에는 공무원이 경제에 직접 개입했고 민간의 이권에 접했으니 더 부패했죠.

공무원 개개인이 부패와 부정으로 돈을 더 많이 벌고 권력을 행사했던 일들이 지금은 없어졌다 하더라도 그건 경제와 사회가 복잡해져서 공무원들이 직접 개입할 여지가 줄고 사회가 투명해졌기 때문이지, 공무원 집단으로서의 조직적 장악력이 줄었기 때문은 아니라고 봐요. 무능력한데도 장악력은 높아졌어요.

역대 정부의 관료개혁이 실패한 원인

장세진 그렇다면 과거의 관료개혁은 왜 실패했죠? 여러 차례 개혁 시도가 있었는데요.

이동걸 박근혜, 이명박, 노무현, 김대중 대통령까지 정부마다 관료개혁을 한다고 했는데 다 실패했죠.

장세진 관료개혁을 하지 않았으면 상황을 그나마 유지시켰을 수도 있지 않을까요?

윤원배 저는 공무원 관리 부분에서 성공한 정부는 없다고 봐요. 김영삼 정부 때 대통령께 보고하지 않아서 외환위기 상황을 모르고 있었다고 했는데 현 정부도 마찬가지잖아요? 한국형 전투기 사업 KFX를 보면 수십조 원이 들어갈 프로젝트인데 기술 이전을 해주지 않는다는 내용을 대통령이 모르고 있었다잖아요? 똑같은 일이 여전히 벌어지고 있어요.

윤석헌 최근의 4대 개혁은 전통적 의미의 개혁이 아니라 정부가 추진하는 목표를 위해 무언가를 바꾸려는 거예요. 그러다 보니 관료개혁이 아니라 공공개혁이 되었고 관치금융개혁이 아니라 금융회사의 보수주의를 바꾸겠다는 게 되었죠. 우리 논의의 관점에서 보면 오히려 기득권을 강화하기 위한 수단으로서 개혁하겠다는 겁니다.

이동걸 박근혜 대통령은 윤석헌 교수 말에 부합할지 모르겠는데 이명박 대통령은 공무원에 적대적이었어요. 건설회사를 경영하면서 겪은 '을'의 경험이 있어서 정권 초기에 공무원들에 엄청난 적대감을 보였죠.

윤석헌 이명박 대통령이 처음에 시도한 개혁은 우리가 상식적으로 생각하는 수준이었지 싶어요.

이동걸 시작은 제가 두 손 들어 환영했어요.

윤원배 이명박 정권에서는 공무원 조직을 효율화하고 국민을 위한 조직으로 만들려는 게 아니라 기업 프렌들리라고 외치면서 법과

제도는 마련하지 않은 채 행정력을 동원해 문제를 처리하려는 경향을 보였어요. 그러다 보니 그 결과는 대기업 쪽으로 너무 편향되었죠.

이정우 공무원에게 적대감은 많이 보였지만 기억에 남는 게 거의 없는 걸 보면 개혁은 거의 없었다고 봐야죠.

김태동 사실 박정희 대통령도 관료들을 시켜 새로운 정책을 생산하거나 기존의 정책을 바꾸는 것은 어렵다고 봤어요. 관료에게만 맡기기에는 어렵다는 것을 적어도 1970년대에 싱크탱크용 KDIKorea Development Institute(한국개발연구원)을 만들 때 느꼈기 때문에 그 뒤에도 몇 개 더 만들었다고 생각해요.

　전두환 대통령도 관료에게만 의존해서는 안 되겠다고 느껴서 김재익이라는 경제학 박사, 즉 비관료를 경제수석으로 임명하고 경제 관료 중 상당수의 옷을 벗겼죠. 독재자들도 관료들의 정책생산에는 한계가 있다는 걸 느끼고 학자들을 썼는데, 노무현 대통령은 관료를 어떻게 평가하신 것 같나요?

이정우 중요하고 어려운 문젠데요.

김태동 그런가요? 저는 주요 정책을 수립하는 의사결정 과정에 관료 출신을 참여시킨 것 자체가 노무현 대통령의 잘못이라고 봐요.

윤석헌 저는 관료를 두 부류로 나눠 생각해야 한다고 봅니다. 장·차관급으로 정책 관련 의사결정에 참가하는 그룹과 그 밑에서 실제로 일을 집행하는 그룹, 즉 왓투두what-to-do와 하우투두잇how-to-do-it을 담당하는 그룹으로 나누어서 접근해야 합니다. 하우투두잇도 왓투두 못지않게 중요해요. 하우투두잇이 제대로 지원하지 못하면 왓투두의 의사결정부터 헷갈리게 될 테니까요.

김태동 둘이 연관되어 있어요. 관료들이 현직 권력에 반대할 수는 없으니까 동력이 있는 임기 초반에는 정책을 시험적으로 몇 개 해보자고 하거나 그것도 안 되면 단계적으로 하자면서 김을 빼놓고서 결국은 없던 일로 만들어버려요. 반대하는 정책을 정체시키는 하우투두잇의 수법이 모피아·관피아에 축적되어 있죠.

윤석헌 하우투두잇에 축적된 능력과 역량이 약화되고 있는데도 그들이 왓투두로 승진해가는 문제와 실제로 정책결정 등에서 하우투두잇의 보좌나 지원이 미치지 못해 왓투두의 정책능력 자체가 약화될 수밖에 없는 문제 등으로 공무원시스템이 전반적으로 약화되는 면이 있어요.

윤원배 제가 보기에는 현재 공무원들의 역할이 과거와 달라졌어요. 옛날에는 세상이 워낙 단순했으니까 그들의 역할도 뚜렷했어요. 지금은 복잡해지고 세계화되다 보니까 공무원들이 아무리 열심히 해도 그 역할이 도드라질 수 없는 반면, 그 과정에서 공무원들끼리 결속하는 힘이 세진 데다 집권층, 재벌들과 결탁해서 힘을 발휘하기 때문에 일반 국민이 대처하기 더 힘들어지고 있어요.

이정우 저도 김태동 교수와 비슷한 생각입니다. 국민의 정부와 참여정부가 역대 정부에 비해 일을 잘한 것은 사실이지만 잘못한 점도 많았고 한계도 있었어요. 그중 하나가 두 정부 모두 관료에 많이 의지했죠. 다른 대안이 없으니 공무원들을 최대한 활용한다고 판단한 것 같은데 저는 다른 방법도 있었다고 봐요.

국민의 정부도 지나치게 관료에 의존했죠. 초기에는 김태동, 윤원배, 이진순 같은 학자가 꽤 들어갔는데 시간이 지나면서 학자들이 거의 밀려나오고 관료들이 다 장악했죠. 그 관료들이 당장 눈

앞에 성과가 나타나는 것 같은 정책들만 만드는 단기 업적주의로 가면서 부동산 투기를 조장했고 IT 거품을 일으켜 경제를 망쳤다고 봐요. 길거리에서 신용카드를 바로 발급하는 식의 금융정책도 펼쳤어요. 당시에는 경기를 살리는 데 기여하고 성장률도 높였지만 두고두고 후유증을 남겼죠. 보수언론들이 경제 관료들과 너무 친하다 보니 경제 관료들이 경륜 있다, 실력 있다고 자꾸 기사를 쓰는데 국민이 그들의 한계를 똑바로 인식해야 해요.

허성관 오늘 모인 분들이 경제학을 공부하신 분들이라 경험에서 우러나온 말씀일 텐데요, 지금까지 논의한 관료개혁 문제는 특히 경제부처 관료들에게서 두드러지게 나타나는 현상이에요. 사실 노무현 대통령이 경제부처 관료들을 굉장히 어려워했어요. 당시 금감위와 금감원을 통합하는 문제를 논의한 적이 있었는데 경제부처 관료들을 어렵게 생각하는 바람에 결국 성사되지 못했어요. 그럴 정도로 관료, 보수언론, 재벌의 연합편대가 상상 이상으로 강고합니다.

이동걸 관료집단, 힘을 가진 재벌, 보수언론이 서로 도와줘요. 이해관계가 맞아떨어지는 거죠. 3개의 연합세력이라는 측면에서 관료를 보면 절대로 약한 집단이 아니에요.

김태동 2003년에 노무현 대통령이 청와대 조직을 개편했죠. 이정우 교수는 청와대 비서실장과 같은 급인 정책실장으로서 정책생산과정을 조정하고 우선순위를 정하는 일을 담당하셨잖아요? 노무현 정권의 관료 의존도가 높았는데 이 교수의 후임도 비관료 출신이었죠?

이정우 제 바로 직후는 관료 출신인 박봉흠이고 그다음이 행정학 교수였던 김병준이었죠.

김태동 그렇다면 적어도 대통령이 정책생산단계에서 관료제의 폐단을 어느 정도 인식했기 때문에 전직 대통령보다 탈관료적 행보를 한 게 아닌가요? 김대중 대통령과 달리 임기 후반에는 국회에 더 의존할 수 있다는 이점도 있었고 다수인 국회를 통해 중요한 정책을 직접 생산할 수 있었죠. 어쨌든 청와대를 개선했는데 실제 정책면에서 얼마나 도움을 줬는지 말씀해주시겠어요?

이정우 참여정부 초기에는 국민의 정부보다 더 많은 학자가 영입되었어요. 1년이 지난 뒤에도 꽤 남아 있었으니까 학자들의 참여도가 높았던 정권이었다고 생각해요. 물론 한계도 있었죠. 제가 일할 때 경질론이 많이 나왔는데 관료들과의 불화설과 재벌들이 이정우 때문에 투자하지 않는다는 이유였어요. 이 말이 노무현 대통령의 귀에도 여러 번 전해져서 관료문제로 저와 몇 차례 대화를 나눈 적이 있었어요. 대통령의 진심은 모르겠지만 그래도 관료보다는 학자들에게 정책을 맡기는 게 더 멀리 보고 제대로 된 정책을 만들 수 있다는 신뢰만큼은 있었어요. 좀 더 학자들을 믿고 힘을 실어주고 오래갔더라면 꽤 많은 실적을 올렸을 것이라고 봐요. 그 점에서 조금 아쉽죠. 참여정부는 역대 정부에 비해서는 모범적이었지만 이상적인 모델로 생각하기에는 한계가 있어서 반면교사이기도 해요.

이동걸 제가 2003년 1월에 대통령직인수위원회에 있었을 때 일이에요. 기자들과 나중에서야 좀 친해지니까 저에게 재정경제부 국장과 차관보 이런 사람들과 술 먹으면서 있었던 일을 귀띔해주더군요. 글쎄 그들이 "지금은 머리 숙이지만 6개월이면 우리가 장악할 거야" 이러더래요. 그들의 말이 허세만은 아닌 것이 현실이잖습니까? 정부 곳곳에, 국가 권력의 이곳저곳에 네트워크를 형성해서 집단적으로 권력을 구조화했다는 자신감이 내포된 말이잖아요? 그들의 말대로 6개월, 늦어도 1년 만에 노무현 정부도 관료들이 장악했죠. 그래서 노무현 대통령이 "시장으로 권력이 넘어갔다", "나는 공무원이 무섭다"라는 말씀을 하셨죠. 공무원이 무서우니까 공무원을 쓰는 거예요. 관료집단을 중심으로 할 수밖에 없는 환경이 조성되어 있어요. 그게 문제의 시발점이라고 봐요.

김태동 대통령으로서 마음을 드러낸 솔직한 표현이란 점은 평가하지만 '나는 공무원이 무섭다'는 말을 진짜로 했다면 그건 좀 아쉬운데요? 대통령이 그걸 철저하고도 정확히 인식하고 있으면 관료제의 폐해를 충분히 예방할 수 있어요. 앞으로 대통령을 하고 싶은 사람, 성공한 대통령이 되고 싶은 사람은 관료를 무서워하면 안 돼요.

윤원배 김대중 정부나 노무현 정부가 출범했을 때는 공무원의 폐단과 잘못을 인식하고 고치려고 노력했어요. 김대중 대통령도 항상 공무원을 믿을 수가 없다고 하셨고요. 그런데 아쉽게도 김대중 정부는 외환위기가 터진 직후에 집권해서 너무 빨리 공무원에 의존할 수밖에 없었죠. 노무현 정부 때는 그 정도로 상황이 나쁘지 않았는데도 생각보다 빨리 공무원에 의존했어요. 국민의 정부든 참여정부든 학자들이 제 역할을 할 수 있었던 기간이 너무 짧았죠.

김태동 그것까지는 이야기하지 맙시다. 초점이 깨질 수도 있어요.

윤석헌 전 이게 굉장히 중요한 문제라고 봐요. 새 정권이 들어서도 또 다시 이런 상황이 벌어질 수 있으니까요. 결과적으로 보면 김대중 정권, 노무현 정권 때 학자들이 영입되어 성공했다고 보기는 어려워요. 그러니 왜 실패했느냐는 부분의 반성을 겸해서 생각해봐야 해요.

김태동 제가 경험했던 국민의 정부는 권력의 추는 넘어왔지만 여당 세력이 너무 약했어요. 그러다 보니 임기 초에는 장·차관 등 주요 직을 인선해야 하는데 김대중 대통령은 각 수석비서관의 인사 추천에 꽤 의존했어요. 따라서 경제수석비서관으로서 4대 개혁 등 정책을 생산해야 했을 뿐만 아니라 추천할 인사를 물색하는 데도 시간을 써야 했죠.

이동걸 대통령이 왜 관료에 의존하느냐고요? 사람이 없으니까요. 사람을 추천하든, 정책을 생산하든, 집행하든 결국 사람이 필요해요. 정책을 세우는 데 필요한 정보를 줄 사람, 정책을 같이 생산하고 고민할 사람, 만들어진 정책을 수행할 사람이 말이에요. 그런데 진보성향의 정부에서는 인력 풀이 절대적으로 적어요. 몇 명이 들어가서 그야말로 고군분투하죠.

김대중 정부 때 1년, 참여정부 때 1년 반 일해본 제 경험상, 우선 정보의 진위에 의심이 가는 경우가 많아요. 자료를 믿을 수 없으니 판단할 때 도와주는 사람이라도 있으면 좋을 텐데 그것부터 고민해야 하니까 굉장히 힘들죠. 당시 당에 왜 사람들이 일하러 나오지 않느냐고 물었더니, 당에서 하는 말이 그게 다래요. 기득권 집단에서 벗어난 야당이나 시민단체 풀이 절대적으로 적으니까 일을 추진하기 어려운 거죠. 일을 제대로 하려면 채워야 할 자리가 수두룩해요. 김태동 교수도 세력이 약했다고 하셨는데, 속된 말로 쪽수 싸움입니다. 그런 면에서 관료집단이 국가를 움직이는 큰 장벽이 되고 있어요.

김태동 김대중 정권과 노무현 정권만 관료개혁을 주장한 게 아니에요. 이명박 대통령도, 박근혜 대통령도 처음에는 관료개혁을 부르짖었다가 결국 관료를 적극적으로 활용하면서 정부를 끌어나갔죠. 그래도 보수정부는 보수 편향이 있는 관료집단과 같이하니까 비교적 문제가 적은데 진보정권은 관료에 포획되면 끝난다고 봐야죠. 그러니 관료집단의 정치적 편향성이 중요하다고 보는 게 관료제도의 문제는 진보정부가 더 커서 그렇습니다.

정권 바뀌면 공무원도 바꾸자

이동걸 사회 전반적으로 관료를 개혁해야 한다는 데 합의는 되었지만 문제는 해결이 어렵다는 거죠. 그래서 윤석헌 교수는 전방위적으로 노력해야 한다는 점을 강조하셨고요. 그 증거로 그동안 관료제의 병폐를 해소하겠다며 도입했던 개방형 임용제도, 고위공무원단, 민간교류, 퇴직공무원 취업 제한 등 다양한 노력이 부분적인 개혁 시도였는데 모두 실패했다는 것을 들 수 있겠습니다.

결국 소수의 관직만 개방해서 민간인을 앉히고 개혁하라는 식의 정책은 돈키호테처럼 혈혈단신 시도해보라는 건데, 실패할 수밖에 없어요. 그러니까 개방형 임용직에 옷 벗은 공무원이 신청해서 다시 들어가거나 공무원과 친해지고 싶은 준공무원 성격의 민간인이 들어가는 거죠. 애당초 성공할 수 없는 조건입니다.

개방형 임용제도가 취지상 옳다면, 그 규모를 대폭 확대해야 해요. 지금의 직업공무원과 대항할 수 있는 수준의, 즉 임계질량

Critical Mass이 될 만큼의 수가 들어가지 않으면 관료개혁은 힘들다고 봐요. 그런 의미에서 현재 미국에서 시행하고 있는 '교체공무원제도'를 고려해볼 필요가 있어요. 한마디로 일정 직급 이상은 정권이 바뀌면 거의 다 바뀌는 거죠. 정말 힘든 개혁이라면 과감하고 단호하게 조치해야 합니다. 그 역시 실천하기 힘들겠지만 그런 아이디어를 계속 홍보해서 금방 실현되지는 않더라도 국민의 의견을 들어야 하지 않을까요?

장세진　교체임용제도는 미국 시스템인 것으로 알고 있는데요. 간단하게 설명해주시죠.

이동걸　교체임용제도는 미국의 스포일스 시스템spoils system, 즉 엽관제도獵官制度에서 유래한 것인데 원시적 의미는 '전리품은 승자에게 속한다'는 취지로 '관직을 선거에서 이긴 정당의 전리품으로 생각하고 이것을 탈취해 자기편에게 나누어준다'는 의미가 있죠. 그렇게 보면 부정적인 의미지만, 승리한 정당이 자기 정당의 철학을 공유하고 선거공약으로 내세운 정책을 잘 이해하고 있으면서 자기 정당을 위해서 일하던 사람들에게 나누어주는 식으로 보면 로테이션 시스템이고 정당관료제인 거죠. 물론 그 자체가 완벽한 제도는 아니기 때문에 문제가 있을 수 있어요. 제도는 그 사회의 정치환경, 언론환경, 사법환경과도 어우러져야 하는데, 우리는 다 어우러져 엉망이 되었으니까 관료개혁이 더 시급할 뿐 아니라 관료개혁을 해도 성공확률이 낮습니다. 결과가 어떻게 나올지는 모르겠지만 한번 개혁적인 시도를 해야 한다고 생각해요. 관료개혁에 대한 공감대를 만들어가면서 많은 학자가 더 연구해봐야죠.

장세진　교체임용제도라면 어디까지 교체하는 거죠? 우리나라 공무원

수가 미국보다 적다는 것도 고려해야겠죠? 1대 1로 단순 비교할 수 없지 않을까요?

이동걸 우리가 만약 미국식 교체공무원제도를 시행한다면 전면적으로 단숨에 실행할 것인가, 단계적으로 할 것인가는 방법론의 문제겠죠. 미국 정부는 4년마다 한 번씩 대통령선거가 끝난 직후에 플럼북Plum Book이라는 책을 발간해요. 이 책의 공식명칭은《연방정부 관직 일람United Sates Government Policy and Supporting Positions》인데 경쟁선발을 거치지 않고 미국 대통령이 직접 임명할 수 있는 연방정부 내 관직 약 8,000여 개가 실려 있어요. 즉 상원인준이 필요한 자리 800여 개, 상원인준이 필요하지 않은 고위직 800여 개 그리고 스케줄 C 직위라고 부르는 중하위 실무직 약 7,000개의 리스트예요.

물론 논공행상에 따른 낙하산이라는 일부 비판도 있습니다만 취지는 대통령과 정책철학을 같이하고 대통령의 뜻을 아는 사람들이 연방정부에 들어가서 대통령의 정책을 펴라는 거죠.

제 생각에는 지금 우리 직업공무원제도에 대안이 될 수 있는 현존 체제가 바로 정당관료제라고도 하고 교체공무원제도라고도 하는 교체임용제도입니다. 정권이 바뀌면 대통령과 정책철학을 같이하는 사람들이 들어와서 정권과 운명을 같이하면서 일하고 정권이 바뀌면 정당 근처에서 일하게 하자는 거지요.

윤석헌 만약 그런 방식이라면 관료 시스템 전체를 바꾸는 거네요.

이동걸 그렇죠. 시험을 통한 임용제를 반 정도 하고 교체 임용제를 반 정도 하든지, 아니면 아예 관료 시스템을 통째로 바꾸자는 거죠.

윤석헌 말하자면 관료들은 선거에 의해 좌우되는 계약직이 되는 거네요. 상당히 과감한 방법입니다.

이동걸 직업공무원제도의 취지는 정치적 중립인데 사실 정책생산에
는 정치적 중립성이 있을 수 없잖아요? 정책생산과 관련 없는 단
순 집행업무, 이를테면 5급 이하의 직책이나 특수·전문직은 직업
공무원제도로 정년을 보장해줄 수 있겠죠. 그러나 적어도 5급이든
4급이든, 정책생산과 밀접하게 관련된 자리는 정치적 중립성을 운
운해서는 안 되고 차라리 정권과 운명을 같이하는 게 좋습니다.

말 나온 김에 하나 더 보탠다면 우리나라 정당정치의 최대 약
점은 정당 브레인이 없다는 점이에요. 정당 안에서 출세하기도 어
려울뿐더러 월급도 없으니 인재가 붙지 않는 거죠. 그런데 정권과
운명을 같이하면 그 정권이 집권했을 때 국장급 이상, 과장급 이
상으로 영입되어 국가를 운영하는 데 힘을 보태는 거죠. 그렇게
과장, 국장, 차관, 장관까지 승진할 가능성을 준다면 정당에도 브
레인들이 모이지 않을까요?

장세진 싱크탱크 역할도 하게 되는 거네요.

이동걸 그런 싱크탱크가 있어야 정당이 제대로 된 정책을 생산할 테
고 정책대결을 하면서 지금처럼 이상한 싸움질만 하는 정치가 지
양되지 않을까요? 이건 정치권 발전을 위해서도 필요해요. 그리고
일정 수의 정당관료만큼은 국고로 월급을 줘도 손해는 아니라고
봐요. 1,000명 정도는 지원해주면 어떨까 싶어요. 집권당이 아닐
때는 그 당에 지원해주고 여당이 되면 그 인원들이 공무원이 되는
식의 순환인 거죠. 제대로 된 정치를 위한 것이니만큼 국고보조도
낭비는 아니라고 생각합니다. 물론 이렇게 이야기하면 공무원들
이 반대할 테니 절대 실현되지 않겠죠? 그래도 일반 국민에게 자

꾸 화두를 던지고 생각할 거리를 제공해야 해요. 이런 대수술 없이 미봉책만으로는 한계에 다다른 거 아니냐는 생각이 들어요.

윤석헌 공무원이나 교수 모두 반대할 것 같지만 바람직한 방향이에요.

이동걸 미국은 국회에 소속된 스태프가 대단히 많아요. 2000년 기준으로 조사된 자료를 봤는데 하원의원 1인당 상근직원 18명에 파트타임 4명까지 예산이 나가고 상원의원은 주의 크기에 따라 예산에 차이 나는데 상원의원 1인당 평균 34명의 상근직원을 씁니다. 그렇다면 상하원 의원실에 소속된 스태프 총수가 1만 1,692명이나 되죠. 여기에 더해서 상임위·소위에 소속된 스태프가 모두 2,492명인데, 하원은 상임위원회당 평균 68명, 상원은 상임위원회당 평균 46명의 스태프가 있어요. 그리고 양당 원내대표·부대표 소속 스태프가 274명입니다. 여기에 국회 소속인 CRSCongressional Research Service(의회조사국), CBOCongressional Budget Office(의회예산국), GAOGovernment Accountability Office(감사원)에 소속된 스태프 수가 약 4,500명가량 되더군요. 상임위원장에 소속된 인력의 경우 작은 부처 수준은 되는 것 같아요. 그런 인력을 지원해주고 정책을 생산하니까 국회에서 제대로 된 정책이 나와요. 우리나라는 보좌관 몇 명 데리고 일하니 국정감사에서 소리 지르기밖에 할 수 없어요.

윤원배 그것도 많이 늘려줘서 그 정도가 된 거예요.

이동걸 그러니까 정당관료제를 하면 정책을 생산할 수 있는 보좌관 수도 늘려야 해요. 요새는 국회의원들이 하도 엉망이니까 국회의원 수를 줄이자, 월급을 깎자, 경비를 줄이자고 주장하면 유권자들에게 인기 있는 발언일지 모르지만 국가가 제대로 운영되려면 바람직한 방향은 아니에요. 국회의원이 제 역할을 하게 하려면 투자를 하고 투자한 만큼 제대로 일하는지 감시해야죠. 일을 못 하니까 예산을 깎고 예산을 깎으니 일을 더 못하는 건 바람직하지 않습니다. 그래서 교체공무원제도를 정당정치와 연결해 생각해볼 때가 되지 않았나 싶습니다. 관료개혁에 대한 합의가 있다면 일단 10년 뒤를 생각하고 자꾸 논의해보고 싶어요.

교체공무원제, 어떻게 시행할까?

장세진 이 교수가 쓴 '대한민국 관료제의 대수술을 제안한다(계간 〈창작과비평〉165호)'를 보면 내부로부터의 개혁은 실패하기 마련이라고 했어요. 소규모 개혁, 점진적 개혁은 잘 안 되니 임계치를 넘어선 과감한 개혁이 필요하다는 거죠.

이동걸 국회의원이든 정당의 정책 브레인이든 정치 쪽에서 수준 높은 정책을 만들면 교수들은 더 수준 높은 일을 해줄 수가 있어요. 교수들도 힘은 들지만 제대로 된 연구를 하고 정책을 생산할 수 있는 거죠.

이정우 좋은 아이디어라고 생각하고 적극 지지합니다. 그런데 교체공무원제도를 시행할 경우 어느 정도 선에서 공무원을 교체하느냐가 중요할 것 같아요. 제가 경험한 바로는 관료들이 4급까지는 순수한 데다 정의감도 개혁의지도 있어요. 그런데 3급 이상은 상당히 보수적이고 개혁의지가 거의 없다고 봐도 과언이 아니에요. 3급이 국장으로 차관보, 차관을 바라보는 자리예요. 이런 문제점을 해결하는 데 3급 이상을 대거 교체하는 교체공무원제도가 도움

될 듯해요.

이동걸 참고로 말씀드리면 현 국가공무원 가운데 4급 이상이 7,000여 명이고 5급만 1만 3,000여 명입니다. 5급 이상을 다 합하면 2만 1,000명이 넘고 그중에서 기술직군 등 약 6,000명을 제외한 일반 행정직이 모두 1만 5,000여 명이 되니까 일반 행정직군을 모두 대상으로 하면 사실 좀 많습니다. 4급 이상 되면 수는 3분의 1로 줄죠.

또 한 가지는 공무원을 많이 겪어보셨겠지만 공무원 경력에서 5급을 가장 오래 해요. 사무관들은 최장 18년까지 하니 농담으로 자기 직업이 사무관이라고 해요. 같이 사무관을 했는데도 누구는 여전히 사무관이고 누구는 장관까지 된대요. 적체되어 있어요. 초임 사무관과 최고참 사무관의 급은 하늘과 땅 차이여서 사무관이어도 같은 사무관이 아니라고 하더라고요. 그런데 이 초임 사무관이 중고참 사무관이 될 때가 되면 그 고참 사무관은 장관까지 돼요. 꽤 오랜 시간 사무관을 하기 때문에 사무관까지는 임용고시를 치고 정부 부처에 한 15년 근무하게 해도 상관없고요. 4급으로 올라갈 때 정당을 선택하라고 하면 단계적으로 바꿀 수 있다고 생각해요.

윤석헌 4급을 기준점으로 생각한다면 나이가 대충 어떻게 되나요? 정권이 바뀌면 4급부터는 나갈 가능성이 생기는 거잖아요.

이동걸 마흔이 넘죠.

윤석헌 너무 젊은데요? 사람들이 불안해할 수 있어요.

이동걸 그건 방법론의 문제죠.

김태동 미국은 규모가 크고 전 세계 헤게모니를 장악해야 하니까 미국 대통령이 한국 대통령보다 결정해야 할 일이 더 많을 겁니다. 오바마 대통령이 그걸 40대 초반부터 했고 재선까지 됐잖아요? 우리나라 김영삼 대통령도 서른이 되기 전에 국회의원을 시작했어요. 선택권을 주는 거니까 무방하다고 봐요. 조폭조직과 유사한 관피아를 대통령 될 사람들이 두려워한다면 안 되겠죠.

윤석헌 공무원이 반드시 정치인은 아니니까 조금 다른 이야기가 아닐까요? 정치인이야 충분히 그렇게 갈 수 있다고 쳐도, 공무원은 교체 나이가 확 낮아지면 전체적으로 불안해할 거예요.

김태동 주권자인 국민으로서는 지금보다 더 불안할 수 있어요? 관피아 공무원들 때문에 경제든, 세월호든 이렇게 됐는데요.

이동걸 교체공무원제도의 여건이 정비되었다고, 가령 국회 보조인력을 포함해 야당에 1,000~1,500개, 집권여당에 1,000~1,500개의 자리가 있다고 가정해봅시다. 집권한 한쪽 사람들이 공무원 자리에 있다가 다음번에 반대로 다른 쪽이 집권하면 그쪽 사람들이 공무원 자리로 들어올 수 있는 거죠. 그 시스템이 안정적으로 보장만 된다면 불안해할 이유는 없다고 봐요. 다만 그 자리가 만들어질 수 있느냐의 문제죠.

윤석헌 구체적인 부분들을 좀 더 생각해봐야겠지만 방향은 좋다고 봅니다.

김태동 저도 기본적으로 동의합니다. 지방자치가 부활한 지 20년 정도 되었는데 아직도 뿌리내리지 않았어요. 일부 지역에서 지자체장이나 교육감이 당선되어도 중앙정부가 예산과 인사권까지 통제하기 때문에 그들이 바꿀 수 있는 자리가 몇 개 없어요. 심지어 가장 큰 서울시의 시장도 한계에 부딪혔죠. 말씀하신 1,000명이 중앙정부뿐 아니라 지방정부까지 가는 걸 포함하면 많은 자리는 아닙니다.

이동걸 지금 국회의원 300명에 정책보좌관 10명씩만 더 지원하면 3,000명이거든요.

김태동 양당이 비슷하게 집권해야 명실상부한 양당제가 될 수 있어요. 적어도 집권기간이 5대 5 정도는 되어야 하는데 지난 70년간 10 대 60 식이었기 때문에, 공무원들이 5급에서 4급으로 올라가면서 직업공무원을 계속할 것이냐, 정당에 갈 것이냐를 결정해야 할 때 정당에 간다고 하더라도 일정 정당에만 몰릴 위험성이 있죠.

이동걸 그런데 A라는 정당이 열 번 집권할 때 B라는 정당이 두 번밖에 집권하지 못한다고 하면, 확률적으로 B정당보다 A정당에 사람들이 다섯 배로 몰리겠죠. 따라서 B정당으로 가면 사람이 덜 몰리는 만큼 장관 될 확률이 높고요. 집권 확률이 낮아도 일단 집권하면 장관 될 확률이 높아지니까 전략적으로 선택하는 사람도 많을 겁니다.

윤원배 야당에서 구청장이 되면 야당 성향이 아닌 사람은 한직으로 몰고 야당 성향 사람에게는 요직을 맡겨요. 그런 식이기 때문에 중앙정부에서도 모든 사람을 갈아치우는 게 아니라 일부만 교체하고 정치적으로 맞지 않는 사람들은 한직으로 보내놓고 핵심요직만 정권을 가진 쪽에서 가져가면 크게 혼란스럽지 않을 것 같아요.

이동걸 오늘 이 논의가 '현실적으로 가능한가, 가능하게 하려면 어떻게 해야 하는가'보다 중요한 것은 '취지가 맞느냐, 그 정도의 획기적 조치가 아니면 다른 방법이 없느냐' 아닐까요? 그런 방향으로 생각해보고 의견을 나누는 게 어떤가 싶어요. 이런 대수술이 아니라 국소 수술로도 된다면 그쪽으로 나아가야죠.

윤석헌 예컨대 4급 이상을 대상으로 정무직 대 직업공무원의 비중을 점진적으로 높여나가는 방법은 어떨까요?

장세진 직급을 상당히 낮춘다면 점진적으로도 될 수 있겠죠. 범위에 따라서 말이죠.

이정우 이상적인 제도인데 생소하니까 목표를 너무 크게 잡지 말았으면 좋겠어요. 4급까지 내려가면 너무 많고 3급 이상이면 충분하다고 봐요.

이동걸 개혁을 단번에 할 수는 없습니다.

윤원배 그렇기는 한데 지금 보면 차관이나 장관이나 고위공무원이나 마찬가지예요. 결국 본인이 원했든 원하지 않았든 경험이 없는데 잘 모르는 일을 맡아서 하다 보면 기존의 관료들에게 의존하게 되고 개혁이 이뤄질 수가 없어요. 좀 더 과감할 필요도 있어요.

이동걸 아까 잠시 언급했지만 국회가 일을 잘 못 한다고 매도만 할 게 아니라 일을 잘할 수 있도록 투자하는 것도 국가 개혁이라면 함께 고려해봐야죠. 국회의원 300명에 20명씩 지원하면 6,000명이에요. 양당에 3,000명씩인 셈이니 인력 풀은 만들 수 있어요. 그 인력풀로 정책대결을 하고 집권 시 관료의 자원 풀도 확보할 수 있다고 생각해요.

　이정우 교수가 대통령이 관료에 의존한 이유를 말씀하셨는데 결국 같이 일할 사람이 없으니까 의존한 거죠. 사람이 있었다면 노무현 대통령이 왜 관료를 썼겠습니까? 아무리 찾아도 없으니까 개혁적인 학자 몇 명에게 해보라는 거예요. 김태동 교수와 청와대에 있을 때 정말 한심했어요. 공무원들에게서 올라오는 자료가 진짜인지부터 확인해야 했으니까요. 그때 든 생각은 청와대에 100 명은 들어와야 개혁 될 것 같았어요. 금감위로 가서 겪어보니 부 처마다 50명은 들어가야 할 것 같더라고요.

김태동 이동걸 박사의 제안에 기본적으로는 찬성하는데 이걸 단계적 으로 추진하면 오히려 성공 가능성이 작아진다고 봐요. 그런데 하 나 알고 싶은 게 있습니다. 2008년 세계금융위기 당시 선진국 중 에서 덜 문제가 된 나라가 미국도, 영국도, 프랑스도 아닌 독일이 었어요. 관료제도 영국과 프랑스를 거쳐 독일로 들어갔죠. 독일을 거쳐서 일본에 왔고요. 독일은 똑같은 관료제인데도 왜 관료에 덜 의존할까요? 세계금융위기 때 독일이 타격을 적게 본 이유가 무 엇인지도 궁금하고 독일의 정책제도가 영미 계통보다 무엇이 우 수하기 때문인지도 봐야 할 것 같습니다.

윤원배 독일이나 미국을 다른 선진국들과 비교했을 때 지방분권을 차이점으로 짚어요. 국가가 형성될 때부터 토호세력들이 지방을 나누었는데 그게 연합해 독일이 되었기 때문에, 중앙정부가 지방 정부의 의견을 무시하거나 함부로 대하지 못한다는 장점이 있죠. 미국도 연방제로 지방 분권화되어 있을 뿐만 아니라 미국 대통령 이 자의적으로 할 수 있는 일이 거의 없을 정도로 제도가 잘 정비 되었어요. 아주 긴급한 상황에서만 대통령이 긴급조치로 처리할 수 있고 다른 사항들은 법에 따르도록 규정해놓았죠. 공무원도 마 찬가지예요. 월권행위를 했다가는 바로 제재당해요. 우리나라도 월권행위를 하지 못하도록 시스템을 마련해야 해요. 법과 제도에 따라야지, 대통령이나 공무원의 말 한마디에 좌지우지되는 시스 템은 잘못된 거죠. 공무원들이 법에 의해서만 일할 수 있도록 권한을 축소하고 보완해야 해요.

김태동 우리나라는 정당의 정책생산능력이 낮지만 여야 어느 정당이든 이동걸 교수의 제안을 받아들이고 집권한다면 그 당에도 좋고, 당이 배출한 대통령이 성공할 가능성도 커지고, 실력은 있지만 도덕성과 양심을 저버리지 않은 공무원들에게도 자부심을 느끼게 할 수 있다고 봐요. 결국은 나라의 주인인 국민까지 좋아지는 일거사득의 아이디어라고 생각합니다.

견제와 균형, 비례대표제와 지방자치

장세진 관료개혁이 성공하려면 교체임용제도 외에 또 어떤 방법이 있을까요?

이동걸 관료개혁이 성공하려면 사법개혁도 같이해야 합니다. 부장급, 지법원장·지검장급 이상은 선거로 뽑자는 말이 있어요. 정치권도 비례대표제를 해서 군소정당까지 포함한 다당제로 가야 여러 브레인의 지원을 받으면서 조화롭게 클 수 있어요. 양당제의 폐해를 잘 아시지 않습니까? 양당제에서는 개혁의 희망이 없다고 하지 않습니까? 이런 부분까지 관료개혁의 연장선상에서 같이 바꿔나가야 할 거예요.

장세진 어떻게 하면 되죠?

이동걸 한 선거구에서 1명의 대표자를 선출하는 현행 소선거구제도를 각 정당의 득표수에 비례해 당선자를 결정하는 비례대표제로 바꾸는 것이 최우선이죠. 비례대표제를 확대해서 다당제가 되면 관료개혁을 받아들이려는 정치권의 모멘텀이 강해질 겁니다.

장세진 기본적으로 찬성합니다. 결국 우리가 추구하는 것을 다른 각도에서 보면 견제와 균형이에요. 이동걸 교수의 제안이나 양당제 자체가 고안된 이유도 마찬가지고요. 양당제는 관료들을 견제하는 수단이 돼요. 서로 비판도 하고 정당 소속으로 스카우트도 할 수 있죠. A당이 아니라 B당 쪽 사람이지만 유능하다고 하면 빼오기도 하고 대안을 제시하기도 하면서요. 견제와 균형이라는 이름에서 정당화될 수 있다고 봐요.

이정우 일단 관료개혁의 목표를 너무 높게 두지는 않았으면 해요. 장관직 하나만이라도 비관료가 맡으면 큰 진전이죠. 현재 관료 출신 장관이 많고 차관이나 1, 2급도 비관료 출신이 거의 없는데 한꺼번에 갈아치운다고 하면 국민이 많이 놀랄 거예요. 오히려 지지율이 떨어지고 개혁이 안 될 수도 있으니까 목표는 낮췄으면 좋겠어요.

그리고 견제와 균형을 동시에 이룰 수 있는 방법 중 하나가 '지방자치'예요. 현재 중앙정부의 규모가 너무 크고 권한이 집중된 데 반해, 지자체에서 쓸 수 있는 예산이 시군 예산의 5%가 되지 않는다고 해요. 대부분 경직성 예산인 데다 거의 중앙에서 정해줘요. 오죽하면 이재명 성남시장이 공공산후조리원과 청년배당 아이디어를 꺼냈겠어요? 중앙정부에서 이런 부분을 외면하니까 지방에서 먼저 하자고 팔 걷고 나섰는데, 도와줘도 시원찮을 판에 중앙정부는 반대하고 방해하고 불이익을 주겠다며 협박하고 있어요. 지나친 중앙집중에서 오는 폐단이기 때문에 권력과 예산을 지방으로 돌려보내야 한다고 생각해요. 우리나라가 지방자치를 한 지 20년이 됐지만 여전히 빈껍데기죠. 저는 지방에 살고 있어서 지방자치의 문제점을 절실하게 느끼고 있어요.

게다가 우리나라는 정부 부처가 너무 많아요. 우리나라 교육부는 쓸데없이 국정교과서나 추진하고 초·중·고등학교와 대학교를 과잉 간섭하고 통제해요. 일제강점기의 잔재가 그대로 남아 있는 교육부를 과감하게 폐지하고 각 지방에 권한을 이양해서 견제와 균형 및 경쟁이 일어나도록 해야 해요.

그다음에 '공무원의 임기 문제'가 나왔는데요. 우리나라 공무원들의 순환보직이 너무 빈번해서 한 부서의 일을 1~2년 이상 하게 하지 않아요. 그래서 같은 일을 하는 공무원끼리 국제회의를 하면 전문성에서 밀려 상대가 되지 않는대요. 일본에서 온 관료는 그 일만 10~20년을 한 어르신이지만 우리나라는 6개월 정도 일한 젊은이가 가니까 국제회의를 하면 상대가 안 된다는 거죠.

김태동 젊은이들이 가는 건 좋은데 전문성이 있어야죠.

이정우 전문성이 너무 없어요. 우리나라 장관 임기가 평균 2년에서 1.5년이었다가 마침내 1년 밑으로 떨어졌죠. 제가 참여정부에서 일했을 때 대통령께 장관을 오래 쓰시라고 몇 차례 말씀드렸어요. 참여정부 끝나고 장관의 임기를 계산해보니까 그 직전에 1년 밑으로 내려갔다가 다행히 조금 올라서 1.25년이었더라고요. 그래도 여전히 너무 짧아요.

미국에서 루스벨트 정권 시절 최초로 여성을 노동부 장관에 임명했어요. 프랜시스 퍼킨스Frances Perkins 노동부 장관이 12년 연속 재직하면서 노동현장을 개혁했어요. 이 정도여야 일을 제대로 할 수 있지 않겠어요? 이동걸 교수의 정당관료제를 전적으로 찬성하고 그 제도에 이런 점들을 보완했으면 좋겠어요.

싱크탱크 보강으로 정책연구 수준 제고

윤원배 다 좋습니다. 그런데 정책을 제안한 쪽도, 정책을 추진하는 쪽도 조급해서는 안 됩니다. 여유를 가지고 많은 사람의 동의를 얻은 다음에 실천해야죠. 갑자기 판을 키워놓고 하는 둥 마는 둥 질질 끌어서는 어떤 개혁도 되지 않아요. 학계도 마찬가지지만, 특히 야당의 경우 정책 아이디어는 좋은데 심도 있게 파고들면 내용이 없는 경우가 많아요. 철저히 준비해서 빨리 실행하는 자세가 필요합니다.

이동걸 윤 교수 말씀의 연장선상인데, 미국을 우리나라보다 더 성숙하고 선진화된 사회로 보는 이유 중 하나는 양당을 지원하는 싱크탱크가 많다는 점이에요. 민주당, 공화당 모두 관련 싱크탱크가 있고 여기서 심도 있게 장기적으로 정책연구를 하죠. 보수적인 싱크탱크가 10개라면 진보적인 싱크탱크는 2~3개 정도로, 수적으로 굉장히 치우쳐 있지만 그래도 양쪽에서 정책을 생산해요.

그런데 우리나라를 보면 보수적인 싱크탱크는 많은데 진보적인 싱크탱크는 거의 없죠. 게다가 우리나라의 싱크탱크는 심도 깊은 정책연구, 장기적인 연구는 거의 하지 않아요. 제가 한국금융연구원에도 있었지만 정부든 국회든 장기적인 연구에는 관심이 없고 자꾸 당장 내일 쓸 정책을 달라고 해요.

반면에 미국에서는 정책개발 싱크탱크들이 얼핏 들으면 황당하다고 할 수 있는 정책 아이디어들도 자꾸 던져요. 처음 들었을 때는 생소하니까 이상한데, 그걸 1년 듣고 2년 듣고 10년 들으면 자꾸 되새겨보게 되고 사람들이 받아들이기 시작해요. 그러다가 집권하면 그게 정책이 되거든요.

날것 그대로의 아이디어를 던져서 국민이 생각할 여지를 주는 것도 중요합니다. 제가 미국식 교체공무원제도를 도입하자고 제안했는데, 그런 과격한 관료개혁 방안이 처음에는 실현가능성이 희박하고 황당한 아이디어라고 여겨질지도 모르겠지만 자꾸 들으면서 논의하고 생각해보면 점차 사회적 합의가 생길 거예요. 교체공무원제도를 하면서 상대적으로 빈약한 진보성향 정당과 국회에 싱크탱크를 보강해주는 방안도 수긍하게 되겠지요.

장세진 저렇게 길게 내다보고 있어요.

이정우 우리나라의 경우 국책연구소가 너무 많은 데다가 하는 일도 제한되어 있어요. 여당만 도와주고 야당에 협조하면 눈총받고 불이익당하는 분위기입니다. 이동걸 교수의 말처럼 국회에 정당의 연구능력을 강화시키는 아이디어도 좋죠. 지금 쓰는 예산을 전환하면 추가 예산 없이도 가능해 보여요.

참고로 독일의 양당, 사민당의 싱크탱크는 프리드리히 에버트 재단Friedrich Ebert Foundation이고 기독교민주당(기민당)의 싱크탱크는 콘라트 아데나워 재단Konrad Adenauer Foundation입니다. 두 재단의 인력과 예산이 어마어마해요. 제가 총예산이 얼마나 되는지 물어본 적이 있는데 천문학적이에요. 이들은 평소에도 세계 100개국 정도에 지부를 두고 해당 나라의 정책 현안을 연구하고 보고하니까 언제 집권해도 바로 정책역량이 발휘되겠다는 생각이 들었어요.

우리는 똑같은 정책예산을 쓰더라도 낭비적이고 편파적이에요. 훨씬 더 민주적이고 실질적으로 유효한 방식으로 쓰면 대단히 발전할 겁니다. 너무 먼 장래로 생각하지 말고 다음 대선 때 야당에서 이런 정책을 공약으로 내세우면 좋겠어요.

윤원배 지금 민주당도 정책연구원이 있고 정부에서 지원해주고 있죠?

이정우 새누리당도 여의도 연구원이 있는데 정책 영향력이 약해요.

윤원배 그걸 키우고 활성화할 필요가 있고 사람을 뽑는 제도도 효율적인 장치를 마련하는 게 바람직할 것 같아요.

윤석헌 국회의 정책연구기능 보강 이야기가 나왔는데, 국회뿐 아니라 정책연구 전반이 취약하다고 봐요. 경제 분야도 마찬가지예요. 대우조선해양 문제도 해결방법을 두고 쩔쩔매고 있는 것을 보면 정책연구가 제대로 되지 않았다는 느낌이 듭니다.

그런데 정당관료제도 내지 교체임용제도 외에 현재 공무원제도를 조금씩 개선해서 효율성을 높여주는 방법도 같이 고민해야 한다고 봐요. 앞서 나온 것처럼 평가시스템을 개선해서 책임감 있게 일하게 하고 정책실명제를 추진해서 연금제도에 반영하는 방법도 있겠고요. 임용제도도 그동안 성공하지는 못했지만 민간인 수혈을 확대해나가는 것은 나름대로 의미 있고 전체적인 분위기를 바꾸는 데 도움이 될 것 같아요. 그런 제도도 단기적으로 추진하면서 장기적으로는 교체임용제도를 연구해서 다음 정권이나 그 이후에 시행할 수 있도록 추진하면 좋을 것 같습니다.

김태동 독일의 기민당 정권이 제2차 세계대전에서 패배하자, 학자들은 '강한 정부론'을 이야기했어요. 여기서 강한 정부는 이해집단으로부터 자유로운 정부, 강한 이해집단의 영향을 받지 않는 정부를 말해요. 그런 점에서 보면 우리나라는 정부, 국회, 공무원과 관료집단이 불공정한 경제질서, 재벌중심 비정상 경제질서의 앞잡이가 되었으니 강한 정부가 아니라 약한 정부죠. 수십 년째 정부도, 정당도, 공무원도 약해지다 보니 4대강 사업이나 국사 국정교과서처럼 해서는 안 되는 정책이 나오고 있어요. 4대강 사업, 국정교과서 등은 공무원들이 낸 정책은 아니지만 나쁜 정책에 '노NO'라고 제동을 거는 사람이 없다는 거죠. 기존 관료시스템에 피해를 보는 쪽은 국민이고 야당이기 때문에 이동걸 교수의 관료개혁 아이디어를 채택해야 하는 정당은 야당이라고 봐요.

국민이 제대로 판단하고 정책생산에 직간접적으로 참여하게 하는 데 오늘 논의한 것이 어쨌든 도움된다고 생각합니다. 시민단체들과 국민의 관심도 필요합니다.

장세진 직업공무원제도는 민주적인 선거에 의한 임기제 정치인 아래에서는 공무원조직이 일관성 있는 통제를 받지 못한다는 문제를 가지고 있습니다. 더욱이 시간이 지나면서 내부구조가 이익집단으로 강화되는 경향도 생기죠. 여러분의 경험담은 이를 뒷받침하고요. 결국 민주정치의 핵심은 견제와 균형이에요. 이동걸 교수가 제시한 책임공무원제도 또는 교체공무원제도는 관료제도에 견제와 균형을 회복하는 유력한 대안이라고 생각합니다. 정당의 정책생산능력은 덤이고요. 공무원들도 더 신뢰받게 되고 잃어버린 영혼을 되찾을 수 있게 될 겁니다.

오늘의 토의가 한국 관료사회 개혁에 밑알이 되길 기원하면서 이것으로 오늘 토론을 마무리하겠습니다.

제 7 장

재정

나라 살림,
무엇이 문제인가?

사회자
최정표

발제자
허성관

참여자
김태동 · 윤석헌 · 윤원배 · 이동걸 · 이정우 · 장세진

게스트
강병구

국민의 안전과 행복을 위한
재정 운용 방향

최정표 재정은 국가경영의 핵심입니다. 정부가 세금을 어떻게 거두어 이를 어떻게 쓰고 있느냐는 정상적인 나라인지를 판가름하는 시금석이죠. 세금은 공평하게 거두어야 하고 효율적으로 지출해야 합니다. 이 문제가 오늘 논의의 주제입니다. 재정운영이 과연 더불어 잘사는 사회를 구현하는 쪽으로 이루어지고 있는지 하나하나 짚어보도록 하겠습니다. 먼저 발제자이신 허성관 교수께서 국가재정에서의 예산을 정의하면서 시작할까요?

어떤 목적으로 얼마를 어떻게 조달할까?

허성관 현대 민주주의 국가의 책무는 바로 국민이 안전하고 행복하도록 보살피는 것입니다. 이를 실현하고자 하는 노력이 정부의 정책이고요. 그런데 여기에는 돈이 필요해요. 각 가계에서 일정 돈으로 계획을 세워 지출하듯이, 어떤 목적으로 돈을 얼마나 쓸 것인가, 그 돈을 어떻게 조달할 것인가를 궁리하고 계획을 세워 쓰는 것이 바로 국가재정에서 예산이죠. 즉 예산은 국가의 계획을 돈으로 표현한 것이고 계획에 따라 돈을 쓰는 것이 집행입니다.

그리고 1년마다 예산 계획을 세워 집행한 다음 집행결과를 평가해야 하고 평가결과는 다음 해 예산을 세울 때 반영되어야 해요. 따라서 계획이 시대적 소명에 비추어 타당한지, 국민의 세금인 재원이 합당하게 걷혔는지, 집행한 결과 애초 목표가 달성되었는지, 집행과정에 새는 돈은 없었는지, 집행결과를 제대로 평가했는지, 평가결과가 다음 예산에 제대로 반영되었는지를 국민이 정신을 바짝 차리고 감시해야 하죠. 일반 가정에서도 가계부에 적자가 나면 심각한 문제들이 발생하는데 국가재정이 계속 적자면 국가도 파산할 수밖에 없고 국민이 겪을 고통은 헤아리기 어렵지 않겠어요? 특히 이명박 정부와 현 정부에서 매년 대규모 재정적자를 내고 있어요.

최정표 오늘 구체적으로 어떤 주제들을 논의하게 될까요?

허성관 참여정부, 이명박 정부, 현 정부 각각의 재정운용 특징을 먼저 파악한 다음에 정부의 재정지출이 구체적으로 어떻게 변화했는지 살펴보면 우리나라 재정의 역사와 현황을 파악할 수 있어요. 구체적으로 재정적자와 국가부채 증가 문제, 복지예산·토건예산 등 재정지출 문제, 방산비리 등 예산낭비 문제, 지방재정, 법인세 등 주요 현안을 살펴보고 조세 형평성, 세원 개발 등 과제도 이야기하면 좋겠습니다. 재정분야에서는 지속해서 혁신이 이루어져야 하는데 이 문제도 논의하면 좋겠고요.

최정표 오늘 게스트로 참여하신 강병구 교수는 재정을 전공하시고 참여연대에서 활동하고 계시죠. 먼저 첫 번째 주제인 참여정부, 이명박 정부, 현 정부의 재정추이를 통합재정수지(정부예산은 일반회계와 특별회계 및 공공기금으로 구성되는데, 공공기금까지도 재정의 범위에 포함해 이들을 통틀어 수지를 따져 보는 것)를 기준으로 말씀해주시죠.

통합재정수지와 관리재정수지 동시 검토해야

강병구 통합재정의 수입과 지출은 통상적 정부회계의 수입(세입) 및 지출(세출)과는 다른 개념이에요. 통합재정의 수입과 지출은 민간 부문으로부터의 재정 수입과 지출만을 의미하기 때문에 차입금 등의 보전재원과 다른 회계나 기금으로부터의 내부거래를 통한 수입을 제외하죠. 더구나 정부의 재정상태는 통합재정수지에서 사회보장성기금 수지와 공적자금손실분의 국채전환소요를 제외한 '관리재정수지'를 동시에 봐야 제대로 파악할 수 있어요. 중앙 정부의 통합재정수지를 보면 노무현 정부는 61.1조 원 흑자, 이명박 정부는 52조 원 흑자, 현 정부는 2013년에서 2014년 2년간에 걸쳐 22.7조 원의 흑자를 기록했고요.

허성관 관리재정수지는요?

강병구 관리재정수지를 기준으로 보면 달라지죠. 사회보장성기금 흑자는 미래에 지급해야 하는 채무 성격이 있어요. 그래서 재정건전성 여부를 명확히 판단하기 위해서는 관리재정수지를 기준으로 봐야 합니다. 관리재정수지를 보면 참여정부 때 10.9조 원이었던 관리재정수지 적자가 이명박 정부에 들어서 98.8조 원으로 아주 많이 증가했어요. 현 정부는 출범 이후 2년간 무려 50.6조 원의 적자를 냈고요. 2008년 경제위기의 여파이기도 하지만 이명박 정부

326

<표 7-1> 정권별 중앙정부 통합재정수지와 관리재정수지　(단위: 조 원)

	노무현 정부	이명박 정부	박근혜 정부	
			2013년	2014년
통합재정수지	61.1	52.0	14.2	8.5
관리재정수지	-10.9	-98.8	-21.1	-29.5
사회보험재정수지	72.0	150.8	35.3	38.0

자료: 기획재정부

의 감세정책이 세수 기반을 위축시켰고 현 정부도 적극적인 증세 노력을 하지 않았기 때문이에요.

장세진　통합재정수지에서 사회보험재정수지를 빼고 관리재정수지만 봐야 한다는 점이 중요한데요. 거꾸로 더 포함해봐야 할 것도 있을 텐데 통합재정에 공기업과 지방재정은 빠져 있죠?

강병구　예, 그렇습니다. 중앙정부 통합재정에는 지방재정과 지방교육 재정이 빠져 있어요. 2013년에 중앙정부의 통합재정수지는 14.2 조 원의 흑자를 기록했지만, 지방정부를 포함하면 흑자 폭이 11.6 조 원으로 줄어드는데 그 차이만큼 지방정부의 재정적자가 증가 한 것이죠. 정부에서는 재정통계의 국제비교를 객관적으로 하고 투명성과 신뢰성을 높이기 위해 일반정부의 재정통계도 작성하고 있어요. 이 기준에 따르게 되면 통합재정수지 흑자는 21.1조 원으로 증가하죠.

장세진　제가 기획재정부 홈페이지에 들어가 통합재정을 살펴보니 명목 GDP 대비 수입이 20%, 지출이 20% 정도, 그 뒤에 일반정부 부분이 약 32% 정도예요. 그럼 나머지 12%p를 지방재정으로 보면 되나요?

〈표 7-2〉 정부 유형별 수입 · 지출 · 통합재정수지 (단위: 조 원, %)

	수입		지출		통합재정수지	
	금액	비중	금액	비중	금액	비중
중앙정부	314.4	22.0	300.2	21.0	14.2	0.99
중앙+지방정부	395.2	27.6	383.6	26.8	11.6	0.81
일반정부	484.4	33.9	463.3	32.4	21.1	1.48

자료: 기획재정부,《2013 회계연도 한국통합재정수지》, 2015.

강병구 중앙정부와 일반정부의 통합 재정규모가 차이를 보이는 이유는 지방재정뿐만 아니라 적용되는 회계기준이 다르기 때문이기도 해요. 2013년에 중앙정부의 통합 재정규모는 300.2조 원으로 GDP 대비 21.0%예요. 여기에 지방재정을 더하면 383.6조 원으로 늘어나고 이는 GDP 대비 26.8%에 해당합니다. 따라서 중앙정부와 지방정부 간 보전재원과 내부거래를 제외한 지방정부의 통합 재정규모는 83.4조 원 정도죠. 2013년 지방정부의 지출규모 211.4조 원에 비하면 매우 작은 수치이지만, 지방재정의 상당 부분이 중앙정부의 교부금과 국고보조금에 의존하는 현실을 고려하면 이해할 수 있는 수준이에요.

또한 정부는 재정통계의 객관적인 국제비교와 신뢰성을 높이기 위해 최신의 국제기준인 2001 GFSGovernment Finance Statistics(정부재정통계데이터베이스)에 따라 일반정부의 재정통계를 작성하고 있습니다. 구 기준(1986 GFS)과 비교할 때, 신 기준의 회계방식은 발생주의(실질적으로 수입이 획득되거나 지출 또는 비용이 발생한 시점을 기준으로 하는 것)를 적용하고 중앙정부의 외국환평형기금(외환의 급격한 유출·유입에 따른 환율의 급변동을 막기 위해 정부가 외환시장에 개입,

외환을 매입하거나 매도할 목적으로 설치한 기금) 등 금융성 기금 11개와 172개 비영리공공기관, 지방정부의 90개 공사와 공단이 포함됩니다. 중앙정부와 일반정부 재정규모의 차이는 지방정부의 통합재정 이외에 바로 이러한 회계기준의 차이에서 발생해요. 2013년 일반정부의 통합 재정규모는 463.3조 원으로 GDP 대비 32.4%이며, 이는 IMF에 보고된 28개 OECD 회원국 중 GDP 대비로 볼 때 가장 낮은 수준이에요.

나랏빚, 얼마인가?

최정표 재정적자가 늘면 국가부채도 증가해서 재정건전성이 문제될 수 있는데, 최근 우리나라의 국가채무현황은 어떤가요?

강병구 정부에서 공식적으로 발표한 국가채무는 2014년 말 현재 533.2조 원이에요. 노무현 정부의 마지막 해인 2007년 국가채무는 299.2조 원이었는데, 이명박 정부의 마지막 해에는 443.1조 원으로 143.9조 원 증가했고 박근혜 정부 2년 동안(2013~2014년)에는 90.1조 원이 증가했어요. 특히 최근의 국가채무는 증가속도가 가파르기도 하지만 대응자산이 없는 적자성 채무의 비중이 커서 매우 우려스럽죠. 적자성 채무는 2007년 127.4조 원으로 전체 국가채무의 42.6%를 차지했는데 2014년에는 53.7%로 증가했어요 기획재정부의 발표에 따르면 2014년 말 공공부문 부채(=일반정부부채 +비금융공기업부채-내부거래)는 957.3조 원으로 GDP 대비 64.5%에 달했고요.

이동걸 앞에서 잠깐 공기업을 언급하셨는데요. 이명박 정부 때 4대강

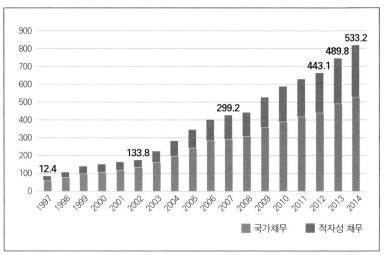

〈그림 7-1〉 국가채무의 추이   (단위: 조 원)

출처: 기획재정부

사업비용을 축소·왜곡하기 위해서 한국수자원공사에 넘겨서 진행했잖습니까? 사실 정부가 한국수자원공사의 적자를 나중에 메워줄 것이라고 했으니까요. 공기업 전체의 적자를 국가재정 적자로 볼 필요가 있는지 없는지는 모르지만, 적어도 공기업 적자의 일부는 국가가 분명히 책임져야 하고 그 부분을 통합시켜서 봐야 한다고 생각합니다.

허성관   재정 이야기의 핵심은 결국 빚이 얼마냐는 것이죠. 중앙정부의 빚, 지방정부의 빚, 개인의 빚, 기업의 빚은 각각 규모가 엄청나요. 정부의 빚은 당장 중앙정부 일반회계의 빚, 특별회계가 지고 있는 빚, 공기업이 지고 있는 빚, 기금이 지고 있는 빚, 그다음에 우발채무가 있습니다. 우발채무인 연금이나 사회보장기금에서 지고 있는 빚을 보태면 어마어마해요.

윤석헌 맥킨제이글로벌 연구소McKinsey Global는 2015년 2월 보고서
인 〈부채와 부진한 부채정리Debt and (not much) deleveraging〉에서
정부, 기업, 가계, 금융기관 부채를 모아 GDP 대비율을 산정해 한
국, 호주, 캐나다, 영국, 중국 등과 비교해놓고 있어요. 그 내용을
살펴보면 우리나라 정부부채(44%)는 비교대상 6개 국가 중 호주
(31%) 다음으로 낮고 가계부채(81%)는 세 번째로 높으며 기업부채
(105%)는 두 번째로 높아요. 그리고 정부, 기업, 가계 및 금융기관
부채를 모두 합한 전체부채 기준으로 GDP 대비율이 286%로 비
교대상 국가 중 가장 높은 것으로 나타났어요. 상대적으로 정부부
채는 낮고 민간부채는 높은 것으로 드러나고 있습니다.

적자 폭 늘었는데 국가신인도는 올라

김태동 특히 김대중 정권에서는 외환위기를 극복하기 위해 공적자금
을 160조 원가량 조성해서 투입하는 바람에 통합재정수지에 적자
가 많이 늘었어요. 당시 외환위기 직후라 조세수입이 줄고 재정적
자가 더 커졌죠. 야당인 새누리당(당시 한나라당)은 재정적자를 늘
리면 안 된다고 아우성치며 정부의 발목을 잡았어요. 정작 그들이
경제를 잘못 운용해 환란을 불러왔고 재정적자가 불어났는데 말
이죠. 이명박 정권이 들어서고 2008년 초에 세계경제상황을 파악
하지 못하고 가을에 닥칠 2차 외환위기도 예측하지 못한 채 봄부
터 소위 '부자 감세'를 왕창 했죠. 세수는 줄고 지출은 해야만 하
니까 재정적자가 대폭 커졌고요. 그런 상황이 현 정권에서도 이어
지고 있는데 이명박 정부 이후로는 새누리당이 재정적자를 거론

하지 않아요. 이중 잣대죠.

　아직도 재정을 어떻게 봐야 하느냐, 재정이 흑자인지 적자인지가 그렇게 중요하냐로 의견이 나뉘어요. 그리스의 국가부도 위기 때 재정긴축이 문제 되었는데 채권국 입장에서는 채권 회수가 쉽다고 판단했는지 재정긴축을 바랐죠. 채권국의 견해가 반영되어 IMF나 유럽연합이나 OECD에서는 1년에 재정적자가 GDP의 3% 이상이면 좋지 않다는 식으로 이야기하죠.

　저는 정부가 돈을 들여서 한 어떤 활동이 옳은 방향이었다면 국제신인도에 악영향을 끼치기 전까지는 적자가 났어도 용인할 수 있다고 봐요. 이명박 정부와 현 정부가 지난 7~8년 동안에 적자를 늘렸는데도, 2015년 11월 6일에 OECD가 발표한 〈재정상황 보고서 2015〉에 따르면 OECD 회원국 중 한국을 노르웨이 다음으로 재정이 우량한 국가로 보고 있어요. 재정적자든, GDP 대비 국가채무 비율에서든 '재정건전성을 위한 노력이 전혀 필요 없다'고 나왔죠. IMF도 비슷한 이야기를 했고 국제신용평가기관들도 한국의 신용등급을 일본보다 높게 올려줬는데, 채권국과 월스트리트의 시각으로는 괜찮다는 거죠. 주권자인 국민으로서는 적자를 내더라도 정부가 할일을 제대로 했느냐를 봐야 한다고 봅니다.

윤석헌　OECD 보고서 등의 메시지는 한국이 재정적자를 확대할 여지가 있다는 주장으로 보이는데, 관련해서 한 가지 말씀드릴게요. 예금보호공사 산하에 은행, 증권, 보험 등 부문별로 분할된 기금이 있습니다. 2011년 2월 김석동 금융위원장이 부산저축은행 등을 부실금융기관으로 지정하면서 수면 위로 떠올랐던 저축은행 사태로 저축은행 기금에 손실이 많이 발생했어요. 당시 저축은행은 전반적으로 이를 메울 만한 역량이 되지 않는 상황이라 재정자금으로 메웠어야 했다고 보는데, 은행권 기금(예금보험기금 중 은행계정 적립액)에서 자금을 빌려 해결했죠. 공무원들은 '공적자금을 투입해도 재정적자가 늘면 본인들 책임으로 돌아온다'는 강박관념이 있나 봐요. 그래서 은행기금에서 임시변통하게 하니까 은행이 말은 못해도 불만이 쌓이는 거죠.

'줄푸세' 철학, 바람직한가?

이정우 한 나라의 GNP 또는 국민소득에 대한 조세총액의 비율, 즉 총조세부담률을 말씀드릴게요. 개략적으로 말해 총조세부담률이 대체로 적은 영미형 국가가 30%, 유럽이 40%, 북유럽이 50% 정도인데 우리나라는 OECD 회원국이면서 20%대로 너무 낮아요.

김태동 이정우 교수가 언급하신 총조세부담률은 우리에게는 국민부담률로 알려져 있는데, 조세와 사회보장기여금 합계의 GDP 대비 비율이죠. 기획재정부의 〈2014~2018 국가재정운용계획〉을 보면 GDP 대비 조세수입의 비율, 즉 조세부담률이 2007년 19.6%에서 2013년 17.9%로 내려갔어요. OECD의 자료를 보면, 2013년에 한국의 국민부담률은 24.3%로 멕시코, 칠레에 이어 OECD 회원국 중 3위로 낮습니다. OECD 회원국 평균 국민부담률은 34.2%이에요. 미국이 25.4%로 낮은 편이고 덴마크(47.6%)가 제일 높고 이어서 프랑스(45.0%), 이탈리아(43.9%), 핀란드(43.7%), 스웨덴 42.8%, 노르웨이 40.5%의 순서로 높아요. 영국은 32.9%, 독일 36.5%로 평균 수준에 가깝고요.

<표 7-3> 조세부담률과 국민부담률 추이　　　　　　　　　　　　　　　　(단위: %)

		2007년	2008년	2009년	2010년	2011년	2012년	2013년
조세부담률	한국	19.6	19.3	18.2	17.9	18.4	18.7	17.9
	OECD	25.6	24.9	23.8	23.9	24.4	24.8	25.1
국민부담률	한국	24.8	24.6	23.8	23.4	24.2	24.8	24.3
	OECD	34.1	33.6	32.7	32.8	33.3	33.8	34.2

출처: OECD, Revenue Statistics 2014.

이정우　이명박 정권과 현 정권이 작은 정부를 지향한다는 방증이죠. 작은 정부는 옳지 않은 방향이라고 보는데 왜 이렇게 가느냐? 바로 '세금 줄이고 규제 풀고 기강은 세운다'는 '줄푸세' 철학 때문이에요. '줄푸세'는 박근혜 후보의 2007년 대선후보 경선 공약이었는데요. 이명박 후보가 대통령이 되고 난 후 7%대의 성장, 국민소득 4만 달러, 세계 7위의 부국 달성을 칭하는 '747' 선거공약이 금융위기로 불가능해졌죠. 그래서 747을 포기하고 박근혜 후보의 '줄푸세'를 열심히 모방해서 실천했어요. 그 결과 우리의 총조세부담률이 더 낮아져서 20%대에 머물러 있죠.

　'줄푸세'의 원조는 미국 공화당과 영국 총리 대처로 줄기차게 작은 정부, 친기업, 반노조 정책을 폈는데 그걸 우리말로 번역하면 '줄푸세'인 거죠.

작은 정부의 조건

장세진 외환위기 직후 국회 청문회에서 GDP 대비 정부의 예산 비중
을 추정한 적이 있는데, 60%예요. 저도 국회 예산결산특별위원회
의 용역(2003)으로 정부 비중을 추정한 적이 있었는데요, 줄잡아
GDP의 45%로 추정되더라고요. 최근 한국은행 자료에 의하면 일
반정부 통합재정수지에 공기업을 합한 공공부문의 예산 비중이
GDP의 47~48% 수준이에요. 작은 정부가 아니라는 방증인 거요.

사실 정부 회계가 다기화多岐化되어 정부 비중을 통합 계산하기
어려워요. 정부는 직간접으로 통제하는 예산규모를 과소 보고하
는 수단으로 4대강 예산에서처럼 이를 이용할 동기가 있죠. 따라

〈그림 7-2〉 공공부문의 수입과 지출

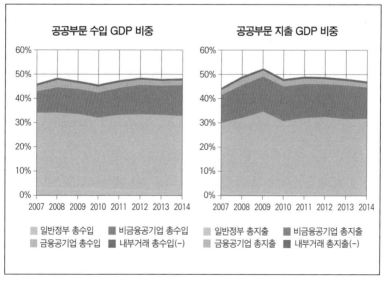

자료: 한국은행 경제통계시스템.

서 투명한 견제와 감시를 위해 기업그룹이 결합재무제표를 작성하듯이, 정부도 결합예산결산표를 작성해야 해요. 예컨대 예산의 기능별 구성을 비교하고 싶어도 우리나라의 공교육비 지출은 중앙정부 일반회계 기준으로만 보고되어 지방교육재정, 특별회계, 기금회계를 포함한 총액을 추정하기가 매우 어렵죠. 기능별 예산의 국제비교에서 다른 항목들 역시 방위비나 사회보장비 외에는 비슷한 문제가 있고요.

다른 부분을 제외하고 단순히 국민부담률을 OECD 평균과 비교할 때도 소득수준, 경제규모, 분권화, 청렴도 등을 통제해야 해요. 나성린과 이영 교수(2002)가 그렇게 연구한 〈한국의 적정조세부담률〉를 보면, 2000년 기준으로 조세부담률은 정상패턴보다 상당히 높은 편(+4.6%p)이고 사회보장부담률은 낮은 편(-1%p)이었습니다. 물론 정상패턴이 무엇인가는 추정모형에 따라 달라지겠지만요.

사실 예산규모만으로 정부의 크기를 판단하는 것도 한계가 있죠. 징병제도와 작은 예산으로 큰 군대를 유지할 수도 있듯이, 행정재량권이 크고 불투명할수록 정부는 커진다고 볼 수 있어요. 거꾸로 북유럽처럼 재분배가 투명하게 이루어지면 예산규모는 크면서도 작은 정부라고 할 수 있겠고요.

윤원배 조세부담률만 보고 작은 정부라고 판단할 수 없죠. 조세부담률은 낮지만 정부의 활동이나 개입은 엄청나요. 실제 정부가 부담해야 할 부분을 공기업 같은 데 부담시키고 회피하는 행태가 우리 경제 전체를 왜곡시키고 있죠.

강병구 작은 정부냐 아니냐의 논의는 기준에 따라 달라질 수 있어요.

2013년에 IMF의 이코노미스트인 토레스Torres가 추정한 우리나라의 조세수입 격차와 재정지출 격차는 각각 -3.4와 -9.5였어요. 이 수치는 우리나라의 소득 수준과 인구 사회학적 특성, 국가채무 규모 등에 비추어볼 때 조세수입이 GDP 대비 3.4%, 재정지출은 GDP 대비 9.5% 적다는 것을 의미해요. 적어도 정부의 조세재정 측면에서 우리나라를 결코 큰 정부라고 할 수는 없습니다. 조세수입과 재정지출은 적고 정부는 해야 할 일을 버려두고 있다고 봐요.

김태동 조세부담률, 국민부담률 등 세금 부담과 관련된 지표로 판단하면 분명 작은 정부입니다. 그런데 전경련이나 새누리당, 청와대에서는 그것도 높다고 하죠. 북유럽은 고사하고 독일이나 영국 등 OECD 평균 수준을 지향하는 것이 아니라 멕시코나 칠레의 수준을 따르자는 거예요.

윤석현 작은 정부, 큰 정부 문제는 정부에 맡겨진 역할과 그 역할을 제대로 수행할 수 있는가의 문제로 집약된다고 봐요. 국가가 발전하면서 정부의 역할도 바뀔 텐데 이를 실효성 있게 추진할 수 있는 범위로 재정지출 그리고 궁극적으로 정부의 규모를 결정해야 하겠죠.

김태동 WEF에 의하면 참여정부 말인 2007년과 현 정부 2015년을 비교했는데 정책결정의 투명성이 34위에서 123위로, 공무원 의사결정의 공정성은 15위에서 80위로, 정부지출의 낭비 여부는 22위에서 70위로, 공공자금의 전용은 26위에서 66위로 나왔어요. 한마디로 아주 질 나쁜 정부가 된 거죠.

최정표 소득재분배 기능에서 보면 어떤가요?

윤원배 말할 것도 없이 작은 정부겠죠.

강병구 2011년 우리나라 조세 및 이전지출(사회보장금 및 보조금과 같이 정부가 반대급부 없이 지급하는 것)의 소득재분배효과는 9.1%, 빈곤율 감소효과는 12.1%예요. OECD 국가의 평균 수준인 34.1%와 58.5%에 비하면 대단히 낮은 수준이죠.

허성관 정말 한심하네요.

장세진 강 교수의 2011년 자료에 의하면 빈곤율이 원래 한국 17%, OECD 28%에서 재분배에 의해서 한국 15%, OECD 11%로 줄었습니다. 한국은 2%p 줄었고 OECD는 17%p 줄었지요. 강 교수는 이를 비율로 환산해 한국은 2%/17%=12%만큼 개선되었고 OECD는 17%/28%=59%만큼 개선되었다고 말씀하신 듯합니다. 옳은 말씀이고 큰 차이이기도 합니다. 그렇지만 원래 한국의 빈곤율 17%가 OECD 평균 28%보다 훨씬 낮았었다는 것도 함께 주목해야 합니다. 바꾸어 말하면, 정부가 직접적인 재분배에 개입하는 정도는 약하지만, 행정지도 등 간접적으로 개입해 재분배 이전의 빈곤율을 떨어뜨리는 부분도 있다고 생각합니다. 사실 2014년 OECD 소득불평등 보고서에 의하면 한국이 원래 재분배 전의 지니계수가 OECD 국가 중 첫째, 둘째를 다툴 정도로 낮고 또 세계 금융위기 이후 4년간 지니계수로 본 세계의 불평등이 전반적으로 악화되었는데, 우리나라는 소수의 개선된 나라 중의 하나이기도 합니다.

김태동 소득불평등 보고서에 올라간 자료가 이상하네요. 노동 관련 자료를 살펴보면 최저임금조차 받지 못하는 사람이 전체 취업자의 12%고 평균 임금과 중앙값의 임금 차이도 크게 차이 나는데요. 〈1장 양극화〉에서 자세히 논의했지만, 한국의 시장소득 분배

상황이 좋다는 것은 결코 동의할 수 없어요.

윤석헌 저도 우리나라의 사전적 분배상태가 첫째, 둘째라는 게 어떤 의미인지 잘 이해되지 않네요. 어쨌든 국민의 피부에 와 닿는 가처분소득 기준의 빈곤율이 더 의미 있어 보이네요.

강병구 정부는 가계동향조사 자료를 이용해 지니계수를 산출하는데, 이 자료가 가계부 기장방식이어서 상위소득계층이 과소하게 표집돼요. 지니계수는 0과 1 사이의 값을 갖는데 1에 가까울수록 소득분배가 불평등하다는 것을 의미해요. 2010년 가계동향조사 자료로 산출한 지니계수는 0.339이지만 동국대학교의 김낙년 교수가 과세자료를 이용해 산출한 지니계수는 0.415입니다. 이런 부분을 좀 고려해야겠죠. 물론 장 교수의 문제제기가 타당한 측면도 있습니다. 다른 나라도 가계동향조사와 같은 방식으로 조사했다면 좀 더 정확하게 비교될 텐데 우리만 보정된 수치로 비교하는 것은 적절하지 않으니까요. 그래서 지니계수의 불완전성을 고려할 때 동시에 봐야 하는 자료가 상위 1%와 10% 소득계층의 소득점유율이에요. 세계 상위소득 데이터베이스를 보면 2012년 우리나라 상위 1% 소득계층의 소득점유율이 12.2%로, 19개 비교국 중 미국, 영국 다음으로 높고요, 상위 10% 소득계층의 소득점유율은 미국의 경우 48.2%인데 우리나라는 44.9%로 미국 다음으로 높아요.

허성관 논의과정에서 OECD 회원국과 비교해서 평가하게 되는데 정부에서 일해보면 이런 비교는 국가운영에 아무런 도움이 되지 않아요. 그저 학술적으로 우리의 위치를 이해하는 데 참고될 뿐이죠. 실제로 나라를 운영해보면 적자의 규모가 크든 작든, 일단 적자가 나면 빚이 쌓이는 겁니다. 그렇기 때문에 현장에서 재정을 운영할 때는 소득재분배 기능의 효과가 아주 미약하다고 느껴요. 통계상 소득분배 불평등이 개선되었다면 그만큼 기대치가 높아진 국민이 더 많이 요구할 수도 있는데 실상 개선되었다고 해도 국민이 체감하는 부분은 거의 없어요.

이정우 우리나라는 조세 및 이전지출로 인한 소득재분배 효과가 9%인데, OECD 평균은 34%잖아요. OECD 국가들이 하는 정도로 불평등을 축소하면 국민의 눈에 보일 거예요. 9%로는 느끼지 못하죠. 그나마 전에는 3% 수준으로 오래 머물렀다가 국민의 정부 때 6%로, 참여정부 때 9%로 올랐어요. 예전의 3% 수준으로는 지니계수 축소 효과가 없는 거나 마찬가지예요. 직무 유기하는 정부인 거죠. 이제 정부의 소득재분배 기능이 막 첫걸음을 떼는 정도인데 이것마저도 포퓰리즘이라고 공격하니 새누리당이야말로 우물 안 개구리예요.

김태동 참여정부에서 야당의 반대를 뚫고 종부세를 도입해서 세제가 일부 좋아졌는데, 이명박 정권이 부자 감세를 추진하는 바람에 조세부담률도 좀 낮아지고 직접세와 간접세 대비에서도 직접세 비중이 작아졌죠. 재정적자가 계속 커지니까 2015년 초에 담뱃값을 올렸어요. 2015년 세수를 늘리는 데는 도움이 되었겠죠. 대선 공약을 극히 일부만 지키면서 재정적자는 오히려 키우고 있어요. 일부 복지공약을 늦게나마 실천하고 있지만 전반적으로 이명박 정권과 현 정권은 재정 면에서 비정상적인 방향으로 나라를 이끌고 있다고 밖에 볼 수 없어요.

왜곡된 재정과 부채 통계

윤석헌 다른 나라와 비교할 때는 가능하면 일관된 기준으로 해야 하므로 OECD나 IMF 발표 자료를 쓸 수밖에 없겠죠?

윤원배 OECD나 IMF와 같은 국제기관의 자료라도 국가 간 비교는 주의해야 해요. 국가마다 제도나 분류방법 등이 달라서 국제기관의 통계도 결국 각국이 보내준 자료만 통합하는데 그치고 있어요. 물론 추세는 볼 수 있지만요.

김태동 중앙정부든 지방정부든 그 기능이 왜곡되어 있어요. 거기에 관료와 낙하산 인사들의 입김도 들어가요. 그런 왜곡이 국내 통계에 나타나고 국제 통계까지도 불투명하게 반영돼서 결국 상황의 심각성을 모르게 돼요. 그러니까 OECD는 우리나라의 재정 건전성을 위해 아무것도 할 게 없다고 하는 거죠.

허성관 참여정부 말기에 국가채무가 300조 원이었는데도 문제가 없었던 이유가 공적자금을 중앙정부 채무로 돌린 게 54조 원 정도였고 외국환평형기금채권도 많이 발행했기 때문이에요. 순수하게 새로 늘어난 게 아니라 정부가 부담해야 할 부분을 중앙정부 채무로 바꾸고 부채가 늘어나면서 동시에 자산도 늘어난 경우예요. 금년 2월에 국가채무가 600조 원으로 두 배로 늘었어요.

윤원배 예전에는 정부사업을 정부가 주도했지만 지금은 민간투자(이하 민자)가 담당하는 부분이 커지고 있는데 거기서 나오는 적자를 보전해주면서 많은 문제가 발생하고 있어요.

허성관 SOCSocial Overhead Capital(사회간접자본)를 민자로 해야 하느냐, 마느냐는 철학의 문제예요. SOC를 민자로 하고 나중에 기부채납(국가 또는 지자체가 무상으로 사유재산을 받아들이는 것으로, 여기에서 채납은 가려서 받아들인다는 의미) 한다고 하면 겉보기에는 그럴듯하지만 기업과 관의 긴밀한 유착이 있는 거죠.

윤원배 민자가 더 효율적일 경우도, 정부가 더 효율적일 경우도 있는데요. 효율성을 따지는 게 아니라 정치자금 조달 등 자기들의 다른 목적을 위해 이용하고 있다는 점이 문제죠.

허성관 민자로 하면 최소 수익을 보전해줘요. 최소 수익에 미달하면 차액을 정부가 보조해줘야 해요.

재정지출 구성 비율

최정표 SOC는 나중에 다시 논의하기로 하고 재정지출 구성으로 넘어가겠습니다. 강 교수가 먼저 발언해주시죠.

강병구 일반정부의 기능별 재정지출을 보면 2013년 국방비의 OECD 평균은 GDP 대비 1.4%인데 우리는 2.5%고요. 경제사업비는 OECD 평균이 4.8%, 우리나라가 5.3%예요. 보건지출의 경우 OECD 평균이 7.0%인데 우리나라는 3.9%이고 사회보장지출은 OECD 평균 17.1%에 비해 크게 낮아 5.9%에 불과해요.

장세진 국방, 경제비의 지출은 높고 다른 부분, 특히 보건과 사회보장 항목은 낮네요.

강병구 예, 그렇습니다. 초·중등 및 고등교육에 대한 재정지출이 GDP에서 차지하는 비중도 OECD 평균보다 낮은 수준이죠. OECD의 교육통계 〈한눈에 보는 교육 2015 Education at a Glance 2015〉를 보면 초·중등 및 고등교육에 대한 정부의 직접적인 재

	초·중등교육			고등교육			전체		
	공공	민간	합계	공공	민간	합계	공공	민간	합계
한국	3.2	0.5	3.7	0.8	1.5	2.3	4.0	2.0	6.0
OECD	3.5	0.2	3.7	1.2	0.4	1.6	4.7	0.6	5.3

자료: OECD, Education at a Glance 2015.

정지출은 2012년에 GDP 대비 4.0%예요. 교육수준별 내용을 보면 초·중등 교육의 경우 OECD 회원국 평균이 3.5%인데 우리는 3.2%이고, 고등교육의 경우 OECD 회원국 평균이 1.2%인데 우리가 0.8%에 불과해요. 반면에 우리나라의 GDP 대비 민간부문의 교육비 부담 비중은 2.0%로 OECD 회원국 중 칠레 다음으로 높은 수준인데 이는 주로 대학의 민간부담의 대학 교육비 비중이 높기 때문이에요.

김태동 박근혜 대통령은 대선후보 당시 고등학교 수업료를 무상으로 하겠다고 공약했는데 아직 이행하지 않았어요. 고등학교 교육을 무상으로 하지 않는 나라가 OECD 가운데 한국밖에 없답니다. 대학교 반값 등록금도 공약집에는 있는데 본인은 공약하지 않았다고 주장하죠. 등록금을 절반으로 줄이는 '반값 등록금'이 아니라 정부예산지출이 늘어나는 것을 최소화하면서 국가장학재단을 통해서 장학금으로 시늉만 내고 있어요.

윤석헌 대선후보 시절 박근혜 대통령은 '소득분위 2분위까지 등록금 전액 무상, 7분위까지는 반값'을 공약으로 제시했어요. 그런데 정부 출범 이후 등록금을 낮추는 대신 장학금을 늘려 '반값 효과'를 내도록 하는 정책으로 바꿨죠. 학부모 소득수준별로 장학금을 지급해 등록금 일부를 대주는 방식을 '반값 등록금'으로 규정했어요. 그래서 학생들이 반값 등록금 효과를 체감하기가 어려워졌는데, 우선 장학금 수혜가 전체 대학생 절반에 못 미치고 반값 등록금을 핑계로 대학들이 자체적으로 지급하던 장학금을 축소하거나 특성화 사업을 접어 장학금 혜택이 오히려 줄어든 예도 있어요. 학생들에게 돌아가는 혜택이 평균적으로 조금 늘면서 대학의 정부 의존도가 크게 높아진 것이죠.

허성관 실제로 재정을 운영해보면 경직성 경비가 아주 많아요. 예산을 운영할 때 중요한 개념 중 하나가 자주재원입니다. 당연히 예산을 써야 할 부분에 쓰고 난 다음에 여러 가지 사업에 자유롭게 쓸 수 있는 돈, 즉 남는 돈을 말해요. 자주재원이 많을수록 국민을 위해 많은 일을 할 수 있어요. 참여정부 때 자주재원이 50조 원 수준이었어요. 그런데 정권이 바뀌고 4대강 사업이니 뭐니 하면서 자주재원 규모가 틀림없이 확 줄었을 거예요. 자주재원이 줄면 정부가 무엇을 시도하려고 해도 할 수 없어요. 자주재원은 통계로 나오지 않아요. 쓸 데 쓰고 남는 돈이니까 공식용어도 아니죠.

김태동 중기재정운용계획이라고 하나요? 그 '5년 계획'이 매년 국회에 보고되고 있어요. 2014년부터 2018년까지 5년 계획을 보면 주요항목 12개가 거의 비슷해요. 환경 관련 지출, 산업쪽 예산, SOC 관련 예산 비중을 줄인다고 나와 있고 보건, 복지, 교육, 국방을 비슷하게 매년 5~7% 늘린다고 나와 있어요. 집권 후반기에 들어선 현 정권이 재정지출을 질적으로 개선할 의도는 없어 보여요. 2016년에 국회가 어떻게 바뀌느냐가 변수이지만, 중기계획은 공무원들이 숫자로 만든 것에 불과하니 누가 믿겠습니까?

허성관 국가재정계획은 2005년부터 실시되었어요. 1961년에 제정된 예산회계법을 참여정부 때 개정해 국가재정법으로 만들었어요. 의무적으로 5년 중기재정계획을 만들어 국회에 제출해 심의를 받고 중기재정계획을 매년 확정하는 구조로 말이죠. 그리고 '2030'이라고 해서 30년 계획을 마련하게 했어요. 5년이 지나면 다시 고려해서 30년 계획을 만들고 중기재정계획은 1년 지나면 다시 향후 5년 계획을 세우는 방식이에요.

장세진 정책기획위원회에서 다이어그램을 복잡하게 그리면서 조금 추상적이기는 했지만 2030을 세웠었죠.

김태동 30년 계획은 최근에 언제 나왔나요?

허성관 2006년에 나오고 2011년에 나왔어야 하는데 나오지 않았죠.

김태동 법률상 의무는 아닌가요?

허성관 2030은 국가재정법에 포함되지 않았어요.

재정적자 불러오는 낙관적인 성장률 예측

최정표 다른 나라는 재정을 질적으로 개선하기 위해 어떤 노력을 기울이고 있나요?

김태동 미국이 1970년대에 의회예산국이라고 국회에 행정부를 견제하는 기구를 가장 먼저 만들었고 2008년 세계경제위기 뒤에 영국도 OBROffice for Budget Responsibility(예산책임처)을 만들어 행정부에서 독립되고 국회에서 직접 책임지는 조직을 만들었죠. 2008년 이전에 자본주의 선진국들조차 금융정책뿐만 아니라 재정정책도 잘못했다는 반성을 하고 행정부 예산독주를 견제하는 조직을 몇몇 나라가 더 만들었어요. 우리나라도 참여정부가 2003년인가 기획재정부를 조금이라도 견제하라는 의미에서 국회에 예산정책처를 만들었는데 아직도 제 역할을 하지 못하는 것 같아요.

특히 세수를 예측하려면 경제성장률을 제대로 예측해야 하는데, 행정부는 지나치게 낙관적으로 예측하는 경우가 많죠. 결과적으로 성장도 예측대로 되지 않고 조세수입이 예산에 크게 못 미쳐요.

허성관 우리나라는 국민의 정부 초기까지만 해도 성장률을 과소 예측했어요. 가령 내년 성장률이 6%라면 예측은 5.2%로 하고 거기에 맞춰서 예산을 편성하니까 적자가 거의 나지 않았죠. 그런데 이명박 정부와 현 정부는 과대 예측해요. 그러니까 돈을 많이 쓰게 되고 자꾸 적자가 납니다. 국민의 정부 중기 이후와 참여정부 기간의 예측치를 보면 비교적 정확해요. 예산을 편성할 때 정밀하게 예측하려고 노력한 결과죠. 근래에 재정적자가 많이 난 것은 예측부터 틀렸기 때문이에요.

강병구 낙관적인 성장률에 근거해 세수를 추계하니까 세수결손이 발생할 수밖에 없죠. 2014년 세입예산에 적용된 정부의 실질성장률 전망치는 3.9%였는데, 실제로는 3.3%에 그쳤고 세수결손은 11조 원에 달했어요. 더욱이 2013년 세법개정안에서 정부는 2017년의 조세부담률(GDP 구계열 기준)을 2014년과 비슷한 21% 정도로 유지하고 균형재정을 달성하겠다고 했는데 재정적자, 국가부채 증가는 이미 예견됐죠.

김태동 이명박 정권이 깎은 법인세를 되돌려놓으라는 시민사회의 요구에, '증세가 필요 없다'고 2014년까지 2년간 고집을 피운 거죠. 2015년에는 담뱃세를 왕창 올려서 서민들에게 조세수탈을 하고요. '증세 없는 복지'가 아니라 거꾸로 '복지 없는 증세'를 한 셈이죠.

이정우 서민증세를 열심히 하고 있죠. 교통 범칙금도 열심히 걷고요.

윤원배 보통 예산을 작성할 때 과거의 비율을 유지하려는 경향이 있어요. 관료들이 자기 부처가 관리할 수 있는 돈이 줄면 위상이 낮아지고 힘이 떨어진다고 생각하기 때문에 자기 부처의 예산이 깎이면 이권단체를 동원까지 해서 지키려고 들죠. 공무원들은 기존의 틀에서 크게 벗어나지 못하니까 대통령이나 지도자가 결단을 내려 바꿔야 해요.

허성관 정치논리가 경제와 분리될 수는 없지만 복지에 과도하게 영향을 미치면 정책추진에 제약이 큽니다. 요즘 저출산인데도 아이들을 유치원에 보내기 힘듭니다. 공립 유치원 입학경쟁률이 60대 1이니 대학에 들어가는 것보다 더 어려운 실정이에요. 그래서 2004년에 아이디어를 낸 게 각 지자체에 특별교부세 10억 원씩 줄 테니 어린이집을 하나씩 짓고 운영비용은 여성가족부와 복지부에서 분담하자는 것이었어요. 그렇게 하자고 합의해놓고는 나중에 다른 부처에서 결사 반대했어요. 행정자치부 장관이 결단을 내렸는데 왜 반대하냐고 물었더니 이 정책을 추진하면 민간보육기관이 항의해 감당할 수 없다는 것이었어요. 그걸 모르지는 않았지만 공무원들이 심각하게 느끼는 걸 보고 깜짝 놀랐죠. 심지어 저와 친분이 있는 여성부 장관도 나중에는 반대하더군요.

윤원배 복지비도 그렇지만 경제사업비에 미치는 정치논리가 더 심각해요. 물론 기업들이 로비활동으로 부추기는 측면도 있지만 경제 관료들이 자기들의 영향력을 유지하기 위한 부분도 커요.

관과 기업의 유착

허성관 SOC를 민자로 유치하는 것도 관과 기업의 유착입니다. 요새 은행이자도 1%대인데 세수로 최소수익률을 5~7%로 보장해준다니까요.

김태동 현 정권이 발표한 재정계획에서 민자사업을 더욱 활성화하겠다고 했죠?

허성관 제가 해양수산부 장관이었을 당시 2008년에 외국자본과 삼성이 컨소시엄 해서 민자로 부산 신항을 건설하기로 했어요. 최소수익률을 보장하지 마라, 완공일이 늦어도 좋으니 국가 예산으로 하겠다고 했는데 협상 결과 우리나라에서 처음으로 최소 수익률 보장조항을 빼고 투자를 유치했어요. 물론 부산 신항의 사업성이 좋았던 것도 협상에 영향을 미쳤지만요.

윤원배 서울시 지하철 9호선도 민자로 매콰리인프라펀드가 유치했잖아요? 높은 수익률을 보전해주려면 요금을 올려야 하는데 서울시가 반대해서 조정됐어요. 시에서도 하는데 정부가 도대체 왜 못하는지 모르겠어요.

허성관 서울시에서 너희가 투자한 돈 다 갚을 테니 빠지라고 해서 조정할 수 있었어요. 이미 특혜는 받았고 수익률을 조금 낮춰도 여전히 특혜니까 요금을 맞춰준 거죠. 서울시에 빚이 많았는데 박원순 씨가 시장이 된 뒤에 많이 갚았다고 합니다. 빚도 많이 갚았고 재정적으로 여유가 있었으니 그런 협상을 할 수 있었을 거예요.

이동걸 금융의 시각으로 보면 위험률이 높으면 평균 수익률도 높아야 하고 위험률이 낮으면 수익률도 낮아야 하는데, 최소수익률을 정부가 보장해준다는 건 위험률이 제로라는 것이거든요. 그런데도 정부가 의도적으로 최소수익률을 높게 보장해준다는 것은 협착, 유착 이외에는 설명되지 않아요. 관련 연구 보고서를 도대체 어디서 쓰기에 보고서를 쓸 때부터 다 유착돼서 이게 말이 됩니까? 어떻게 위험이 제로인데 높은 수익률을 보장해주냐고 지적하지도 않고 말이죠.

허성관 유착주체 중 예비타당성 조사기관도 있어요.

장세진 예비타당성 조사는 여러 기관에서 합니까?

허성관 KDI에서 주로 담당해요.

이동걸 예비타당성 조사라고 해서 예상 수요와 수입을 전부 조사하는데 그 조사와 관계없이 수익이 몇 %가 나든 정부가 보전해줄 때는 수익률을 낮게 잡아도 되거든요. 그런데 의도적으로 수익률을 높게 잡으니 문제예요. 정부가 수익률을 보전해주면 역으로 운영주체가 지인들에게 퍼주면서 비용을 많이 써요. 여러 의미에서 민자사업은 위험합니다.

윤석현 구매 또는 리스lease 간 선택의 문제와 비슷하다고 봅니다. 구매할 때는 당장 자본이 필요하고 리스하면 당장 자본은 필요없고 나중에 리스료를 내면 되죠. 그러니 정부로서는 구매보다 리스가 부담이 적어요. 특히 장기 프로젝트라면 현 정부가 자본투입으로 해야 할 것을 리스방식을 택함으로써 그 부담을 다음 정부로 떠넘기는 셈이 되는 거죠.

허성관 소위 '폭탄 돌리기'죠. 참여정부 당시 기획재정부와 국토건설부에서 민자사업을 하겠다며 여러 건을 올렸는데 이정우 정책실장, 저 등이 기회 있을 때마다 반대해 거의 실현되지 않았어요.

이동걸 얼마 전에 뉴스에도 여러 번 나왔어요. 민자사업 예비타당성 조사를 엉터리로 한 사람들을 찾아가서 인터뷰하니까 자기는 모른다고 도망 다니더라고요.

민자사업의 실체

윤석현 민자사업은 두 가지 방식이 있습니다. 하나는 민간이 공공시설을 건설해 소유권을 정부나 지자체에 귀속시키지만 정부가 사업시행자에게 관리운영권을 인정해 일정기간 임차해 사용하면서 수수료를 지급하는 BTL Build-Transfer-Lease 방식이에요. 민간이 정부로부터 수수료를 받는 것이죠. 또 하나는 민간이 건설하고 소유권은 정부나 지자체로 양도한 후 일정기간 민간이 직접 운영해 사용자 이용료로 수익을 올리는 BTO Build Transfer Operate 방식이에요. 후자는 민자가 공사하고 운영해 이익을 직접 거두는 시스템이므로 공정하지만 수익성 확보가 어려울 수 있어요. 그래서 BTL 방식을 쓰는데 정부가 수익률을 보장해주다 보니 도덕적 해이와 유착 가능성이 생기죠.

이동걸 각 부처에서 예산을 따야 사업을 하잖아요. 사업을 시작할 때는 예산이 없으면 못 하는데, 민자를 유치하면 당장 돈을 들여야 할 일이 없으니까 쉽게 사업을 시작해요.

허성관 사업이 끝나면 관련 부처 사람들이 민자 사업체의 상무나 전

무로 줄줄이 이직해요. 자기들 일자리를 만드는 측면도 있죠.

장세진 민자사업의 최저 수익률 보장을 금지한 것으로 알고 있는데 요?

김태동 최소수익보장제도, 즉 MRG minimum revenue guarantee는 계 속하고 있고요. 중기재정운영계획에 의하면 이것을 완화하는 정 도지, 폐지는 아니에요. 예비타당성 조사는 SOC 추진에 걸림돌이 된다고 해서 총공사비 1,000억 이하의 사업에서는 하지 않게 되어 있어요. 그동안 기준이 500억 원이었는데 1,000억 원 이상으로 올 려놓았죠. 몇십조가 들어간 4대강 사업은 기준이 500억 원일 때도 예비타당성 조사를 하지 않았어요.

강병구 시행령 개정을 통해 재난예방 차원에서 시행하는 사업은 예 비타당성 조사를 면제해주는 식으로 바꿨죠.

이동걸 재미있는 사실은 예비타당성 조사를 가장 많이 하는 기관이 국책연구소라는 거예요. 국책연구소가 제 기능을 하는지 심각하 게 고민해야 합니다.

허성관 사실 현장에서 보면 특별한 경우를 제외하고는 예비타당성 조사의 의미가 별로 없어요. 공무원들이 사업의 타당성을 직접 평 가하지 않고 국책연구소에 할 일을 떠넘기는 셈이고 국책연구소 는 공무원들이 원하는 대로 맞추어주는 것이 현실이니까요. 소위 전문성을 갖추었다는 국책연구소를 방패막이로 삼아 공무원들이 책임을 회피하는 일종의 폭탄 돌리기가 예비타당성 조사예요. 가 령, 1970년대 초반까지는 수해가 나서 다리가 무너지거나 자꾸 물 이 넘쳐서 제방을 쌓아야 한다면 담당 공무원 중 기술직 공무원이 직접 설계했어요. 6급 공무원들이 도랑을 설계하고 그 설계에 따라 다리를 놓았는데 이제는 전부 외부에 맡기죠.

윤석현 정부가 책임회피와 생색내기에 급급한 가운데, 외주업체나 국책연구소의 팔이 안으로 굽다 보니 외주사업의 실효성이 떨어지네요.

김태동 SOC의 또 다른 문제가 있어요. 지역구에 또 출마할 국회의원 출신 기획재정부 장관이 작년에 예산담당 차관을 거쳐 올린 SOC 예산 수천억 원을 마음대로 경북 지역으로 넘겼다고 해요. 선거가 가까워져 오니까 그렇게 하더라고요.

최정표 그건 이해가 안 돼요. 어차피 대구경북은 새누리당을 찍잖아요.

윤원배 그게 사실이라면 선거를 망치려고 그러는 건데요. 야당에는 엄청난 호재네요.

김태동 그 기획재정부 장관도 문제지만 예산을 담당하는 자리에 현직 국회의원을 앉혀놓으면 국회의 견제기능을 원천적으로 막는다는 거죠. 경제부총리를 현역 국회의원으로 임명한 현 정권이 문제죠. 예산 편성권을 사익 챙기기에 남용하는데, '진실된 사람'이라 추켜세우기까지 하고요.

이동걸 민자사업이 얼마나 부패 덩어리인지 보여주는 사례를 하나 말씀드릴게요. 이명박 정부 때 민자사업으로 가장 이익을 많이 본 기업이 호주의 매콰리 그룹이잖아요. 매콰리에서 고위임원을 했던 한국인이 이명박 정권 당시 실세인 G 씨의 아들인데 그 연줄로 매콰리가 민자사업을 독점하다시피 했어요. 소문에 의하면 이명박 정권이 끝나면서 싱가포르로 가서 돌아오지 않고 있대요.

허성관 저도 말씀드리자면 이명박 정권에서 인천공항을 선진화한다면서 국외자본을 계속 유치하겠다고 나섰어요. 세계에서 서비스가 가장 좋은 인천공항을 왜 팔려고 하나 봤더니, 인천공항 활주로 부지 뒤에 땅이 700만 평 있는데 그 땅을 특정인에게 넘기려는 시도였던 것으로 보여요. 참여정부 때 이 땅을 국가에 귀속시키려 논의하다가 장기적인 공항 발전을 위해 인천공항 소유로 넘겼거든요.

강병구 도로 부문에도 과잉투자가 이뤄졌어요. 건설기술 진흥법 52조에 따라 개통 이후 5년 이내에 사후 평가하게 되어 있는데, 최근 국회예산정책처에서 한국도로공사 자료를 분석한 것을 보면 2004년부터 2014년까지 사업평가 대상 평가노선 44개 구간의 평균 이용률이 72.5%고 10개 구간은 이용률이 50% 미만이었다고 해요.

황당무계 방산비리, 자원외교

최정표 우리나라 2016년 예산 원안을 보면 총 386.7조 원에서 국방이 39조 원으로 네 번째로 많은데요, 국방에 제대로 쓰이고 있는지 궁금하네요.

이정우 세계 최대 방산업체 록히드마틴Lockheed Martin 사에서 생산하는 F35 전투기를 캐나다, 노르웨이, 일본 등 9개국이 공동 구매하기로 했는데 캐나다는 쥐스탱 트뤼도Justin Trudeau 총리가 집권하고 나서 전투기 구매 사업을 백지화시켰다고 해요. 보수당 정부에서 계획한 큰 사업을 무력화시켰다니 아주 잘한 거죠. 그런데 캐나다가 구매를 철회하는 바람에 손해가 발생하니까 나머지 나라에 부담을 지운다고 해요. 그런데 계약조건이 이상해요. 한국도 전투기 1대당 약 1%정도 가격이 올라가는데 그 가격이 1대당 약 1,800억 원입니다. 대당 18억씩 더 부담해야 하더라고요. 우리도 잘 모르는 전투기가 얼마나 필요한지는 모르겠는데 국방부 예산이라는 것이 황당무계해요. 천문학적 돈이 낭비되죠.

이동걸 대당 18억 원이 더 들어가면, 대학생 220명의 1년치 등록금인 셈이네요.

김태동 이명박 정권 때 방산비리가 심했는데 현 정권에서 수사도 하지 않고 이 교수 말씀대로 F35 구매계약을 결정하는 과정에서 대통령께 허위보고를 했어요. 전투기 기술이전이 안 된다는 것을 계약 체결 5개월 전에 알았는데도 청와대에 보고하지 않았다죠. 1년 지나 뒤늦게 이 사실이 언론에 보도되니까 대통령이 부랴부랴 방위사업청장으로부터 보고받았죠. 미국에 핵심기술 네 가지를 이전받는 문제는 없던 일이 되고 KFX에서 국내 기술로 개발한다고 얼버무렸죠. 허위보고 책임자를 제대로 처벌도 하지 않는 대통령과 국방부를 믿고 국민이 안심하고 잠을 자도 되는지 모르겠어요. F35기 도입에 8조 원, KFX 사업에 18조 원이 투입될 예정인데, 국민세금이 이 두 사업에 얼마나 낭비될지, 국방에는 얼마나 유효할지 누가 따지고 누가 책임지겠어요?

이정우 전투기 기술이전 사업은 문제투성이에요. 책임질 사람이 여러 명 있었는데 결국 주철기 외교안보수석이 사표를 냈죠. 그 사람의 책임서열이 네 번째랍니다. 안보실장, 국방부 장관 등이 앞에 있는데 엉뚱한 사람이 사표를 냈다는 것도 이상해요.

허성관 제2롯데월드를 건설하기 위해 성남공군비행장의 활주로 각도를 3도 조정한 것과 관련해 국민이 알아야 할 사항이 있어요. 이건축민원은 하도 오래된 사항이라 참여정부에서도 웬만하면 허가해줄 생각이었어요. 공군 쪽에서는 반대했지만, 기술적으로 문제가 있는지 철저히 확인해보고 결정하기로 했죠. 당시 활주로 방향을 변경할 때 드는 공사비 중에서 롯데가 1,000억 원 정도를 부담하겠다고 했어요. 사실 비행안전은 안보문제이기 때문에 확신 없이는 결정하기 어려워요. 국가 기밀사항이니 구체적으로 말씀드릴 수는 없지만 성남 비행장에는 매일 굉장히 중요한 비행기가 뜨고 내려요. 대통령이 재가해야 하는 상황이니 노무현 대통령이 사인할 수도, 하지 않을 수도 없다며 갑갑하다고 했죠. 그러다가 조종사에게 직접 물어봐야겠다고 해서 그 공항의 조종사 5명을 청와대에 불러 식사했어요. 노무현 대통령이 허가해줘도 되냐고 물었더니 조종사들이 이구동성으로 안 된다고 했어요. 아무리 계기비행을 잘해도 일기가 좋지 않으면 100% 안전을 보장 못 한다고 하면서 말이죠. 그래서 당시 제2롯데월드타워 신축허가를 해주지 않았어요.

강병구 이명박 정부의 자원외교도 대표적인 재정낭비 사례로 볼 수 있어요. 예를 들면, 지난 2009년 한국석유공사는 캐나다 자원개발 회사 하베스트Harvest의 자회사인 날NARL을 1조 3,700억 원에 인수했는데, 여기에 추가투입비용을 합하면 약 2조 원의 손실이 발생할 것으로 추정되고 있어요. 그런데 이를 아무도 책임지는 사람이 없다는 게 더 큰 문제예요. 검찰도 강영원 전 석유공사 사장에 배임죄를 물려야 한다고 주장했지만, 법원에서는 1심에서 무죄판결을 내렸고요.

복지국가와 고령사회,
나라운명이 걸린 절박한 경주

최정표 우리나라가 고령사회 진입을 앞두고 있는데 복지예산이 턱없이 부족한 것도 문제이지 않나요?

이정우 그렇죠. 우리나라는 경제예산이 많고 복지예산은 적습니다. 참여정부가 잘한 점을 한 가지 말씀드리자면, 집권 초기 중앙정부 예산에서 복지와 경제 예산이 차지하는 비중이 20 대 28이었는데 말기에는 28 대 20으로 역전현상이 일어났다는 거예요. 사실 아주 잘한 일이었는데도 언론의 욕을 많이 먹었어요. 복지에 치중해 성장발목을 잡는다는 게 보수언론의 공격이었죠.

선진국은 복지예산 비중이 50%를 넘는데 우리나라가 그 수준까지 가려면 아직 멀었어요. 선진국에 비해 경제예산이 높은 나라가 일본과 한국이에요. 공무원과 업계의 정경유착으로 경제예산이 많은 거죠. 이게 비리의 온상이고 별명이 토건국가죠. 참여정부가 복지예산을 늘리며 비리 타파의 첫걸음을 내디뎠는데 이명박 정부와 현 정부가 계승하지 않았어요.

지금은 복지예산이 어느 정도인지 조사해보니까 이명박 정부 5년 내내 28%였고 현 정부는 31%가 됐다고 하는데, 적극적으로 복지를 확충해서 늘어난 수치가 아니라 고령화로 연금, 치료비, 요양비가 늘어나는 바람에 자연적으로 조금씩 증가한 거예요. 복지예산을 늘리지 않으면 저출산·고령화 속도가 너무 빨라서 금방 고령사회가 될 거예요. 복지국가, 고령사회 중 어디에 먼저 도달하느냐를 두고 아주 절박하게 경주하고 있는데 지금 추세대로면 일본과 한국은 20~30년 뒤 세계 1, 2위의 고령사회가 되고 말아요. 노동력이 줄고 일할 사람이 없는 고령사회가 되면 경제침체는 불가피하죠. 그런데도 여당은 복지라는 말만 나오면 포퓰리즘이라고 반대하는데, 그들이 좋아하는 토건예산이야말로 포퓰리즘이죠. 거창하게 일하는 것처럼 보이니 인기 얻기가 아주 좋고요.

이동걸 복지예산을 늘리지 않는 명분 중 하나가 고령화예요. 고령화에 따라 자연스럽게 복지예산이 느니까 지금부터 늘리면 천문학적으로 늘어난다는 논리예요. 고령화가 무서워서 복지예산을 늘리지 못한다는 게 말이 되나요? 경제나 나라를 제대로 살리려면 적극적이고 선제적으로 대응해야 해요.

이정우 저절로 복지가 늘어나 20년 뒤에는 OECD 평균까지 간다고 하는 말은 패배주의예요. 성장을 포기하겠다는 거죠. 고령화를 막으려면 복지가 필요해요.

윤원배 복지도 여러 가지가 있는데 어린이나 청년 들의 복지비를 늘리려고 하면 여당에서 노년층의 몫을 빼앗는다면서 싸움 붙이잖아요. 기본적으로 복지를 보는 정부의 시각이 잘못되었어요.

윤석헌 보수진영에서는 '복지에 예산이 들어가는 만큼 성장으로 갈 예산이 적어지니까 성장에 도움이 되지 않는다'고 해요. 마치 복지예산이 일단 지급하면 회수할 수 없는 비용, 즉 매몰비용 deadweight costs인 것처럼 말하죠. 그런데 복지지출은 매몰비용이 아니에요. 복지가 소비로 이어지고 이것이 다시 투자를 촉발해 소득을 창출하는 선순환 구조를 보지 못하니 매몰되는 것으로 착각하고 노력할 생각을 안 하는 거죠. 요즘 전 세계가 복지의 중요성에 눈을 뜨고 있는데, 우리도 한국형 복지모형 개발과 사례발굴에

힘써야 해요.

허성관 참여정부 말기에 만들어진 노인요양급여제도가 있는데요. 연세가 많아서 요양원에 들어가시는 분들의 비용을 등급에 따라 국가가 70~80% 부담하는 제도예요. 그걸 만들어놓고 보니 많은 노인과 그 자녀가 혜택을 봤어요. 전체 노인 중 노인요양급여 혜택을 보는 수는 비교적 정확하게 추정할 수 있어요. 수혜자 수가 결정되면 큰 차이 없이 예산규모 책정이 가능하죠. 이런 복지는 소요예산을 예측할 수 있어서 어렵지 않게 실행할 수 있어요.

그 법이 생기니까 일자리도 생겼어요. 50대 후반에서 60대 초반의 여성들이 주로 간병하는데 수입도 나쁘지 않아요. 유발효과가 전혀 없는 복지비 지출이 아니라 임금을 통해 소비와 세금으로 다시 환류되는 복지인 셈이죠. 정부가 예산을 운용할 때 무상급식의 경우처럼 초·중·고등학교 학생 수가 딱 나와서 금액이 확정되는 복지비는 실행해도 문제가 별로 없어요. 반면에 국민 개인의 부담 없이 의료를 하자는 복지는 돈이 얼마나 들어갈지 예측하기 어려우므로 신중해야 합니다. 다만 소외계층은 잘 챙겨야겠죠. 복지는 성장과 무관하지 않고 오히려 사회적 투자예요.

이정우 그렇죠. 인적 자본에 대한 투자죠.

김태동 65세 이상 인구가 총인구의 14% 이상이면 고령사회라고 하는데, 한국은 내년이나 후년에 고령사회에 진입할 것으로 보입니다. 이어서 65세 이상 인구가 총인구의 20% 이상인 사회를 초고령사회라 하는데, 2026년쯤에 한국이 초고령사회가 된다는 전망이에요. 생산가능인구(15~64세 인구)는 내년부터 줄어들 것이 확실해요. 앞에서 말씀하신 것보다 상황이 훨씬 더 나쁩니다. 이명박 정권과 현 정권이 지난 8년 복지국가로의 길을 거꾸로 달려서 골든타임을 놓쳐버렸어요. '복지가 투자다'라는 신념을 가진 정권이 2018년에 들어선다 하더라도 반복지정권의 폐해가 10년간 누적되었기 때문에 초고령사회 진입을 막을 도리는 없을 겁니다.

자립도와 자주도 모두 미약한 지방정부 재정

최정표 홍준표 경상남도 도지사가 경상남도 무상급식 예산지원을 중단했어요. 무상급식으로 아이들에게 밥을 잘 먹이자면서 경상남도에서 유기농이 활성화됐다가 무상급식을 딱 끊어버리니까 유기농업을 하는 사람들이 타격을 입었죠.

무상급식은 지방재정과 관련 있는데 조세제도, 특히 법인세 문제와 중앙정부와 지방정부의 재정분담을 논의해볼까요? 강 교수께서 자료가 있다면 먼저 간단히 말씀해주시죠.

강병구 지방재정의 분권화 정도는 재정자립도와 재정자주도로 평가해요. 재정자립도는 지자체 예산에서 지방세와 세외수입이 차지하는 비중인데, 2007년 53.6%에서 2014년 50.3%로 하락했어요. 재정자주도는 지자체 예산에서 지방세와 세외수입에 지방교부세, 조정교부금 및 재정보전금을 합친 금액이 차지하는 비중으로 2007년 79.5%에서 2014년에 69.2%로 낮아졌어요. 특히 재정자주도의 낙폭은 2014년에 커서 전년 대비 무려 7.4%p나 떨어졌어요. 2014년 기준으로 전체 지방정부 244개 중 72.5%의 재정자립도가 30% 미만이죠.

재정 분권화라고 할 때는 재정자립도나 재정자주도와 같은 양

(단위: %, 조 원)

	2007년	2008년	2009년	2010년	2011년	2012년	2013년	2014년
재정자립도	53.6	53.9	53.6	52.2	51.9	52.3	51.1	50.3
재정자주도	79.5	79.5	78.9	75.7	76.7	77.2	76.6	69.2
지방세수	43.5	45.8	45.1	50.1	52.3	53.9	54.7	–
지방채발행액	5.4	6.3	11.8	7.4	8.4	6.4	10.1	–
지방채 규모	18.2	19.0	25.6	28.5	27.2	26.8	28.3	27.7

자료: 행정자치부, 〈지자체 통합재정개요〉, 재정고(http://lofin.moi.go.kr)

적인 수치 외에 지방정부가 공적자원 배분의 의사결정과정에 개입해 지역의 이해를 관철할 수 있는 실질적인 분권화의 지표도 중요한데, 우리나라는 명목지표나 실질지표에서 모두 재정분권화가 취약하죠.

윤원배 재정자주도가 100% 미만이 되면 차액은 빚으로 충당하나요?

강병구 주로 지방채를 발행하죠. 최근 추이를 보면 지방정부의 지방채 발행 규모가 상당히 큰 폭으로 늘어났어요. 2003~2007년까지 참여정부에서 지방세수와 지방채 발행액의 연평균 증가율은 각각 6.8%와 4.9%였는데, 이명박 정부가 출범한 2008~2013년까지 지방세수의 연평균 증가율은 3.9%로 감소했고 지방채 발행액의 연평균 증가율은 18.9%로 증가했죠.

이정우 최근 지방채 규모가 어느 정도죠?

강병구 2014년 말 기준으로 27조 7,071억 원입니다. 참여정부 5년 동안 10.2% 증가했지만 2008~2014년의 7년 동안에는 무려 45.8%가 늘어났어요.

종부세 무력화가 지방재정 악화의 원인

허성관 지방재정을 2년 정도 담당했던 사람으로서 대단히 죄송스러워요. 지방재정이 갈수록 악화되어 실질적으로 재정자립도는 큰 의미가 없어요. 교부세 중에서 보통교부세로 최저 행정수요 부분을 다 메워주니까요. 그리고 지자체가 적극적으로 사업을 계획해 시행하는 과정에서 중앙정부의 지원이 부족하면 지방채로 메우거나 빚을 내야 하는 등 문제가 상당해요. 게다가 지방채를 자율적으로 발행할 수 있는 것이 아니고 행정자치부의 승인을 받아야 해요. 파산되면 구조해줘야 하니까요.

　지방재정이 갈수록 악화된 이유 중 하나가 종부세를 약화시킨 것이에요. 참여정부 시절에는 종부세를 걷어서 중앙정부에 쓰지 않고 교부금을 새로 만들어 지방정부에 배분한 덕에 지방재정 상태가 상당히 좋아졌어요. 이명박 정부가 종부세를 무력화시키니까 그만큼 구멍이 생긴 거죠.

김태동 현 정부는 취득세도 인하했잖아요.

허성관 네, 맞아요. 부동산 경기가 나빠지니까 등록세, 취득세를 면제해주고 인하도 해주었죠. 재산세가 주요 지방재원인데 거래도 되지 않으니 재정수입이 확 줄어버렸죠. 이 두 가지 때문에 지방재정이 크게 악화됐다고 볼 수 있어요.

이정우 종부세는 2~3조 원 규모였는데 제가 매년 과표현실화율(과세대상인 부동산의 실제 가치 대비 과세대상으로 잡히는 장부상 가치의 비율)을 높여나가기로 설계했어요. 5년 뒤 이만큼, 10년 뒤에는 또 이만큼 늘어나니까 쓸데없이 땅을 많이 가진 사람들은 미리미리 팔라는 예고였죠. 지금도 종부세가 있었으면 1년에 지방채 발행하는 정도의 세수는 충분히 나왔을 거예요. 현 정권이 지방채를 발행하지 않고도 지방재정을 채울 수 있었는데 자살골을 넣은 거죠. 부동산 투기를 잡으려면 가족 합산을 해서 세금을 부과해야죠. 헌법재판소도, 여당도 잘못해서 종부세를 무력화시켜놓고 지금 쩔쩔매면서 지방채를 발행하고 있는 거예요.

허성관 그 부분은 이정우 교수 말씀이 맞아요. 청와대에서 이정우 교수가 그렇게 설계했을 때 행정자치부에서는 조세 형평성도 고려했어요. 소득은 누진과세가 되는데 재산은 그렇지 않았어요. 종부세는 부동산을 많이 보유할수록 세금을 조금씩 더 내는 누진과세 효과가 있었고요. 조세 형평성 제고에 중요한 항목이었어요.

이정우 그렇죠, 다목적이었어요.

허성관 사람들은 그런 부분은 잘 알지도 못하고 세금폭탄이니 뭐니 했죠. 결국 종부세는 국민에게 반감만 심어줬고 도입 3년 만에 위헌법률로 전락하고 말았어요. 막상 정책을 설계한 이정우 교수나 옆에서 도와준 저로서는 너무 억울했죠.

김태동 이명박 정권 초기에 종부세·법인세 인하가 주요 정책내용이어서 강부자(강남 땅부자), 고소영(고려대-소망교회-영남 출신) 정권이라고 회자되었잖아요.

허성관 그런데 종부세를 정밀하게 만들지는 못했어요. 예를 들어 30년 전에 어떤 하위직 공무원이 돈이 없어서 사대문 안에 집을 사지 못하고 서울 구석에 있는 아파트를 하나 샀는데 강남이 개발되면서 종부세 과세대상이 된 경우처럼 말이죠. 그렇게 종부세를 낼 돈이 없는 경우까지도 고려했어야 해요. 집을 팔거나 상속할 때까지 납부를 유예하는 제도를 포함해 정밀하게 해야 했는데 그렇지 못했다는 점은 아쉽죠.

이정우 헌법재판소에서도 문제없다고 했어요. 세금폭탄도 아니고 다 괜찮은데 가족 합산만 위헌이라고 했어요.

허성관 어차피 지방정부와 중앙정부의 세원배분 자체가 불균등하기 때문에 특별히 고유 세원을 개발하지 않는 한, 현재 지방재정의 건전성 문제를 극복하기는 어려워요. 다만 제가 정부에 있을 때 '공동세제도'를 생각해본 적이 있어요. 가령 금천구와 강남구의 재산세를 비교하면 차이가 심해요. 사람들이 이런 이야기를 싫어할 수도 있겠지만, 강남구 집값이 비싸서 세금이 엄청나게 들어오는 게 강남구민들이 잘해서인가요? 생각해볼 문제이거든요. 그런 관점에서 보면 서울 전체의 재산세를 서울시에서 거두어서 구청별로 나누어줄 수 있겠죠. 소위 공동세제도입니다. 금천구는 기존 재산세보다 분배되어 들어오는 세가 많고 강남구는 전보다 줄어들겠죠. 이런 방식으로 지역 격차를 완화시킬 필요가 있다고 봐요. 공동세제도는 이명박 정권에서 도입되었지만 기초작업은 참여정부에서 한 거죠.

윤원배 왜 서울에 국한하나요? 강남구만 놓고 봐도 지방에서 희생한 대가가 많이 들어 있어요. 강남에 50% 주고 나머지 50%는 지방까지 다 나눠줘야죠.

허성관 옳은 말씀이에요. 그렇게 확대하면 종부세와 같아요.

장세진 그렇게 되면 지방세를 전부 국세로 걷자는 이야기가 되네요.

허성관 부동산교부세처럼 회계를 따로 만들 수도 있어요. 또 다른 방법은 지방자치구획을 바꾸는 거지요. 현 기초지자체를 없애고 예를 들어 전국을 60개, 50개로 광역화해서 거기에 들어가는 재원이 적절히 배분될 수 있도록 보완해나가지 않는 한, 재정문제는 해결하기 어려울 거예요.

장세진 미국은 판매세가 중요한 세원이고 지방소득세 비중도 커요. 지방분권을 고려한다면 오히려 지방에서 부가세 형식으로 소득세를 더 받고 판매세까지 받는 방식이 더 낫지 않나 싶은데요.

허성관 미국은 주에 따라 소비세가 달라요. 가령 뉴저지 주에는 옷에 소비세가 없는데 인접한 뉴욕 주에서는 고율의 소비세를 부과합니다. 우리는 판매세를 도입해도 지역별로 세원 분포 자체가 너무 차이가 나요. 전체 금액은 늘어날지 몰라도 자치단체 간 불균형은 조정되지 않습니다.

이동걸 빈익빈 부익부가 심해질 수 있죠.

지방의 복지 노력 훼방 놓는 중앙정부

김태동 최근 누리과정 유아보육문제도 지방교육청이 어린이집 예산을 지출하도록 하면서부터 불거졌어요. 지방교육청은 초·중등학교만 지원해도 빠듯한데 이것저것 계속 부담이 늘어나더니 2014년부터 문제 되었죠. 응당 중앙정부가 지원해야 하는 것을 지방정부, 그것도 지방교육청에 떠넘기는 것은 아주 무책임하죠. 경기도는 보육지원예산뿐만 아니라 전체 예산안이 통과되지 않아, 준예산으로 새해를 시작하는 한심한 일까지 벌어졌고요.

최정표 현 정권은 갈등조정능력을 발휘하기는커녕 오히려 지방정부, 지역주민에게 피해를 주면서 대형 갈등을 조장하고 있네요. 중앙정부와 지방교육청 간의 누리과정 예산 갈등은 중앙정부의 무능을 그대로 노정 시키는 사례죠.

김태동 우리나라에서 저출산 문제를 잘 해결하고 있는 지역이 전라남도 해남군이에요. 특별히 해남군이 세원이 많을 수 없는데도 2014년 출생률 합계가 2.43명으로 제일 높은 것을 보면 기초 지자체에서도 단체장의 의지만 있으면 주민 복지증진에 이바지할 여지가 있음을 보여주는 사례죠.

또 하나는 광주광역시에서 아직 아이디어 단계인 것 같은데 자동차 산업을 다시 살리려 하고 있어요. 그곳에 기아자동차가 있는데 전기차와 에너지 문제로 거의 20년 가까이 새로운 자동차 생산시설이 들어서지 않았다고 해요. 광주에서는 '자동차 100만 대 생산기지' 조성을 목표로, 기존 자동차 업계 평균 임금의 절반 수준이지만 지역 청년들의 희망연봉 수준인 연봉 4,000만 원짜리 일자리 1만 개를 창출하겠다는 등 여러 가지 조건을 제시한다죠. 새로 공장을 늘려서 지역 고용을 늘리면 지방세가 늘잖아요. 결국 윈윈이 되는 거죠.

장세진 적극 찬성이에요. 미국이나 다른 나라에서 사회복지 지출은 다른 부분과 달리 지방에서 더 지출한다고 해요. 지방소득세를 도입하는 이유도 지자체가 복지를 가장 필요로 하는 계층을 일선에서 제일 잘 파악할 수 있기 때문이죠. 미국에서 지방정부의 지출비중이 높아지는 이유와 사회복지 비중이 높아지는 이유가 거의 1 대 1이에요. 따라서 청년실업 같은 문제는 지자체가 자율적으로 지원하도록 해야 해요.

허성관 이재명 성남시장이 좋은 예죠. 물론 성남시의 인구가 100만 명으로 광역시 수준이기는 하지만, 성남시 정도의 지자체나 그보다 세수 규모가 작아도 절약하면 잘 꾸려나갈 수 있는데 자꾸 엉뚱한 데 돈을 써요. 성남시에서 어마어마한 축제를 개최한다는 소리를 못 들어봤어요.

이정우 작년에 이재명 시장이 대구에 와서 강연을 하면서 성남시 내 거주 청년들에게 자기계발 기회를 주고자 청년배당을 분기별로 50만 원씩 주겠다고 했어요. 올해 초 정부의 교부금 삭감에 대비해 일단 절반인 25만 원을 성남시에 3년 이상 거주한 만 24세 (1991년 1월 2일~1992년 1월 1일) 1만 1,300명에게 분기별로 주겠다고 했고요. 중앙정부가 훼방을 놓고 다른 데서 많이 비판도 하는데, 이재명 시장의 말이 '시장이 도둑질만 하지 않으면 성남시 재정으로 충분히 해낼 수 있다'고 해요. 과거 호화청사 건설로 빚더미에 올랐던 성남시가 이렇게 바뀌었잖아요. 중앙정부의 복지가 약하니까 지자체장의 의지에 따라 얼마든지 할 수 있고 당연히 해야 한다고 봐요.

김태동 이재명 시장은 청년배당뿐만 아니라 공공산후조리 지원사업, 무상 교복 사업 등 이른바 '성남시 3대 무상복지사업'을 실시한다고 했죠. 중앙정부의 교부금 삭감 협박에 굴하지 않고 추진한다고 말이에요. 다만 현 정권의 페널티 부과에 대비해 헌법재판소의 판결이 날 때까지는 지원 폭을 절반으로 줄일 수밖에 없다고 발표했어요.

윤원배 지방정부가 사업하면서 중앙정부에 교부금을 요구했을 때는 중앙정부가 반대할 수 있겠죠. 그런데 그것도 아니잖아요. 현 정부는 누리과정 예산도 제대로 주지 않고 너희가 알아서 해결하라잖아요.

장세진 지방정부의 복지를 중앙정부에서 못하게 하는 근거가 있습니까?

허성관 사회보장기본법에 지자체가 사회보장제도를 신설하거나 변경할 때는 타당성, 기존 제도와의 관계 등에 대해 사회보장위원회와 협의하게 한다는 조항을 들어서 중앙정부가 반대하죠. 이재명 시장은 법에 누락이나 중복이 있는지를 협의하라는 것이지 승낙받으라는 게 아니므로 지자체 고유권한으로 해도 된다는 입장이에요.

강병구 기초생활보장제도도 따져봐야 해요. 스스로 생계를 유지할 능력이 없는 저소득층에 국가가 생계와 교육·의료·주거 등의 기본생활을 보장해주는 제도여서 전국단위의 국가사업인데도 지방정부에 보조금을 일부만 주고 나머지는 알아서 하라고 해요. 지방교부세의 경우 내국세(국내에 있는 사람이나 물건에 부과하는 세금)의 19.24%이고 지방교육재정교부금도 내국세의 20.27%로 고정되어 있어요. 결국 국세에서 증세가 이루어지지 않으면 지방정부의 세수가 감소할 수밖에 없어요. 이명박 정부에서 종부세 수입이 반으로 줄어 지방정부에 지원되는 부동산교부세도 그만큼 줄었지요. 지방재정문제는 결국 국세와 관련되어 있어요.

반면에 탄력세율을 활용하지 않는 지방정부도 문제가 있어요. 재산세의 경우 50% 범위에서 탄력적으로 세율을 조정할 수 있는데 선거를 의식하는 단체장들이 높이지 못해요. 지방소득세도 이전에는 중앙정부가 소득세와 법인세 수입의 10%를 지방정부에 떼어줬는데 2014년에 세법이 개정되어 과세표준(과세의 기준이 되

는 것)의 10%를 지방정부에 넘겨줬어요. 즉 2013년 기준으로 법
인세 공제감면액이 약 9조 원 정도 되는데 이를 10% 범위에서 지
방정부가 조정할 수 있다는 거죠. 더욱이 지방소득세의 경우 50%
범위에서 탄력세율을 적용할 수 있도록 허용해 지방정부의 세수
자율성을 확대했고요.

장세진 잠깐만요, 법인세의 10%와 과세표준의 10%가 어떻게 다르죠?

강병구 중앙정부가 법인세를 걷어서 그 세수의 10%를 떼어주던 방식
에서 과세표준을 10% 떼어주는 방식으로 바뀌었다는 거죠. 법인
세 과세표준의 10%를 떼어주면 지방정부는 기업들에 법인세 공
제감면을 해줄 수도 있고 안 해줄 수도 있는 거예요.

장세진 지금까지는 국가가 법인세 산정을 하고 감면까지 해서 그중
10%를 지방에 돌려줬는데, 지금은 과세표준으로 떼어주고 감면
할지, 50% 탄력세율을 적용할지를 지방에 맡긴다는 거죠?

강병구 예, 그렇습니다.

대기업에 유리한 법인세 감면

최정표 법인세 얘기가 나왔으니 조세제도와 조세 형평성 문제를 논
해보도록 하죠. 먼저 법인세에 관한 자료를 말씀해주시죠.

강병구 GDP 대비 법인세수의 비중을 보면 2012년 OECD 평균이
2.9%, 우리나라는 3.7%고요. 개인소득세는 OECD 평균이 8.6%,
우리나라는 3.7%예요. GDP 대비 세수 비중만 놓고 보면 우리나
라의 법인세 비중이 OECD 평균을 넘어섭니다. 재계에서는 법인
세수의 비중이 커서 법인세율의 인상이 어렵다고 하지만 우리나라

의 법인세수 비중이 높은 이유는 전체 법인의 과세대상소득이 많기 때문이지, 실제로 개별기업의 법인세율은 낮은 수준이에요. 2012년 우리나라 전체 법인기업의 법인세 실효세율은 16.8%, 미국은 22.21%, 영국은 22.45%, 캐나다는 24.30%, 일본은 22.05%예요.

특히 우리나라의 매출액 기준 상위 10대 기업의 법인세 실효세율을 보면 외국납부세액공제(국제적인 이중과세를 방지하기 위한 제도로, 외국에서 낼 세금을 일정 한도 내에서 법인세 산출 세액에서 빼줌)를 법인세 감면으로 간주하면 13.0%에 불과해 중소기업 평균 수준이에요. 외국납부세액공제를 법인세 감면에 포함시키지 않고 세금을 낸 것으로 간주했을 때 10대 기업의 법인세 실효세율은 15.9%였어요.

우리나라 대기업의 실효세율이 상당히 낮은 이유는 최고세율이 낮아서이기도 하지만 법인세 공제 감면이 대기업에 집중되기 때문이에요. 2013년 법인세 감면액 9조 3,000억 원 중 대기업이 84.8%를 차지했습니다. 이것은 2008년 법인세 공제감면액 6조 6,900억 원 중 대기업이 차지했던 66.7%보다 많이 늘어난 수치예요. 삼성전자의 경우 2013년에 법인세액 공제 규모가 무려 1조 9,000억 원에 달했죠.

장세진 9조 3,000억 원은 법인세 감면세액으로 따진 거죠? 감면세액은 수익에서 빼주거나 과세표준을 줄이는 것인데, 그게 아니라 세액에서 빼주는 거죠.

허성관 소득공제나 세액공제를 해주지 않으면 세금을 9조 원 더 내야 한다는 말이죠.

장세진 법인세 감면사항을 살펴보니 연구개발, 지방이전, 환경 등 30

여 개 항목이 되는데 대기업만 해낼 수 있는 항목이 많다는 느낌이었어요.

허성관 한번 감면해주기 시작하면 기득권이 되니까 폐지하기 힘들어요. 일몰조항(시간이 지나면 해가 지듯이 법률이나 각종 규제도 일정기간이 지나면 저절로 효력이 없어지게 하는 것)을 넣어도 마찬가지고요.

장세진 지금은 거의 그런 것 없죠? 일몰조항이 있나요?

강병구 대부분의 조세감면 항목은 일몰조항이 있어요. 그런데 문제는 일몰조항을 연장하거나 명칭을 바꾸어 살려둔다는 것이죠. 감면 항목 중 외국납부세액 공제, 고용창출투자세액 공제 그리고 연구개발비 투자세액 공제의 규모가 상당히 커요. 고용창출투자세액 공제의 경우 기존의 투자세액 공제제도의 투자 및 고용효과가 미약해 명칭과 내용을 바꾸었는데도 여전히 고용효과는 미약한 것으로 평가되고 있어요.

또한 국회예산정책처의 자료를 보면 2013년 기준 우리나라의 연구개발비 투자규모가 세계 6위예요. 총연구개발비가 60조 원 정도로 민간 45조 원, 정부 14조 원 규모죠. GDP 대비 연구개발비 비중은 4.15%로 세계 1위에요. 연구개발은 양적 성과와 질적 성과로 나누어 평가하는데 2012년 기준 SCISScience Citation Index(미국 톰슨사이언티픽Thomson Scientific이 과학기술분야 학술잡지에 게재된 논문의 색인을 수록한 데이터베이스) 논문 게재수로는 세계 10위, 국내 특허출원 기준으로 세계 4위예요. 반면에 질적 성과를 평가하면 SCI 논문 피인용도 31위, 기술무역수지는 OECD 국가 중 최하위죠. 민간부문과 정부부문에서 막대한 연구개발비 예산을 투자했는데도 질적 성과는 매우 낮고요, 민간부문에서 연구개발비

예산을 투입하는 이유 중 하나는 정부가 연구개발비 세액공제를 꽤 해주기 때문이라는 거죠.

김태동 연구개발비가 아닌데도 연구개발비로 넣는 항목도 많죠.

강병구 일반 인건비인데 연구개발비로 넣기도 하고요.

윤석헌 법인세 공제와 관련한 또 하나의 이슈는 이윤을 남긴 회사는 공제 혜택을 받을 수 있지만 이윤을 남기지 못한 회사는 공제받을 이익이 없으므로 공제 혜택 자체가 무의미해진다는 거예요. 그래서 성과가 좋은 기업과 그렇지 못한 기업 그리고 결국은 대기업과 중소기업 간에 공제, 누진세율 패키지의 혜택이 비대칭적일 수 있어요. 예를 들어 수익이 없으면 공제 혜택을 받지 못하고 또 낮은 최고세율의 혜택도 상대적으로 적게 받아요. 결국 최고세율을 높이고 공제를 줄이는 게 비대칭성 문제를 극복하는 데 도움이 되며 따라서 누진성의 기본취지에 부합되죠.

강병구 법인세율은 OECD 국가 중 3분의 2가 단일세율(과세표준에 상관없이 한 가지 세율로 세금을 부과하는 것)을 적용하고 나머지는 누진세율을 적용해요. 스웨덴은 22%의 단일세율을 적용하지만 기업이 부담하는 사회보장기여금이 많기 때문에 기업의 조세비용이 낮다고 할 수는 없어요. 우리나라는 3단계 누진세율을 적용하고 있는데 과세표준 2억 원까지는 10%, 2억~200억 원 사이는 20%, 200억 원을 초과하는 부분에는 22%를 적용해요(지방세 10%를 포함할 경우 각각 11%, 22%, 24.2%). 우리나라 대기업의 경제력과 사내유보금 현황, 미국 39.0%, 일본 32.11%의 법인세 최고세율을 종합적으로 고려할 때, 과세표준 1,000억 원을 초과하는 부분에 5%p 인상해 27%의 법인세율을 적용해도 대기업이 휘청거릴 일은 없다고 봐요. 오히려 대기업에 쌓인 돈을 돌게 하는 차원에서 과세를 강화할 필요가 있죠. 정부가 일자리를 창출하려고 해도 돈이 없으면 할 수 없잖아요?

OECD 국가 중 우리나라가 저임금 노동자 비중이 가장 크죠. 대기업의 간접고용, 사내하청 등으로 임금 비용이 적어지니까 과세대상소득이 커지고 법인세수 비중이 커지는 거예요. 노동시장에서 낙수효과가 발생하지 않으면 정부가 적극적인 조세재정정책으로 시장에 개입해야죠. 복지국가의 발전뿐만 아니라 지속가능한 성장을 위해서도 정부의 적극적인 재분배 정책이 필요해요.

이동걸 법인세율을 높여도 대기업들은 부담 능력이 있어요. 유휴자금을 많이 쌓아놓고 있어서 세금을 더 낸다고 투자에 지장이 있는 것도 아니고요. 게다가 지금 우리나라는 법인세를 많이 감면해주고 있는데 그 혜택이 대부분 대기업에 돌아갑니다. 그래서 대기업들의 세후 순이익이 많이 늘어나고 더 많이 배당해줄 수 있는 거죠. 그런데 내국인들은 배당소득의 소득세를 내지만 외국인 투자자는 배당소득을 본국으로 가져가버리니 우리나라에서는 세금을 더 내지 않아요.

참고로 우리나라 상장사의 외국인 지분율이 30~35%입니다. 삼성, 현대자동차, LG 등 대기업들의 외국인 지분율은 50% 내외이고요. 주요 은행지주사들의 경우는 70~80%이고 80%를 훨씬 넘을 때도 있었죠. 결국 정부가 법인세율을 낮춰주고 거기다 법인세 감면까지 해줘봐야 그 돈의 반 이상은 외국인 투자자들의 소득이 되는 것이고 다 외국으로 유출되는 거죠.

2015년 자료는 아직 나오지 않아서, 참고로 2014년 자료를 보면 12월 결산법인 1,719개의 외국인 배당금은 5조 6,000억 원이었고 그 액수는 매년 증가해왔어요. 이 회사들의 전체 배당액 중에서 외국인 배당비율도 2011년 31.9%에서 2012년 33.1%, 2013년 34.9%, 2014년 35.7%로 매년 늘고 있고요. 외국인 투자자들이 점점 더 많이 가져가는 겁니다. 상장사 중 3월 결산법인, 6월 결산법인도 있고 또 외국인들이 비상장사에도 많이 투자하고 있으니 외국인 투자자에게 지급되는 총배당금은 이보다 훨씬 더 많겠죠.

외국인 배당과 관련한 공식통계가 없어 총액을 확인하기는 어렵지만, 한국거래소가 국회 국정감사를 위해 제출한 자료에 따르면 2009~2013년 5년간 시가총액 100대 기업의 총배당액은 53조 9,510억 원이었는데 이 중 외국인 배당액이 모두 20조 4,202억 원(37.8%)에 달했고 시가총액 1위인 삼성전자의 경우 총 6조 8,727억 원의 배당액 중 외국인 배당액은 3조 4,188억 원(49.7%)이었어요(헤럴드경제, 2014.10.13.). 또 한국은행이 발표한 외국인 투자자의 해외송금 배당액(직접투자 일반배당지급)이 2014년 102억 8,000만 달러(약 11조 3,600억 원)에 달했고요. 그것도 2000년대 전반 20~30억 달러 수준이었던 것이 2010년대 초반에는 70억 달러를 넘어섰고 작년에 100억 달러를 넘어설 정도로 빠른 증가세를 보이고 있어요. 정부가 세금을 깎아주고 대기업들이 노동자에게 임금을 제대로 안 쳐주고 남긴 이익이 다 외국으로 나가고 있어요. 말씀대로 조세를 바로잡아야 합니다.

강병구 게다가 배당소득 분포를 보면 상위 1%가 70% 이상을 가져갑니다. 상위 10%에게 90% 이상이 집중되고 있고요. 배당소득을 늘려봐야 그 돈이 서민에게 가지 않아요. 배당소득 증대보다는 법인세를 정상화해서 그 재원으로 공공부문의 일자리를 창출하는 것이 올바른 처방이라고 봐요.

이동걸 또 하나의 문제는 대기업들이 자사주 매입에 사내유보금을 굉장히 많이 쓴다는 겁니다. 대기업들이 주가가 내려가지 않도록 자사주를 매입하는데, 그렇게 떠받친 주가로 내국인은 상위 몇 % 이상만 이득을 보고 외국인 투자자들은 비싸게 팔고 나가버려요. 대기업에 조세를 감면해주고 이윤을 더 남기게 해줘봤자 고용도 창출되지 않아요.

윤석헌 자사주 매입의 경우 투자자 입장에서 매각을 하면 양도소득세가 면제되고 대주주 입장에서는 본인의 지분율이 높아져 소유권을 강화할 수 있죠. 국가 측면에서 배당보다도 자사주 매입이 더 부정적이에요.

윤원배 정부도 과도한 사내유보금 이윤 문제를 인식하고 있어요. 고치려고 하지 않아서 문제죠. 대기업의 투자가 부진하니까 최경환 전 기획재정부 장관이 투자를 촉진하기 위해서 유보이윤에 세금을 물린다고 했다가 대기업들의 반대로 흐지부지되었잖아요. 지금도 기업들은 실제로 부담하는 세율이 높다고 하면서 세금처럼 내야 하는 부담금인 준조세를 들먹이고 있어요. 기획재정부 장관이나 정부도 문제를 인식하고 있지만 고치기보다는 준조세로 생색을 내거나 정치적으로 자기들에게 유리하게 쓰는 거죠. 단순히 세율 문제가 아니라 정부나 정치권의 사고방식에 근본적인 문제가 있다고 봅니다.

장세진 준조세와 관련한 수치가 혹시 있나요?

윤원배 자료가 있으면 조세로 부담하는 것과 준조세로 부담하는 것

중 어느 쪽이 기업과 국가에 유리한지 시뮬레이션해보면 좋을 텐데요. 최근에도 청년희망펀드에 기업들이 기금을 내는데 사실 반강제적이잖아요.

장세진 1,000억 원 이상 구간에는 5%p 이상 법인세를 인상한다는 강교수의 아이디어가 감면보다 더 올바른 방향이라고 봐요. 감면 철회는 어렵죠. 법인세를 5%p 올리면 담뱃세 올린 세수의 적어도 서너 배는 더 걷히죠.

강병구 세수추계방식에 따라 차이는 있지만, 국회예산정책처의 2014년 추계에 따르면, 법인세 과세표준 100억 원 이하의 구간에는 기존의 세율을 적용하고, 100~200억 원 구간 22%, 200억~1,000억 원 구간 25%, 1,000억 원 초과 구간에 27%로 올리면 2014~2018년까지 5년 동안 법인세수가 53조 5,102억 원이 늘어나는 것으로 전망되었어요. 최근의 세수부족을 상당 부분 해소할 수 있는 규모죠.

조세 형평성 망치는 부동산임대소득 과세와 종교인 비과세

최정표 법인세 외에도 형평성에 어긋나는 세금이 있죠?

김태동 금융소득에는 종합과세가 있잖아요. 개인별 연간소득이 4,000만 원을 넘으면 종합과세를 했지만 2013년 1월부터 종합과세기준이 2,000만 원으로 하향 조정되었죠. 여전한 사각지대는 부동산임대소득에 대한 과세로 아주 낮거나 거의 없어요. 서울의 무주택자가 60%여서 주택 기준으로 절반은 임대되고 있다는 건데 전세나 월세에 거의 과세하지 않아요. 임대소득에 제대로 과세하면 금융소득 과세보다 세원이 더 많아서 십조 원대의 세수가 늘 거예요. 형평성 있게 금융소득에 대한 과세 정도는 해야 하지 않겠어요? 집 부자들의 불로소득인데 은행에 예금해서 이자 받는 것과 비교하면 더 형평성에 어긋나요. 임대소득세를 내는 극소수 임대인에게도 필요경비 등 폭넓게 공제해주니까 너무 봐주는 거죠.

강병구 현재 임대소득 과세는 상당히 무력화되어 있어요. 1가구 1주택의 임대소득과 전세금에는 과세하지 않고 임대소득도 2,000만 원까지는 금융소득처럼 14%로 분리과세 하는데 필요경비를 80% 인정해줘요. 더욱이 임대소득만 2,000만 원이 있으면 추가로 400만 원을 공제해주기 때문에 실효세율이 3% 정도에 불과하죠. 더 큰 문제는, 사업소득, 금융소득, 근로소득 등이 있으면서 임대소득이 2,000만 원 이하일 때, 가령 사업소득 2억 원인 개인사업자가 임대소득이 1,900만 원 있다면, 임대소득에는 38%가 아닌 14%의 세율을 적용받는다는 겁니다. 모든 소득을 종합소득 과세하면 2억 원을 초과하는 임대소득에는 38%의 최고세율이 적용될 거예요.

장세진 분리과세네요.

김태동 또 하나가 종교인 과세예요. 우리나라에 정부가 세워지고 나서 종교인 과세는 한 번도 못 건드렸죠. 지난 연말에 무언가 발표했지만 박근혜 대통령 임기 뒤인 2018년부터 시행한다니까, 안 하겠다는 것이나 마찬가지죠.

허성관 그래도 자발적으로 세금을 내는 목사와 신부 들이 있어요.

장세진 주로 개신교 쪽에서 적극적으로 반대하고 있죠?

윤원배 불교도 반대할 걸요.

장세진 종교재산에 과세하는 게 아니라 성직자의 소득에 과세하는 거에요. 교회의 십일조가 아니라 목사에게 월급을 줄 때의 과세거든요. 개신교에서 가장 크게 반대하는 이유가 있죠.

강병구 외국의 경우 대부분 종교인 소득에 근로소득세를 적용합니다. 정부는 2015년 소득세법 개정으로 종교 관련 종사자가 종교단체로부터 받은 소득(종교소득)을 기타소득으로 하되 근로소득으로 신고할 수 있는 선택권을 주었어요. 종교소득을 근로소득으로 간주할 경우 6~38%의 개인소득세율을 적용하지만, 기타소득의 경우에는 4,000만 원 이하에 대해서는 80%의 필요경비율을 적용하고, 소득이 증가할수록 필요경비율을 낮추기로 했죠. 종교 관련 종사자에 대한 과세는 공평과세와 조세정의 차원에서 필요한데도 정치권에서는 종교인 소득에 대한 과세를 2018년으로 연기했어요. 다분히 선거를 의식한 정치적 선택이죠.

이정우 불교는 월급이 없다고 하는데, 저는 절이나 교회에 과세하는 방식이 바람직하다고 봐요. 연말정산 때 보니까 종교에 기부했다면서 소득공제, 세액공제를 많이 받아가더라고요. 이걸 막으려면 절과 교회에 과세해야 해요.

이동걸 우리나라에 소득세를 내지 않는 저소득층의 비율이 반 정도 되죠? 진보단체에서도, 정부나 보수단체에서도 세원을 넓히고 조세 형평성 측면에서 단돈 1원이라도 내도록 하자는 말이 있는데요. 외국에서 소득세를 내는 비중은 어떤가요?

강병구 80% 정도로 알고 있어요. 우리는 2014년 의료비, 교육비 등 소득공제를 세액공제로 바꾸면서 벌어진 연말정산 파동 이후 소득세법 개정으로 근로소득 비과세자 비율이 48%로 높아졌어요.

국세청 자료를 보면 2013년 근로소득자의 평균소득은 3,000만 원 정도이고 중위소득자의 소득은 2,000만 원이 채 안 됩니다. 전체 근로소득자의 근로소득세 실효세율은 4.5%이고 하위소득 60%까지의 근로소득세 실효세율은 1%가 안 돼요. 상위소득 10%의 실효세율은 10% 정도고요. 명목세율에 비해 실효세율이 낮은 이유는 근로소득자에게 각종 소득공제가 주어지기 때문이에요. 2013년에 근로소득자에게 300조 원의 소득을 공제해주었는데 2013년 세율로 감세규모를 추정하니까 50조 원 정도 됩니다. 그중 상위 10%에게 17조 5,000억 원이 돌아갔죠. 상위소득 계층에 소득과 조세감면 혜택이 집중되어 있죠. 복지재정 확충을 위해 국민개세주의(모든 국민은 세금을 내야 한다는 원칙)의 관점에서 서민중산층도 추가 재원의 일부를 부담해야 한다는 주장이 일면 설득력이 있지만, 동시에 고소득계층에게 집중된 세제 혜택을 덜어내는 노력도 필요해요.

윤석헌 지난 연말정산 파동에서 공제를 줄였는데 효과는 있었나요?

강병구 기획재정부의 발표를 보면, 일부 소득공제 항목을 세액공제로 변경한 조치로 총급여 5,500만 원 이하의 소득구간에서는 772만 명이 연평균 8만 원의 세 부담을 덜고 205만 명이 연간 8만 원을 더 부담하는 것으로 나타났어요. 반면에 총급여 7,000만 원 이상의 소득구간에서는 일부 세 부담이 낮아지는 근로소득자도 있지만, 136만 명이 연평균 115만 8,000원의 세금을 더 부담하는 것으로 보고되었어요. 소득이 높은 사람일수록 세금을 더 많이 감면받게 되는 역진적 성격의 소득공제를 세액공제 방식으로 개선하고, 38%의 최고세율이 적용되는 과세표준을 3억 원에서 1억 5,000만 원으로 낮춘 세법 개정이 고소득자 증세의 원인이었죠. 복지재정의 확충과 공평과세라는 측면에서 2014년의 연말정산 파동은 바람직하지 못했다고 봅니다. 야당에서 세금폭탄으로 몰아붙이고 정치적 부담을 느낀 여당이 뒤집으면서 누진적 보편 증세의 기회를 상실하게 되었으니까요.

이정우 저소득층이 5,000원, 1만 원이라도 세금을 내고 그와 동시에 부자증세를 하면 동력이 생기겠는데요?

재정혁신은 국가의 생존조건

최정표 재정에 관해서는 밤을 새우고 얘기해도 끝이 없을 것 같은데요. 중요한 주제들은 거의 언급된 듯합니다. 결국 국가재정은 어떻게 해야 하는지 한마디씩 해주시고 마무리하겠습니다.

김태동 앞에서 임대소득에 대한 비효율을 말씀드렸는데, 재산세도 제대로 매겨야 해요. 과표현실화율을 높여 재산세를 제대로 거두면 수십조 원의 세수증대와 투기억제가 가능해요. 또한 거대재벌의 불공정거래행위에 대해 재발억제효과가 있을 만큼 과징금을 부과하고, 그것도 모자라면 징벌적 손해배상제도를 도입해 공정시장을 만드는 것이 정부가 해야 할 일이죠. 정부는 예산을 쓰지 않고도 제도개혁을 통해 경제주체에 제대로 동기부여를 함으로써 자원이 부동산투기 등 비생산적인 부문에 낭비되지 않고 생산성을 높이게 할 수 있어요. 경제민주화로 다수 피해자를 보호하고 행정민주화·사법민주화가 병행되어 신뢰받는 정부를 만들어야 해요. 비정상경제의 정상화는 정부가 앞장서야 합니다.

허성관 사실 국가재정을 운영하는 데는 지속적인 혁신이 무엇보다도 중요합니다. 동서양을 막론하고 혁신에 성공한 국가들은 융성했고 그렇지 못한 나라들은 사라졌죠. 재정혁신은 같은 일을 해도 사람을 덜 쓰고, 시간을 줄이고, 지출을 줄이는 데서 시작됩니다. 그다음에는 지금 하는 일이 국민을 위해서 꼭 필요한 일인지를 평가해서 불필요하면 없애고 필요한 일을 발굴해서 실행하는 것이죠.

기업이든 정부든 모든 조직은 계획을 세우고, 계획에 따라 집행하고, 집행결과를 평가해서 그 성과를 다음 계획에 반영하는 소위 환류시스템이 정상적으로 작동해야 제대로 운영됩니다. 국가의 재정 운용방침이 전략으로 확정되면 각 단계에서 공무원의 자율성과 책임성을 최대한 확보해줘야 혁신이 됩니다. 참여정부 시절 이러한 혁신 기제를 마련하고 실천했지만 이명박 정부가 들어서면서 대부분 무시되었죠. 안타깝습니다.

윤원배 정부정책의 기본목표를 설정하고 이를 달성하고자 하는 수단을 동원하는 데 좀 더 정의롭고 좀 더 효율적이며 좀 더 장기적인 관점에서 제대로 판단하고 결정할 수 있는 훌륭한 지도자를 선출하는 것이 무엇보다 중요하다고 생각해요. 그러나 사람은 누구나 완벽할 수는 없기 때문에 누가 지도자로 선출되든 자신의 견해만을 일방적으로 강요해서는 안 되고 다양한 사람들의 의견을 수렴해 갈등을 조정하면서 국민의 의사를 통합할 수 있어야 하죠. 이를 위해 국민의 뜻이 정치에 그대로 반영될 수 있도록 제도적으로나 실질적으로 민주주의가 더욱 발전되어야 해요. 국가의 재정을 어떻게 운용하는가는 국민의 일상생활에 지대한 영향을 미칠 뿐만 아니라 국가의 미래를 결정하는 데 매우 중요해요. 따라서 국가와 민족에 사명감을 가지고 재정활동의 모든 단계에서 정직하게 행동하는 공직 자세가 필요합니다. 이와 함께 국가에 피해를 준 공직자와 정치인에 대한 엄중한 문책이 이루어져야 하고요.

윤석헌 예산절감 노력도 중요하지만 정부가 좋은 사업을 찾아내고 그 사업목표를 명확히 하는 것이 우선되어야 합니다. 그렇지 못하면 예산책정부터 집행과 사후평가에 이르기까지 모든 게 흔들릴 수 있고 따라서 효율성 제고를 기대하기 어렵게 되고 예산절감 자체도 힘들어지겠죠. 그뿐만 아니라 일정한 사업을 추진하는 데는 중앙정부, 지방정부, 공기업 그리고 민간사업자 간에 역할분담도 중요하죠. 이들을 통해 소위 '4차 산업혁명' 시대에 한국경제를 이끌어갈 스마트한 정부와 재정의 역할을 기대해봅니다.

장세진 국민은 정부 예산이 눈먼 돈처럼 낭비되고 있다고 의심해요. 실제로도 그렇고요. 증세를 위해서는 정부지출의 공정성, 투명성이 확보되어야 해요. 재정 지출을 효과적으로 통제하기 위해 국회 예산결산위원회에서 결산위원회를 독립시켜 실효성 있는 사후적 결산심사가 이루어지도록 해야 해요.

강병구 우리나라의 재정지출구조를 보면 국방과 경제사업의 비중은 높고 사회보장지출에 대한 비중은 작아 공공자원의 배분 효율성과 재분배기능이 매우 취약해요. 재정지출의 효율성을 높이고 예산낭비를 줄이기 위해서는 부문 간 재정지출의 균형을 이루고 국책사업에 대한 예비타당성조사와 총사업비관리제도, 재정사업평가제도 등을 강화해야 합니다. 참여예산제도와 주민소송제도의 활성화, 국민소송제도의 도입 등 예산낭비를 통제할 수 있는 제도적 장치들도 필요하고요. 또한 공기업이 공공성을 상실하고 부실하게 전락하는 것을 방지하기 위해 정부, 시민사회, 노조 등이 함께 의사결정과정에 참여하는 참여형 '공공이사회제도'의 도입이 필요합니다.

최정표 세금 내기 좋아하는 사람은 없지만 그래도 유럽 복지국가 국민은 기꺼이 높은 세금을 냅니다. 내가 낸 세금으로 내가 혜택을 본다고 믿기 때문이죠. 반면 세금 적게 내고 복지가 약한 영미형 국가일수록 세금 기피 경향이 크지요. 한국은 영미형 국가보다 더 심한 세금 기피 경향을 보여요. 이런 저세금-저복지의 악순환을 타파하기 위해서는 내가 세금 내면 그만큼 혜택을 본다는 식으로 국가의 조세정책도 바꾸고 국민의식도 바꾸는 게 시급한 국가적 과제라고 생각해요. 이상 재정 토론을 끝내겠습니다.

제 **8** 장

경제성장

대한민국, 다시 성장할 수 있을까?

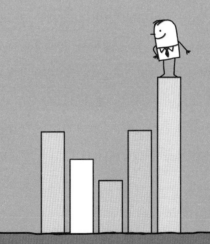

사회자
허성관

발제자
윤원배

참여자
김태동 · 윤석헌 · 이동걸 · 이정우 · 장세진 · 최정표

게스트
강철규

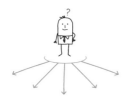

장기 경기침체·저성장·고령화 시대, 돌파구를 찾아라

허성관   이번 토론 주제는 '경제성장'입니다. 사실 경제성장은 경제가 어떤 틀에서 성장하느냐, 그리고 경제를 어떻게 운용할 것인가의 문제죠. 지금까지 일곱 번의 토론회를 통해 각 분야의 틀이 어떻게 잘못되었고 어떻게 바뀌야 할지 논의해왔는데, 결국 시장에 그 모든 분야가 나타나는 만큼 종합해서 이야기해보겠습니다. 오늘은 국민의 정부에서 부패방지위원장을, 참여정부에서 공정거래위원장을 지내신 강철규 전 서울시립대학교 교수를 모시고 함께 의견을 나누겠습니다. 먼저 윤원배 교수가 경제성장을 개괄해주시면서 이번 토론의 문을 열겠습니다.

어떤 성장이 바람직한가?

윤원배   우리 사회에는 성장을 보는 극단적인 시각이 존재합니다. 한쪽에서는 성장해야 잘살 수 있다면서 무조건 성장을 추구하고 다른 쪽에서는 성장을 추구하는 과정에서 나타나는 부작용 때문에 성장과 삶의 질은 관련 없다며 부정해요. 경제성장은 일반적으로 국민소득 관련 통계에 나타나는 GDP나 GNI 또는 1인당 GDP, 1인당 GNI로 측정하지만 이는 경제규모의 확대를 양적으로 나타낸 지표에 불과하며 소득을 단지 추산하는 수준에 그치고 있어 그 정확성에서도 많은 문제점을 안고 있어요. 그런데도 양적 지표를 목표로 설정하고 달성하려고만 하다 보니까 기본적으로 쫓아야 할 목표가 실종되고 부작용이 커요. 성장은 좀 더 종합적으로, 어떤 성장이 좀 더 바람직한가의 관점에서 살펴봐야 합니다.

성장은 무엇보다 삶의 질을 높이는 것이어야 해요. 국민의 기본권인 자유를 억제하고 환경을 파괴하며, 빈부격차를 확대함으로써 국민통합을 저해하는 방식으로 얻어지는 성장은 오히려 국민들의 삶의 질을 떨어뜨리게 됩니다. 그리고 성장은 지속가능해야 합니다. 일시적으로 GDP 증가율을 높이려는 정책은 오히려 장기적으로 성장잠재력을 떨어뜨리는 부작용을 초래해요. 그러나 성장이 항상 긍정적인 것은 아니라고 하더라도 소득의 증가 없이 잘 살 수 없다는 관점에서 보면 성장은 필요합니다. 성장에 따른 부작용은 분명히 존재하고 무조건적인 성장은 피해야 하지만 성장 자체를 부정하면서 잘사는 방법을 제시한다는 것은 어폐가 있어요. 성장에 따른 부작용을 최소화하면서 사회전체가 발전하고 국민이 좀 더 행복해지는 방향으로의 성장이어야 바람직한 성장이라고 할 수 있습니다.

허성관 강철규 교수님, 우리 사회가 경제성장을 어떻게 보는지 말씀해주시겠습니까?

강철규 그동안 우리 사회는 경제성장률의 증가를 지상과제처럼 여겨

왔어요. 지금도 정부나 언론은 물론 많은 학자가 경제성장률을 높이면 모든 문제가 해결된다고 생각해요. 그러나 성장은 발전의 필요조건이지, 충분조건은 아니죠. 2009년 용산참사처럼 여러 사람을 불타 죽게 하면서 하는 성장은 발전이 아니죠. 노예노동방식으로 성장률을 높인다고 발전하는 게 아닙니다. 제가 생각하는 성장은 새로운 패러다임과 관련해서 몇 가지를 담보해야 합니다.

첫째, 성장은 생명존중에 이바지해야 합니다. 둘째, 사회구성원 개개인의 자유, 즉 정치적 자유, 경제적 자유, 사회적 자유 등의 자유가 확대되어야 합니다. 하나 더 보태고 싶은 것은 신뢰사회구축이죠. 불신사회를 만들면서 성장률을 높여봐야 의미가 없어요. 인류가 지향하는 기본적 가치, 그러니까 생명, 자유, 신뢰가 실현되는 데 도움이 되는 성장이어야 의미 있어요. 그래서 사회의 발전 차원에서 성장을 보면 필요조건이지만 충분조건은 아닙니다.

2015년 6월에 IMF에서 불평등 문제 또는 소득분배가 성장, 특히 지속성장에 중요한 의미가 있다는 내용의 보고서 〈글로벌 관점에서 본 소득불평등의 원인과 결과Causes and Consequences of Income Inequality: A Global Perspective〉를 냈어요. 즉 극빈층 하위 20%와 상위 20%를 구분해볼 때 상위 20%의 1%p 소득증가가 향후 5년간 전체 성장률을 0.08% 낮춘답니다. 그런데 하위 20%의 1%p 소득증가는 향후 5년간 전체 성장률을 0.38% 증가시킨다고 해요. 그다음 하위 20%의 1%p 소득증가는 0.34%, 그다음 하위 20%는 0.27%씩 전체 성장률을 올라가게 합니다. 낙수효과는 없고 중하위층 소득 분배가 전체 성장률을 높인다는 것이지요. 상위 20%는 소비성향이 낮고 하위층의 소비성향이 높기 때문에 가능하다고 봅니다. 또한 하위 소득계층은 소득증가로 교육과 보건, 위생, 건강에 도움을 받아 생산성이 높아지게 됩니다. 그래서 하위층의 소득이 올라가야 한다고 해요.

전 세계적으로 소득분배가 악화되면서 나타나는 극심한 양극화는 인류의 지속가능성에도 좋지 않은 영향을 줍니다. 우리나라 양극화는 최근에 세계 수준보다 더 빠르게 진행되고 있다는 점에서 매우 우려되지요.

윤석헌 성장을 소득 계층별로 파악하는 게 중요하다는 관점에서 보면 전체 성장률만 언급하는 것은 무책임하네요.

김태동 IMF 학자 중 일부가 2008년 세계금융위기 이후 바뀌었어요. 월스트리트 자본이 세계금융위기를 일으켰고 IMF까지 좌지우지했으니 반성 차원이겠죠. IMF 공식 의견은 아니고요.

윤원배 IMF 자체도 조금 변화했지만 제가 보기에는 세계적인 흐름이 바뀌었어요. 사회주의가 붕괴되고 세계가 경쟁 일변도로 가면서 국가 간, 국가 내 양극화가 심해졌잖아요? 한편으로는 너도나도 수출로 잘 먹고 살려고 하면서 과거에는 없던, 생산은 많은데 수요가 뒤따르지 않는 현상이 나타난 거죠. 그런 변화로 IMF의 분석도 달라졌다고 봐요.

이동걸 IMF뿐 아니라 OECD, 심지어 WEF 같은 곳에서도 비슷한 보고서를 계속 내는 것을 보면 분배의 개선 없이는 지속적인 성장이 불가능하다는 합의는 우리나라만 빼고 다 했어요.

윤석헌 그런 추세가 세계적으로 진행되는 가운데 금융 분야에서도 금융의 사회적 역할을 강조하는 저서의 출간 및 발표가 이어지고 있어요. 2013년 노벨경제학상을 수상한 예일대학교 로버트 실러 교수가 《새로운 금융시대》에서 좋은 사회를 만드는 금융에 대해 설파했고 2015년 1월에는 시카고대학교의 루이기 징갈리스Luigi Zingales 교수가 AFAAmerican Finance Association(미국재무학회) 연설에서 지대추구에 치우쳤던 금융을 경계하면서 사회적 역할을 강조했고요.

분배 개선 없이는 지속적인 성장 불가능

이동걸 어떤 신문사에서 2015년 노벨경제학상 수상자인 앵거스 디턴Angus Deaton과 토마 피케티를 비교한 적이 있었는데, 디턴도 피케티처럼 분배해야 성장한다는 생각을 하는 학자입니다. 분배의 개선 없이 성장이 지속될 수 없다는 것은 아무리 강조해도 지나침이 없죠.

산업화 시대에는 파이를 지속적으로 키워야 사람들의 일자리와 삶이 유지되었죠. 성장이 안정과 복지와 함께 갔어요. 그런데 산업화 시대가 지나면서 성장하기 위해 안정을 해치고 있어요. 신자유주의가 말하는 성장 수단이 일자리 축소인데 우리나라에서는 뒤늦게 그러고 있죠. 그러다 보니 왜 성장해야 하느냐, 성장이 우리에게 무엇을 해주느냐는 성장불신론이 나왔다고 봅니다. 산업화 시대에는 성장이 뒷받침되지 않는 경제안정과 복지를 생각할 수 없었는데, 이제 그것들이 분리되기 시작하면서 국민들의 안정적 삶과 복지가 성장을 위해 희생되는 구조가 되었어요. 성장과 복지, 성장과 안정, 성장과 분배를 같은 수준에 놓고 고민해야 할 시기가 왔습니다.

윤원배 기본적으로 양적 지표로 파악된 성장의 의미와 그 한계를 간과하고 성장만을 추구해와서 성장과 분배, 성장과 복지를 대립된 개념으로 파악하고 있어요. 성장이 어떻게 분배를 악화시키는지 살펴봐야겠지만 이분법적이거나 트레이드오프trade off(어느 것을 얻으려면 반드시 다른 것을 희생해야 하는 경제관계)로 보는 것은 바람직하지 않습니다.

최근 두 가지 데이터, 즉 사이먼 쿠즈네츠Simon Kuznets와 토마 피케티의 자료로 장기 경제성장을 분석한 것이 관심을 끌었는데요. 두 자료의 가장 큰 차이점은 자본의 노동대체탄력성이 1보다 작냐, 크냐예요. 쿠즈네츠의 자료에 따르면 장기적으로 분배가 개선된 것으로 해석되는 반면, 피케티의 분석결과는 분배가 악화된 것으로 나타나죠. 어느 자료가 맞는지, 왜 다른지를 알아야 성장과 분배 문제에서 성장이 분배를 악화시키는지 혹은 촉진시

● 자본의 노동대체탄력성

자본(K)의 노동(L)대체탄력성은 동일한 생산량을 산출하는데 자본이 노동을 대체하는 정도를 나타내는 척도로서 자본과 노동의 상대적 크기의 변화율을 자본가격(r)과 노동가격(w)의 상대적 크기의 변화율로 나누어 얻어진 절대값이다. 그 값이 1이면 자본이 노동보다 빨리 증가해도 자본가격인 이자율이 같은 비율로 떨어지므로 자본소득(rK)과 노동소득(wL)의 비중은 일정하게 유지된다. 그 값이 1보다 크면 자본축적에 따라 자본소득의 비중이 커지고 1보다 작으면 노동소득의 비중이 커진다. 쿠즈네츠의 자료는 그 값이 1보다 작은 것으로, 토마 피케티의 자료는 그 값이 1보다 큰 것으로 나타난다. 따라서 피케티는 자본수익률인 이자율이 경제성장률을 상회하면서 자본축적에 따라 자본소득의 비중이 커지고 노동소득의 비중이 줄어들어 자본가와 노동자의 소득격차가 확대되고 소득분배가 악화된다고 주장하고 있다.

키는지를 밝힐 수 있어요. 둘 다 장기적 자료이기 때문에 역사적 사실을 어느 정도 대변하고 있다고 할 수 있습니다.

그러나 자본의 노동대체탄력성이 1보다 크냐, 작냐는 어느 것이 옳다, 그르다의 문제가 아니라 역사적 사항 중 분배에 큰 영향을 미치는 사건들, 예컨대 산업혁명, 대공황, 세계대전, 공산권의 해체 등과 관련된 시기의 자료들을 얼마나 포함했느냐에 따라서 값이 다르게 나타나는 게 아닌가 싶어요. 피케티의 자료가 훨씬 장기적인데 이러한 관점에서 보면 쿠즈네츠의 자료는 자신이 구축한 자료의 일부분에 불과하다는 피케티의 주장이 어느 정도 설득력이 있을 것 같아요.

허성관 성장전략의 방향은 소득수준이 낮은 계층에는 희망을 주고 소득수준이 높은 계층에는 자부심을 줄 수 있어야 해요. 경제개발 초기 단계에서는 기업들이 투자하는 대로 큰돈을 벌 수 있지만 경제가 어느 수준까지 발전하면 큰돈을 벌 기회가 줄어듭니다. 그러면 기업들은 새로운 계기를 마련해서 성장해야 하는데 이 같은 경제성장의 생리를 도외시하고 성장률만 강조하다 보면 부작용이 따르고 국민에게 희망도 주지 못하죠.

장세진 강 교수가 말씀하신 것처럼 IMF나 다른 기구들은 지식기반경제에서의 성장은 인적 자본, 즉 지식, 교육, 보건 투자의 역할이 중요해졌음을 강조하고 있습니다. 그런데 미국은 저소득층의 교육, 보건, 투자를 위협할 정도로 빈곤이 심화되었다는 거죠. 월스트리트 자본과 관련해 사회적 질투 및 갈등이나 소요를 낳을 정도로 심화된 양극화 역시 사회의 신뢰, 희망, 자부심을 좀먹죠. 과거와 성장패턴이 달라졌다고 이동걸 교수도 말씀하셨는데 지식의 중요성이 점점 더 커집니다. 예전처럼 낙수효과를 기대하기 힘들다는 것이 주된 결과지요.

최대 다수의 최대 행복, 공리주의의 함정

허성관 그렇다면 어떻게 성장해야 하느냐를 논의해볼까요? 사회적 후생함수 문제도 있고 장기적으로 어떤 국가를 건설할 것이냐는 철학적 문제도 있으니 쉽게 말씀해주십시오.

윤원배 저는 어떻게 해야 제대로 성장하는 것인지 잘 모르겠어요. 사람이 어떻게 살아야 하는가에 대한 답을 구하는 것만큼 어려워요. 앞서 경제성장의 개념을 정의할 필요가 있었던 것도 성장을 양적 지표로밖에 파악할 수 없기 때문에 그 한계를 인식하기 위함이에요. 삶의 질을 포함한 성장지표가 있다면 좋겠지만 존재하지도 않고 사실 만들기도 불가능해요. 그러다 보니 대부분의 나라가 양적 지표에 너무 비중을 두고 있는데 특히 우리나라는 얽매여 있죠.

왜 이렇게 양적 지표를 강조하게 되었는지 사회적 후생함수로 알아보죠. 역사적으로 영국의 제러미 벤담Jeremy Bentham이 최대 다수의 최대행복을 주장했어요. 당시 그의 진보적 발상이 통했던 이유는 왕권 시대였기 때문이에요. 왕이나 나나 상관없이 국민 모두의 효용, 만족도의 합을 보고 전체가 커지면 그게 좋은 사회라는 것이 공리주의죠. 모든 사람의 효용을 동등하게 대한다는 점에서 진보적이었지만 사회가 변화하는 과정에서 긍정적인 효과보다 부정적인 효과가 나타났어요. 질적 차이를 완전히 무시하고 개인적 차이도 구분하지 않고 그저 똘똘 뭉쳐놓고 많으면 좋은 것으로 인식하게 되었으니까요. 벤담식 공리주의가 많은 문제가 있다는 것은 누구나 인정합니다. 그런데도 벤담류의 공리주의적 후생함수가 통한 이유는 신고전학파의 이론과 결합해 단순화·객관화시켜서 쉽게 파악할 수 있는 양적 지표로 표시할 수 있다는 이점이 있기 때문이에요.

그럼 '양적 요소뿐만 아니라 질적 요소를 어떻게 포함시켜 바람직한 사회상을 나타낼 수 있는 사회적 후생함수를 만들 수 있겠느냐'가 앞으로 우리가 성장을 이야기할 때 고려해야 할 점이라고 봅니다. 자유, 정의, 평등처럼 질적 요소를 포함시키면 좋겠지만 단순명료하게 의미를 전달할 수 있는 지표를 만들어내기는 그렇게 쉽지만은 않은 문제입니다.

장세진 그런 수준이라면 아주 쉬운 이야기와 어려운 이야기를 구별해서 합시다. 우리가 가난할 때는 우선 잘살아야 해요. 먹을 것을 마련해야 하고 배고픔이 없어야 하죠. 좀 더 잘살게 되면 삶의 목적이 복잡해집니다. 애덤 스미스Adam Smith가《국부론》을 쓸 때는 개인의 행복 이전에 국가의 부강이 먼저였어요. 그 수준을 벗어나면 그때부터 자아실현이나 어떻게 살아야 하느냐 등 복잡한 문제로 넘어가죠. 우리나라가 그 수준에 도달했다고 봅니다.

강철규 사회적 후생함수 이야기가 나왔으니 말씀드릴게요. 벤담이나 존 스튜어트 밀John Stuart Mill 같은 사람들은 사회 총효용 극대화를 목표로 했죠. 공리주의자들은 사회를 개발할 때 우리나라의 경제성장 목표와 비슷하게 총량 극대화만을 중시했죠. 합계가 극대화되면 되니까요. 그런데 이제는 공리주의보다 존 롤스John Rawls의 최소극대화 기준max-min criterion이 더 맞아요. 최빈층의 효용을 극대화시키는 것이 정의로운 것이고 사회를 발전시키는 것이라는 거죠. 현 시대는 롤스의 최소극대화 전략이 필요합니다.

윤원배 인도 출신 경제학자 아마르티아 센Amartya Kumar Sen은 계층 간 효용의 차이마저도 양적인 규모를 두고 하는 이야기라며 롤스를 비판하면서 인간이 잠재능력을 최대한 발휘할 수 있게 하는 사회가 가장 바람직하다고 주장했어요. 철학적으로 들어가면 어려워지지만 어쨌든 양적 지표에 너무 얽매이면 안 되고 인간의 능력이 발휘될 수 있게 실질적인 자유를 확장할 필요가 있다는 의미예요.

장 교수의 말씀처럼 단계별 차이는 있어도 그걸 인정하다 보면 어느 순간 독재를 합리화하고 미화하는 등 혼란스러운 측면이 있어요. 개인의 행복을 도외시한 국가부강이 얼마나 의미가 있을까요? 우리나라도 일제강점기, 박정희 집권시기에 분명 경제가 성장했는데 긍정적으로 봐야 하느냐는 문제가 있죠. 당시 자유를 억압하고 반강제적으로 노역을 시키면서 이룬 성장이 국민에게 행복을 가져다줬느냐는 말이죠. 그런 관점에서 보면 꼭 단계별로 구분해야 하는 건지 잘 모르겠어요.

김태동 성장지상주의가 박정희 정권 때부터 이어오다가 결국 1997년 외환위기를 맞았죠. 수평적 정권교체가 이루어지면서 김대중 대통령이 경제성장도 중요하지만 지속적인 성장을 위해서는 민주주의도 병행해서 발전해야 한다고 주장했어요. 민주주의가 제대로 발전하지 못하는 과정에서 기존 정부가 박정희 정권의 낡은 틀로 경제를 계속 운용하는 바람에 외환위기가 났음을 반성하는 차원에서였죠.

이명박 정권 시기인 2008년에 제2차 외환위기를 맞은 후 8년째를 맞았는데 현 정권이 다시 박정희 시대의 낡은 틀로 돌아가려고 하고 있어요. 747을 공약했던 이명박 정권이 실제로 이룬 경제성장은 연평균 2.8%밖에 안 됩니다. 김대중 정권 5.0%, 노무현 정권 4.3%에 비해 형편없죠. 현 정권도 성장을 외치지만 실제 실적은 초라해요. 2013년 2.9%, 2014년 3.3%, 작년에는 2.6%입니다.

독재정권의 경제제일주의는 '경제가 중요하니까 성장해야 한다'는 간단한 논리거든요. 그 논리가 시민들, 특히 중장년층에게 여전히 먹혀요. 1997년뿐 아니라 2008년에 외환위기 형태의 경제위기가 와서 낡은 틀로는 지속적인 성장이 가능하지 않다는 사실이 백일하에 드러났는데도 낡은 경제제일주의, 성장지상주의가 더 기승을 부리고 있어요. 극히 비정상적인 현상이죠. 비근한 예로 2014년 세월호 이후 한 달도 지나지 않아서 경제가 중요한데 세월호에만 매달릴 수 없다고 했잖아요? 세상에서 경제가 제일 중요한 건 아니잖아요? 성장률만 집착하는 경제운용은 오히려 부작용이 심해서 사회후생, 인간의 행복을 더 갉아먹을 수 있죠.

경제성장을 연구하는 분야가 있고 경제발전을 연구하는 분야가 있어요. 성장은 발전의 한 부분입니다. 필요조건이라고 말씀하셨지만 성장 이외에 환경보존, 삶의 질, 분배 등 다른 여러 요소도 함께 나아가야 해요. 지속가능한 성장을 가능하게 하는 제도적 요인이 업그레이드되고 개혁되어야 성장으로 이어지는 선순환을 통해 경제가 발전하는 거죠.

허성관 경제성장이 사회적 역동성을 높이면 바람직하죠. 역동적인 사회는 모든 사람에게 기회가 균등하게 주어지고 창의성이 최대한 발휘되는 곳이니까요.

최정표 김태동 교수의 말씀을 같은 맥락에서 다시 한 번 짚을게요. 경제학을 공부하는 사람들이야 절대빈곤에서는 성장이 중요하지만 일단 거기서 벗어나면 성장보다 잘살고 만족하는 삶이 중요하다는 것을 알죠. 그런데 정치권에서는 그렇게 생각하지 않아요. 국민들에게는 지표가 더 먹히는 데다 1인당 GDP 4만 달러를 달성해야 한다, 5만 달러를 만들어 일본을 추월해야 한다는 식의 정서가 있으니까 정치적 슬로건으로 성장률을 내세우는 겁니다.

거기에서 오는 부작용이 커서 바로잡아야 하는데 쉽지 않아요. 올해 국회의원 선거에서 야당이든 여당이든 성장률을 올리겠다는 공약을 낼 수밖에 없어요. 게다가 요즘 종합편성채널에서 자꾸 성장률이 떨어진다고 보도하니까 국민들은 우리나라가 이러다가 망하겠구나 하고 생각한다고요. 기본적으로는 국민들의 생각과 정서에 변화를 가져올 수 있는 전략이 있어야겠죠.

생명·자유·신뢰에 도움 주는 경제성장이어야

장세진 '문제는 경제야, 바보야'라는 말도 있지만, '답은 경제 밖에 있다'고 거꾸로 말하고 싶은 경우도 많아요. 삼포세대, 헬조선, 흙수저라는 이야기도 전부 경제에 목매고 있어요. 삼포의 연애, 결혼, 출산 모두 돈이랑 관련시키니, 고비용·저효율 구조가 생기고 사회적 갈등만 증폭됩니다. 헬조선도 경제적 불만이 핵심이고, 흙수저론은 부모까지 상속재산과 연결해서 생각하는 셈입니다. 오히려 겸허한 인간 본연의 자세로 돌아가면 경제가 더 좋아질 거라고 생각돼요. 우리 경제학자도 어떤 때는 상호 모순된 입장을 취합니다. 우리는 성장이 중요하지 않다고 하면서도, 분배가 없으면 성장이 지속가능하지 않다고도 말해요. 성장의 가치를 인정하는 셈이지요. 사실 지속적인 분배 개선을 위해서 성장이 필요합니다. 좋은 일자리를 만들기 위해서도 성장이 필요하고요. 우리 경제학자들이 인간의 가치는 소중하다면서도 실제로는 상호 모순되는 길을 제시하고 있는지도 모릅니다.

윤석헌　양적 성장에 너무 몰두해 있으니 다차원적으로 보자는 윤원배 교수의 말씀부터 성장과 발전 중에서 발전의 다양한 면모를 보아야 한다는 김태동 교수의 말씀 그리고 다시 돌아가서 성장도 중요하다는 장세진 교수의 지적에 이르기까지 여러 가지 시각을 말씀해주셨는데요. 그동안 우리가 여러 차례 토론하면서 짚었던 다양한 문제들이 서로 연관성을 유지하면서 우리 경제의 성장·발전에 영향을 미칠 테니 우선 각각의 경제적 이슈들을 잘 파악해서 해결방안을 모색한 후에 이들을 전체적으로 잘 취합하는 것이 성장과 발전을 이루는 데 중요할 것 같습니다.

장세진　영국의 싱크탱크 레가툼 연구소Legatum Institute가 세계 142개국을 대상으로 순위를 매겨 발표한 '2015 레가툼 세계번영지수'에서 우리나라는 지난해 25위에서 떨어져 28위입니다. 이 이야기를 학생들에게 하니까 아직도 그렇게 높냐고 물어요. 경제 분야에서는 17위인데 사회 분야에서 '내가 위험에 처할 때 주변에서 누가 나를 도와줄 것 같다' 같은 설문에는 86위더라고요. 사실 살기 나쁜 나라라고 느낄 때는 경제적인 면보다는 개인의 자유, 사회적 신뢰 혹은 사회적 자본 부분을 따지게 되는데 이 부분에서는 꼴찌에 가까워요. 그것이 경제성장과 경제적 역동성을 끌어내리고 있어요.

윤원배 양적 지표로 나타난 순위가 유권자들의 관심을 끌다 보니 선거판에서는 어떻게 이를 슬로건화해서 유권자들에게 어필할 수 있을까 만을 생각해요. 그런 나머지, 단기적인 성장률 제고 방안을 성장정책이라고 제시하고 있는데 그 내용을 따져보면 사실상 지속가능하지 않습니다. 단기적으로 성장률이 높아지는 정책이라도 장기적으로 성장에 방해되는 정책은 올바른 성장정책이라고 할 수 없어요. 가령 공산국가들을 보면 공산혁명 이후 공업생산성이 확 올라가요. 과거 절대군주 하에서의 착취를 철폐하고 모두 잘살게 해준다면서 과거와 다르게 인센티브를 주니까요. 하지만 독재나 다른 문제들이 계속되면서 성장의 지속성이 없어지죠. 그것을 국민들에게 인식시키는 것이 해결방법의 하나가 되지 않을까 싶어요.

강철규 오해의 소지를 없애기 위해 하나만 덧붙이자면 성장이 중요하지 않다고 하면 안 됩니다. 생명의 존속과 번영에, 사회구성원의 자유 확대에, 우리 사회의 신뢰를 쌓는 데 도움을 주는 차원에서 성장해야 한다고 하는 것이 옳겠죠.

허성관 말씀하신 내용을 종합해보면 이걸 어떻게 바람직한 방향으로 엮어서 지속가능한 성장을 이루어내느냐가 핵심이네요. 그리고 우리가 하는 논의의 핵심에 정치체제, 선거체제가 자리 잡고 있습니다. 5년마다 대통령이 교체되니까 일관된 정책을 취하지 못하고 단기적 관점에서 운영할 수밖에 없어요. 역사적으로 세종대왕은 토지에 대한 과세표준을 바꾸는 공법貢法을 시행할 때 여론조사하면서 보완을 거듭해 17년 만에 시행했는데 말이죠. 이제 성장전략으로 넘어가겠습니다. 성장전략에도 여러 가지 방법이 있겠죠?

불균형 성장 전략의 폐해

윤원배 앞서도 언급했지만 우리나라의 성장전략은 성장률을 높이는
데 주력했어요. 시장주도보다는 정부주도로, 노동소득보다는 자
본소득 주도의 성장이었죠. 중소기업이 아닌 대기업 위주, 자력보
다는 차입, 수출 주도의 불균형성장을 해왔습니다. 단기적으로 보
면 어떤 전략에 중점을 두고 추진할 필요가 있었겠지만 그것이 계
속되는 바람에 역효과를 내고 있어요. 이제 성장이 아니라 행복한
사회를 목표로 나아가야겠죠. 균형적으로 모두가 잘사는 사회를
만들어주는 성장전략이어야 합니다.

허성관 윤원배 교수가 서로 대비해놓은 것을 보니 정부가 어느 정도
의 역할을 해야 하느냐라는 문제를 제기할 수 있겠습니다.

윤석헌 정부의 역할을 논의하기 전에 윤 교수의 대비 자체가 의미 있
다고 생각합니다. 예를 들어 성장률 제고를 목표로 하더라도 고용
률 하락이 수반될 경우에는 그만큼을 성장률의 마이너스 요인으
로 감안해야 하겠죠. 경제적 논리 또는 숫자적 논리를 따르거나
어느 한쪽으로만 끌고 가는 정책은 부정적인 효과가 예상되기 때
문에 경계해야겠죠. 결과적으로 서로 대립관계를 보이는 정책 간
에 선택이 어려울 수도 있어요. 예로, 차입과 자력 성장 중 어느 것
이 좋은가라는 질문에는 한마디로 답하기 어렵습니다.

이탈리아의 경제학자 프랑코 모디글리아니Franco Modigliani와
미국의 경제학자 머튼 밀러Merton Miller 같은 사람들은 '기업의

자본구조(또는 부채비율)가 기업가치에 영향을 미치지 못한다'는 소위 자본구조 무관론을 발표했는데, 같은 개념을 국가경제 전체로 확장할 수 있다고 봐요. 그래서 결국 차입 또는 자력 성장의 문제는 기업과 국가경제가 처한 상황과 환경에 따라 답이 달라질 텐데, 한국의 현시점에서는 특히 일부기업(좀비기업)과 가계에서 과다차입에 따른 비용, 즉 투자와 소비수요 억제효과가 편익보다 매우 많은 상황이라고 생각합니다. 한편 대기업 주도와 중소기업 주도의 성장 문제는 그간 토론하면서 많이 얘기한 것처럼 현실적으로 점차 중소기업 주도 성장으로 갈 수밖에 없는 상황으로 보고요. 중소기업을 어떻게 활성화하고 전환비용을 어떻게 줄여나갈 것인가가 중요한 과제라고 봅니다.

김태동 저는 모디글리아니 밀러의 이론을 국민경제에 적용할 수 없다고 봅니다. 우리나라가 1997년에 외채부담이 너무 높았기 때문에 혹독한 외환위기를 겪었고 그러고도 2008년에 단기외채 만기연장이 안 되어서 거푸 외환위기를 겪었어요. 월스트리트 자본이든 다른 외국자본이든 그들의 탐욕을 좇아 다른 나라에 막대한 돈을 빌려주고 붐을 일으켰다가, 결정적인 순간에 썰물처럼 빠져나가 버스트bust, 즉 경제파탄을 일으키죠. 우리나라만이 아니라 라틴아메리카 나라들을 비롯해 안 당한 나라가 드물어요. 현재 중국이 투기자본 공격을 당하고 있죠. 중국은 외환보유액도 세계 최대고 GDP는 세계 2위이며, 어느 나라보다 자국자본에 의존하는 성장을 해왔는데도 투기자본 공격에 방어가 쉽지 않을 정도로 월스트리트 자본의 힘은 막강합니다.

강철규 현재 '정부가 어느 정도 간섭할 것이냐'라는 문제는 다음과 같이 정리되고 있어요. 정부의 관여 정도에 따라서 첫 번째는 밀턴 프리드먼이나 프리드리히 하이에크Friedrich Hayek처럼 '시장주의'를 주장하는 사람들은 정부는 최대한 뒤로 빠지고 시장에 맡기라고 했죠. 두 번째는 로버트 노직Robert Nozick 같은 사람들이 주장한 '능력주의'인데 기본적으로 시장에 맡기되 능력이 아닌 투기, 범법, 불법 등으로 돈을 버는 행위에는 정부가 간섭해야 한다는 것이지요.

그다음으로 '복지주의'가 있어요. 시장에서 자유경쟁을 시키면 반드시 패배자가 생기는데, 패배자의 인권도 중요하니 그들을 복지로 보상해줘서 재기할 수 있게 해야 한다는 롤스 같은 사람들의 이야기죠. 마지막으로 경쟁을 시작할 때부터 존재하는 구조적 격차를 바로잡아야 한다는 '시정주의'가 있어요. 피부, 인종, 성별, 노약자, 빈부 격차 등 원천적으로 차이가 있는데 시장에 맡겨두면 틀림없이 불공정한 상황이 발생하니까 정부가 나서서 초기불평등 구조를 고치라는 거죠. 복지주의는 패배자를 불쌍하게 생각해서 도와주는 차원이지만, 시정주의는 공정한 경쟁으로 올바른 터를 닦겠다는 거죠. 아마르티아 센이 여기에 속합니다. 우리나라의 지향점은 복지주의와 시정주의가 섞여 있는 중간쯤에 있다고 봐요.

허성관 강철규 교수의 말씀을 듣고 보니까 참여정부가 출범할 때 인수위에서 이동걸 교수와 같이 작업했던 인수 보고서 중 한 부분이 생각나네요. 바로 '자유롭고 공정한 시장경제질서 확립'이었습니다. 그 속에 시장주의, 능력주의, 복지주의, 시정주의가 그대로 담겨 있었죠.

이동걸 강철규 교수와 여러분들이 정부와 시장에 대해 개념적·원론적으로 정리해주셨는데요. 현실에서 흔히 기업들이 이익은 사유화하고, 비용과 위험은 국가와 사회에 떠넘기는 현상, 즉 기업사회주의corporate socialism를 이야기하잖습니까? 결국 시장주의에 가장 충실한 사람들이 정부를 이용해서 자기 이익을 강화한다는 것은 우리가 알고 있고 그런 현상은 〈1장 양극화〉, 〈2장 부패〉, 〈5장 재벌〉 토론에서도 다뤘습니다. 결국 시장이냐, 정부냐의 논의에서 이것 아니면 저것의 문제가 아니라 정부가 어떻게 역할을 함으로써 정의도 이루고 성장의 효율성을 높일 수 있느냐는 실용적인 면도 중요합니다.

내수 무시한 수출 주도와 '양날의 검' 차입 경영

윤원배 저는 어느 한쪽에 치우친 전략을 오래 지속하면 역효과가 난다는 점을 말씀드리고 싶어요. 자원이 부족한 우리나라가 수출주도전략을 취했던 것은 올바른 선택이었다고 보는데 이게 너무 오래되다 보니까 내수기반이 취약해졌잖아요. 이제 여건이 바뀌어 내수를 살려보려고 하지만 생각보다 잘되지 않아요. 시대에 따라, 상황에 따라 조금씩 다르겠지만 수출과 내수 사이에 균형이 중요해요. 대기업과 중소기업 모두 중요하다는 관점에서 접근해야 합니다. 대기업이 잘돼야 그 낙수효과로 중소기업이 살아갈 수 있다는 식으로 어떤 하나를 부수적 수단으로 여기는 전략은 바람직하지 않아요.

윤석헌 한국은 소규모 개방경제small open economy라고 하잖아요? 그간 우리나라는 자원이 부족한 상황에서 해외로부터 차입하고 국내 금융기관을 통해 기업에 돈을 빌려줘서 경제를 일으켰어요. 즉 차입을 통해 경제가 성장했다고 볼 수 있는데, 차입은 양날의 검이어서 경제가 잘 돌아갈 때는 힘이 되지만 침체기에 들면 오히려 위험의 확대요인으로 작용해요. 과거 차입경영으로 재미를 본 일부 대기업과 재벌 들은 여유롭지만 그렇지 못한 대기업이나 벤처·창업 기업, 중소기업은 경기침체 속에서 차입만 늘어 더 힘들어졌습니다.

게다가 외환위기 이후 자본시장을 완전히 개방했으나 원화의 국제화를 이루지 못했고, 경제규모가 충분히 커지지 않은 상황에서 내수 부족은 국가 위험관리체제를 약화시키는 주요 요인으로 작용하고 있어요. 특히 연초부터 중국경제 성장둔화, 미국의 금리인상, 국제유가 하락 등 글로벌 경제·금융 환경의 불확실성 요인들이 확대되면서 한국경제의 침체 가능성이 커지고 있어요. 그간 한국은 국가의 모든 역량을 수출에 쏟아부었는데 이제 막상 수출 시장이 흔들리면서 국가경제를 지탱해줄 내수역량 부족이 문제로 드러나고 있어요. 지금부터라도 이런 상황을 바로잡아 균형을 잡을 수 있도록 국가의 전략적 지원이 필요해요.

이정우 1997년 외환위기 이후 심해진 저성장, 양극화에서 벗어나기 위해 정부는 손쉬운 성장전략, 즉 빚을 내라고 부추기는 부채주도형 성장과 수출주도형 성장을 추구했습니다. 지난 15년간 수출 비중이 엄청나게 높아지면서 이제는 세계 최고수준입니다. 그런데 지난 몇 년간 세계적인 불황으로 수출이 전보다 어려워졌고 세계적인 성장에 따른 수출 증가 탄력성이 많이 떨어졌습니다. GDP 대비 가계부채도 다른 나라에 비해 훨씬 높은 편이고요. 전에는 이렇지 않았는데 그 결과 성장률이 떨어졌어요. 손쉬운 부채주도형·수출주도형 성장이다 보니 지속가능성이 없죠. 부채가 이렇게 커졌는데 미국 연방준비제도가 드디어 기준금리를 인상했으니 한국도 인상이 불가피한 것으로 보입니다. 부채 폭탄을 어떻게 관리하느냐는 심각한 문제에 당면했습니다. 이제 부채주도형·수출주도형 성장은 지양해야 합니다.

김태동 1997년 이전에는 경상수지가 적자이다 보니 외채가 많이 유입되어 외환위기가 발생했죠. 외환위기가 국내에 여러 가지 나쁜 영향을 줬지만 환율이 높아지니까 수출이 증가하는 중요 요인이 됐어요. 그 무렵부터 중국경제도 크게 성장해서 우리의 으뜸 수출시장으로 변했죠. 그 이후로 한국은 경상수지 적자국에서 흑자국으로 전환됐어요. 외국에서 꿔올 필요가 없어진 거죠. 그런데도 낡은 방식의 경제운용으로 단기외채가 계속 들어오면서 결국 2008년에 또 한 번 외환위기를 맞았습니다.

　또 하나 이명박 정권과 현 정권에서 우리가 모르는 사이 일부 부실 재벌의 부채비율이 굉장히 높아졌어요. 김대중 정부 시절에는 부채비율이 200%만 넘어도 은행 등 금융지원을 제한시켰는데, 최근 문제 되는 재벌들은 부채비율이 600~800%여서 다시 외환위기 이전으로 돌아갔다는 분위기예요. 채권자 금융시장이 옥석을 가려서 제대로 심판해야 하는데 정치권력과 모피아가 열등하고 불량한 재벌의 생명을 연장시켜주고 있어요. 자원배분의 비효율은 물론, 성장에도 마이너스인데 말이죠.

　수출측면에서는 그동안 FTA를 많이 맺어왔는데 특히 한미 FTA를 하면서 투자자-국가소송제도Investor-State Dispute Settlement(외국에 투자한 기업이 해당기업에 불합리한 현지 정책이나 법으로 인해 입게 되는 재산적 피해를 보호하기 위해 국제투자분쟁해결센터의 중재로 분쟁을 해결하도록 한 제도)를 받아들였잖아요. 앞으로 이 제도 때문에 국내 제도를 개혁하고 싶어도 하지 못할 수가 있어요. 예컨대 민영화를 일단 하고 나서 나중에 잘못했음을 깨닫고 다시 국영화하려 해도 그 사업에 외국자본이 들어와 있으면 못하는 거죠. 개혁과 개방에는 순서잡기sequencing가 중요하니까 먼저 국내 개혁을 하고 실력을 키운 후에 대외개방을 해야 합니다. 우리나라는 거꾸로 개혁을 게을리하고 심지어 개악하면서 대외개방이 만병통치약인 것처럼 과대 선전하니까 해외로부터의 쇼크에 더 취약해지는 악순환을 겪고 있어요. 지속적인 성장이 원천적으로 어려운 이유예요.

주요국 중 유일하게 FTA를 체결하지 않은 나라가 일본인데 미국이 주도하는 TPPTrans-Pacific Partnership(환태평양경제동반자협정)에는 일본이 포함돼 있습니다. TPP에 가입하면 일본과 FTA를 체결하는 것과 같은 의미죠. 경상수지는 흑자가 됐지만 일본과의 무역역조(한 나라의 수입액이 수출액보다 많은 상태)를 해결하지 못하고 있거든요. TPP 가입 문제는 밀실에서 정치적으로 해결할 문제가 아니라 공론화해야 합니다.

균형성장에서 가장 문제 되는 분야는 FTA의 피해산업인 농업이에요. OECD 국가 중에 식량자급률 최하라는 수치에서 나타나듯이 우리만큼 농업을 소홀히 하는 나라가 없어요. 농업은 프라이머리 인더스트리primary industry, 즉 으뜸 산업인데도 농업, 어업모두 천덕꾸러기 대접을 받아왔습니다. 전라북도 완주 등 여러 지역을 중심으로 자생적인 협동조합, 사회적 경제로 유통직거래, 친

환경 농업 등을 추진하고 있지만 여전히 정부의 지원이 절실해요.

윤원배 경제성장만 이야기하려고 했는데 우리나라 경제전반의 문제를 포괄하게 됐네요. 우리의 수출주도 성장은 아직도 선진국시장을 공략하기에는 경쟁력이 부족해서 선진국 수출보다는 후진국 수출이 많다는 점, 이전에는 미국 의존도가 높았는데 이제는 중국 의존도가 높은 점, 특정국가에 집중되어 있다는 점도 문제죠.

허성관 수출과 내수 문제는 통일과도 긴밀한 관계가 있습니다. 대체로 한 나라의 인구가 1억 명 정도만 되면 국내 경쟁력 확보가 국제 경쟁력 확보로 이어지죠. 남북 인구를 보태면 8,000만 명이니까 어느 정도는 극복할 수 있을 것입니다.

김태동 신자유주의, 시장만능주의는 아까 말씀하신 하이에크, 프리드먼으로 이어지는 시카고학파가 주도하고 월스트리트 자본이 가세해서 전 세계적으로 퍼졌고 우리나라 민주정권에까지 악영향을 미쳤습니다. 결국 2008년 세계금융위기를 계기로 최소한의 정부, 시장에만 맡기는 패러다임이 틀렸음이 만천하에 증명되었죠. IMF나 OECD도 과거의 잘못을 인정하며 태도를 바꿀 정도예요. 더는 논란이 없어야 하는데 우리나라에서는 현 정권이 여전히 시장만능주의로 경제를 운용하고 있다는 점이 시대착오적이고 우물 안 개구리예요. 걱정됩니다.

윤원배 그 말에 이의 있어요. 현 정부가 시장만능주의는 아니에요. 자유시장경제를 존중하는 것처럼 하지만 실제로는 다 간섭하고 있잖아요.

윤석헌 저도 이견이 있습니다. 해외와 국내는 사정이 달라요. 해외에서 신자유주의 비판이 대세라는 점을 잘 알고 있고 취지도 충분히 이해합니다. 그러나 한국은 아직도 정부의 힘이 세고 불필요한 간섭도 많아요. 따라서 정부 개입의 목적이 정당한가, 방법이 효율적인가 등을 따져보아야 해요. 비근한 예가 관치금융인데, 민간 금융회사에 낙하산 인사를 내려보내고 또 이를 위해 각종 기구를 만드는 것을 지양해야 합니다. 금융시장에 금리와 수수료 결정권을 돌려주고 유효경쟁이 이루어지도록 유도하는 게 오히려 정부의 책임이라고 봅니다. 정부는 좀 더 철저히 감시하고 감독해야 할 재벌기업은 놔두고 오히려 내버려둬야 할 금융회사와 시장에 지속적으로 개입하고 있어요.

김태동 지난해 말 장하성 교수가 《왜 분노해야 하는가》라는 책에서 우리나라는 노동소득 격차가 특히 문제라고 지적했는데 재산격차도 문제죠. 일자리 없는 사람들, 집 없는 사람들, 저소득층 모두 1960년대 이래 55년간 성장의 열매를 얼마나 차지했나요? 경제주체 과반수를 소외시키고 피해를 주면서 한국경제가 앞으로 나아갈 수 없다는 것은 명약관화하죠.

최정표 정치권에서 너무 많이 성장 핑계를 대고 있어요.

윤원배 성장정책도 아니에요. 경제가 어려우니까 핑곗거리를 찾고 있는 거지.

김태동 '경제 빙자 정치'예요. '경제 빙자 정권'이고요.

윤원배 선거를 목표로 한 사전준비작업이라고 봐요. 현 경제상황이 좋지 않은데 야당이 말을 듣지 않아서 그렇다며 책임 전가할 핑곗거리를 만들고 있어요.

기술 뺏고 가격 후려치는
대한민국 중소기업 잔혹사

김태동 우리의 경제문제 중 빼놓을 수 없는 게 중소기업과 대기업 문
제죠. 중국의 스마트폰 기업인 화웨이와 샤오미는 업계에 진출한
지 5년도 지나지 않아서 삼성전자와 애플을 바짝 따라왔어요. 중
국의 내수시장이 크기도 하지만 소비자의 불만을 그때그때 기술
에 반영하는 시스템을 갖춰 신형모형에 재빨리 반영하는 기업들
의 순발력 덕분에 성장한 거죠. 반면에 우리나라 재벌은 기술혁신
은 게을리하면서 임금피크제, 파견노동자 확대 등으로 노동비용
을 줄여서 이득을 보려 하고 있죠. 게다가 신생 기업이 기술을 개
발해도 재벌이 도둑질하는 사례는 수도 없어요. 그 때문에 우리의
성장잠재력은 더욱 약화되고 있죠.

최정표 중소기업 주도냐, 대기업 주도냐의 문제에서 말하는 대기업은
재벌이죠. 지난 40~50년간 금융, 세제 등 정책으로 중소기업을 꾸
준히 지원해왔는데, 중소기업은 예전보다 더 어려워졌어요. 중소
기업 지원정책은 채널만 다를 뿐 결국 대기업을 지원하는 것이나
마찬가지예요. 대기업들이 빨대로 모두 빨아가버리니까요. 중소
기업을 제대로 지원하려면 하도급 문제나 갑을 관계 같은 대기업
에 의한 중소기업 착취구조를 없애야 해요.

허성관 갑질을 못 하게 해야 합니다.

윤석헌 갑질 문제가 다른 문제를 압도하는 상황에서 이 문제를 해결
하기 전에는 전체적인 개선이 어렵지 않을까요?

허성관 그에 대해서는 공정거래위원장을 지내신 강철규 교수가 하실

말씀이 있을 텐데요. 도대체 왜 대기업은 갑질을 그만두지 못하는 겁니까?

강철규 구조적인 문제죠. 대기업 집단이 형성돼 경제를 주도하고 있잖아요. 기업집단을 기업별 독립경영 체계로 바꾸지 않는 한, 꿈쩍도 하지 않아요. 올바른 방법으로 집단을 만들었으면 괜찮은데, 순환출자하고 이권을 가지고 금융이나 조세 혜택을 받아서 커진 기업들이 이제 와서 독립적인 체제로 바꾸려고 하지 않거든요. 정부가 경제권력 아래에 있지만 구조를 바꾸려는 의지가 있다면 할 수 있지 않을까요?

허성관 중소기업에 지원해도 결국 대기업 정책이 된다고 말씀하셨는데, 중소기업 지원이 대기업으로 흘러들어 간 예를 들어주시죠.

이동걸 제가 전국 중소기업공단을 거의 다 돌아다니면서 사장들을 인터뷰한 적이 있는데 왜 열심히 기술 투자를 하지 않느냐고 물었더니 기술 투자로 성과가 나면 대기업이 다 빼앗아가는데 왜 하느냐는 답이 대다수였어요. 게다가 하청할 때 납품계약을 하면 중소기업 하청업체 직원의 이력서까지 다 낸대요. 원청기업에서 이 사람은 얼마, 저 사람은 얼마로 임금단가까지 다 정해주고 나서 원가를 계산한다는 겁니다. 그럼 그만큼은 주느냐고 했더니 거기서부터 다시 흥정해 20%쯤 깎는다고 해요.

허성관 그런 식으로 해서 이익이 조금 나면 그다음부터는 납품단가를 사정없이 후려치죠.

최정표 중소기업이 죽지 않을 정도로만 갑질을 하는 거죠. 중소기업이 죽으면 자기들도 곤란하니까요.

장세진 중소기업은 노예도 아니면서 왜 기꺼이 대기업에 납품하려고 하나요? 다른 자영업보다는 대기업에 안정된 수요가 있다든지 무슨 이유가 있어서인가요?

강철규 대기업에 납품하다가 잘리면 다른 시장이 없어 생업이 끝나요. 그러니까 매달리는 거예요.

허성관 이 메커니즘을 좀 더 설명해야겠습니다. 중소기업이 기술을 개발해서 생산원가를 절감시키면 그만큼 이익이 나니까 납품받는 대기업에서는 납품단가를 낮추자고 요구합니다. 중소기업이 원가를 절감해도 그 혜택은 결국 대기업으로 돌아가는 거죠. 중소기업이 생명만 이어가는 수준에서 납품단가가 결정됩니다. 중소기업 사장이 사업을 그만둘까 고민한다 싶으면 대기업은 납품단가를 조금 더 낮춰봅니다. 그러다가 '갑'인 대기업이 '을'인 중소기업을 자기 기업 산하로 편입시켰을 때 도움이 되겠다 싶으면 슬쩍 자본 참여를 하겠다고 나오죠. 그 결과 이명박 정부 출범 2~3년 만에 계열회사 수가 2~3배로 늘었다고 해요.

장세진 대기업의 임금이 100이면 1차 협력업체는 80, 2차 협력업체는 60, 이런 식이잖아요.

김태동 그 정도도 아니고 50, 20이죠. 절반도 안 되죠.

장세진 그러니까 대기업은 중소기업에 빨대 꽂고 중소기업은 소기업에 빨대 꽂고 소기업은 영세기업에 빨대를 꽂는 식인 거죠.

강철규 중소기업이 개발한 기술로 새 부품을 만들어서 납품하면 재벌 구매담당자가 그걸 어떻게 믿느냐면서 설계도도 가져오라고 해요. 중소기업에서 설계도를 가져가면 유사한 제품을 만드는 업체에 만들어보라고 해요. 제품을 만들어오면 원래 기술 개발한 중소기업에다가 다른 데서는 얼마에 만든다고 하면서 가격을 후려치는 거죠. 제가 대덕단지에 있는 기술업체들과 밤새 토론한 적이 있는데요, 하다 하다 기술개발보호가 전혀 되지 않아서 못 살겠다고 국내 사업을 집어치우고 대만으로 간 기업도 있었어요.

윤석헌 재벌이 그런 식으로 기술을 약탈해가니 중소기업에서 기술을 개발할 유인이 사라지고 따라서 기술수준 향상을 기대하기 어렵겠네요.

김태동 지금은 특허가 제대로 이뤄지고 있나요?

허성관 가장 먼저 관련 기술을 개발한 업체가 특허를 신청합니다. 그러면 강 교수의 설명대로 대기업이나 재벌에서 설계도를 가져오라고 한 뒤 다른 업체에 싸게 만들어오라고 해서 가격을 후려쳐요. 제가 행정자치부 장관 시절에 보니까 특허심사까지 평균 39개월 걸립니다. 중소기업에서 이미 특허심사에 들어갔다 해도 납품받는 대기업측에서 기존 설계도를 가지고 있으니 그걸 조금 수정해서 자기네도 특허 신청하고 심사기간이 단축되도록 로비하는 거죠. 중소기업의 특허심사가 끝날 때쯤이면 대기업쪽이 먼저 특허를 받아버리는 겁니다.

그걸 막으려고 특허심사인원을 한꺼번에 254명을 늘려줬어요. 그랬더니 1년 후 특허심사기간이 11개월로 단축되어 그만큼 특허 가로채기가 어려워졌어요. 엄청난 정부혁신으로 평가받으면서 특허청장이 크게 표창을 받았는데 이후에 다시 35개월로 늘어났다고 합니다.

김태동 특허출원에서 등록까지 모든 절차에 관련된 업무를 변리사가 대행하는데 변호사 중에도 하려는 사람이 많아져서 그게 또 갈등 요인이라고 하더군요.

410

허성관 그건 자기들끼리의 밥그릇 싸움이고 특허 심사기간 문제는 일하는 공무원들의 수 문제입니다. 일할 사람을 보강해서 심사기간을 단축했더니 그 뒤에 새로 일거리가 하나 더 생겼어요. 한국의 특허심사가 빠르고 좋으니까 한국기업이 미국에 특허 출원하는 것을 한국 특허청에서 미국식으로 심사하면 미국 특허로 인정하겠다고 미국과 협의한 겁니다. 위임받은 일까지 더해지는 바람에 국내 심사기간이 다시 늘어났다고 해요. 심사기간을 줄이려면 인력을 또 늘려야 하는데, 글쎄요.

최정표 중소기업 문제는 정부가 해결의지만 있으면 할 수 있어요. 일본은 중소기업이 탄탄하니까 중소기업 연구소에서 노벨상도 받잖아요. 우리 정부는 재벌에 포획되어 있으니까 그런 정책을 쓰지 못해요. 정부가 의지를 가지고 중소기업 독립 정책을 써야 해요.

강철규 지적재산권보호제도도 처음부터 재검토해야 해요. 미국에서 발전기 관련 특허를 낸 친구가 있는데 발전기를 만들어서 에머슨 일렉트릭Emerson Electric Co.이라는 회사에 팔려고 갔대요. 당연히 시연해야겠죠. 그런데 미국에서는 시연내용이 포함된 설계도를 바로 옆방에도 가지고 들어가지 못한다는 규정이 있대요. 특허대상을 옮겼다가 소송에라도 걸리면 문제 되는 거죠. 특허대상에 세밀하게 보호장치가 마련되어 있어요. 우리는 그런 보호장치가 전혀 없기 때문에 지적재산권 보호에 대한 세밀하고 앞선 제도가 필요해요.

경제성장의 공로는 누구에게 있나?

윤원배 독립문에 있는 서대문형무소 역사관을 가봤더니 일제강점기의 고문방식과 박정희 정권의 고문방식이 하나도 다르지 않아요. 민주투사를 잡아다 고문하던 거나 독립투사를 고문하던 거나 똑같아요. 왜 이런 이야기를 하냐면 박정희 정권의 성장과 일제강점기의 성장이 어떤 차이가 있냐는 이야기를 하고 싶어서예요. 일제강점기는 강제수탈하면서 경제규모가 커졌고 생산성도 높아졌어요. 이걸 좋은 성장이라고 받아들일 수 있겠습니까? 박정희 정권도 자기들의 목적을 위해 국민을 억압하면서 성장한 측면이 강하니 일제강점기와 다를 바 없죠.

강철규 우리가 흔히 박정희 시대를 성장과 묶어서 보는데, 성장의 원동력은 박정희라는 개인에게서 나온 것이라기보다는 신분이동이 가능해진 '평등'에서 나왔어요. 1948년 건국헌법과 농지개혁 덕분에 신분제도가 타파되었고 500년간 지속된 지주-소작 관계가 무너졌죠. 농지개혁의 원래 목표인 농촌의 균형발전과 소득성장은 이루지 못했지만 신분제도가 무너지고 모두가 평등해졌기 때문에 열심히 일하면 신분상승을 할 수 있다는 동기부여가 되었어요. 부자도, 고위직도 될 수 있다는 희망이 에너지의 원천이었죠. 이것이 바로 한국의 역동성이었고 이 역동성이 지난 반세기 동안 산업화와 민주화를 이룩했습니다.

윤원배 제 말은 성장의 주체가 누구였는가가 아니라 '자유가 제약된 상태에서의 성장을 어떻게 봐야 하느냐' 하는 거예요.

이정우 일제강점기의 성장과 박정희 정권의 성장에 비슷한 점이 있어요. 1932년부터 13년간 존속한 만주국이 고성장했습니다. 이를 이끈 사람들이 '니키 산스케(도조 히데키처럼 키로 끝나는 이름이 2명, 기시 노부스케처럼 스케로 끝나는 이름이 3명이어서 이렇게 부름)'라고 불리는 5인방입니다. 전범으로 처형된 도조 히데키(東條英機)와 (아베 총리의 외할아버지) 기시 노부스케(岸信介)도 5인방이었죠.

그 시절 박정희는 만주군관학교를 다닌 후 만주육군소위로 임관됐어요. 만주국의 고성장을 3년간 보면서 깊은 감명을 받았는지 쿠데타 이후 한국에 일본식 모델을 그대로 수입했죠. 이 모델의 특징은 관치경제, 자유억압, 헌병통치, 정경유착, 부패 등입니다. 그 시절에는 히틀러, 무솔리니도 각각 독일과 이탈리아를 고성장 시켰어요. 나치식 경제운용으로 고성장은 되는데 자유억압이라는 측면에서 문제가 많았죠. 자유의 확대를 발전이라고 한 센의 관점에서 보면 성장은 맞지만 발전이라고 할 수 없죠.

강철규 왜 지난 성장을 박정희 시대 성장이라고 규정하죠? 우리 국민, 노동자가 만든 성장입니다. 자유시민이 만든 거죠. 그 성장을 왜 박정희라는 이름으로 묶느냐는 겁니다.

김태동 신격화하고 있는 거죠. 정치적 의도를 가지고 신격화하고 있는 표현에 주의해야 합니다.

허성관 조선시대 말에 우리나라에 왔던 영국 이사벨라 버드 비숍 Isabella Bird Bishop 여사의 책을 보면 흥미로운 부분이 많아요. 특히 서울이 더러워서 우리 민족이 형편없는 것 같다고 쓰다가도 블라디보스토크 인근 신한촌에 가보니 같은 조선 사람인데 완전히 다르다고 기술했습니다. 비숍 여사는 억압이 없는 자율적인 생활이 사람과 생활을 다르게 만든다고 평가했어요. 두 분의 말씀이 그 부분과도 연관 있네요.

윤석헌 그 말씀은 오늘의 현실에도 상당한 시사점이 있네요.

윤원배 보수주의자들은 자유시장경제를 자꾸 거론합니다. 철학자 알래스데어 매킨타이어Alasdair MacIntyre의 분류를 보면 자유시장경제라고 말할 때의 자유는 소극적 자유예요. 소극적 자유는 선택하고 활동할 수 있는 기회의 보장을 자유로 보는 거죠. 그런 기회를 활용할 수 있는 조건, 수단, 능력까지 확보하면 적극적 자유고요.

자유시장주창자들은 선택과 활동의 기회는 보장하지만, 거기에 따라 약자들이 어떻게 자유를 활용하는지는 관심 없어요. 그런 점에서 봤을 때 지금 우리나라에서 자칭 시장주의자라고 하면서 내세우는 자유는 강자들의 권익만을 옹호할 뿐, 약자들의 선택과 활동의 기회를 무시하고 있다는 점에서 소극적 자유도 아니에요. 물론 적극적 자유까지 가지도 않지만. 따라서 자유를 억압하면서 자기들은 자유시장경제를 확장시킨다는 주장은 잘못됐어요.

특히 일본의 경제학자 시오노야 유이치〔鹽野谷祐一〕는 센의 이론을 지지하면서 '빈곤으로부터의 자유가 이루어져야 진정한 자유가 확보된다'고 봤거든요. 빈곤으로부터의 자유를 가장 적극적인 자유라고 할 수 있겠다는 점에서 보면 빈곤으로부터 많은 사람을 탈피시키는 것이 경제성장의 목표가 될 수 있지만 그렇다고 성장을 위해 자유가 억압되어도 된다는 것을 의미하지는 않습니다.

자본주의에서 성장할 수 있는 제3의 모델, 공유경제

허성관 우리의 자본주의 경제체제는 결국 자유의 관점에서 봐도 여러 문제가 있는데 어떤 사상이나 시스템이 대안이 될 수 있는지 의견을 모아보겠습니다.

윤원배 사회주의나 공산주의라는 사상이 좋고 나쁘고를 떠나서 자본주의와의 경쟁에서 패해 해체되었다고 보는 게 맞겠죠. 역사적으로 자본주의만큼 생산능력을 획기적으로 확대시킨 체제는 없었다는 점에서 보면 자본주의가 사회주의나 공산주의보다 우월하다고 봐요. 그러나 그에 따르는 문제가 많기 때문에 소극적 자유를 통한 자본주의의 확대는 절대 바람직하지 않고 수정되어야 합니다. 자본주의의 문제점이 심각하게 제기되면서 요즈음 공동체주의, 공유경제에 관한 논의가 활발해지고 있는데 이들은 자본주의의 대체체제가 아니라 보완하고 수정하는 수준의 것이라고 생각해요.

이정우 우리는 외환위기 이후 박정희 정권식 경제성장 모델과 재벌청산을 요구받았어요. 지금은 급속히 시장만능주의로 기울어져 있습니다. 시장만능주의와 박정희 정권식 경제성장 모델이 섞인 판국이에요. 현 정권도 때에 따라 박정희 정권식 모델이나 시장만능주의를 골라 주장해요. 저는 한국이 가야 할 길은 둘 다 아니라고 봅니다. 박정희 정권식 모델은 국가독재 모델이고 시장만능주의는 시장독재 모델입니다. 우리나라는 독재가 아니면서 성장할 수 있는 제3의 모델을 찾아야 해요. 자본주의이면서도 공동체주의적 성격이 강한 북유럽식 자본주의나 공유경제 방향이라고 봐요.

김태동 자본주의의 중요한 축 중 하나는 재산 소유권의 인정입니다. 소비재를 소유한 소비자가 사용권, 처분권, 수익권 중 사용권을 희생해서 그걸 공유한다는 개념으로 공유경제가 시작됐어요. 예 컨대 자기 차를 실제로 운행하는 시간은 5%밖에 되지 않고 주차 장에 95% 있는데 그걸 어떻게 활용할 것이냐의 문제죠. 서울시는 이미 시작했어요. 몇백 대를 공영주차장에 세워두고 카 셰어링car sharing을 할 수 있게 했고 빈방이나 집 전체를 여행자에게 빌려주 는 하우스 셰어링도 시작했죠. 아직 외국에 비하면 낮은 수준이지 만 조금씩 시작되고 있어요.

자본주의 폐해는 1원 1표라는 점입니다. 돈이 많은 재벌은 몇백 억만 풀어도 국회, 청와대를 동원해 자기들에게 유리하게 법을 바 꿀 수도, 탐욕을 채울 수도 있어요. 바로 그런 자본의 지나친 탐욕 을 미약하지만 견제할 수 있는 대안이 협동조합이에요. 국회에서 관련 법도 만들었죠. 협동조합으로 운영되면 출자를 많이 했든, 적게 했든 규약에 따라 1인 1표를 행사해요. 협동조합의 수는 많 지만 연륜이 짧아서 제대로 되는 조합은 손에 꼽을 정도예요.

경실련이나 참여연대 등 시민단체가 경제적 이슈를 가지고 지 속적으로 목소리를 내고 있는가 하면, 최근 협동조합이나 공유경 제를 통해 자본주의의 그늘을 일부나마 줄이려는 자구적인 노력 이 이어지고 있어요.

윤석헌 소비든 생산이든 교육이든 간에 현행 시스템으로부터 어떻게 공유경제 시스템으로 변화해갈 것인가를 모색하는 게 중요해 보 이네요. 아이디어도 필요하고 사회적·정치적 고민과 노력도 필요해 보입니다.

이정우 소비에서의 공유경제는 자동차나 주택을 같이 이용하는 것이죠. 생산에서는 협동조합이 중요한데 한국은 이제 막 걸음마 떼는 수준입니다. 협동조합은 영세기업이나 소규모 기업이라 경제 전체에 파급효과를 주기에는 한계가 있죠. 대기업에서도 이익분배제도, 성과분배제도, 종업원 우리사주제도 등으로 공유경제가 가능합니다.

미국 노동경제학자 리처드 프리만Richard Freeman은 지금 미국 자본주의가 변하고 있다고 말합니다. 그전에는 노동자 소득 중 임금비율이 100%여서 임금만으로도 먹고살았는데 지금은 60% 정도로 줄었다는 거예요. 나머지 40%는 자기가 가진 주식, 이익분배, 우리사주배당 등인 거죠. 이런 것이 일종의 공유경제입니다. 노동자와 자본가가 분리되지 않고 노동자도 주식 일부를 가지고 이익을 환수하는 식으로 분위기가 흘러가고 있어요. 특히 재벌 횡포가 심한 한국에서도 이런 방식의 공유경제가 중요하다고 생각합니다. 대기업 안에서 이걸 해내야 해요.

허성관 말씀하신 방식의 공유경제는 과거에 기업을 공개해서 증권거래소에 주식을 상장할 때 포함되어 있어서 인기 있었는데 근래에 오히려 후퇴했어요.

김태동 교육과 공유경제를 놓고 보면, 교육의 기회균등이 중요해요. 우리는 대학 진학률이 최고 수준인데 교육결과는 공유가 어렵죠. 어쨌든 부모가 돈이 없어서 자녀가 교육을 받지 못하는 상황이 지속되면 안 됩니다. 유치원부터 대학교까지 학교교육 자체가 공유의 과정이에요. 교육기회를 실질적으로 균등하게 해주는 시스템을 만들어서 인적 자원의 수준이 업그레이드돼야 그 사람들이 모인 사회가 지속가능한 성장과 발전을 할 수 있죠. 경제를 사람 중심으로 봐야지, 기업의 매출액, 이익 중심으로 볼 수 없어요. 역사관, 세계관이 중요하듯 경제를 보는 눈이 중요해요. 잘못된 경제관에서 벗어나야 합니다.

허성관 요지는 결국 역동성을 높여 지속가능한 성장을 해야 한다로 정리할 수 있겠습니다.

창조 없는 창조경제, 실체 없는 성장전략

허성관 이제 창조경제 이야기를 좀 해볼까요?

윤원배 저는 현 정부의 성장정책이 아예 없다고 봅니다. 잘못된 불황대책이 있을 뿐이죠. 강철규 교수가 이야기했듯이 기본적으로 성장대책은 잠재성장의 관점에서 장기성장을 봐야 하는데 그렇지가 않잖아요.

창조경제를 노자의 《도덕경》을 인용해서 평가해볼게요. 도가도 비상도道可道 非常道(도라고 이야기할 정도면 도가 아니고) 명가명 비상명名可名 非常名(이름을 붙일 수 있는 것은 이미 그 이름이 아니다)이라 했어요. 창조라고 이름 붙이면 이미 창조가 아닙니다創造可創造 非常創造. 영혼이 자유로워야 창조할 수 있어요. 창조라고 정의 내려놓고 이래라 저래라 하면 창조가 아니죠.

지금 현 정권이 창조경제를 강조하니까 그걸 이용해 기존의 대출을 창조대출로 이름만 바꾸어 내놓는 것처럼, 정권에 아부하는 사람만 많이 나타나고 그걸 이용해 정부의 돈이나 빼내려 하다 보

니 혼란만 야기하고 성장은 없어요. 이게 현 정부가 표방하는 창
조경제의 현실입니다.

이정우 창조경제와 관련해서 신문에 재미있는 기사가 난 적 있어요.
2년 전인가, 현 정부 초기에 대통령과 장관들이 유럽을 방문했어
요. 벨기에 갔을 때 국왕과 만찬자리가 있었는데 그 자리에서
벨기에 국왕이 창조경제에 높은 관심을 보이면서 미래창조과학부
장관에게 창조경제가 뭐냐고 물었대요. 장관이 뭐라고 대답했는
데 이해를 못 했는지 또 캐물었대요. 나중에는 하다 하다 밑천이
다 떨어져서 장관이 창조경제는 우리나라 대통령이 가장 잘 안다
고 대답했더래요. 주무장관도 대답하지 못하는 뜬구름 잡는 개념
이죠.

윤석현 제가 찾아본 바로, 우선 창조경제creative economy란 말
은 2001년에 영국의 작가이자 미디어관리자인 존 호킨스John
Howkins가 《창조경제Creative Economy》에서 처음 사용한 말이라
고 합니다. 개인의 새로운 아이디어로 예술, 문화상품과 서비스,
게임과 연구개발 등의 산업에 활기를 불어넣는다는 뜻으로 사용
했는데 연관 산업에 적용되면서 확산되었답니다. 연관산업의 시
장규모로 2000년 기준 전 세계 2.2조 달러에서 연간 5%씩 성장하
는 것으로 추정되었어요.

김태동 지난 대선 공약에서는 창조경제가 포함되었지만 그런 게 있
는지 아는 사람이 드물었죠. 표를 많이 얻으려 경제민주화 공약
홍보에 주력했으니까요. 당선 뒤 인수위에서 국정과제를 정할 때
는 경제민주화를 큰 국정과제 항목에서 아예 빼버리고 '창조경제'
가 경제민주화보다 훨씬 더 중요하다는 식으로 정치홍보 방향을

바꾸었죠.

이동걸 그러면서 경제민주화는 창조경제의 일부라고 우겼죠.

윤석헌 그동안 한국경제가 앞선 주자를 쫓아가는 과정에서 모방하는 경영을 해왔잖아요. 이제는 선진화의 길을 가면서 창조도 하고 다른 나라에 모범도 보인다는 상징적 의미는 있다고 봐요. 다만 내용이 없어서 문제죠. 이번 토론 과정에서 좋은 이야기가 많이 나왔는데, 한국경제의 여러 가지 문제점을 변환시켜 나가는 것으로 창조경제의 내용을 채우면 되지 않을까요? 소위 '비정상의 정상화'를 통해 국부 창출이 가능할 것으로 믿어요. 한국경제가 변화하는 구심점으로 슬로건이 필요한 상황에서 창조경제가 어느 정도는 의미가 있다고 봐요.

허성관 문제는 지금 정책을 담당하는 사람들이 전혀 그런 생각을 하지 않는다는 점입니다.

김태동 인수위가 갑자기 창조경제를 강조하고 나오자 기자들이 궁금해서 물어봐도 콘텐츠가 없으니 제대로 대답하지 못했어요. 제 기억으로는 2차 연도에 혁신경제라고 개명해서 3개년 계획을 세우더라고요.

이동걸 창조경제를 달성하는 혁신경제 3개년 계획인가 그랬어요.

김태동 창조경제 내용 중 가시적인 것이 혁신센터예요. 광화문에 가보면 KT가 운영하는 혁신센터가 있는데 지역별로 재벌들에 떠맡겨서 혁신센터를 만들어놨어요. 그런데 성장은 실적이 증명하지 않습니까? 성장률 자체가 2013년부터 2015년까지 3년 연속 잠재성장률을 밑돌고 있어요. 2012년 당시 한국은행 총재는 잠재성장률이 3.8% 내외라고 했는데, 2015년 말 한국은행은 3.0~3.2%로 낮추어 발표했지요.

　현 정권은 2015년 말부터 국회의장을 윽박지르면서까지 노동개혁법과 서비스산업발전법을 직권 상정하라고 하고 있어요. 서비스산업이 발전하면 일자리가 제조업보다 두 배로 는다면서 말이에요. 발전법을 만든다고 서비스업이 발전합니까? 그동안 유통업의 경우 대기업 프랜차이즈 갑질로 구멍가게와 동네상권이 붕괴됐잖아요. 학교 앞에 호텔을 지으면 호텔서비스업은 발전하겠지만 그게 바람직한 성장인가요? 이것이 2015년 한국경제 성장을 내세운 정치인들의 구호이고 그것이 먹혀들어가고 있는 현실입니다.

윤원배　창조경제는 필요한데 구체적인 내용을 담으려고 하면 안 된다고 봐요. 자유로운 환경에서 창조가 이루어지도록 해야지, 넓게 보고 멀리 봐야 하는데 당장 구체적으로 뭘 해야 하는 식으로 하니까 엉뚱한 방향으로 가고 있어요.

윤석헌　패러다임 전환이 필요합니다.

강철규　박근혜 대통령이 경제가 불쌍하다고 해서 무슨 뜻인가 궁금했어요. 우리가 앞서 말한 대로 성장 패러다임 걱정은 아닌 것 같고 성장률이 떨어지는 걸 가지고 경제가 불쌍하다고 한 거겠죠. 구 패러다임이었던 개발연대 초기에 10% 성장하던 수치에 비하면 너무 터무니없는 2%대의 성장이니까 걱정한 거죠.

　제 예상이 맞는다면 박근혜 대통령의 판단은 완전히 오산입니다. 잠재성장률이 계속 떨어지는 상황에서 성장률을 높이는 정책은 의미가 없어요. 학자마다 조금씩 다르지만 잠재성장률이 2001년부터 2010년까지 4.3%고요. 2010년부터 2014년까지 3.6%입

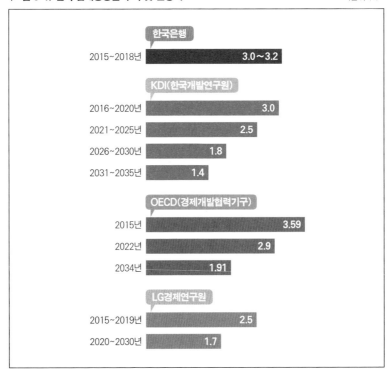

한국은행

2015~2018년   3.0~3.2

KDI(한국개발연구원)

2016~2020년   3.0

2021~2025년   2.5

2026~2030년   1.8

2031~2035년   1.4

OECD(경제개발협력기구)

2015년   3.59

2022년   2.9

2034년   1.91

LG경제연구원

2015~2019년   2.5

2020~2030년   1.7

출처: 각 기관

니다. LG연구소의 수치를 보니까 2015년부터 2019년까지 2.5%, 2020년부터 2030년까지 1.7%로 떨어져요.

이제 개발연대의 전통산업은 이미 성숙했기 때문에 투자기회도 적고 여러 가지 이유로 잠재성장률이 떨어지는 것은 당연해요. 이 시점에서는 잠재성장률을 높이는 방법을 찾아봐야죠. 남북통일이나 남북긴장을 완화시켜 남북한경제를 통합해서 투자를 늘리거나 생산요소의 생산성을 증가시키는 방법, 아니면 내부 양극화를 해소하고 중하위층 소득을 확대시켜서 잠재력을 높이는 방법 등 무엇이 이 시대에 맞는지 따져보는 것이 성장정책이 되어야 해요.

정치권의 성장담론

윤원배 정치권의 성장담론은 어떤가요? 그리고 보니 문재인 전 대표의 '소득주도 성장'은 잘못된 구호예요. 성장 자체가 소득증가니까 어떻게 소득을 늘릴지 고민해야지, 소득주도 성장이라는 건 말이 되지 않아요. 그 내용을 살펴보면 잡다하고 맞는 것도 있기는 하지만 완성된 감이 없더라고요. 안철수 의원의 '공정성장'은 내용이 3개예요. 공정경쟁시장을 만드는 시장구조혁신, 중소기업과 벤처기업을 육성하자는 신산업정책, 그다음에 북방경제까지입니다.

　여기에 박근혜 대통령의 포용적 성장도 포함시킬 수 있을지 모르겠어요. APEC 정상회의에서 포용적 성장을 이야기하더라고요.

김태동 창조라는 말의 약발이 떨어진 겁니다.

이동걸 OECD와 EC European Community(유럽공동체)에서 요즘 계속 포용적 성장을 거론하니까 거기 가서 누가 들은 거겠죠. 포용적 성장은 우리나라가 처음 만든 것도 아니고 EC 용어예요.

이정우 대외용이어서 국내에 영향도 없어요.

강철규 포용적 성장은 몇 년 전 MIT 경제학자 대런 애쓰모글루 Daron Acemoglu와 하버드 정치학자 제임스 로빈슨 James A. Robinson이 공동 집필한 《국가는 왜 실패하는가 Why nations fail》라는 책에 핵심이 있습니다. 포용적 성장을 하는 나라는 발전하고 포용적 성장을 하려면 포용적 정치제도가 있어야 한다는 거예요. 또 착취적 성장은 착취적 제도 아래서 나오는데 그런 나라는 망했다고 했어요.

　문재인 전 대표의 소득주도 성장은 저도 무슨 내용인가 궁금해서 언제부터 주장했냐고 물었더니 홍장표 교수의 논문에 있더군요. 홍 교수가 창조한 개념은 아니고 서양에서는 이 분야의 논문이 적지 않아요. 주요내용은 임금을 높여서 성장하자는 겁니다. 노동소득을 높이자는 이야기니까 의미를 부여한다면 일리는 있죠. 요즘은 거기에다 자영업자의 소득증가와 더불어 도시비공식부문(공식통계에 잡히지 않는 영세업체, 노점상, 가내수공업, 넝마주이 등)의 소득증가를 포함하지요. 최근 IMF 보고서 등에서 중하위층 소득이 중요하다는 말이 나오거든요. 해석을 잘하면 의미가 있어요. 이쪽 분야의 우리나라 최고 연구자는 홍 교수이고 논문이 잘되어 있어요.

윤원배　내용 문제가 아니라 개념의 문제입니다. 소득의 증가가 성장을 의미하기 때문에 소득주도 성장은 동어반복이죠. 소득은 크게 자본소득과 노동소득으로 나뉘니까 당연히 소득은 이 두 가지를 다 포함하는 개념입니다. 지금까지의 자본주의는 자본소득(이윤)주도 성장이었으며 이것이 많은 문제를 야기하고 있기 때문에 최근 노동소득(임금)주도 성장이 필요하다는 주장이 제기되고 있지 않습니까? 실제로 ILO에서 나온 논문 등을 보면 임금주도성장Wage-Led Growth이지, 소득주도성장income-Led Growth이 아니란 말이죠. 소득주도성장이라고 표현하면 이윤주도성장profit-Led Growth도 무방하다는 것이라고 이해할 수 있어요.

최정표　홍장표 교수는 임금주도라고 하고 싶었는데 임금이라고 하면

이념적으로 노조 위주로 몰아붙일까 봐 조심스럽게 임금소득 대신 가계소득 주도라고 한 거죠.

강철규 개념 문제는 있지만 내용은 의미 있다고 보죠. 소득주도 성장을 하려면 공정거래를 해야 하니까, 다 포괄되는 내용입니다.

대한민국, 다시 날 수 있을까?

허성관 그렇다면 바람직한 성장률 제고를 위한 방안은 무엇인가요?

윤원배 바람직한 성장률 제고 방안을 알아보기 위해서는 우선 전 세계적인 경제환경의 변화를 살펴볼 필요가 있습니다. 저성장 시대의 도래에는 인구고령화와 출생률 저하, 부정부패의 심화와 이에 따른 사회적 신뢰 저하, 불공정한 경쟁질서, 자율적인 행동과 선택에 대한 제약, 민주주의의 후퇴, 이에 따른 생산효율성 하락 등 여러 요인이 있어요. 하지만 제가 강조하고 싶은 것은 세계의 경제질서 환경이 크게 바뀌었다는 부분이에요.

사회주의와 공산주의가 몰락하면서 거의 모든 국가가 자본주의화와 수출증대를 통한 부강정책을 추진했고 이 과정에서 노동력 30억 이상이 추가로 수출역군으로 참여해 엄청난 공급증가가 이루어졌으며 경쟁도 크게 심화되었죠. 그에 반해 전 세계적으로 소득은 늘지 않아 수요 부족 현상이 나타났고요. 이에 따라 모든 나라가 저성장 상태에 빠져든 거죠. 최근에 미국은 거의 유일하게 경기가 회복되고 있습니다.

미국 경제의 성장요인으로 양적 완화, 셰일가스shale gas(퇴적암에 매장된 천연가스)개발, 원자재가격 하락 등 여러 요인이 언급되고 있는데, 제가 하나 더 보태고 싶은 것은 전쟁입니다. 이라크 전쟁부터 시작해서 중동지역에 제국주의적인 행태로 전쟁이 자주 일어나고 있어요. 무기 수출과 수입이 늘어나면서 미국 경제회복에는 긍정적인 역할을 했을 거예요.미국 경제의 회복은 기축통화국으로서의 이점을 이용하고 비용은 다른 나라들에 전가하는 모양새인 거죠. 영국, 독일, 프랑스도 마찬가지로 여전히 후진국을 착취해서 이익을 보는 형태예요.

이런 상황에서 우리나라는 어떻게 성장해야 할까요? 기본적으로는 잠재성장률을 높여야겠죠. 생산을 늘려 성장하기 위해서는 생산요소를 늘리거나 기술을 개발해야 합니다. 생산요소, 특히 노동력의 확대를 통한 성장은 기대하기 어렵습니다. 결국 기술개발을 통해 성장을 추구할 수밖에 없죠. 그러나 이러한 성장은 단기적으로는 노동력을 대체해 고용여건을 악화시킴으로써 바람직하지 못한 상황을 불러올 수 있습니다. 따라서 부수적으로 따르는 바람직하지 못한 현상들을 교정해가면서 활용할 수 있는 제도나 장치를 만들어야 합니다. 즉 기술을 발전시켜 생산성을 높이되, 고용도 늘려서 국민의 삶의 질을 높이는 방안을 만들어내야 합니다.

우리나라가 아직도 장시간 노동하는 체제이기 때문에 조금 더 과감하게 근로시간을 줄이고 그만큼 고용을 늘리는 방향으로 가야 한다고 생각해요. 그에 따른 생산성과 기술 향상이 이루어지면 기업들이 견뎌낼 수 있으리라고 봅니다. 산재와 과로에서 벗어날 수 있으니 자유시간이 확대되면서 건강상태가 좋아지고 능력을 개발할 수 있는 여력이 높아짐에 따라 생산성이 향상될 수 있죠.

기업들이 불안해할 수 있지만 법적 조치를 통해서라도 좀 더 적극적으로 근로시간을 줄이고 줄어드는 근로시간 일부를 교육으로 활용하는 방식으로 기술력을 향상시킬 수 있도록 해야 합니다. 성장률만을 높이는 것이 아니라 삶의 질을 개선하는 바람직한 성장이 되어야 한다는 관점에서 기술력을 향상시키되, 고용을 늘리는 방안을 찾아내야 합니다.

강철규 성장을 위해서는 첫 번째, 소비를 증가시켜야 해요. 그에 대한 방안으로 세 가지를 말씀드리고 싶어요. 다들 경제이론을 아시겠지만 존 메이너드 케인스John Maynard Keynes는 현재 소득을, 모디글리아니는 평생소득을, 프리드먼은 항상소득permanent income(항상적, 평균적으로 발생할 것으로 예상되는 소득)을 이야기했습니다. 가계의 항상소득이 증가해야 소비 증가에 영향을 줍니다. 이와 관련해 우리나라는 비정규직이 너무 많아요. 600만~800만 명이나 되는데 소득이 낮을 뿐 아니라 언제 잘릴지 모르니까 항상소득이 늘지 않아 소비진작에 걸림돌이죠.

두 번째는 중하위층 소득을 올려야 합니다. 〈1장 양극화〉에서 다루었을 텐데 청년층과 중하위층의 소득이 늘어야 소비가 늘어요.

세 번째는 전·월세 안정입니다. 전·월세가 지금 엄청나게 올랐더라고요. 2010년에 2억 5,000만 원 하던 전세가 6~7억 원씩 해요. 그것도 전셋집이 부족해 월세로 전환하기도 하고요. 청년층 생활비 중 주거비가 60~70%를 차지합니다. 가처분소득이 확 줄어 버리니까 소비가 되지 않는 겁니다.

이런 상황에서 대출받아서 집 사라는 정책은 거꾸로 간 정책이죠. 대출받아서 원리금을 상환하려면 가처분소득이 줄잖아요. 소비는 억제되죠. 전·월세를 안정시키는 방법이 중요한데 저는 임대소득세 부과를 주장하고 싶어요. 지금은 임대소득세원도 정확히 파악되지 못하고 이자에 대한 금융소득세만 내요. 2017년부터 부부합산 3주택부터 전세보증금 6억 초과분의 60%에 간주임대료(부동산을 대여하고 보증금·전세금 등에 일정한 이율을 곱해 계산한 수익금액)를 계산하고 거기에 필요경비로 60% 인정해서 공제하고 과세하겠다는 것이니까, 과세대상자도 적고 임대소득세도 적게 걷힐 것입니다. 임대소득세를 부과하면 전세가 월세로 전환되는 게 완화돼요. 소득세를 내게 되면 세원이 파악되니까 무작정 올리지 못하죠. 그래서 상당히 중요하다고 봐요.

이정우 독일은 수출도 많이 하지만 내수가 탄탄한데요. 그 이유가 세입자를 보호해주고 과도한 집세 인상을 막아주니까 집세 부담이 적어서 소비여력이 생기고 내수시장이 활성화된다고 하더라고요.

허성관 강 교수가 성장을 위해 소득을 증가시키는 방안으로 세 가지를 말씀하셨습니다. 지속가능한 성장을 위한 다른 방안이 없나요?

장세진 저는 강 교수의 첫 번째 안에 대해 보완하고 싶어요. 항상소득이 줄어들었기 때문에 비정규직의 소비가 위축된다고 말씀하셨는데요. 여러 학자의 연구에 의하면 소비가 줄어드는 주요인 중 하나는 고령화예요. 노후 은퇴자금 마련이 부담되니까 소비를 줄이는 효과가 상당히 크죠.

강철규 우리나라 자산보유형태인 금융자산과 부동산을 비교하면 부동산이 70~80%를 차지합니다. 그것도 소비를 줄이는 요인이죠.

김태동 우리가 여덟 번에 걸쳐서 이야기한 내용 가운데 다수가 합의한 처방 하나하나가 지속가능한 경제성장에 도움이 되는 처방이라고 봅니다. 어쨌든 제도가 중요하죠. 〈5장 재벌〉에서 거론되었 듯이 각양각색의 빨대, 즉 착취수단이 허용되어 있어요. 0.01%의 재벌총수, 세습부패 재벌총수들의 갑질과 탐욕에 견제장치가 없 고요. 경제민주화로 좀 더 공정하고 수평적인 경제, 공정경쟁이 가능한 시스템으로 바꾸고 심판 역할을 하는 공정위나 사법부가 부패한 경제권력을 제대로 처벌하게 하는 것이 지속적인 성장을 위한 시스템 구축이라고 봅니다.

그리고 우리가 경제를 인간 중심으로 봐야 하는데, 인간을 생존 하게 하는 환경도 무시할 수 없습니다. 일본의 원자력발전소 참사 에서도 볼 수 있듯이 일본은 당사국인데도 원자력발전을 계속하 는데 독일은 중단하거든요. 재생에너지정책에도 독일에 배울 점 이 많습니다. 환경을 존중하는 성장으로 가는 것이 장기적으로 잠 재성장률을 유지하는 길이라고 봅니다.

또 하나는 전문경영인입니다. 그들의 역할을 무시할 수 없어요. 스티브 잡스나 마크 저커버그처럼 창의성이 발현되는 벤처 생태 계가 우리나라에는 갖추어져 있지 않아요. 특허 사례도 나왔지만 기술과 창조를 우대하는 기본 시스템조차 없다고요. 그 시스템을 갖춰야 지속적 성장, 모방을 넘어 앞서 개척하는 길이 됩니다. 한 계비용 제로사회에서 기존 선진국에 모든 분야에서 앞서갈 수는 없지만 사물인터넷(생활 속 사물들을 유무선 네트워크로 연결해 정보를 공유하는 환경) 등 몇 가지 분야에서 앞서갈 길이 있다고 봅니다.

최정표 성장의 추동력 역시 기업입니다. 기업이 최전선에서 성장의 추진체가 되어야 하는데 재벌기업들이 검증되지도 않고 경영능력 도 없는 3~4세에게 경영권을 이양하고 있어요. 할아버지 대의 창업자들은 능력이 있었어요. 지금 3~4세들이 황제처럼 떠받들어진 채 한국경제의 핵심 기업을 다 차지하고 있는데 정작 유능한 전문경영인은 하수인 노릇이나 하죠. 이런 상황을 깨지 못하면 성장 가능성 거의 없습니다. 3~4세들이 경영일선에서 활동하지 못하게 하는 시스템을 도입하고 전문경영인들이 제 역할을 해야 합니다. 일본은 재벌 해체 이전에 이미 전문경영인들이 장악했어요. 오너 가족들은 3~4세로 넘어가면서 감시, 감독하는 정도였지요. 우리도 그런 방향으로 가지 않으면 성장동력을 높이기 힘들어요.

허성관 과거 개성상인에게 차인제도가 있었어요. 후계자를 다른 상인에게 보내서 훈련시킨 다음 사업을 물려주는 제도죠. 1960~1970년대만 해도 그런 제도가 있었는데 요즈음 모두 잊은 것으로 보입니다. 좋은 지적인데 법적으로 규제할 수 있을지 모르겠어요.

최정표 투명시스템만 확실하게 도입해도 오너가 황제경영을 못 해요.

윤원배 앞에서 성장을 이야기하면서 질적인 측면도 고려해야 한다고 했는데 지금은 경제적 요인만 다루고 있네요. 아리스토텔레스는 개인의 잠재력을 최대한 발휘할 수 있는 상태를 아레테arete라고 했는데, 잠재력을 최대로 발휘할 수 있는 사회가 되는 요인을 연구한 책을 보니까 세 가지가 필요하다고 해요. 바로 공정한 시장경제, 국민의사가 제대로 반영되는 정의로운 민주주의, 누구에게나 인간다운 삶을 보장하는 안전한 사회보장이에요. 이러한 하부구조가 있어야만 인간이 자신의 잠재능력을 최대한 발휘할 수 있다면서 말이에요. 제 말은 그런 전제로 경제적 측면을 이야기하는 겁니다. 강철규 교수가 말씀하신 비정규직, 중하위층 소득 문제는 궁극적으로 고용이 늘어나야 문제가 해결될 것 같아요.

강철규 제조업은 수요가 늘지 않아도 정보통신, 사물인터넷, 금융, 의료 분야의 소비는 늘어요. 그쪽 산업이 성장할 수 있는 터전을 만들어야죠.

윤석헌 한국은 대외의존도가 높아서 갈수록 증폭되는 국제금융시장의 변동성 위험에 많이 노출되고 있어요. 물론 그동안 수출이 효자 노릇을 했으나 금융위기를 두 번씩이나 겪은 지금 국가 위험관리 차원에서도 이 부분에 신경을 써야 합니다. 그래서 이원적 전략이 필요한데요. 한편으로 수출입정책을 계속 밀고 가더라도 다른 한편으로는 내수확대를 위해 서비스산업의 공급역량 확충에 눈을 돌려야 하겠어요. 공급역량 확충을 통해 수요를 창출한다는 전략입니다. 이를 위해 서비스산업 발전에 필요한 인프라 확충을 성장정책 일부로 고려할 수 있습니다. 학교 옆에 호텔 지을 생각만 하지 말고 발상의 전환을 하면 할 일은 많을 것으로 생각합니다.

김태동 농업 등 1차 산업, 제조업 등 2차 산업, 3차 서비스산업의 경계 자체가 사실은 모호해지고 있습니다. 농업에서는 1차, 2차, 3차 산업을 복합해 농가에 높은 부가가치를 발생시키는 산업인 6차 산업 이야기도 나오잖아요. 농업이 가능하면 제조업도 4차든 6차든 될 수 있다고 봅니다. 그런 개방적인 자세를 가진 민주집단이 성장정책을 만들면 좋겠어요.

장세진 서비스 중 중요한 것이 갈등조정 서비스 또는 사회적 신뢰입니다. 우리나라는 사회적 신뢰가 낮다고 했는데요. 사회갈등을 어떻게 해소해내느냐가 중요한 것 같아요. 그 부분에 대한 제도들도 취약하다고 봐요. 사회갈등이 심한 만큼 그것만 해소해도 성장잠재력이 높아지겠죠.

이정우 불로소득 기회를 차단해야 우리나라가 성장할 수 있습니다. 부동산 투기는 중요한 불로소득이었죠. 제로섬 게임이니까요. 경제성장을 가로막는 역할을 했습니다. 많이 줄었지만 아직도 남아 있어요. 재벌의 빨대 역시 전부 불로소득입니다. 불로소득이 판을 치는 나라는 성장할 수 없죠.

　또 하나는 복지국가를 만들어야 합니다. 우리나라의 저출생고령화가 제일 빨라요. 일본을 능가하는 속도예요. 내년부터 생산가능 인구가 줄어들고 2018년이 되면 고령사회가 됩니다. 예상보다 1년 단축됐어요. 2030년부터는 총인구가 줄어듭니다. 2050년이면 한국이 드디어 일본에 이어 2위 고령사회가 됩니다. 이걸 빨리 막지 않고는 성장할 수 없습니다.

장세진 저는 양적인 성장도 여전히 중요하다고 생각합니다. 복지재원을 위해서도, 좋은 일자리 창출을 위해서도 연 3~4%의 성장은 바람직하지요. 2015년도 한국의 1인당 GDP가 2만 8,000달러에 조금 미치지 못했는데 홍콩은 4만 2,000달러, 싱가포르는 5만 3,000 달러를 넘었지요. 한국이 그 수준에 이르지 못할 이유는 없습니다. 흔히 계산하는 잠재성장률은 과거의 추세로 미루어 미래를 추정하는 것일 뿐 기술적인 제약이라 볼 수 없습니다. 인구고령화도 제약요인이 되지는 않습니다. 정년을 단계적으로 늘리고 여성의 노동참여율을 일본 수준으로 올리면 됩니다.

　물론 경제가 어느 정도 성숙되어 단순한 기술도입이나 모방으로 고도성장을 이루는 시절은 지나갔음을 인정해야지요. 기술진보가 성장의 동력이 되어야 합니다. 그렇지만 국가경제에서 기술

수준이나 기술진보를 말할 때, 단순히 공학적 기술만을 의미하는 것은 아니라는데 유의해야 하지요. 거버넌스governance(해당 분야의 여러 업무를 관리하기 위해 정치·경제 및 행정적 권한을 행사하는 국정관리체계)를 개선하거나 부패를 없애는 것, 사회적 갈등을 해소하고 공정성을 확보하는 것, 창의적 에너지가 지대추구 행위에 낭비되지 않도록 하는 것, 기술혁신의 성과가 개발자에게 온전히 귀속되도록 하는 것 등이 모두 사회적 기술진보에 해당합니다. 예를 들어 운전할 때 깜빡이만 제대로 켜도 1%의 추가 성장이 이루어질 거예요. 우리 사회에 누적된 비효율 요인들이 역설적으로 성장잠재력의 보고일 수 있다는 의미입니다.

허성관 무엇보다도 개발위주의 성장 관점에서 지속가능한 성장으로 관점을 바꾸어야 합니다. 여기에는 우리 사회와 경제의 현 실정을 명확하게 인식하는 발상의 전환이 필요합니다. 성장을 바라보는 철학의 확립, 경제운용시스템의 혁신, 사회적 다양성의 확대, 역동성의 확보, 갈등을 해소할 수 있는 신뢰의 구축 등이 주요한 과제일 것입니다. 아울러 대화와 타협의 정신을 살릴 수 있도록 정치권이 뼈를 깎는 노력을 해야 합니다. 특히 선거에서 깨어 있는 시민들의 역량이 반영되는 참여민주주의를 지속적으로 실현해나가는 노력이 필요합니다.

윤원배 단순히 성장률을 높이고자 하는 정책은 바람직하지 않습니다. 국민의 삶의 질을 높이면서 지속가능한 성장이어야 합니다. 이자율을 낮춰줌으로써 빚으로 집을 사도록 유도하거나 돈을 풀어 건설경기를 부양하고자 하는 정책, 한시적으로 세금을 깎아줘 자동차 판매를 늘리려는 정책은 서민의 빚만 늘리고 환경을 파괴하며 일정기간이 지나면 오히려 수요를 떨어뜨리게 되는 등의 부작용을 필연적으로 수반할 뿐입니다.

임금을 깎고 해고를 쉽게 해 좀비기업의 생명을 유지하고 경쟁력을 높이려 하기보다는 근로시간 단축이나 일자리 나누기와 같은 좀 더 적극적이고 직접적인 고용정책을 통해 좀 더 많은 사람에게 일자리를 제공해주는 것이 훨씬 좋은 방법이에요. 세계 각국이 공통적으로 인력이 넘쳐나고 수출경쟁이 심화되고 있는 상태에서 각종 기업지원정책이나 공급측면에서의 효율성만 강조하는 과거의 방식으로는 경제문제를 해결하기 어려워요.

이제 거의 모든 국가가 어떻게 하면 내수를 증대시켜 일자리를 창출할 것인가에 초미의 관심을 두고 있어요. 그 방안 중 하나로 제시되는 것이 분배구조를 악화시키는 이윤주도 성장이 아니라 소득양극화를 완화시키는 임금주도 성장, 고용주도 성장으로의 전환이에요. 한계소비성향이 높은 노동자들의 소득을 증대시켜 수요를 촉진하고 분배를 개선하면서 성장을 도모하려는 거죠.

노동자들을 쓰다가 버리는 소모품으로 인식하는 한, 미래는 암울할 수밖에 없어요. 인간존중의 출발은 인간행동이 효율적인가 아닌가가 아니라 인간 그 자체가 존귀한 존재라는 인식에서부터입니다. 인간이 잠재능력을 최대한 발휘해 가장 높은 수준의 만족감을 느낄 수 있게 하는 사회제도와 정책이 마련되어야 하는 이유입니다. 성장정책도 인간존중의 의식을 기본전제로 해 수립되고 실행되어야 할 것입니다.